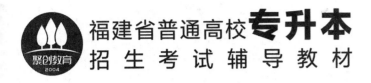

福建省普通高校**专升本**
招生考试辅导教材

管理类专业课
历年真题汇编
及答案解析

● 聚创教育　主编

福建
专升本

厦门大学出版社　国家一级出版社
XIAMEN UNIVERSITY PRESS　全国百佳图书出版单位

图书在版编目(CIP)数据

管理类专业课历年真题汇编及答案解析/聚创教育主编.—厦门:厦门大学出版社,2022.6
(福建省普通高校专升本招生考试辅导教材)
ISBN 978-7-5615-8618-1

Ⅰ.①管…　Ⅱ.①聚…　Ⅲ.①管理学—成人高等教育—题解—升学参考资料　Ⅳ.①C93-44

中国版本图书馆 CIP 数据核字(2022)第 097933 号

出 版 人	郑文礼
策划编辑	姚五民
责任编辑	姚五民
美术编辑	蔡炜荣
技术编辑	许克华

出版发行　*厦门大学出版社*

社　　址　厦门市软件园二期望海路 39 号
邮政编码　361008
总　　机　0592-2181111　0592-2181406(传真)
营销中心　0592-2184458　0592-2181365
网　　址　http://www.xmupress.com
邮　　箱　xmup@xmupress.com
印　　刷　厦门集大印刷有限公司

开本　889 mm×1 194 mm　1/16
印张　17
字数　526 千字
版次　2022 年 6 月第 1 版
印次　2022 年 6 月第 1 次印刷
定价　59.00 元

厦门大学出版社
微信二维码

厦门大学出版社
微博二维码

关注微信公众号
获取更多资料及课程

关注微信服务号
获取背单词小程序

前　言

  真题是专升本管理类专业课备考最宝贵的材料,历届专升本考生也特别重视对历年真题的研究和学习,然而,还是有很多专升本考生因复习不当而学习效果不佳;且大部分考生对福建省专升本考试方向存在非常大的盲区。他们在复习的过程中处于盲目学习状态,抓不住考试方向和重点。为此,聚创考试研究中心组织拥有丰富教学经验的教师,倾心编写了本书。

  本书分为三部分:

  第一部分,历年真题试卷。该部分收录了福建省 2011 年至 2020 年近 10 年的专升本考试真题,旨在给考生一个全景式的认识,了解出题结构和题目难度,通过零距离接触近 10 年的真题真容,让考生了解考题的结构形式和难易程度,方便考生复习备考;且本书特别将该部分进行单独编排,方便考生做题,最大限度地还原真实的考试体验,以便将来从容应对真实考试场景。

  第二部分,历年真题分章节精析。该部分根据《管理学》和《市场营销学》教材内容,分类、深入、细致、全面地分析每道试题的考点,有效提升答题正确率。该部分根据专升本考生的学习特点,分章节、多角度、全方位地对真题进行了详尽的解答,并通过对同一题型的不同真题、同一真题涵盖的多个考点进行解题方法的运用,反复强调,帮助考生加深对知识的理解和记忆,从而全面高效地帮助考生掌握考点、攻破难点。

  第三部分,历年真题试卷参考答案。该部分旨在为考生提供准确、可靠、权威的参考答案,有助于考生快速定位答案,及时纠错。本书内容全面,针对性强,且每道题都有相对应的详细解析,鞭辟入里,一点就通。既可以帮助考生解答疑惑,也可以通过同类题型、知识点的归纳以及做题思路帮助考生抓准复习方向,这是一本非常理想的备考"宝典"。

  另外,需要说明的是,本书第二部分"历年真题分章节精析"里"【考点】"所说的"第×章中第×节",指的是原教材相关内容的章节,而非本书的章节。

目 录

第一部分　历年真题试卷

第二部分　历年真题分章节精析

第三部分　历年真题试卷参考答案

第一部分 历年真题试卷

2011年福建省高职高专升本科入学考试
管理类专业知识 试卷

（考试时间150分钟，满分300分，共两部分）

答题说明：请将答案写在答题纸相应的位置上。

注意事项：答案写在试卷上一律不给分。

第一部分 管理学原理（共150分）

一、单项选择题（本大题共15小题，每小题2分，共30分，在每小题列出的四个备选项中只有一个是符合题目要求的）

1. 把组织分为正式组织和非正式组织的是（　　）。　　　　　　**P87-1**
   A. 泰罗　　　　　　　　B. 法约尔　　　　　　　C. 甘特　　　　　　　D. 巴纳德

2. 以下不属于梅奥所阐述的人际关系学说的观点是（　　）。　　　**P87-2**
   A. 工人是社会人，而不是经济人
   B. 管理要根据所处环境随机应变
   C. 企业中存在着非正式组织
   D. 生产率取决于工人的态度及他和周围人的关系

3. 古人云："运筹于帷幄之中，决胜于千里之外。"这里的"运筹帷幄"反映了管理的（　　）。　**P104-1**
   A. 计划职能　　　　　B. 组织职能　　　　　C. 领导职能　　　　　D. 控制职能

4. 作为企业的总裁，最应该亲自处理和决断的管理活动是（　　）。　**P81-1**
   A. 对一位公司内部违纪职工按规章进行处罚
   B. 对竞争对手某一产品的突然削价做出反应
   C. 企业员工罢工，与员工代表谈判
   D. 对一位顾客的常见投诉进行处理

5. 决策遵循的原则是（　　）。　　　　　　　　　　　　　　　　**P93-1**
   A. 最优原则　　　　　B. 满意原则　　　　　C. 集体原则　　　　　D. 灵活性原则

6. 以下关于目标管理的论述中正确的是（　　）。　　　　　　　　**P109-1**
   A. 企业的任务必须转化为目标，但下属的成就并不一定由目标引申
   B. 目标管理是一种程序
   C. 只要每个人的分目标都完成了，企业的总目标就能完成
   D. 管理者依据下级的目标来指挥和控制他们

7. 企业增加新的，但与原有业务相关的产品与服务，属于（　　）。　**P109-1**
   A. 横向一体化战略　　B. 混合多元化战略　　C. 纵向一体化战略　　D. 同心多元化战略

8. 在集体决策中，如果成员彼此间意见有较大分歧，则可以考虑采用（　　）。　**P94-1**
   A. 头脑风暴法　　　　B. 名义小组技术　　　C. 德尔菲技术　　　　D. 政策指导矩阵

9. 为了响应顾客要求，某银行对信用卡的审批程序进行了调整，大大缩短了顾客的等待时间，这属于（　　）。

   　　　　　　　　　　　　　　　　　　　　　　　　　　　　　P124-1
   A. 战略性变革　　　　B. 结构性变革　　　　C. 流程主导性变革　　D. 以人为中心的变革

10. （ ）属于潜层次的企业文化。　　　　　　　　　　　　　　　　　　　　　**P126-1**

    A. 道德规范　　　　　　B. 组织行为　　　　　　C. 管理哲学　　　　　　D. 组织结构

11. 根据马斯洛需要层次论,地位和他人认可的需要属于（ ）。　　　　　　　**P136-1**

    A. 安全的需要　　　　　B. 社交的需要　　　　　C. 尊重的需要　　　　　D. 自我实现的需要

12. 领导生命周期理论将下属的成熟程度作为领导选择正确领导方式的重要依据,领导者同时提供指导行

    为与支持行为的领导方式被称为（ ）。　　　　　　　　　　　　　　　**P131-1**

    A. 推销型领导(高任务—高关系)　　　　　　　B. 指示型领导(高任务—低关系)

    C. 参与型领导(低任务—高关系)　　　　　　　D. 授权型领导(低任务—低关系)

13. "人生下来就是厌恶工作的"是（ ）的观点。　　　　　　　　　　　　　**P136-2**

    A. X 理论　　　　　　B. Y 理论　　　　　　C. 双因素理论　　　　　D. 期望理论

14. 以下关于自适应控制的描述,不正确的是（ ）。　　　　　　　　　　　　**P146-1**

    A. 自适应控制的特点是没有明确的先行量

    B. 控输标准 Z 值是过去时刻已达状态 Kt 的函数,即 $Z=f(Kt)$

    C. Z 值是通过学习过去的经验而建立起来的

    D. 大量的管理工作都属于自适应控制

15. 有效控制的特征,不包括（ ）。　　　　　　　　　　　　　　　　　　　**P149-1**

    A. 适时性　　　　　　B. 适度性　　　　　　C. 客观性　　　　　　D. 一致性

二、多项选择题(本大题共 5 小题,每小题 4 分,共 20 分,在每小题列出的五个备选项中至少有两个是符合题
目要求的)

16. 古典管理理论的代表人物有（ ）。　　　　　　　　　　　　　　　　　　**P90-1**

    A. 亚当·斯密　　　B. 泰罗　　　　C. 法约尔　　　　D. 韦伯　　　　E. 梅奥

17. 为了实现责权利三者的有效结合,管理者在决策方案的执行过程中应做到（ ）方面。　**P93-1**

    A. 将决策的目标分解到部门和个人,实行目标责任制

    B. 善于授权,做到权责对等

    C. 设计合理的报酬制度

    D. 形成团结、和谐的组织气氛

    E. 保证信息的有效传递

18. （ ）属于组织设计的原则。　　　　　　　　　　　　　　　　　　　　　**P112-1**

    A. 专业化分工原则　　　　　　　　B. 统一领导原则

    C. 柔性经济原则　　　　　　　　　D. 控制幅度原则

    E. 权责对等原则

19. 下列关于组织层次与管理幅度关系论述中正确的是（ ）。　　　　　　　　**P118-1**

    A. 锥形式组织结构的管理幅度窄,组织层次少

    B. 锥形式组织结构的管理幅度窄,组织层次多

    C. 扁平式组织结构的管理幅度宽,组织层次少

    D. 扁平式组织结构的管理幅度窄,组织层次少

    E. 扁平式组织结构在未来将在各行业全面取代锥形式组织结构

20. 按照创新方式划分,领导者可以分为（ ）。　　　　　　　　　　　　　　**P131-1**

    A. 魅力型领导　　　　　　　　　　B. 集权式领导

    C. 民主式领导　　　　　　　　　　D. 变革型领导

    E. 战略型领导

三、简答题(本大题共2小题,每小题15分,共30分)

21. 什么是矩阵型的组织结构? 它的优缺点有哪些?　　　　　　　　　　　　　**P115-1**

22. 请谈谈组织员工抵制创新的原因。　　　　　　　　　　　　　　　　　　　**P153-1**

四、论述题(本大题共20分)

23. 什么是组织文化,请结合企业的初衷,谈谈其在企业运作过程中的作用。　　　　**P127-1**

五、计算题(本大题共2小题,第24小题10分,第25小题20分,共30分)

24. 某笔记本厂商计划推出新型号的笔记本,根据市场预测分析,消费者对新产品的态度有两种:接受和不接受。这两种情况出现的概率分别是0.7和0.3。新产品有两种开发方案:　　　　**P96-1**

方案1:沿袭以往产品的外观设计;

方案2:重新设计产品外观。

两种方案的收益值如下表：

不同方案在不同市场情况下的收益 单位：万元

项 目	接 受	不接受
(1)沿袭外观	1000	－200
(2)重新设计	1300	－600

根据上述材料，计算两种方案对应的期望收益值，并根据最大期望收益准则判断该企业应选择哪种方案。

25.某企业生产某种平板电脑，目前规模不大，根据市场预测，明年的产品销量可能有两种情况：销量一般（与今年大致持平）与销量好（销量大增）。两种情况出现的概率分别为 0.4 和 0.6。为应对市场需求的可能变化，企业在今年有两种生产方案可供选择： **P96-2**

(1)改进生产设备（可满足销量一般情况下的生产要求）；

(2)添置生产设备（可满足销量好情况下的生产要求）。

如果今年没有新建生产线，到明年却出现销量大增的情况，企业还可以采取两种预备方案：

(2.1)紧急添置生产设备；

(2.2)部分生产外包并加班生产。

各种可能方案的收益情况如下表：

各方案在不同市场情况下的收益 单位：万元

项 目	销量一般	销量好
(1)改进生产设备	500	
(2)添置生产设备	－300	2000
2.1 紧急添置生产设备		1000
2.2 部分生产外包并加班生产		1500

根据上述材料，运用决策树法选择企业在各个阶段的生产决策。

六、案例分析题(本大题共20分)

26.某研究所是一家注重技术创新的事业单位,前些年由于市场环境的变化,单位面临社会企业的竞争,业务量逐年下滑。三年前,研究所迎来了新的领导——李所长,一名老牌大学搞技术出身的中年人。李所长接手工作后,实施了一系列改革方案:调整原有的组织结构,实行公开、透明的招聘程序,大力提拔年轻技术骨干等。研究所的业务量和绩效在李所长改革实施后均大幅提升,但最令李所长高兴的是,一批自己提拔的年轻骨干表现出色,助理工程师莫力就是其中的代表。

莫力,三年前某名牌大学硕士毕业,由李所长亲自面试后来到研究所工作。刚到研究所的头一年,莫力就凭借自身扎实的理论功底和研究能力很快熟悉并承担了大量研究所的工作,逐渐成长为研究所不可或缺的人物之一。李所长多次在内部会议和客户面前赞许他:"小莫是我们所最年轻的技术骨干,是我们所未来的希望……"一年前,李所长更是将他提拔为部门的副主管,成为研究所最年轻的中层管理者。就在莫力事业得意之时,让他憋闷的事情发生了。当时,研究所分配到一批福利房,虽然数量有限,但作为研究所最年轻的技术骨干,莫力认为自己有希望申请到住房。最后的结果让他非常失望,那些在研究所工作多年但工作表现平平的老员工都排在他前面。这一年来,不少老同学都告知其收入大幅提升,而自己虽然是研究所的技术骨干,却由于资历较浅,收入非常一般。即使被提拔为部门副主管后,收入提高的幅度也非常有限,年终的奖金甚至不如打印室那位在研究所工作了20年的王阿姨。

这天晚上,面临马上要解决终身大事的小莫心中非常困扰。自己努力工作,表现出色,可是依然收入平平,没有住房。一家同行业的民营企业的招聘信息浮现在他脑海中,优厚的住房和薪资条件让他心动不已。在反复思考了一个晚上后,莫力在第二天向李所长递交了辞职信。

阅读上述案例,请回答以下问题:

(1)从公平理论的角度分析莫力离开单位的原因。　　　　　　　　　　　　　　　　**P144-1**

(2)结合期望理论,谈谈李所长应该如何挽留莫力。　　　　　　　　　　　　　　　**P144-1**

第二部分　市场营销(共150分)

一、填空题(本大题共10小题,每空2分,共30分)

1. 我国古代有关"日中为市,致天下之民,聚天下之货,交易而退,各得其所"(《易·系辞下》)的记载,就是对这种在一定＿＿＿＿＿＿和＿＿＿＿＿＿进行商品交易的市场的描述。　**P155-1**

2. 提高服务质量的常用的方法有＿＿＿＿＿＿和蓝图技巧。　**P231-1**

3. 按照购买目的或者用途的不同,可以把市场分为＿＿＿＿＿＿和＿＿＿＿＿＿。　**P177-1**

4. 市场定位通过识别潜在竞争优势、＿＿＿＿＿＿和＿＿＿＿＿＿三个步骤实现。　**P191-1**

5. 从现阶段看,全球企业品牌管理的组织形式主要有＿＿＿＿＿＿和＿＿＿＿＿＿两种。　**P206-1**

6. 产品整体概念是建立在"＿＿＿＿＿＿"这样的一个等式基础上的。　**P198-1**

7. 大体上,企业定价有三种导向,即成本导向、＿＿＿＿＿＿和＿＿＿＿＿＿。　**P211-1**

8. 整合营销传播理论认为,存在于消费者＿＿＿＿＿＿中的价值,才是真正的营销价值。　**P229-1**

9. 一般情况下,生产者应注重应用声誉力、专家力、法定力和付酬力,尽量避免使用＿＿＿＿＿＿,这样往往容易收到理想的效果。　**P231-2**

10. 美国兰德公司于20世纪40年代采用系统的程序,采取匿名和反复进行的方式,以函询的办法,轮番征询专家的意见再汇总预测结果。这种方法叫＿＿＿＿＿＿。　**P183-1**

二、单项选择题(本大共15小题,每小题2分,共30分,在每小题列出的四个备选项中只有一个是符合题目要求的)

11. 市场营销管理的实质是(　　)。　**P157-1**
    A. 刺激需求　　　B. 需求管理　　　C. 生产管理　　　D. 销售管理

12. "酒香不怕巷子深"这是一种(　　)观念。　**P157-2**
    A. 生产　　　B. 产品　　　C. 推销　　　D. 社会营销

13. 某公司在甲地的总经销把产品的批发价定为200元,而从该总经销商处进货的下级批发商则希望能以180元进货,双方的这种冲突属于(　　)。　**P217-1**
    A. 水平渠道冲突　　B. 垂直渠道冲突　　C. 水平交叉冲突　　D. 综合渠道冲突

14. 某国有大型企业把全国(或某些地区)分成若干价格区,对于卖给不同价格区顾客的某种产品,分别制定不同的地区价格。距离企业远的价格区,价格定得较高;距离企业近的价格区,价格定得较低。在各个价格区范围内实行一个价。该企业采用的定价方法是(　　)。　**P212-1**
    A. 基点定价　　　B. 邮资定价　　　C. 统一交货定价　　　D. 分区定价

15. 企业准备为之提供产品和服务的顾客群构成了企业的(　　)。　**P188-1**
    A. 市场机会　　　B. 营销机会　　　C. 生产者市场　　　D. 目标市场

16. 若EP(需求的价格弹性)(　　),企业降价可扩大产品销售,增加赢利。　**P210-1**
    A. 等于0　　　B. 等于1　　　C. 小于1　　　D. 大于1

17. 日本尼康公司所提供的照相机都会有各种用途的镜头、滤光镜及其他配件,所有这些项目构成了一个(　　)。　**P199-1**
    A. 产品系列　　　B. 产品组合　　　C. 产品项目　　　D. 产品大类

18. 1945年,美国雷诺公司针对当时战后第一个圣诞节的形势,推出圆珠笔新产品,采用了快速掠取决策。这种决策的特点是(　　)。　**P201-1**
    A. 采取高价格、高促销费用　　　　　B. 采取高价格、低促销费用
    C. 采取低价格、高促销费用　　　　　D. 采取低价格、低促销费用

19. 在促销组合中,最具人情味的促销工具是(　　)。　　　　　　　　　　　　　　**P223-1**

　　A. 广告　　　　　　　B. 人员推销　　　　　C. 宣传　　　　　　　D. 销售促进

20. 消费者购买香烟、火柴的购买行为类型一般是(　　)。　　　　　　　　　　　　**P174-1**

　　A. 复杂型购买行为　　B. 交换性购买行为　C. 协调性购买行为　D. 习惯型购买行为

21. 受到某个因素的影响,企业的订货处理成本与存货的占用成本改变了,该因素是(　　)。　**P230-1**

　　A. 订货点　　　　　　B. 订货量　　　　　　C. 使用率　　　　　　D. 经济批量

22. 造成因果倒置的广告预算方法是(　　)。　　　　　　　　　　　　　　　　　　**P230-2**

　　A. 竞争对等法　　　　B. 目标任务法　　　　C. 量力而行法　　　D. 销售百分比法

23. 对企业市场营销组合因素所进行的效率审计属于(　　)。　　　　　　　　　　　**P230-3**

　　A. 营销职能审计　　　B. 营销战略审计　　　C. 营销系统审计　　D. 营销组织审计

24. 关系营销是以(　　)为基本思想,将企业置身于社会经济环境中来考察企业的营销活动。　**P229-1**

　　A. 系统论　　　　　　B. 消费者中心论　　　C. 控制论　　　　　　D. 信息论

25. 近期厦门一些服装店纷纷人为标上高价,然后大幅度减价销售夏季服装,如"原来 359 元,现在 189 元"。

　　你认为这是(　　)。　　　　　　　　　　　　　　　　　　　　　　　　　　**P212-2**

　　A. 招徕定价　　　　　B. 市场渗透定价　　　C. 心理性折扣定价　D. 尾数定价

三、多项选择题(本大题共 5 小题,每小题 4 分,共 20 分,在每小题列出的五个备选项中至少有两个是符合题目要求的)

26. (　　)和(　　)是市场营销活动的起点。　　　　　　　　　　　　　　　　　**P155-1**

　　A. 需求　　　　B. 需要　　　　C. 欲望　　　　D. 态度　　　　E. 交换

27. 强化以消费者需求为中心的 4C 营销组合指的是(　　)。　　　　　　　　　　　**P228-1**

　　A. 消费者(consumer)　　　　　　B. 成本(cost)

　　C. 渠道(channel)　　　　　　　　D. 沟通(communication)

　　E. 便利(convenient)

28. 市场追随者可供选择的策略有(　　)。　　　　　　　　　　　　　　　　　　**P195-1**

　　A. 紧密追随　　　　　　　　　　B. 距离追随

　　C. 选择追随　　　　　　　　　　D. 专业化追随

　　E. 扩大市场总需求

29. 抽样计划涉及的问题主要有(　　)。　　　　　　　　　　　　　　　　　　　**P181-1**

　　A. 抽样技巧　　B. 抽样技能　　C. 抽样单位　　D. 抽样数目　　E. 抽样程序

30. 若以学龄前儿童为沟通对象,"喜之郎"果冻布丁的广告媒体可选择(　　)。　　　**P225-1**

　　A. 电视　　　　B. 报纸　　　　C. 广播　　　　D. 杂志　　　　E. 广告宣传单

四、简答题(本大题共 2 小题,每小题 15 分,共 30 分)

31. 简述需求差别定价的主要形式及适用条件。　　　　　　　　　　　　　　　　　**P215-1**

32. 简述产品生命周期对促销组合的影响。 **P223-1**

五、论述题(本大题共 20 分)

33. 论述企业借助市场细分可以获得的利益。 **P186-1**

六、案例分析(本大题共 5 小题,每小题 4 分,共 20 分)

　　国内某化妆品公司于 20 世纪 80 年代初开发出适合东方女性需求特点的具有独特功效的系列化妆品,并在多个国家获得了专利保护。营销部经理初步分析了亚洲各国和地区的情况,首选日本作为主攻市场。为迅速掌握日本市场的情况,公司派员直赴日本,主要运用调查法收集一手资料。调查结果显示,日本市场需求潜力大,购买力强,且没有同类产品竞争者,这使公司人员兴奋不已。在调查的基础上,按照年龄层次将日本女性化妆品市场划分为 15～18 岁、18～25 岁(婚前)、25～35 岁及 35 岁以上四个子市场,并选择了其中一个最大的子市场进行重点开发。营销经理对前期的工作感到相当满意,为确保成功,他正在思考再进行一场试验。另外公司经理还等着与他讨论应采取何种定价策略。

问题:

34. 案例中提到的试验法,从调研的目的来看属于(　　)所使用的方法。 **P182-1**

　　A. 探索性研究　　　B. 定性研究　　　C. 描述性研究　　　D. 因果关系研究

35. 该公司进行的市场细分变量主要有(　　)。(多项选择) **P187-1**

　　A. 行为变量　　　B. 人口因素　　　C. 地理环境变量　　　D. 消费者心理

36. 你认为,(　　)不是该公司在细分市场时应注意的原则。 **P187-2**

　　A. 可实现性　　　B. 可衡量性　　　C. 可盈利性　　　D. 稳定性　　　E. 可区分性

37. 该公司选择了其中一个最大的子市场进行重点开发,这是实施了(　　)。 **P190-1**

　　A. 无差异性市场营销战略　　　　　B. 差异性市场营销战略

　　C. 集中性市场营销战略　　　　　　D. 水平一体化战略

38. 作为新产品,你认为该公司应该使用(　　)。 **P215-1**

　　A. 撇脂策略　　　B. 满意定价策略　　　C. 渗透定价策略　　　D. 随意定价策略

2012 年福建省高职高专升本科入学考试
管理类专业知识　试卷

（考试时间 150 分钟,满分 300 分,共两部分）

答题说明:请将答案写在答题纸相应的位置上。

注意事项:答案写在试卷上一律不给分。

第一部分　管理学原理(150 分)

一、单项选择题(本大题共 15 小题,每小题 2 分,共 30 分,在每小题列出的四个备选项中只有一个是符合题目要求的)

1. 管理的目的是(　　)。　**P81-2**
   A. 合理分配和协调各种资源
   B. 以人为中心
   C. 为了实现既定的目标
   D. 促进组织发展

2. 科学管理理论着重研究(　　)。　**P87-3**
   A. 如何提高单个工人的生产率
   B. 如何提高组织的生产率
   C. 如何提高行业的生产率
   D. 如何提高团队的生产率

3. 行为管理理论早期被称为(　　)。　**P87-4**
   A. 科学管理理论
   B. 组织管理理论
   C. 系统管理理论
   D. 人际关系学说

4. 决策的依据是(　　)。　**P93-2**
   A. 大量的信息
   B. 适量的信息
   C. 满意的原则
   D. 最优的原则

5. 将计划分为具体性计划和指导性计划所依据的分类标准是(　　)。　**P105-1**
   A. 职能空间
   B. 涉及时间长短及其范围广狭
   C. 程序化程度
   D. 内容的明确性

6. 组织决定进行业务收缩,考虑如何剥离非关联业务的变革属于(　　)。　**P124-2**
   A. 战略性变革
   B. 结构性变革
   C. 流程主导性变革
   D. 以人为中心的变革

7. 领导理论中的路径—目标理论的提出者是(　　)。　**P131-2**
   A. 菲德勒
   B. 布莱克
   C. 穆顿
   D. 罗伯特·豪斯

8. 企业生产经营活动中,税金的交纳是属于控制中的(　　)。　**P146-2**
   A. 过程控制
   B. 跟踪控制
   C. 自适应控制
   D. 最佳控制

9. 同期控制也可以称为(　　)。　**P146-3**
   A. 过程控制
   B. 前馈控制
   C. 反馈控制
   D. 成果控制

10. 决定组织中层级数目最基本因素是(　　)。　**P116-1**
    A. 组织战略
    B. 人的因素
    C. 有效的管理幅度
    D. 组织的领导

11. 领导在带领、引导和鼓舞部下为实现组织目标而努力的过程中,要具有的作用是(　　)。　**P129-1**
    A. 计划、组织和控制
    B. 指挥、协调和激励
    C. 决策、激励和控制
    D. 指挥、沟通和引导

12. 在集体决策中,如果决策者彼此的意见有较大的分歧,直接开会讨论的效果并不好,可能争执不下,可以 采用的定性决策方法是( )。 **P94-2**

   A. 头脑风暴法 　　　　　　　　　　　　B. 名义小组技术

   C. 德尔菲技术 　　　　　　　　　　　　D. 决策模拟演练

13. 在动态环境中生存的社会经济系统,必须不断调整系统活动的内容和目标,以适应环境变化的要求,这 种管理职能被称为( )。 **P151-1**

   A. 决策 　　　　B. 组织 　　　　C. 创新 　　　　D. 控制

14. 组织的控制工作应该针对企业的实际状况,采取必要的措施,这属于有效控制的( )。 **P149-2**

   A. 适时控制 　　　　B. 适度控制 　　　　C. 客观控制 　　　　D. 弹性控制

15. 以下理论中属于韦伯贡献的是( )。 **P87-5**

   A. "理想的行政组织体系"理论 　　　　　　B. 一般管理理论

   C. 组织行为理论 　　　　　　　　　　　　D. 系统管理理论

二、多项选择题(本大题共 5 小题,每小题 4 分,共 20 分,在每小题列出的五个备选项中至少有两个是符合题 目要求的)

16. 亚当斯的公平理论认为,员工总是在进行比较,员工选择的与自己进行比较的参照类型有( )。 **P142-1**

   A. 其他人 　　　B. 制度 　　　C. 职位 　　　D. 自我 　　　E. 责任

17. 组织设计的任务包括( )。 **P112-2**

   A. 职能与职务的分析与设计 　　　　　　B. 部门设计

   C. 战略目标设计 　　　　　　　　　　　D. 组织变革设计

   E. 层级设计

18. 以下关于矩阵型组织结构论述正确的是( )。 **P114-1**

   A. 矩阵型组织结构中横向和纵向管理系统的职权不具有平衡对等性

   B. 矩阵型组织结构中横向和纵向管理系统的职权具有平衡对等性

   C. 矩阵型组织结构打破了统一指挥的传统原则

   D. 矩阵型组织结构不存在多重指挥线

   E. 矩阵型组织中的信息和权力等资源完全实现充分的共享

19. 以下因素中属于赫兹伯格双因素理论中保健因素的有( )。 **P138-1**

   A. 责任 　　　B. 地位 　　　C. 同事关系 　　　D. 公司政策 　　　E. 承认

20. 从创新与环境的关系来分析,可将创新分为( )。 **P151-1**

   A. 消极防御型创新 　　　　　　　　　　B. 积极攻击型创新

   C. 积极防御型创新 　　　　　　　　　　D. 有组织的创新

   E. 自发创新

三、简答题(本大题共 2 小题,每小题 15 分,共 30 分)

21. 简述目标管理的过程。 **P110-1**

22.简述计划的性质与作用。 **P105-1**

四、论述题(本大题共 20 分)

23.领导生命周期理论的主要观点是什么？该理论对管理者有何启示？ **P134-1**

五、计算题(本大题共 30 分)

24.某企业计划生产某种产品,根据市场预测分析,产品的销路存在三种可能性:销路好、销路一般和销路差。生产这种产品有三种方案:改进生产线、新建生产线和外包生产。各种方案的收益值如下表:

企业产品各方案在不同市场情况下的收益 单位:万元

项 目	销路好	销路一般	销路差
(1)改进生产线	260	160	−100
(2)新建生产线	220	200	−60
(3)外包生产	160	50	20

根据上述资料计算:

(1)如果决策者对未来持乐观态度,请判断该决策者会选择哪种方案。 **P97-3**

(2)如果决策者对未来持悲观态度,请判断该决策者会选择哪种方案。 **P97-3**

(3)如果决策者采用最小最大后悔值决策方法,请判断该决策者会选择哪种方案。 **P98-3**

六、案例分析题(本大题共 20 分)

25.T 公司是一家做医疗器械的贸易公司,其代理的数个国际骨科品牌均取得过不俗业绩。创业之初,为降低经营风险,公司建立了鲜明的商人文化,公司从国外制造商拿到产品,按照一定比例加价卖给业务员,业务员加价卖给二级代理商,二级代理商再加价卖给医院,每个人、每个环节都是一个完整的"商人",依靠交易量和利润赚取自己的收入,创业时期这种文化带动了员工和经销商的热情,公司很快就实现了销量上的突破,成为行业老大。近年,高端骨科市场增长放缓,T 公司想进入研发制造领域,建立自有品牌,开发二、三级市场,却发现根本就无法调动现有资源。这一方面是因为,长期以来公司的"商人文化"让员工过分关注短期利益,不愿在品牌积累、长期市场开发上下功夫;另一方面,医院和医生的关系也都积累在业务员个人身上,而业务员对公司的忠诚度极差,当竞争对手开始将注意力放在挖 T 公司业务员的时候,T 公司发现自己的体系太脆弱了,只要有利可图,核心员工很容易"跳槽",为了留住这些员工,T 公司增加了员工的提成,结果运营成本越来越高。T 公司利润连续数年下滑。

阅读上述案例,请回答以下问题:

(1)什么是组织文化,结合案例谈谈你对组织文化功能的认识。(12 分) **P127-1**

(2)结合组织变革管理的相关知识,请你为 T 公司设计出解决当前困境的方法。(8分)　　　**P125-1**

第二部分　市场营销(150分)

一、填空题(本大题共 13 小题,每空 2 分,共 30 分)

1. 市场是建立在社会分工和商品生产,即商品经济基础上的＿＿＿＿＿＿＿。　　　**P155-2**

2. 市场的发展是一个由＿＿＿＿＿＿＿决定,而由＿＿＿＿＿＿＿推动的动态过程。　　　**P156-3**

3. 通过满足需求达到＿＿＿＿＿＿＿,最终实现包括利润在内的企业目标,是现代市场营销的基本精神。

　　　P161-1

4. 顾客让渡价值是指企业转移的、顾客感受得到的＿＿＿＿＿＿＿。它一般表现为顾客购买价值与顾客
   购买成本的差额。　　　**P161-2**

5. 所谓企业价值链,是指企业＿＿＿＿＿＿＿的互不相同,但又互相关联的经济活动的集合。　　　**P161-3**

6. ＿＿＿＿＿＿＿是存在于企业营销部门外部的不可控制的因素和力量,这些因素和力量是影响企业营
   销活动及其目标实现的外部条件。　　　**P167-1**

7. ＿＿＿＿＿＿＿是指工商企业为从事生产、销售等业务活动,以及政府部门和非营利组织为履行职责
   而购买产品和服务所构成的市场。　　　**P177-2**

8. ＿＿＿＿＿＿＿是以顾客需求的某些特征或变量为依据,区分具有不同需求的顾客群体的过程。　　　**P186-1**

9. 促销的核心是＿＿＿＿＿＿＿。　　　**P223-1**

10. 菲利普·科特勒认为,企业所有部门为服务于顾客利益而共同工作时,其结果就是＿＿＿＿＿＿＿。　　　**P229-2**

11. 促销策略从总的指导思想上可分为＿＿＿＿＿＿＿策略和＿＿＿＿＿＿＿策略。　　　**P223-2**

12. ＿＿＿＿＿＿＿是美国波士顿咨询公司进行投资组合分析时提出的一种研究模式。　　　**P165-1**

13. ＿＿＿＿＿＿＿是企业营销环境研究中最常用的分析手段。　　　**P167-2**

二、单项选择题(本大题共 10 小题,每小题 2 分,共 20 分,在每小题列出的四个备选项中只有一个是符合题
   目要求的)

14. (2012 年,第 8 题)人类的(　　)引发生产行为,指示着生产的方向和规模,推动着生产和交换的发展。　　　**P230-4**
    A. 交换需要　　　B. 消费需要　　　C. 购买欲望　　　D. 有效需求

15. 影响政府购买决策的主要因素除了社会公众监督因素、国际国内政治形势因素和国际国内经济形势因
    素外,还包括(　　)等。　　　**P179-1**
    A. 自然因素　　　B. 生产因素　　　C. 市场因素　　　D. 消费因素

16. 企业营销信息系统包括:内部报告系统、营销情报系统、营销调研系统和(　　)等。　　　**P180-1**
    A. 客户关系系统　　　B. 营销分析系统　　　C. 政策情报收集系统　　　D. 国际情报收集系统

17. 按照调研的目的可以将营销调研分为探测性调研、描述性调研和（　　）等。 **P180-1**

　　A. 原因性调研　　　　B. 结果性调研　　　　C. 因果性调研　　　　D. 不确定性调研

18. 消费者市场细分的标准包括：地理环境因素、人口因素、消费心理因素和（　　）等四个方面。 **P184-1**

　　A. 收入因素　　　　　B. 消费行为因素　　　　C. 宗教信仰因素　　　　D. 受教育因素

19. 市场定位的方式有避强定位、对抗性定位和（　　）等。 **P191-1**

　　A. 对弱定位　　　　　B. 模仿性定位　　　　C. 重新定位　　　　D. 适应性定位

20. 市场领导者的基本战略包括：扩大总需求、保护市场份额和（　　）等。 **P194-1**

　　A. 扩大市场份额　　　B. 低价渗透　　　　C. 垄断渠道　　　　D. 扩大差异化

21. 根据消费特点，可以将消费品分为便利品、选购品、特殊品和（　　）等四种类型。 **P197-1**

　　A. 必需品　　　　　　B. 奢侈品　　　　　C. 渴求品　　　　　D. 非渴求品

22. 成本导向定价的具体方式不包括（　　）。 **P211-2**

　　A. 成本加成定价　　　B. 目标定价　　　　C. 边际成本定价　　　　D. 平均成本定价

23. 按照分销渠道宽度确定的分销策略不包括（　　）。 **P217-2**

　　A. 密集性分销　　　　B. 双渠道分销　　　　C. 选择性分销　　　　D. 独家分销

三、多项选择题(本大题共 10 小题，每小题 3 分，共 30 分，在每小题列出的四个备选项中至少有两个是符合题目要求的)

24. 顾客购买总价值由（　　）等构成。 **P160-1**

　　A. 产品价值　　　　　B. 服务价值　　　　C. 人员价值　　　　D. 形象价值

25. 企业战略具有（　　）等基本特征。 **P163-1**

　　A. 全局性　　　　　　B. 长远性　　　　　C. 抗争性　　　　　D. 纲领性

26. 企业基本的成长战略包括（　　）等。 **P164-1**

　　A. 密集式成长战略　　B. 一体化成长战略　　C. 多元化成长战略　　D. 快速成长战略

27. 企业可选择的基本竞争战略包括（　　）等。 **P165-1**

　　A. 成本领先战略　　　B. 差异化战略　　　　C. 集中或聚焦战略　　D. 技术领先战略

28. 企业营销目标市场战略包括（　　）等。 **P189-1**

　　A. 差异性营销战略　　B. 无差异性营销战略　　C. 集中性营销战略　　D. 低成本战略

29. 分销渠道管理的主要内容包括（　　）等。 **P219-1**

　　A. 选择渠道成员　　　B. 激励渠道成员　　　C. 评估渠道成员　　　D. 控制渠道成员

30. 产品导入期基本的市场营销策略有（　　）等。 **P202-1**

　　A. 快速掠取策略　　　B. 缓慢掠取策略　　　C. 快速渗透策略　　　D. 缓慢渗透策略

31. 产品组合决策的基本方式包括（　　）等。 **P200-1**

　　A. 扩大产品组合　　　B. 缩减产品组合　　　C. 产品线延伸　　　D. 产品线现代化

32. 市场营销部门的主要组织形式有（　　）等。 **P231-1**

　　A. 职能型组织　　　　B. 地区型组织　　　　C. 产品管理型组织　　D. 市场管理型组织

33. 影响消费者购买行为的外在因素包括（　　）等。 **P171-1**

　　A. 文化因素　　　　　B. 相关群体　　　　　C. 家庭　　　　　　D. 角色身份

四、简答题(本大题共 2 小题,每小题 15 分,共 30 分)

34.简述改变消费者态度的主要策略。　　　　　　　　　　　　　　　　　　　　　　　　**P173-1**

35.简述竞争者分析的主要内容。　　　　　　　　　　　　　　　　　　　　　　　　　**P193-1**

五、论述题(本大题共 1 小题,每小题 20 分,共 20 分)

36.论述市场细分的作用及原则。　　　　　　　　　　　　　　　　　　　　　　　　　**P187-2**

六、案例分析题(本大题共5小题,每小题4分,共20分)

　　20世纪60年代是美国社会大变革的时代,自30年代大危机开始执行的政府干预经济政策在二战期间得到巩固,二战后持续的经济繁荣和长期的政府干预经济带来的更充分就业,使年青一代美国人信心十足、意气风发,个性特征突出,表现在消费方面则是处处标新立异,敢于表露自己的爱好、展示自己的梦想。

　　60年代初,美国社会年轻人中兴起一股赛车热。赛车流线的外观,强大的动力,轰鸣的马达,飞快的速度,飞翔的体验,让年轻人痴迷发狂,赛车成为年轻人魂牵梦绕的钟情物。但年轻人毕竟收入和积累有限,一辆赛车动辄上万甚至数万美元的价格,使得绝大多数年轻人只能望车兴叹,好梦难圆。尽管如此,赛车产品已经为欧洲汽车公司和美国通用汽车公司得到了丰厚的收益,这让还没有推出自己赛车产品的福特汽车公司十分尴尬着急。

　　对市场地位突出的福特汽车公司来说,完全有能力在较短时间开发出足以与市场上现有赛车产品相竞争的产品,但推出产品后面临的激烈市场竞争让福特汽车公司十分踌躇。开发出让多数年轻人都能买得起的"赛车"的想法显得很有吸引力。福特汽车公司通过市场调研发现,多数年轻人能够支付得起的价格是2500美元,但按照这个价格,企业无论如何也不可能有利润地提供真正的赛车产品。能不能开发出成本低于2500美元,具有部分赛车功能,并得到年轻人认可的产品呢?经过征询产品研发部门的意见,福特发现在低于2500美元成本下,开发出具有赛车外观、内饰,具有更加强大发动机的仿真赛车是可能的,于是,以尽量模仿赛车和降低成本为出发点的新产品开发进入研发程序。在产品快要投入市场的时候,福特汽车公司开始高调在市场上造势,这款仿真赛车受到了年轻人的热切期盼。1964年4月,福特汽车公司的"野马"赛车以2368美元的价格一投放市场,就立刻受到追捧,并持续热销。在最初的几年,这款赛车为福特汽车公司创造了11亿美元的净利润,成为其有史以来最赚钱的汽车。

问题:

37.案例中,福特汽车公司采取了以(　　)为标准的细分市场方式。　　　　　　　　**P187-3**

　　A. 地理环境因素　　　　B. 人口因素　　　　　C. 消费心理因素　　　　D. 消费行为因素

38.案例中,福特汽车公司采取了(　　)的市场定位方式。　　　　　　　　　　　**P192-1**

　　A. 避强定位　　　　　　B. 对抗性定位　　　　C. 重新定位　　　　　　D. 市场导向定位

39.案例中,福特汽车公司坚持了(　　)的新产品开发战略。　　　　　　　　　　**P231-1**

　　A. 成本导向　　　　　　B. 需求导向　　　　　C. 差异化导向　　　　　D. 集中化导向

40.案例中,福特汽车公司采取了(　　)的定价策略。　　　　　　　　　　　　　**P215-2**

　　A. 渗透定价　　　　　　B. 撇脂定价　　　　　C. 适中定价　　　　　　D. 随行就市定价

41.案例中,福特汽车公司推出的"野马"赛车在市场引入期采取了(　　)的市场营销策略。　**P203-2**

　　A. 快速掠取策略　　　　B. 快速渗透策略　　　C. 缓慢掠取策略　　　　D. 缓慢渗透策略

2013年福建省普通高职(专科)专升本招生统一考试
管理类专业基础课　试卷

(考试时间150分钟,满分300分)

考生答题注意事项:

1. 答题前,考生务必在试题卷、答题卡规定的地方填写自己的准考证号、姓名(答题卡背面填写姓名)。考生要认真核对答题卡粘贴的条形码的"准考证号、姓名"与考生本人准考证号、姓名是否一致。
2. 本试卷分为两部分:第一部分为选择题,第二部分为非选择题。选择题每小题选出答案后,用2B铅笔把答题卡上对应题目的答案标号涂黑。如需改动,用橡皮擦干净后,再选涂其他答案标号。非选择题用0.5毫米黑色签字笔并严格按照题号顺序在答题卡上书写作答,在试题答卷上作答无效。
3. 考试结束后,考生必须将试题卷和答题卡一并交回。
4. 合理安排答题空间,超出答题区域无效。

第一部分　选择题

一、单项选择题(本大题共30小题,每小题2分,共60分,在每小题列出的四个备选项中只有一个是符合题目要求的)

1. 在管理思想史上被称为"科学管理之父"的是(　　)。　　**P87-6**
   A. 亚当·斯密　　B. 罗伯特·欧文　　C. 亨利·法约尔　　D. 泰罗

2. 梅奥对其领导的霍桑试验进行总结,认为工人是(　　)。　　**P88-7**
   A. 经济人　　B. 社会人　　C. 理性人　　D. 复杂人

3. 非程序化决策的决策者主要是(　　)。　　**P94-3**
   A. 高层管理者　　B. 中层管理者　　C. 基层管理者　　D. 技术专家

4. 根据计划的明确性,可以把计划分类为(　　)。　　**P105-2**
   A. 长期计划和短期计划　　　　　　　　B. 战略性计划和战术性计划
   C. 具体性计划和指导性计划　　　　　　D. 程序性计划和非程序性计划

5. 在企业进行战略环境分析的"天、地、彼、此"中,"地"是指(　　)。　　**P109-1**
   A. 外部一般环境　　　　　　　　　　　B. 企业竞争所处的行业环境
   C. 企业竞争对手　　　　　　　　　　　D. 企业自身条件

6. 企业中管理干部的管理幅度,是指他(　　)。　　**P116-2**
   A. 直接管理的下属数量　　　　　　　　B. 所管理的部门数量
   C. 所管理的全部下属数量　　　　　　　D. 所管理的部门数量和下属数量之和

7. 一家产品单一的跨国公司在世界许多国家和地区拥有客户和分支机构,该公司的组织结构最应该考虑的划分因素是(　　)。　　**P113-1**
   A. 职能　　B. 产品　　C. 地区　　D. 项目

8. 组织变革的第一步是(　　)。　　**P126-1**
   A. 通过组织诊断,发现变革征兆　　　　B. 分析变革因素,制定改革方案
   C. 选择正确方案,实施变革计划　　　　D. 评价变革效果,及时进行反馈

9. 菲德勒提出的领导情景理论是(　　)。　　**P131-3**
   A. 权变理论　　　　　　　　　　　　　B. 路径—目标理论
   C. 领导生命周期理论　　　　　　　　　D. 管理方格论

10. 张教授到某企业咨询,企业李总热情接待张教授,并介绍公司的具体情况,才说 15 分钟,就被人叫了出去,10 分钟后回来继续,不到 15 分钟,又被叫出去。这样,整个下午 3 个小时李总一共被叫出去 10 次之多,使得企业情况介绍时断时续。这说明( )。 **P117-3**

    A. 总经理不重视管理咨询   B. 该企业可能这几天遇到了紧急情况

    C. 总经理可能过度集权   D. 总经理重视民主管理

11. 根据马斯洛需要层次论,人的行为决定于( )。 **P137-3**

    A. 需要层次   B. 激励程度   C. 精神状态   D. 主导需求

12. 提出激励过程的期望理论的是( )。 **P141-1**

    A. 麦格雷戈   B. 亚当斯   C. 弗鲁姆   D. 斯金纳

13. 考虑到企业在生产经营过程中经常可能遇到某种突发的、无力抗拒的变化,控制应当是( )。 **P150-3**

    A. 适时控制   B. 适度控制   C. 客观控制   D. 弹性控制

14. "治病不如防病,防病不如讲卫生。"根据这一说法,应采取的控制方式是( )。 **P146-4**

    A. 预先控制   B. 同期控制   C. 反馈控制   D. 实施控制

15. 组织创新工作经历的内外因素分析,是指( )。 **P151-1**

    A. 分析公司所面对的内外环境因素   B. 确定公司新的愿景和战略

    C. 进行组织重构和重新分配资源   D. 进行创新进程的控制和评估创新的成果

16. 市场营销的核心是( )。 **P155-1**

    A. 生产   B. 分配   C. 交换   D. 促销

17. 执行推销观念的企业,称为推销导向企业。其口号是( )。 **P157-3**

    A. 我们生产什么就卖什么   B. 我们卖什么就让人们买什么

    C. 市场需要什么就生产什么   D. 好酒不怕巷子深

18. 具有较高增长率和较高市场占有率的经营单位是( )。 **P163-1**

    A. 问号类   B. 明星类   C. 奶牛类   D. 瘦狗类

19. 恩格尔定律表明,随着消费者收入的提高,恩格尔系数将( )。 **P168-1**

    A. 越来越小   B. 保持不变   C. 越来越大   D. 趋近于零

20. 体育明星和电影明星是其崇拜者的( )。 **P171-1**

    A. 成员群体   B. 直接参照群体   C. 厌恶群体   D. 向往群体

21. 生产者用户初次购买某种产品或服务称为( )。 **P178-1**

    A. 直接重购   B. 修正重购   C. 重购   D. 新购

22. 收集第一手资料的主要工具是( )。 **P180-2**

    A. 计算机   B. 乱数表   C. 调查表   D. 统计年鉴

23. 同一细分市场的顾客需求具有( )。 **P184-2**

    A. 绝对的共同性   B. 较多的共同性   C. 较少的共同性   D. 较多的差异性

24. 市场领导者保护其市场份额的途径是( )。 **P194-2**

    A. 以攻为守   B. 增加使用量   C. 转变未使用者   D. 寻找新用途

25. 每种产品实质上是为满足市场需要而提供的( )。 **P197-2**

    A. 服务   B. 质量   C. 效用   D. 功能

26. 品牌资产是一种特殊的( )。 **P205-1**

    A. 无形资产   B. 有形资产   C. 潜在资产   D. 固定资产

27. 为鼓励顾客购买更多物品,企业给大量购买产品顾客的一种减价称为(　　)。 **P212-3**

    A. 功能折扣　　　　B. 数量折扣　　　　C. 季节折扣　　　　D. 现金折扣

28. 向最终消费者直接销售产品和服务,用于个人及非商业性用途的活动属于(　　)。 **P220-1**

    A. 零售　　　　　　B. 批发　　　　　　C. 代理　　　　　　D. 直销

29. 促销工作的核心是(　　)。 **P222-1**

    A. 出售商品　　　　B. 沟通信息　　　　C. 建立良好关系　　　D. 寻找顾客

30. 满足市场的需要,创造满意的顾客,是企业最为基本的(　　)。 **P230-5**

    A. 组织形式　　　　B. 宗旨和责任　　　　C. 主要职能　　　　D. 营销观念

二、多项选择题(本大题共20小题,每小题3分,共60分,在每小题列出的五个备选项中至少有两个是符合题目要求的)

31. 根据卡茨的研究,管理者应该具备的管理技能是(　　)。 **P83-1**

    A. 技术技能　　B. 人际技能　　C. 概念技能　　D. 组织技能　　E. 领导技能

32. 决策的特点是(　　)。 **P93-1**

    A. 目标性　　B. 可行性　　C. 不可选择性　　D. 满意性　　E. 最优性

33. 从环境的可控制程度看,可把决策分为(　　)。 **P96-1**

    A. 确定型决策　　B. 风险型决策　　C. 不确定型决策　　D. 集体决策　　E. 个体决策

34. 计划是(　　)。 **P104-1**

    A. 面向未来的　　　　　　B. 过去的总结

    C. 现状的描述　　　　　　D. 面向行动的

    E. 不可操作的

35. 组织设计的任务是(　　)。 **P112-3**

    A. 研究与开发　　　　　　B. 提供组织结构系统图

    C. 分析财务构成　　　　　　D. 编制职务说明书

    E. 招聘员工

36. 领导者的权力来源有(　　)。 **P129-1**

    A. 法定权　　B. 奖赏权　　C. 惩罚权　　D. 感召权　　E. 专长权

37. 布莱克和穆顿在提出管理方格时,列举出典型的领导方式是(　　)。 **P133-1**

    A. 乡村俱乐部型　　B. 贫乏型　　C. 中庸之道型　　D. 任务型　　E. 团队型

38. 根据马斯洛需要层次论,每个人都有的、由低到高的需要是(　　)。 **P138-2**

    A. 生理的需要　　　　　　B. 安全的需要

    C. 社交或情感的需要　　　　D. 尊重的需要

    E. 自我实现的需要

39. 根据赫兹伯格双因素理论,"双因素"是指(　　)。 **P138-3**

    A. 精神因素　　B. 物质因素　　C. 保健因素　　D. 激励因素　　E. 心理因素

40. 一位父亲为了鼓励小孩用功学习,向小孩提出:如果在下学期每门功课都考95分以上,就给物质奖励。小孩会因受到激励而用功学习的可能条件是(　　)。 **P143-2**

    A. 平时成绩较好,有可能各门功课都考95分以上

    B. 奖励的东西是小孩最想要的

    C. 奖励的东西是小孩不想要的

D. 父亲说话向来都是算数的

E. 父亲说话向来都是不算数的

41. 按照管理大师彼得·德鲁克的说法，企业的基本职能是（　　）。　　**P156-1**

    A. 生产　　　　　　B. 组织　　　　　　C. 市场营销　　　　D. 创新　　　　E. 控制

42. 顾客总价值包括（　　）。　　**P160-2**

    A. 商品品牌　　　　B. 服务价值　　　　C. 人员价值　　　　D. 产品价值　　　E. 形象价值

43. 多因素投资组合矩阵依据市场吸引力的大小和竞争能力的强弱分为九个区域，由它们组成三种战略地带。这三种战略地带是（　　）。　　**P164-2**

    A. "红色地带"　　B. "绿色地带"　　C. "黄色地带"　　D. "蓝色地带"　　E. "白色地带"

44. 对环境威胁的分析，一般着眼于（　　）。　　**P170-1**

    A. 威胁是否存在　　　　　　　　　　　B. 威胁的潜在严重性

    C. 威胁的征兆　　　　　　　　　　　　D. 预测威胁到来的时间

    E. 威胁出现的可能性

45. 一个国家的文化包括的亚文化群主要有（　　）。　　**P171-2**

    A. 语言亚文化群　　　　　　　　　　B. 宗教亚文化群

    C. 民族亚文化群　　　　　　　　　　D. 种族亚文化群

    E. 地理亚文化群

46. 政府购买方式有（　　）。　　**P179-1**

    A. 公开招标选购　　B. 议价合约选购　　C. 直接购买　　D. 日常性采购　　E. 专家购买

47. 市场调研计划的内容主要包括（　　）。　　**P181-2**

    A. 资料来源　　　　B. 调研方法　　　　C. 调研工具　　　　D. 抽样计划　　　E. 接触方法

48. 市场细分的原则包括（　　）。　　**P189-2**

    A. 可控制性　　　　B. 可实现性　　　　C. 可区分性　　　　D. 可衡量性　　　E. 可盈利性

49. 产品可以根据其耐用性和是否有形进行分类，大致可分为（　　）。　　**P197-1**

    A. 高档消费品　　　B. 低档消费品　　　C. 耐用品　　　　　D. 非耐用品　　　E. 服务

50. 在人员推销活动中的三个基本要素为（　　）。　　**P224-1**

    A. 需求　　　　　　B. 购买力　　　　　C. 推销人员　　　　D. 推销对象　　　E. 推销品

第二部分　非选择题

三、填空题（本大题共10小题，每小题2分，共20分）

51. 需求是指人们有能力购买并愿意购买某个具体产品的_____。　　**P156-4**

52. 交易通常有两种方式：一是货币交易，二是_____。　　**P156-5**

53. 在过量需求的情况下，营销管理的任务是实施_____。　　**P160-1**

54. 以消费者为中心的观念，又称_____。　　**P160-2**

55. 选择目标市场的前提是_____。　　**P186-2**

56. 菲利普·科特勒最新提出的产品整体概念应包括五个层次，即：核心产品、形式产品、期望产品、延伸产品和_____。　　**P198-2**

57. 产品包装按其在流通过程中作用不同，可以分为运输包装和_____。　　**P208-1**

58. 企业的分销策略通常分为三种：密集分销、选择分销和_____。　　**P219-1**

59.常用的培训推销人员方法有讲授培训、模拟培训和＿＿＿＿＿＿＿＿。　　**P224-1**

60.适合于在某一特定时期、一定任务条件下的短期性促销活动中使用的方式是＿＿＿＿＿＿＿＿。　　**P227-1**

四、简答题(本大题共 4 小题,每小题 15 分,共 60 分)

61.简述组织设计要遵循的五个基本原则。　　**P113-1**

62.简述激励强化理论的主要内容。　　**P144-1**

63.简述目标市场战略的三种类型和企业选择目标市场战略所依据的五个条件。　　**P190-1**

64.简述企业降价与提价的主要原因。　　**P216-1**

五、论述题(本大题共 2 小题,每小题 20 分,共 40 分)

65.试述计划的编制过程。　　**P108-1**

66.试述包装策略的主要类型。　　**P208-1**

六、计算题(本大题共 20 分)

67. 某厂要决定下个五年计划期间生产某种电子产品的生产批量,根据以往的销售统计资料及市场预测得知,未来市场出现销路好、销路一般和销路差三种情况的概率分别为 0.3、0.5 和 0.2;若该产品按大、中、小三种不同批量投产,则下个五年计划期内在不同的销售状态下的收益值可以估算出来,如下表所示。试用决策树法分析并计算出三个方案的各自收益值,并选出收益值最大的方案。(只需计算,无须绘制决策树图)

企业产品各方案在不同市场情况下的收益   单位:万元

项目	销路好	销路一般	销路差
大批生产	20	14	−2
中批生产	17	12	10
小批生产	0	8	6

(1)方案 1:大批生产的期望值。　　　　　　　　　　　　　　　　　　　**P98-4**

(2)方案 2:中批生产的期望值。　　　　　　　　　　　　　　　　　　　**P98-4**

(3)方案 3:小批生产的期望值。　　　　　　　　　　　　　　　　　　　**P98-4**

(4)进行抉择:比较三个方案的计算结果并选出收益值最大的方案。　　　　**P98-4**

七、案例分析题(本大题2个案例,共10小题,每小题4分,共40分,在每小题列出的四个备选项中只有一个是符合题目要求的)

（一）

　　张东升是某矿业公司的露天矿机维修钳工,毕业于技工学校,他干劲大、手艺精湛、人缘好,同事和上级都挺喜欢他,车间李主任认为他是骨干,常让他代表自己去矿上或公司开干部会,大家都说李主任的接班人非他莫属。

　　今天是周一,他正赶上白班,傍晚突然传来李主任病重逝世的消息,大家都很悲痛。次日一早,分管人事的周副矿长来电话,要张东升暂时代理车间主任,行使权力,以不使工作受损;还特别关注车间正在抢修的一台装载机,问几时能修好,这可是矿上等着要用的装载机。张东升答应周四中午前一定修好交用。

　　星期三上午,周副矿长把张东升召去,正式通知他公司已任命他继任车间主任,并表示了祝贺和期望,然后张东升就匆匆赶回车间,参加突击抢修那台装载机去了。任务很重,他不放心,又跟着夜班工人继续干到晚上9点多,再三叮嘱夜班班长抓紧工作。周四早上,张东升特别早到班,发现昨晚矿上又有四辆自卸式载重卡车送来维修,而那台装载机还未修好,张东升赶忙把全车间白班职工召到一起,说明了面临的修车任务如何重要、迫切和艰巨,号召大家化悲痛为力量,群策群力,尽快完成任务。工人们纷纷表态要努力干活,如期修好这批车辆。

　　张东升略感松了一口气,就上去检查库存是否足以应付这批抢修任务。这时,公司采掘队来电话,说他们一台主力设备32吨自卸卡车抛锚在现场,要求派人去抢修。张东升知道如今人人手头的活都又多又紧,就自己背起工具箱,到现场去抢修了。

　　待他修好那台自卸卡车,回到车间,已经快中午了。他发现车间里乱哄哄一片;四辆待修自卸车中有三辆在停工待料,忙问这是怎么回事。工人们说已故李主任以前定下的规矩,备件要主任签过字才能领取,这时,矿上又有两台故障车送到待修。张东升刚办完接车手续,周副矿长又来电话要装载机了。听说还没修好,周副矿长老大不快,埋怨活抓得不紧,并强调这会给矿上带来很大损失。刚放下电话,公司常务副总经理又来电话,让张东升马上去总部出席紧急干部会议。

　　本来张东升知道自己被正式提升为车间主任后,还挺高兴,也颇有信心当好这个主任,如今想法好像有些变了。他怀疑这提升对自己究竟是不是一件好事,对能否胜任主任一职,也变得不太有把握了。

问题:

68.造成张东升被提升为主任后头几天混乱的最主要原因是(　　)。　　　　　　　　　　　　　**P85-1**

　　A.他还不具备担任基层管理干部所需的素质

　　B.他还没有认清干部与工人所应担当角色的不同

　　C.这一期间车间的任务恰好太多太重

　　D.上级交给他的任务过多而帮助过少

69.优秀基层干部的主要特征是(　　)。　　　　　　　　　　　　　　　　　　　　　　　　　　**P85-2**

　　A.听从上级指示,坚决执行,任劳任怨

　　B.跟群众打成一片,吃苦在前

　　C.发挥好计划、组织、领导、控制等管理职能

　　D.努力学习政治,有很强的进取心

70. 基层的和高层的管理工作在性质上的主要差别在于(   )。 **P85-3**

    A. 基层管理被授予的权力小,因而责任和风险也较小;高层管理工作则反之

    B. 基层管理涉及工作较偏局部、短期和操作性,而高管则偏全局、长期和决策性

    C. 以上两点都属于基层和高层管理的主要差别

    D. 以上两点都不属于基层和高层管理的主要差别

71. 事已至此,张东升的当务之急是(   )。 **P85-4**

    A. 从手下工人中挑选一两个能干而负责的人来充当自己的助手

    B. 认真学习管理理论,并运用于工作中

    C. 先认真思考一下车间主任的工作要求,明确新岗位的责任与权力

    D. 立刻向领导要求给予岗位指导和培训

72. 事到如今,张东升的直接上级应采取的首要措施是(   )。 **P134-1**

    A. 减少机修车间的工作量,适当放宽完工期限

    B. 对张东升进行上岗培训,并对他的工作给予指导和帮助

    C. 马上打电话去鼓励他,增加其信心与责任感

    D. 不必做什么特别的事让他自行发展,逐渐成熟起来

(二)

某顾客计划购买一台无氟无霜电冰箱,甲品牌售价2900元/台,但每逢周六、周日进行促销活动,可按进价销售,进货价差为5％。乙品牌是一个知名品牌,与甲品牌同在一个商场销售,服务较多,售价3000元/台,不搞促销活动。

问题:

73. 顾客若在周六、周日购买甲品牌冰箱,实际需(   )。 **P231-2**

    A. 2900元   B. 2875元   C. 2785元   D. 2755元

74. 乙品牌的价格策略采用的是,以显示其产品的质量(   )。 **P211-1**

    A. 尾数定价   B. 整数定价   C. 招徕定价   D. 渗透定价

75. 现代顾客购买产品时,最主要是考虑(   )。 **P162-1**

    A. 产品价格   B. 服务   C. 折扣   D. 顾客让渡价值

76. 甲产品的折扣属于(   )。 **P215-3**

    A. 现金折扣   B. 数量折扣   C. 折让   D. 功能折扣

77. 乙品牌的营销策略,相对比较起来(   )比较高。 **P162-2**

    A. 顾客总成本   B. 顾客总价值   C. 体力耗费   D. 人员价值

2014年福建省普通高职(专科)专升本招生统一考试
管理类专业基础课　试卷

(考试时间150分钟,满分300分)

考生答题注意事项:

1. 答题前,考生务必在试题卷、答题卡规定的地方填写自己的准考证号、姓名(答题卡背面填写姓名)。考生要认真核对答题卡粘贴的条形码的"准考证号、姓名"与考生本人准考证号、姓名是否一致。
2. 本试卷分为两部分:第一部分为选择题,第二部分为非选择题。选择题每小题选出答案后,用2B铅笔把答题卡上对应题目的答案标号涂黑。如需改动,用橡皮擦干净后,再选涂其他答案标号。非选择题用0.5毫米黑色签字笔并严格按照题号顺序在答题卡上书写作答,在试题答卷上作答无效。
3. 考试结束后,考生必须将试题卷和答题卡一并交回。
4. 合理安排答题空间,超出答题区域无效。

第一部分　选择题

一、单项选择题(本大题共30小题,每小题2分,共60分,在每小题列出的四个备选项中只有一个是符合题目要求的)

1. 管理的主体是(　　)。　　**P81-3**
   A. 管理者
   B. 被管理者
   C. 管理的任务、职能与层次
   D. 处理好人际关系

2. 按照时间的长短,计划可分为(　　)。　　**P105-3**
   A. 生产计划、财务计划、供应计划、劳资计划、安全计划
   B. 上层管理计划、中层管理计划、基层管理计划
   C. 专项计划、综合计划
   D. 长期计划、中期计划、短期计划

3. 兰德公司创立的通过反复多次听取有关专家意见,最后达成一致意见的预测方法是(　　)。　　**P94-4**
   A. 回归分析法　　B. 德尔菲法　　C.头脑风暴法　　D.盈亏分析法

4. 高层管理者更多地需要(　　)。　　**P81-4**
   A. 人际技能　　B. 管理技能　　C. 概念技能　　D. 技术技能

5. 管理层次少而管理宽度大的组织结构被称为(　　)。　　**P117-4**
   A. 直线型组织结构
   B. 扁平式组织结构
   C. 职能型组织结构
   D. 事业部制组织结构

6. 梅奥通过其领导的霍桑试验建立了人际关系学说,该学说属于(　　)。　　**P88-8**
   A. 行为管理理论　　B. 古典管理理论　　C. 系统管理理论　　D. 权变管理理论

7. 管理幅度与管理层次成(　　)。　　**P117-5**
   A. 正比　　B. 反比　　C. 横比　　D. 纵比

8. 为了最大限度地刺激人的劳动积极性,泰罗创立并推行(　　)。　　**P88-9**
   A. 差别计件工资制　　B. 计件工资制　　C.计时工资制　　D. 奖励工资制

9. 泰罗的科学管理理论出现在(　　)。　　**P88-10**
   A.19世纪末20世纪初
   B.20世纪30年代
   C.20世纪40年代
   D.20世纪60年代

10. 弗鲁姆提出的激励理论认为(　　)。　　**P136-1**
    A. 激励力=期望值×效价
    B. 人是社会人
    C. 对主管人员来说,最重要的需求是成就需求
    D. 激励不是一种简单的因果关系

11. 法约尔的代表作是（   ）。 **P88-11**
   A.《社会组织与经济组织理论》   B.《管理决策新科学》
   C.《科学管理原理》   D.《工业管理和一般管理》

12. 提出公平理论的是（   ）。 **P141-2**
   A. 麦格雷戈   B. 亚当斯   C. 弗鲁姆   D. 斯金纳

13. 泰罗认为工人和雇主双方都必须来一次（   ）。 **P88-12**
   A. 管理培训   B. 管理实践   C. 劳动竞赛   D. 心理革命

14. 古典管理理论阶段的代表性理论是（   ）。 **P88-13**
   A. 科学管理理论   B. 管理科学理论   C. 行为科学理论   D. 权变理论

15. 按照领导者权力运用方式不同,领导风格类型之一是（   ）。 **P130-1**
   A. 自由型   B. 民主型   C. 竞争型   D. 科学型

16. 市场营销的最终目标是（   ）。 **P155-2**
   A. 满足需求和欲望   B. 获取利润
   C. 求得生存和发展   D. 把商品推销给消费者

17. 以"顾客需要什么,我们就生产供应什么"作为其座右铭的企业属于（   ）。 **P157-4**
   A. 生产导向型   B. 推销导向型
   C. 市场营销导向型   D. 社会市场营销导向型

18. 市场增长率和相对市场占有率都较低的经营单位是（   ）。 **P163-2**
   A. 问号类   B. 明星类   C. 奶牛类   D. 瘦狗类

19. 消费者购买决策过程的参与者中营销人员最关心的是（   ）。 **P174-2**
   A. 发起者   B. 影响者   C. 决定者   D. 购买者

20. 有些产品品牌差异明显,但消费者不愿花长时间来选择和估价,而是不断变换所购产品的品牌,这种购买行为称为（   ）。 **P174-3**
   A. 习惯性的购买行为   B. 多样性的购买行为
   C. 减少失调感的购买行为   D. 复杂的购买行为

21. 市场预测方法中的小组讨论法属于（   ）。 **P183-1**
   A. 购买者意向调查法   B. 综合销售人员意见法
   C. 市场试验法   D. 专家意见法

22. 某鞋厂专门生产 3～6 岁儿童的鞋子,该厂的市场细分依据是（   ）。 **P184-3**
   A. 地理细分   B. 人口细分   C. 心理细分   D. 行为细分

23. 某饮料企业向老年人、中年人、青年人等几个子市场销售同一种产品,该企业所使用的市场覆盖模式是（   ）。 **P188-2**
   A. 市场集中化   B. 选择专业化   C. 市场专业化   D. 产品专业化

24. 国内某手机制造商推出一款高度模仿某著名品牌的热销手机,该企业所采取的跟随战略是（   ）。 **P195-1**
   A. 紧密跟随   B. 盲目跟随   C. 选择跟随   D. 距离跟随

25. 某公司以低价格和高促销费用推出新产品,这种新产品策略是（   ）。 **P201-2**
   A. 快速撤脂策略   B. 缓慢撤脂策略   C. 快速渗透策略   D. 缓慢渗透策略

26. 对于生产经营不同质量等级产品的企业,应采用的包装策略是（   ）。 **P207-1**
   A. 类似   B. 等级   C. 分类   D. 配套

27. 企业利用消费者具有仰慕名牌商品或名店所产生的某种心理,对质量不易鉴别的商品的定价最适宜采用（   ）。 **P212-4**
   A. 尾数定价   B. 声望定价   C. 招徕定价   D. 反向定价

28. 某场比赛的门票以座位所在区位不同分别制定不同的价格，该定价策略属于（　　）。　**P213-5**
　　A. 产品部位差别定价　　　　　　　　　B. 顾客差别定价
　　C. 销售时间差别定价　　　　　　　　　D. 产品形式差别定价

29. 评估分销渠道好坏最重要的标准是（　　）。　**P218-3**
　　A. 适应性标准　　　　B. 控制性标准　　　　C. 经济性标准　　　　D. 效率性标准

30. 一般日常生活用品适合在（　　）媒体做广告。　**P225-1**
　　A. 户外媒体　　　　B. 专业杂志　　　　C. 报纸　　　　D. 电视

二、多项选择题(本大题共 16 小题，每小题 3 分，共 48 分，在每小题列出的五个备选项中至少有两个是符合题目要求的)

31. 管理的二重性是指管理的（　　）。　**P83-2**
　　A. 科学性　　　B. 艺术性　　　C. 自然属性　　　D. 社会属性　　　E. 实践性

32. 美国学者波特的五力模型中，除了行业竞争对手外，还有（　　）。　**P109-1**
　　A. 供应商　　　　　　　　　　B. 销售商
　　C. 替代品生产者　　　　　　　D. 政府政策
　　E. 潜在竞争者

33. 管理职能有（　　）。　**P83-3**
　　A. 计划　　　B. 领导　　　C. 管理　　　D. 控制　　　E. 组织

34. 管理原则是管理者在管理实践中必须遵循的基本原则，这些原则主要有（　　）。　**P154-1**
　　A. 适度原则　　　B. 人本原则　　　C. 最优化原则　　　D. 满意原则　　　E. 管理原则

35. 梅奥在总结霍桑试验的基础上得出的结论有（　　）。　**P90-2**
　　A. 人是社会人
　　B. 人的行为是由动机导向的，而动机则是由需要引起的
　　C. 人的需要是有层次的
　　D. 正式组织中存在着非正式组织
　　E. 人是经济人

36. 下列选项属于计划中的"5W1H"的有（　　）。　**P105-2**
　　A. 做什么　　　B. 跟谁做　　　C. 为什么做　　　D. 谁去做　　　E. 怎样做

37. 按照管理的层次划分，管理者可以分为（　　）。　**P84-4**
　　A. 高层管理者　　　　　　　　B. 综合管理者
　　C. 中层管理者　　　　　　　　D. 基层管理者
　　E. 科技管理者

38. 控制类型按照不同时间分，包括（　　）。　**P147-1**
　　A. 直接控制　　　B. 前馈控制　　　C. 反馈控制　　　D. 现场控制　　　E. 制度控制

39. 顾客让渡价值中顾客购买总成本包括（　　）。　**P161-3**
　　A. 货币成本　　　B. 时间成本　　　C. 可变成本　　　D. 固定成本　　　E. 体力成本

40. 企业多角化成长战略包括（　　）。　**P165-3**
　　A. 纵向多角化　　　　　　　　B. 垂直多角化
　　C. 同心多角化　　　　　　　　D. 水平多角化
　　E. 综合多角化

41. 微观环境指与企业紧密相联，直接影响企业营销能力的各种参与者，包括（　　）。　**P167-1**
　　A. 企业本身　　　　　　　　　B. 市场营销渠道企业
　　C. 顾客　　　　　　　　　　　D. 竞争者
　　E. 社会公众

42. 影响消费者购买行为的内在因素有（　　）。 **P172-1**
   A. 文化因素　　　　　　　　　　　B. 社会因素
   C. 心理因素　　　　　　　　　　　D. 生理因素
   E. 经济因素（个人）

43. 选择目标市场营销战略的条件有（　　）。 **P189-3**
   A. 企业能力　　　B. 产品同质性　　　C. 可衡量性　　　D. 市场的类同性　　E. 可盈利性

44. 市场定位战略主要有（　　）。 **P191-1**
   A. 产品差别化战略　　　　　　　　B. 品牌差别化战略
   C. 人员差别化战略　　　　　　　　D. 用途差别化战略
   E. 形象差别化战略

45. 影响定价的主要因素包括（　　）。 **P210-1**
   A. 定价目标　　　　　　　　　　　B. 产品成本
   C. 竞争者的产品和价格　　　　　　D. 居民收入
   E. 市场需求

46. 品牌给消费者带来的好处有（　　）。 **P205-1**
   A. 便于消费者辨认、识别商品　　　B. 有利于维护消费者利益
   C. 促进产品改良，满足消费需求　　D. 保护品牌所有者的合法利益
   E. 促进产品销售

第二部分　非选择题

三、填空题（本大题共 10 小题，每空 2 分，共 26 分）

47. 市场营销管理的实质是_____。 **P160-3**

48. 组织市场包括生产者市场、_____、非营利组织市场和政府市场。 **P177-3**

49. 影响消费者购买行为的理论中最有代表性的是_____模式。 **P206-2**

50. 从消费者对信息的信任程度看，_____和个人来源最高。 **P171-1**

51. 市场细分的客观依据是_____差异的存在。 **P186-3**

52. 市场领导者战略包括_____、保护现有市场份额和扩大市场份额。 **P195-1**

53. 品牌是一个集合概念，它包括品牌名称和_____两部分。 **P205-1**

54. 物流目标的选择应兼顾_____、_____。 **P221-1**

55. 促销策略包括人员推销、广告、_____、_____。 **P223-3**

56. 4C 观念包括消费者、_____、_____和沟通。 **P229-3**

四、简答题（本大题共 4 小题，每小题 15 分，共 60 分）

57. 简述四种人性假设。 **P148-1**

58. 简述马斯洛的需要层次理论。 **P139-2**

59.简述新产品开发的程序。   **P204-1**

60.简述影响分销渠道选择的因素。   **P219-1**

五、论述题(本大题共 2 小题,每小题 20 分,共 40 分)

61.试述赫兹伯格的双因素理论("双因素";每个因素所包含内容;对于"满意、不满意"问题的理解,赫兹伯
   格与我们一般人的差别;解除员工"不满"和达到员工"满意"的方法)。   **P138-1**

62.试述促销的作用及促销组合应考虑的因素。   **P223-1**

六、计算题(本大题共 26 分)

63.ST民营企业生产 U 产品,市场销路有三种可能情况:畅销、一般、滞销。备选方案有三个:一是扩建,二
   是技术改造,三是维持现状。收益值如下表:

单位:万元

项　　目	畅　　销	一　　般	滞　　销
扩建	300	120	−70
技术改造	150	100	−30
维持现状	80	30	10

(1)试用大中取大乐观法、小中取大悲观法进行决策。   **P98-5**

(2)若知销路好的概率为0.6,销路一般的概率为0.3,销路差的概率为0.1,试用决策树法进行决策(无须绘制决策树图)。

计算:

①扩建方案的预期收益值。   **P98-5**

②技术改造方案的预期收益值。   **P98-5**

③维持现状方案的预期收益值。   **P98-5**

④比较三个方案计算结果并选择收益值最大的方案。   **P98-5**

七、案例分析题(本大题共2个案例,共10小题,每小题4分,共40分,在每小题列出的四个备选项中只有一个是符合题目要求的)

(一)

QS公司是一个现代石油化工生产企业,由于这种行业具有特殊性和危险性,公司一开始就实行从严从实管理,制定岗位操作要求,实行公司、厂两级的检查和奖惩制度。

公司所属烯烃厂裂解一班工人提出"自我管理,让领导放心"的口号,并提出"免检"申请。公司抓住这一契机,在全公司推广创"免检"活动,并细化为一套可操作的行为准则,这就是:(1)工作职责标准化;(2)专业管理制度化;(3)现场管理定量化;(4)岗位培训星级化;(5)工作安排定期化;(6)工作过程程序化;(7)经济责任和管理责任契约化;(8)考核奖惩定量化;(9)台账资料规格化;(10)管理手段现代化。

公司开展"信得过"活动,使企业基层以及整个企业的管理水平有了显著提高。主要表现在:

(1)职工的主人翁意识普遍增强,实现了职工从"我被管理"到"我来管理",群众性从严管理蔚然成风。

(2)基层建设方面明确了由专业管理制度、管理人员职责范围和工作标准、班组级岗位十项规章制度等三方面构成,使基层管理水平有了明显提高。

(3)星级管理使职工主动学技术、技能,努力成为多面手;对管理装置工艺流程全面了解,提高了处理本岗本系统突发事件的应变能力,事故发生率大幅度降低。

(4)企业经济效益显著提高。

问题:

64. QS公司的"信得过"管理采用的管理的基本方法是(　　)。　　　　**P139-1**

　　A. 职责管理、经济管理

　　B. 过程管理、现场管理

　　C. "自我管理,让领导放心"、"免检"、准则十条

　　D. "免检"、准则十条

65. 整个企业的管理水平有了显著提高,主要表现在以下四条,其中最重要的是(　　)。　　**P85-5**

　　A. 职工的主人翁意识普遍增强,实现了职工从"我被管理"到"我来管理",群众性从严管理蔚然成风

　　B. 基层建设方面明确了由专业管理制度、管理人员职责范围和工作标准、班组级岗位十项规章制度等三方面构成,使基层管理水平有了明显提高

　　C. 星级管理使职工主动学技术、技能,努力成为多面手;对管理装置工艺流程全面了解,提高了处理本岗本系统突发事件的应变能力,事故发生率大幅度降低

　　D. 企业经济效益显著提高

66. 职工的主人翁意识普遍增强,实现了职工从"我被管理"到"我来管理",群众性从严管理蔚然成风;基层建设方面明确了十项规章制度等三方面构成,使基层管理水平有了明显提高。这里体现的两种企业文化是(　　)。　　　　**P128-2**

　　A. 物质文化、精神文化　　　　　　　　B. 精神文化、制度文化

　　C. 物质文化、制度文化　　　　　　　　D. 表层文化、制度文化

67. "以人为中心的管理"即(　　)。　　　　　　　　　　　　　　**P86-6**

　　A. 制度管理　　　B. 人本管理　　　C. 文化管理　　　D. 科学管理

68. 奖惩制度的实施,突出了美国心理学家斯金纳的(　　)。　　　　**P145-2**

　　A. 期望理论　　　B. 公平理论　　　C. 需要层次理论　　　D. 强化理论

(二)

从2005年开始,某饮料公司(以下称A公司)以大热之势成为中国营销界最具黑马本色的名字,在此之前,A公司饮料作为凉茶在两广的大街小巷里沉淀100多年,作为"清热解毒去暑湿"的中草药饮料,"凉茶"这一概念是典型性的地域概念,除了两广,其他地区的消费者对于"凉茶"这一概念几乎一无所知,在上火的时候也从没有想到喝凉茶,都是通过牛黄解毒片之类的清热解毒类药品来解决问题,这成了A公司打入全

国市场难以逾越的障碍。显然,如果以"凉茶"的概念切入全国市场,不但市场培育过程缓慢,而且培育"凉茶"概念的费用也是一个无底洞。A公司在定位上摆脱了"凉茶"概念的纠缠,跳入海量的"饮料"市场中竞争,并在海量的"饮料"市场中区隔出一个新品类——"预防上火的饮料"! 把凉茶的功能删繁就简归纳为"怕上火",使其通俗化和时尚化。

A公司饮料从口感来看像山楂水一样,更接近饮料的味道,满足了全国各地不同消费者的口感要求。从功效来看,有"预防上火"和"降火"的作用,这种实实在在的功效是凉茶与其他饮料相比的核心优势。"上火"是人们可以真实感知的一种亚健康状态,随着人们健康意识的提高,"预防上火"和"降火"的市场需求日益庞大。A公司饮料的功效正好满足了这个未被切割的市场需求。

A公司成功启动全国市场并迅速飙红,巨额广告投放持续不断地轰炸也是其杀手锏之一。2003年、2004年、2005年、2006年,A公司的宣传推广投入分别是4000多万元、1亿元、1亿多元、2亿多元。其销量也随着广告投入猛增3年"3级跳"——2003年6亿元,2004年10亿元,2005年一举跃升到30亿元,2006年上半年已达到18亿元。在巨额的广告投入中,A公司始终把中央电视台这一全国性品牌最好的孵化机器当作打造品牌的第一平台,同时针对区域市场的营销需要在地方卫视上投放广告,以弥补中央电视台广告到达率的不足,报纸和终端广告也在产品的销售中起到了有力的支持作用。A公司在中央电视台2007年广告招标大会上,又以4.2亿元成为2007年央视广告的标王。

A公司终端的铺货和执行非常到位,几乎在所有大中型卖场都统一上TC或者端架,以及形象堆头。除了卖场广告外,店招广告和招贴海报在大街小巷出现的频率也极高。A公司不仅进入了各种商超,甚至进入餐饮店、酒吧。在一些城市,A公司还选择湘菜馆、川菜馆、火锅店作为"A公司诚意合作店"。2004年起,A公司与肯德基合作,A公司凉茶正式进入洋快餐店肯德基,借助肯德基的品牌和网点资源来拓展市场。

另外,A公司在汶川地震中捐款1个亿,并牵头粤港澳凉茶企业由政府出面申请将凉茶列入中国非物质文化保护遗产目录,这些做法更加体现了A公司敏锐的营销意识。

问题:

69.依据产品的整体概念,A公司的"预防上火"的功效所体现的是(　　　)。　　　**P198-1**

　　A.形式产品　　　　　B.核心产品　　　　　C.期望产品　　　　　D.潜在产品

70.案例中A公司采取的市场定位方式是(　　　)。　　　**P192-2**

　　A.差异定位　　　　　B.避强定位　　　　　C.重新定位　　　　　D.对抗性定位

71.案例中A公司采用的分销策略是(　　　)。　　　**P219-1**

　　A.密集分销　　　　　B.选择分销　　　　　C.独家分销　　　　　D.混合分销

72.案例中A公司在选择广告媒体时考虑的最主要因素是(　　　)。　　　**P226-1**

　　A.产品的性质　　　　　　　　　　B.媒体的费用

　　C.媒体的影响力　　　　　　　　　D.消费者接触媒体的习惯

73.案例中A公司的市场营销管理观念是(　　　)。　　　**P162-3**

　　A.以企业为中心的观念　　　　　　B.以消费者为中心的观念

　　C.以推销为中心的观念　　　　　　D.以社会长远利益为中心的观念

2015年福建省普通高校专升本招生考试
管理类专业基础课　试卷

（考试时间150分钟,满分300分）

考生答题注意事项:

1. 答题前,考生务必在试卷、答题卡规定的地方填写自己的准考证号、姓名。考生要认真核对答题卡粘贴的条形码的"准考证号、姓名"与考生本人准考证号、姓名是否一致。

2. 本试卷分为两部分:第一部分为选择题,第二部分为非选择题。选择题每小题选出答案后,用2B铅笔将答题卡上的相应代码涂黑。如需改动,用橡皮擦干净后,再选涂其他答案代码。非选择题用0.5毫米黑色签字笔在答题卡上书写作答,在试卷上作答无效。

3. 考试结束后,考生必须将试卷和答题卡一并交回。

4. 合理安排答题空间,超出答题区域无效。

第一部分　选择题

一、单项选择题(本大题共30小题,每小题2分,共60分。在每小题列出的四个备选项中只有一个是符合题目要求的。1～15小题为管理学试题,16～30小题为市场营销试题)

1. 为了保证计划与实际作业动态相适应,组织需要的职能是(　　)。 **P146-5**

   A. 计划职能　　　　　B. 控制职能　　　　　C. 领导职能　　　　　D. 组织职能

2. 管理者在和员工一起工作并通过员工努力来确保目标的实现时,他们就在扮演(　　)。 **P81-5**

   A. 人际角色　　　　　B. 信息角色　　　　　C. 决策角色　　　　　D. 冲突管理者角色

3. 管理人员区别于一般工作人员,是因为管理者是需要(　　)。 **P82-6**

   A. 与他人配合完成组织目标　　　　　　　B. 从事具体的文件签发审阅工作

   C. 协调他人的努力以实现组织目标　　　　D. 对自己的工作成果负责

4. 威廉·大内在分析研究了日本的企业管理经验之后,提出了(　　)。 **P154-1**

   A. X理论　　　　　B. Y理论　　　　　C. 超Y理论　　　　　D. Z理论

5. 从管理的角度看,对"一条船不能有两个船长"这句话的解释,下列说法最恰当的是(　　)。 **P111-1**

   A. 在领导班子中如果有多个固执己见的人最终会降低管理效率

   B. 对于要高度集权管理的组织不能允许有多个直线领导核心

   C. 一个组织中的能人太多必然会造成内耗增加从而导致效率下降

   D. 组织中不能允许存在两种以上的观点,否则易造成管理混乱

6. 双因素理论中的保健因素是指(　　)。 **P137-4**

   A. 能影响和促进职工工作满意度的因素　　B. 能保护职工心理健康的因素

   C. 能预防职工心理疾病的因素　　　　　　D. 能影响和预防职工不满意感发生的因素

7. 在经营单位组合分析法中,具有较高业务增长率和较低市场占有率的经营单位是(　　)。 **P94-5**

   A. 金牛　　　　　B. 明星　　　　　C. 幼童　　　　　D. 瘦狗

8. 根据涉及时间长短及其范围广狭的综合性标准,可以把计划分类为(　　)。 **P106-4**

   A. 战略性计划和战术性计划　　　　　　　B. 长期计划和短期计划

   C. 具体性计划和指导性计划　　　　　　　D. 程序性计划和非程序性计划

9. 下列企业中,最适合采用矩阵式组织结构的是(　　)。 **P113-2**

   A. 钢铁厂　　　　　B. 医院　　　　　C. 学校　　　　　D. 软件开发公司

10. 以下最能说明企业组织采取越来越分权的做法是(　　)。　　**P117-6**
    A. 更多的管理人员能对下属提出的建议行使否决权
    B. 下属提出更多的建议并有更大的比例被付诸实施
    C. 较低层次的管理人员愿意提出更多、更重要的改进建议
    D. 采取了更多的措施减轻高层主要领导的工作负担

11. 甲经理把产品销售的任务委派给一位副经理,由其负责所有地区的经销办事处,但同时甲经理又要求各地区经销办事处的负责人直接向会计师汇报每天的销售数字,而会计师也可以直接向各经销办事处的负责人下指令。甲经理的这种做法违反的原则是(　　)。　　**P111-2**
    A. 命令统一原则
    B. 权责对等原则
    C. 集权化原则
    D. 职务提高、职能分散原则

12. 采取工作轮换的方式来培养管理人员,其最大的优点是有助于(　　)。　　**P122-1**
    A. 提供受训者的业务专精能力
    B. 减轻上级领导的工作压力
    C. 增强受训者的综合管理能力
    D. 考察受训者的高层管理能力

13. 某企业规定,员工上班迟到一次,扣发当月 50% 的奖金,自此规定出台之后,员工迟到现象基本消除,这种强化方式是(　　)。　　**P141-3**
    A. 正强化
    B. 负强化
    C. 惩罚
    D. 忽视

14. 马斯洛的需要层次论认为,处于需要最高层次的是(　　)。　　**P137-5**
    A. 自我实现的需要
    B. 生理的需要
    C. 感情的需要
    D. 尊重的需要

15. 某公司财务经理授权会计科长管理应付款,会计科长由于太忙,不能亲自处理,便授权属下一位会计负责此事。会计科长对应付款的管理是(　　)。　　**P117-7**
    A. 不再负有责任
    B. 责任与原来相同
    C. 责任减轻
    D. 不再负有主要责任

16. 春节假期期间,国内许多高速公路车满为患,行车速度缓慢,从需求管理的角度看,旅客对高速公路的需求是(　　)。　　**P158-5**
    A. 负需求
    B. 过量需求
    C. 不规则需求
    D. 有害需求

17. 某不锈钢厂为了企业发展,创办了一个生产不锈钢餐具的工厂,这种战略属于(　　)。　　**P163-3**
    A. 前向一体化
    B. 后向一体化
    C. 水平一体化
    D. 同心多元化

18. 产品组合中所拥有的产品线的数目被称为产品组合的(　　)。　　**P199-2**
    A. 宽度
    B. 长度
    C. 深度
    D. 关联度

19. 电池生产企业推出了无汞电池,以减少对环境的破坏,它所奉行的市场营销管理哲学是(　　)。　　**P158-6**
    A. 产品观念
    B. 推销观念
    C. 市场营销观念
    D. 社会市场营销观念

20. 进行环境分析时,低机会水平和低威胁水平的业务被称为(　　)。　　**P169-1**
    A. 理想业务
    B. 冒险业务
    C. 成熟业务
    D. 困难业务

21. 营销信息系统中,用于提供外部环境的"变化资料",帮助营销主管人员了解市场动态并指明未来的新机会及问题的子系统是(　　)。　　**P180-2**
    A. 内部报告系统
    B. 营销情报系统
    C. 营销调研系统
    D. 营销分析系统

22. 宝洁公司同样的洗衣粉经常采用两种以上不同的品牌,这种品牌战略叫作(　　)。　　**P205-2**
    A. 统一品牌战略
    B. 个别品牌战略
    C. 多品牌战略
    D. 分类品牌战略

23. 通过市场调查发现,某高档手机的热销是由于人们生活水平的提高引起的,这一因素属于外部宏观环境中的(　　)。　　**P168-2**
    A. 经济环境
    B. 人口环境
    C. 技术环境
    D. 社会文化环境

24. 牙膏这样的生活日用品适合采用的分销策略是（　　）。　　　　　　　　**P218-4**
    A. 独家分销　　　　　　B. 选择性分销　　　　　C. 针对性分销　　　　D. 密集性分销

25. 某企业原来只生产高档手表,后来增加了中低档手表的生产,这种产品线延伸策略称为（　　）。　**P201-3**
    A. 向上延伸　　　　　　B. 向下延伸　　　　　　C. 向前延伸　　　　　D. 向后延伸

26. 在产品生命周期的成长期,促销策略的重点是（　　）。　　　　　　　　**P201-4**
    A. 提高知名度　　　　　B. 树立产品形象　　　　C. 提醒使用　　　　　D. 介绍产品

27. 某企业将其创新产品的价格定得相对较低,以吸引顾客购买,提高市场占有率,这种新产品定价的策略
    称为（　　）。　　　　　　　　　　　　　　　　　　　　　　　　　　**P213-6**
    A. 成本导向定价　　　　B. 理解价值定价　　　　C. 撇脂定价　　　　　D. 渗透定价

28. 对于经营资源有限的中小企业而言,要打入新市场适宜采用（　　）。　　　**P188-3**
    A. 集中市场营销　　　　B. 差异性市场营销　　　C. 社会市场营销　　　D. 无差异性市场营销

29. 下列促销方式中,具有非正规性和非经常性特点,只能作为辅助性促销方式的是（　　）。　**P227-1**
    A. 人员推销　　　　　　B. 广告　　　　　　　　C. 销售促进　　　　　D. 公共关系

30. 下列选项中属于零售商的是（　　）。　　　　　　　　　　　　　　　　**P220-2**
    A. 佣金商　　　　　　　B. 仓储商店　　　　　　C. 采购办事处　　　　D. 销售代理商

二、多项选择题(本大题共 20 小题,每小题 3 分,共 60 分。在每小题的五个备选答案中,选出两个至五个正确的答案。31～40 小题为管理学试题,41～50 小题为市场营销试题)

31. 科学管理理论的代表人物有（　　）。　　　　　　　　　　　　　　　　**P90-3**
    A. 泰罗　　　　　B. 甘特　　　　　C. 法约尔　　　　　D. 韦伯　　　　　E. 梅奥

32. 下列属于 X 理论的观点有（　　）。　　　　　　　　　　　　　　　　　**P154-2**
    A. 员工会自觉勤奋
    B. 员工以自我为中心,漠视组织要求
    C. 员工大多数具备做出正确决策的能力
    D. 员工天性好逸恶劳,尽可能逃避工作
    E. 需要强迫员工工作,迫使他们实现组织目标

33. 组织设计的原则有（　　）。　　　　　　　　　　　　　　　　　　　　**P112-4**
    A. 权责对等　　　　　　　　　　　B. 人人有事做
    C. 命令统一　　　　　　　　　　　D. 尽量减轻管理者的压力,多设副职
    E. 因人设职与因事设职相结合

34. 规模的扩大对组织结构的影响有（　　）。　　　　　　　　　　　　　　**P113-5**
    A. 分权化　　　　　　　　　　　　B. 集权化
    C. 规范化　　　　　　　　　　　　D. 专职管理人员的数量增加
    E. 复杂性提高

35. 扁平结构的组织具有的优点有（　　）。　　　　　　　　　　　　　　　**P119-2**
    A. 信息传递速度快　　　　　　　　B. 每位主管能够对下属进行详尽的指导
    C. 有利于下属发挥主动性和首创精神　D. 信息失真的可能性小
    E. 上下级之间关系比较紧密

36. 外部招聘具有的优点有（　　）。　　　　　　　　　　　　　　　　　　**P121-1**
    A. 被聘干部具有"外来优势",没有历史包袱
    B. 能够为组织带来新鲜空气
    C. 有利于使被聘者迅速开展工作
    D. 有利于鼓舞士气,提高工作热情
    E. 有利于平息和缓和内部竞争者之间的紧张关系

37. 激励理论主要有（　　）。　　　　　　　　　　　　　　　　　　　　**P143-3**

    A. 管理方格理论　　B. 需要层次理论　　C. 权变理论　　　　D. 公平理论　　　　E. 期望理论

38. 根据时机、对象和目标的不同,控制类别有（　　）。　　　　　　　　　**P147-2**

    A. 最佳控制　　　B. 前馈控制　　　　C. 反馈控制　　　　D. 同期控制　　　E. 程序控制

39. 创新与维持的关系说法正确的有（　　）。　　　　　　　　　　　　　　**P151-2**

    A. 维持是创新的逻辑延续　　　　　　B. 创新是维持的逻辑延续

    C. 维持是为了实现创新的成果　　　　D. 创新是为更高层次的维持提供依托和框架

    E. 二者相互联系、不可或缺

40. 在企业生产经营活动中,属于跟踪控制性质的有（　　）。　　　　　　　**P148-3**

    A. 税金的交纳　　　　　　　　　　　B. 利润、工资、奖金的分配

    C. 信息控制程序　　　　　　　　　　D. 资金、材料的供应

    E. 职工成绩评定

41. 多因素投资组合矩阵对战略经营单位进行评估时,采用的评估因素有（　　）。　**P165-4**

    A. 市场增长率　　　　　　　　　　　B. 市场吸引力

    C. 相对市场占有率　　　　　　　　　D. 市场占有率

    E. 竞争能力

42. 产品整体概念中,属于形式产品的有（　　）。　　　　　　　　　　　　**P198-2**

    A. 品质　　　　　B. 特征　　　　　　C. 说明书　　　　　D. 包装　　　　　E. 商标

43. 下列选项中属于组织市场的有（　　）。　　　　　　　　　　　　　　　**P214-1**

    A. 家庭市场　　　　　　　　　　　　B. 生产者市场

    C. 中间商市场　　　　　　　　　　　D. 非营利组织市场

    E. 政府市场

44. 市场营销调研按调研目的可分为（　　）。　　　　　　　　　　　　　　**P181-3**

    A. 探测性调研　　　　　　　　　　　B. 描述性调研

    C. 计划性调研　　　　　　　　　　　D. 因果关系调研

    E. 销售调研

45. 下列属于地理细分变量的有（　　）。　　　　　　　　　　　　　　　　**P185-1**

    A. 国籍　　　　　B. 国家　　　　　　C. 气候　　　　　　D. 城市规模　　　E. 人口密度

46. 产品包装按其在流通过程中作用的不同,可以分为（　　）。　　　　　　**P207-1**

    A. 等级包装　　　B. 类似包装　　　　C. 运输包装　　　　D. 销售包装　　　E. 附赠品包装

47. 下列属于成本导向定价法的有（　　）。　　　　　　　　　　　　　　　**P211-1**

    A. 成本加成定价法　　　　　　　　　B. 边际贡献定价法

    C. 目标定价法　　　　　　　　　　　D. 理解价值定价法

    E. 随行就市定价法

48. 市场领导者要击退其他公司的挑战,保持第一位的优势,可采用的策略有（　　）。　**P194-1**

    A. 扩大总需求　　　　　　　　　　　B. 寻找利基市场

    C. 保护市场份额　　　　　　　　　　D. 扩大市场份额

    E. 紧密跟随策略

49. 推式促销策略一般适用于（　　）。　　　　　　　　　　　　　　　　　**P222-1**

    A. 单价较高的产品　　　　　　　　　B. 流通环节较少的产品

    C. 流通环节较多的产品　　　　　　　D. 市场比较集中的产品

    E. 市场范围较大的产品

50. 与市场营销渠道有所不同的是,分销渠道中不包括(　　)。　　**P217-1**

　　A. 批发商　　　　　B. 零售商　　　　　C. 供应商　　　　　D. 辅助商　　　　　E. 代理商

第二部分　非选择题

三、填空题(本大题共 7 小题,每空 2 分,共 20 分。本大题为市场营销试题)

51. 企业战略一般分为总体战略、＿＿＿＿＿＿＿和职能战略。　　**P163-1**

52. 企业将洗发水、沐浴露放在同一包装物内进行销售的做法被称为＿＿＿＿＿＿＿包装策略。　　**P208-2**

53. 专门为规模较小的或大公司不感兴趣的细分市场提供产品和服务的公司被称为＿＿＿＿＿＿。　　**P196-1**

54. 新产品开发程序的第一个步骤是＿＿＿＿＿＿。　　**P204-1**

55. 使顾客获得更大顾客让渡价值的途径包括＿＿＿＿＿＿和＿＿＿＿＿＿。　　**P161-4**

56. 品牌和商标的外延有所区别,品牌是＿＿＿＿＿＿概念,而商标是＿＿＿＿＿＿概念。　　**P205-2**

57. 产品的最低价格取决于＿＿＿＿＿＿,最高价格取决于＿＿＿＿＿＿。　　**P210-1**

四、简答题(本大题共 4 小题,每小题 15 分,共 60 分。58～59 小题为管理学试题,60～61 小题为市场营销试题)

58. 简述领导情境论中的路径—目标理论的主要内容。　　**P133-1**

59. 简述目标管理的过程。　　**P110-1**

60. 简述营销调研的步骤。　　**P182-1**

61. 简述企业选择目标市场时可参考的市场覆盖模式。　　**P190-2**

五、论述题(本大题共 2 小题,每小题 20 分,共 40 分。62 小题为管理学试题,63 小题为市场营销试题)

62. 试述在组织设计中,管理幅度设计的影响因素。　　**P119-1**

63.试述衰退期的市场特点及可采用的营销策略。　　　　　　　　　　　　　　**P203-1**

六、计算题(本大题共20分)

64.某企业计划扩大某产品的生产,据市场预测,产品销路好的概率为0.7,销路差的概率为0.3。有三种方案可供企业选择:方案1:新建大厂,需投资300万元。据初步估计,销路好时,每年可获利100万元;销路差时,每年亏损20万元,服务期为10年。方案2:新建小厂需投资140万元,销路好时,每年可获利40万元;销路差时,每年仍可获利30万元,服务期为10年。方案3:租赁同行业工厂生产,销路好时,每年可获利60万元;销路差时,每年获利20万元,租赁期为10年,租金200万元。
试用决策树法分析并计算出三个方案在10年内的各自收益值,并选出收益值最大的方案。(只需计算,无须绘制决策树)　　　　　　　　　　　　　　　　　　　　　　　**P99-6**

七、案例分析题(本大题2个案例,共10小题,每小题4分,共40分。在每小题列出的四个备选项中只有一个是符合题目要求的)

(一)

WT公司是一家高科技企业,公司的组织构架如下图所示:

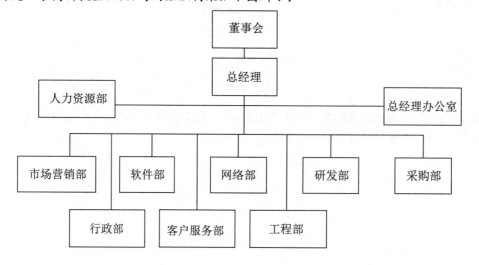

近一年多来,公司的内部管理问题越来越让董事长兼总经理王总感到苦恼,于是,他责成公司的人力资源部林经理做了一个调查,调查的结果反映出:有 10% 的员工对目前的工资极不满意;48% 的中层经理认为公司高层对他们工作的辛苦不理解,补偿的也不够;24% 的工程师表示来 WT 的目的是学技术,将来对自己的出路和身价会很有用;离开公同进入外企的员工中有 35% 的人表示在外企的工资比原来在 WT 的工资要高出 50%~200%。而与此相连的是公司内 40% 的人才流失率。

带着困惑,王总求教了一个美国管理咨询顾问公司。管理咨询顾问公司认为:在高科技行业,员工高流动是一个正常的现象,公司不必要留住所有的员工,甚至要保持一定比率的淘汰率,应该广开渠道,多招人、多淘汰,大浪淘沙,重要的是要留住那些一旦离开会动摇公司基本业务的人。管理咨询顾问公司还建议 WT 应该逐步建立一个机制和工作流程,使公司逐步摆脱对员工个人的依赖。王总觉得很有道理。

王总首先着手对工资结构进行了改革,建立起一个工程师评级的制度。以前的工资结构没有拉开档次,85% 的工程师月工资在 2000 元到 3000 元之间。现在将工程师划分为 5 个等级,对每个等级都建立了严格的评级标准,并规定每半年评比一次。其中,一级工程师是必须留住的人,月工资和福利平均 6000 元;二级工程师是需要争取的,月工资和福利平均 4500 元;三级工程师是至少有 2 年以上实际技术工程经验的,每月平均 2800 元;四级工程师每月 2000 元,五级工程师每月平均 1000 元。

这一招在公司内立刻产生了较大的反响,有人支持,有人提出了异议,尤其是人力资源部林经理。林经理认为王总的做法是治标不治本,首先他对高科技企业员工高流动属正常现象这个观点不以为然。林经理认为:这首先是一个心态的问题,如果公司老板认为员工高流动是件正常的事,那公司就会出现高流动。这个心态很坏,它会使公司失去对员工进行长期培训和建立员工职业发展计划的兴趣,造成公司与员工之间的彼此不信任。林经理认为将员工划分为三六九等会使员工之间失去合力,造成更多的矛盾,使人事工作更加难做。

最近发生了一件事,行政部一位女员工张某家庭关系一直很紧张,最近因为丈夫打了她,两人闹着离婚。她连续一周没来上班,也没有请假。张某平时工作踏实,就是性格比较内向,与行政部王经理平时关系不和。王经理虽然有张某家电话,但没有与张某联系。借此机会,王经理以违反公司规定为由要辞退张某。林经理了解原委后,希望王经理给张某一次机会,不要辞退她,王经理不同意,林经理又找到王总反映情况。王总找到王经理,王经理说:"张某家里即使是天塌下来,也不应该有事不预先请假。如果公司员工以后都像她那样,今后还如何去管?"王总觉得王经理的话也在理。过了几天,张某到人力资源部办理离职手续。

张某请求用林经理的电子邮件向公司全体员工道别,林经理同意了,电子邮件的内容是:"我要走了,感谢大家对我在 WT 工作给予的大力支持,祝大家交好运!"事后,王总批评了林经理,理由是将计算机借给张某向全公司发电子邮件,是动摇军心的行为,作为一名人力资源部工作人员,在这件事情上更不应该没有原则性。

问题:

65. WT 公司组织结构的优点是(　　)。 **P116-1**

A. 符合专业化分工要求,充分发挥员工才能

B. 有利于培养"多面手"管理人才

C. 有利于部门参与决策

D. 有利于资源分配

66. 从"双因素"理论来看,本案例中,员工的培训和职业发展计划分别属于(　　)。 **P139-2**

A. 前者是保健因素,后者是激励因素

B. 前者是激励因素,后者是保健因素

C. 两者都是激励因素

D. 两者都是保健因素

67. 王总的工资改革方案可能产生的影响是（　　）。　　**P145-3**

　　A. 有利于员工对知识、信息和技能的交流学习

　　B. 提高一部分员工的积极性

　　C. 工资成本上升

　　D. 挫伤一部分员工的积极性

68. 在对待女员工张某的态度及其事件的处理上,下列说法中比较合理的是（　　）。　　**P150-1**

　　A. 林经理的做法丧失了原则

　　B. 不符合管理中的"例外处理"原则

　　C. 王经理与王总经理的做法是正确的

　　D. 起到"杀鸡儆猴"的作用

69. 如果王总经理是一个理性的管理者,他对林经理同意张某使用电子邮件产生不满后,要采取的措施是（　　）。　　**P86-7**

　　A. 寻找机会提醒林经理

　　B. 对林经理进行降级处分

　　C. 把林经理调离人力资源部

　　D. 对公司人力资源部工作人员建立职务制度说明

（二）

　　吴先生计划带家人出门旅游,他觉得不同目的地带来的旅游体验完全不同,为了玩得舒心顺利,吴先生花了大量时间收集旅游的信息。吴先生喜欢西藏,但担心父母年纪太大承受不了高海拔,上小学的儿子喜欢北京,但吴先生及妻子都担心北京空气质量差影响老人小孩的身体。咨询亲友和同事后,大家建议一家人去云南旅游,他们积极推荐云南的景点和旅游线路,并建议他们在另一个季节到北京旅游。但云南近期发生的两起损害游客利益事件让吴先生有些犹豫。经过大家的介绍,吴太太对去云南旅游很感兴趣,她觉得损害游客利益的事情只是偶然事件,而且在每个旅游点都有可能发生。几个旅游地点吴先生及家人都没去过,经过权衡,吴太太最后决定一家人近期先到云南旅游,等秋天时再去北京旅游。吴先生着手找旅行社报名参加去云南的旅行团。

问题:

70. 吴先生此次旅游的购买行为属于（　　）。　　**P176-1**

　　A. 复杂的购买行为　　　　　　　　　　B. 寻求多样化的购买行为

　　C. 减少失调感的购买行为　　　　　　　D. 习惯性的购买行为

71. 在此次购买决策过程中,扮演购买者的是（　　）。　　**P176-2**

　　A. 吴先生　　　　　　　　　　　　　　B. 吴太太

　　C. 吴先生的儿子　　　　　　　　　　　D. 亲友和同事

72. 吴太太对去云南旅游感兴趣而忽略了损害游客利益事件的影响,这属于（　　）。　　**P173-1**

　　A. 选择性注意　　　　　　　　　　　　B. 选择性扭曲

　　C. 选择性保留　　　　　　　　　　　　D. 选择性记忆

73. 对吴先生一家最终购买决策影响最大的信息来源属于（　　）。　　**P176-3**

　　A. 经验来源　　　　　　　　　　　　　B. 个人来源

　　C. 公共来源　　　　　　　　　　　　　D. 商业来源

74. 西藏和北京两个旅游目的地被淘汰,发生在此次购买决策过程的（　　）环节。　　**P176-3**

　　A. 问题确认　　　　　　　　　　　　　B. 信息收集

　　C. 方案评价　　　　　　　　　　　　　D. 购买决策

2016 年福建省普通高校专升本招生考试
管理类专业基础课　试卷

考生答题注意事项:

1. 本试卷考试时间 150 分钟,满分 300 分。
2. 答题前,考生务必在试卷、答题卡规定的地方填写自己的准考证号、姓名。考生要认真核对答题卡粘贴的条形码的"准考证号、姓名"与考生本人准考证号、姓名是否一致。
3. 本试卷分为两部分:第一部分为选择题,第二部分为非选择题。选择题每小题选出答案后,用 2B 铅笔将答题卡上的相应代码涂黑。如需改动,用橡皮擦擦干净后,再选涂其他答案代码。非选择题用 0.5 毫米黑色签字笔在答题卡上书写作答,在试卷上作答无效。
4. 考试结束后,考生必须将试卷和答题卡一并交回。
5. 合理安排答题空间,超出答题区域无效。

第一部分　选择题

一、单项选择题(本大题共 30 小题,每小题 2 分,共 60 分。在每小题列出的四个备选项中只有一个是符合题目要求的。1～15 小题为管理学试题,16～30 小题为市场营销试题)

1. 管理的本质是(　　)。 **P82-7**
   A. 实现既定的目标　　　　　　　　　　B. 合理分配和协调各种资源的过程
   C. 获取所需的信息　　　　　　　　　　D. 决策、计划、组织、领导、控制和创新

2. 提出企业应成为一个学习型组织的是(　　)。 **P88-14**
   A. 亚当·斯密　　　B. 彼得·圣吉　　　C. 查尔斯·巴贝奇　　　D. 费雷彼里克·哈尔西

3. 提出为了提高劳动生产率,必须为工作挑选第一流的工人的是(　　)。 **P89-15**
   A. 韦伯　　　B. 法约尔　　　C. 泰罗　　　D. 巴纳德

4. 梅奥的霍桑试验表明(　　)。 **P89-16**
   A. 管理者需要正视企业中非正式组织的存在
   B. 管理者应及时取缔企业中的一切非正式组织
   C. 非正式组织绝对有利于生产率的提高
   D. 非正式组织绝对不利于生产率的提高

5. 控制的过程包括三个基本环节的工作,其正确排序应该是(　　)。 **P149-1**
   A. 确定标准—纠正偏差—衡量成效　　　B. 确定标准—衡量成效—纠正偏差
   C. 衡量成效—纠正偏差—确定标准　　　D. 衡量成效—确定标准—纠正偏差

6. 利用头脑风暴法进行集体决策时,下列做法不正确的是(　　)。 **P95-6**
   A. 鼓励参与者独立思考　　　　　　　　B. 激发参与者提出各种荒诞的想法
   C. 鼓励参与者对别人的建议作评论　　　D. 参与者可以补充完善已有的建议

7. 做什么、为什么做、谁去做、何地做、何时做以及怎么做,是哪一项管理职能的内容?(　　) **P104-2**
   A. 计划　　　B. 组织　　　C. 领导　　　D. 控制

8. 长期计划的时间跨度通常为(　　)。 **P106-5**
   A. 3～5 年　　　B. 5 年左右　　　C. 5 年以上　　　D. 5～10 年

9. 某企业有员工 64 人,假设管理幅度为 4 人,则该企业的管理人员数为(　　)。 **P118-8**
   A. 5　　　B. 20　　　C. 21　　　D. 85

10. 下列哪一项不是组织所采取的传统绩效评估方法?(　　) **P122-1**
    A. 个人自我评价法　　　B. 小组评议法　　　C. 排列评估法　　　D. 头脑风暴法

11. 按照变革的程度与速度不同,组织变革可以分为(   )。   **P124-3**

    A. 主动性变革和被动性变革   B. 渐进式变革和激进式变革

    C. 结构性变革和流程性变革   D. 战略性变革和战术性变革

12. 根据菲德勒权变理论,在环境比较好和环境比较差的情况下,比较有效的领导方式是(   )。 **P132-4**

    A. 两种情况下都是采用人际关系型的领导方式

    B. 两种情况下都是采用工作任务型的领导方式

    C. 前者采用人际关系型的领导方式,后者采用工作任务型的领导方式

    D. 前者采用工作任务型的领导方式,后者采用人际关系型的领导方式

13. 某高校为严肃考场纪律,规定凡违反考场纪律者,一经发现,当科成绩以零分计,下学期初不得参加补

考,并根据违纪情况给予相应的纪律处分,这种强化手段是(   )。   **P142-4**

    A. 自然消退   B. 小题大做   C. 负强化   D. 正强化

14. 过程控制又称为(   )。   **P146-6**

    A. 前馈控制   B. 成果控制   C. 现场控制   D. 事后控制

15. 创新活动必须依据一定的步骤、程序和规律。以下对成功创新需要经历的几个阶段排序正确的是(   )。

    P152-1

    A. 提出构想—寻找机会—迅速行动—忍耐坚持

    B. 提出构想—迅速行动—寻找机会—忍耐坚持

    C. 寻找机会—迅速行动—提出构想—忍耐坚持

    D. 寻找机会—提出构想—迅速行动—忍耐坚持

16. 近年来许多汽车制造企业纷纷推出新款节能汽车,尽可能地减少汽车尾气的排放。这些汽车制造企业

所遵循的市场营销管理哲学是(   )。   **P158-7**

    A. 生产观念   B. 推销观念   C. 市场营销观念   D. 社会市场营销观念

17. 邮寄调查法的优点是(   )。   **P181-3**

    A. 回收率较高   B. 结果较客观   C. 灵活性较强   D. 速度较快

18. 一家计算机软件公司投资进入保健品行业,并且还从事房地产等业务,这种多角化成长战略属于(   )。

    P163-4

    A. 同心多角化   B. 水平多角化   C. 综合多角化   D. 关联多角化

19. 企业营销活动中最重要的消费品购买组织是(   )。   **P171-2**

    A. 企业   B. 政府   C. 家庭   D. 相关群体

20. 在生产者购买决策过程中,提出购买要求的是(   )。   **P178-2**

    A. 决策者   B. 发起者   C. 批准者   D. 信息控制者

21. 某工程机械公司专门向建筑业用户供应推土机、打桩机、超重机、水泥搅拌机等建筑工程中所需要的机

械设备,该公司采用的市场覆盖模式属于(   )。   **P189-4**

    A. 产品专业化   B. 市场全面化   C. 市场专业化   D. 选择专业化

22. 某牙膏厂为满足顾客"防止蛀牙"的需求而生产防蛀型的牙膏,该厂采用的细分标准是(   )。 **P184-4**

    A. 产品使用频率   B. 追求利益   C. 品牌忠诚度   D. 使用者情况

23. 当一种产品的市场总需求扩大时,受益最多的是(   )。   **P194-3**

    A. 市场领导者   B. 市场挑战者   C. 市场追随者   D. 市场利基者

24. 成本领先战略要求企业的产品必须(   )。   **P165-1**

    A. 具有较高的市场占有率   B. 具有较低的成本

    C. 具有较高的总利润   D. 具有较高的市场增长率

25. 商标作为知识产权,具有严格的时间效力。我"国商标法"规定注册商标的有效期为(　　)。 **P205-3**

　　A. 5 年　　　　　　　B. 10 年　　　　　　　C. 15 年　　　　　　　D. 20 年

26. 某啤酒公司原先以生产廉价的啤酒占领农村市场,从 2012 年起生产"非常好麦",走高档路线,该公司采取的产品组合策略是(　　)。 **P202-5**

　　A. 向上延伸　　　　　B. 向下延伸　　　　　C. 向前延伸　　　　　D. 向后延伸

27. 某商场规定,顾客一次性消费满 188 元,给予 10% 的折扣。这种折扣属于(　　)。 **P213-7**

　　A. 数量折扣　　　　　B. 现金折扣　　　　　C. 季节折扣　　　　　D. 以旧换新活动

28. 某生产休闲服装的企业采用的是一阶渠道,那么下列渠道成员中,不会出现的是(　　)。 **P218-5**

　　A. 百货商店　　　　　B. 大型综合超市　　　C. 服装专卖店　　　D. 销售代理商

29. 分析消费结构变化最常用的方法是(　　)。 **P168-3**

　　A. 相关分析法　　　　B. 因果分析法　　　　C. 恩格尔定律　　　D. 统计分析法

30. 关系营销认为营销是一个与消费者、竞争者、供应者、分销商、政府机构和社会组织发生互动作用的过程,其基本思想是(　　)。 **P229-2**

　　A. 系统论　　　　　　B. 控制论　　　　　　C. 社会论　　　　　　D. 道义论

二、多项选择题(本大题共 16 小题,每小题 3 分,共 48 分。在每小题的五个备选答案中,选出两个至五个正确的答案。31~38 小题为管理学试题,39~46 小题为市场营销试题)

31. 韦伯认为权威的类型有(　　)。 **P91-4**

　　A. 个人崇拜式权威　　　　　　　　B. 个人强制命令式权威

　　C. 传统式权威　　　　　　　　　　D. 专长型权威

　　E. 理性—合法的权威

32. 根据职能空间不同,可以将计划分为(　　)。 **P107-1**

　　A. 业务计划　　　　　　　　　　　B. 财务计划

　　C. 人事计划　　　　　　　　　　　D. 具体性计划

　　E. 指导性计划

33. 人力资源计划的任务包括(　　)。 **P121-1**

　　A. 评估现有的人力资源状况　　　　B. 密切组织与外部环境的联系

　　C. 系统评价组织中人力资源的需求量　D. 选配合适的人员

　　E. 制订和实施人员培训计划

34. 推动组织变革的内部环境因素主要有(　　)。 **P124-1**

　　A. 组织机构适时调整的要求　　　　B. 保障信息畅通的要求

　　C. 克服组织低效率的要求　　　　　D. 快速决策的要求

　　E. 提高组织整体管理水平的要求

35. 下列关于领导和管理关系的表述正确的是(　　)。 **P129-2**

　　A. 领导和管理都是一种实现组织目标的过程

　　B. 领导和管理都与组织层级的岗位设置有关

　　C. 就组织中的个人而言,领导者一定就是管理者

　　D. 就组织中的个人而言,管理者一定就是领导者

　　E. 领导是高层次的概念,管理则是低层次的概念

36. 下列对于马斯洛的需要层次论理解正确的是（　　）。　　**P138-4**

　　A. 每个人都有五个层次的需要

　　B. 可以针对人在某个阶段的主导需求进行激励

　　C. 已经得到满足的需要不再起激励作用

　　D. 低级需要主要是从内部使人得到满足

　　E. 高级需要主要是从外部使人得到满足

37. 根据确定控制标准 Z 值的方法，控制过程可分为程序控制、跟踪控制、自适应控制及最佳控制。其中最佳控制的函数是（　　）。　　**P148-4**

　　A. Z＝f(i)　　　　　　　　　　　　B. Z＝f(W)

　　C. Z＝f(K2)　　　　　　　　　　　D. Z＝maxf(X、S、K、C)

　　E. Z＝minf(X、S、K、C)

38. 组织成员抵制创新的基本原因有（　　）。　　**P153-1**

　　A. 个人利益　　　　　　　　　　　B. 缺乏了解

　　C. 评价差异　　　　　　　　　　　D. 惰性

　　E. 团体心理压力

39. 融资公众是指影响企业融资能力的金融机构，主要有（　　）。　　**P167-2**

　　A. 银行　　　　　　　　　　　　　B. 投资公司

　　C. 保险公司　　　　　　　　　　　D. 证券经纪公司

　　E. 房地产公司

40. 顾客满意是（　　）。　　**P161-4**

　　A. 顾客的一种主观感觉状态　　　　B. 建立在"满足需要"的基础上

　　C. 顾客本人再购买的基础　　　　　D. 影响其他顾客购买的要素

　　E. 顾客对企业产品和服务价值的综合评估

41. 消费者市场细分标准中的人口因素包括（　　）。　　**P185-2**

　　A. 职业　　　　B. 年龄　　　　C. 受教育程度　　　　D. 收入　　　　E. 民族

42. 产品生命周期一般分为（　　）。　　**P202-2**

　　A. 引入期　　　　B. 成长期　　　　C. 成熟期　　　　D. 再成熟期　　　　E. 衰退期

43. 包装的作用主要表现在（　　）。　　**P207-2**

　　A. 保护商品　　　B. 降低成本　　　C. 便于储运　　　D. 促进销售　　　E. 增加盈利

44. 分销渠道包括（　　）。　　**P217-2**

　　A. 生产者　　　B. 商人中间商　　　C. 代理中间商　　　D. 供应商　　　E. 消费者

45. 正确地选择广告媒体，一般要考虑以下因素（　　）。　　**P225-2**

　　A. 产品的性质　　　　　　　　　　B. 消费者接触媒体的习惯

　　C. 媒体的传播范围　　　　　　　　D. 媒体的影响力

　　E. 媒体的费用

46. 明智的高层领导，心中装有两个上帝，他们分别是（　　）。　　**P231-2**

　　A. 供应商　　　B. 顾客　　　C. 分销商　　　D. 员工　　　E. 金融机构

第二部分　非选择题

三、填空题(本大题共 8 小题,每空 2 分,共 26 分。本大题为市场营销试题)

47.市场机会实质上是＿＿＿＿＿＿＿＿＿。　　　　　　　　　　　　　　　　**P186-4**

48.人们购买冰箱是为了储藏食物的需要,这属于产品整体概念中的＿＿＿＿＿＿＿＿。　　**P198-3**

49.国际上对商标权的认定,有两个并行的原则,即＿＿＿＿＿＿＿＿和＿＿＿＿＿＿＿＿。　**P205-3**

50.企业定价有三种导向,即成本导向、＿＿＿＿＿＿＿＿和＿＿＿＿＿＿＿＿。　　　**P211-2**

51.运输包装可细分为＿＿＿＿＿＿＿＿和＿＿＿＿＿＿＿＿。　　　　　　　　　**P208-3**

52.按广告的传播区域来划分,可将广告分为＿＿＿＿＿＿＿＿和＿＿＿＿＿＿＿＿。　　**P225-1**

53.生产者通过一次性购买而获得其项目所需全部产品的采购方法称为＿＿＿＿＿＿＿＿。　**P178-1**

54.促销策略从总的指导思想上可分为＿＿＿＿＿＿＿＿和＿＿＿＿＿＿＿＿。　　　**P223-2**

四、简答题(本大题共 4 小题,每小题 15 分,共 60 分。55～56 小题为管理学试题,57～58 小题为市场营销试题)

55.简述法约尔提出的一般管理的 14 条原则。　　　　　　　　　　　　　　　**P92-1**

56.简述绩效评估的步骤。　　　　　　　　　　　　　　　　　　　　　　**P123-1**

57.简述消费者购买决策过程的主要步骤。　　　　　　　　　　　　　　　　**P175-1**

58. 简述企业可采用的市场定位战略。　　　　　　　　　　　　　　　**P192-1**

五、论述题(本大题共 2 小题,每小题 20 分,共 40 分。59 小题为管理学试题,60 小题为市场营销试题)

59. 试述组织层级与组织幅度之间的关系及扁平式组织结构、锥形式组织结构的优缺点。　　**P119-1**

60. 试述影响定价的主要因素及新产品的定价策略。　　　　　　　　　　**P210-1**

六、计算题(本大题共 26 分。本大题为管理学试题)

61. 某企业计划生产一种新产品。该产品在市场上的需求量有四种可能:需求量较高、需求量一般、需求量较低、需求量很低。无法预测每种情况出现的概率。现有三种方案:甲方案是新建生产线;乙方案是改进生产线;丙方案是外包生产。各种方案的收益值如下表所示:

企业产品生产各方案在不同市场情况下的收益　　　　　　　　　单位:万元

方案	需求量较高	需求量一般	需求量较低	需求量很低
甲方案	120	95	25	—25
乙方案	80	60	40	25
丙方案	100	70	30	10

(1)若用小中取大悲观法来决策,企业应该选择哪个方案?（8 分）　　　**P99-7**

(2)若用大中取大乐观法来决策,企业应该选择哪个方案?（8分）　　　　　　　　　　　P99-7

(3)若用最小最大后悔值法来决策,企业应该选择哪个方案?（10分）　　　　　　　　　P99-7

七、案例分析题(本大题共 2 个案例,共 10 小题,每小题 4 分,共 40 分。在每小题列出的四个备选项中只有一个是符合题目要求的。62～66 小题为管理学试题,67～71 小题为市场营销试题)

（一）

　　长期在机关担任中层干部的王立上周被任命为东方动漫设计公司的总经理。今天上班,王立一到公司就遇见刚退休的前任总经理周成斌。他急忙上前打招呼,周成斌却沮丧地摇着头说:"走的时候落下了一些个人用品,今天过来拿,结果却找不到。问了科室几个中层干部,竟没人搭理我。想当初,这些人可都是我一手培养起来的啊,这世道可真是人走茶凉!"王立安慰了周成斌几句,目送周成斌走后,回到了办公室。

　　这时,销售部的一名销售员李杰找上门来。李杰一进门就气呼呼地递上了一份辞呈,抱怨说销售部的奖金分配方案搞平均主义,极不合理。自己拼死拼活搞业绩,上个月的个人销售业绩就占到了公司整个销售业绩的1/4,结果奖金数额竟然跟同科室另外 10 个业绩平平的同事一样。感觉自己的努力没有得到应有的肯定,想要另谋出路。王立对李杰进行了一番安抚,并承诺他公司下个月开始将实行目标管理,大锅饭现象很快就会消失。经过一番劝导,李杰撤回了辞呈。

　　随后王立叫来人事部主管郑继凯,针对员工经常不能准时上下班等现象,要求郑继凯起草一份公司新的绩效考核方案。但郑继凯却不认同王立的主张,他认为公司内部存在的问题,并不在于绩效考核办法的不合理,而在于公司原有的管理办法过于僵化,不适合设计人员的工作习惯。其实公司大部分员工责任心都很强,他们都渴望把工作做得更好,希望有机会展现自己的才华。动漫设计是一个特殊的工种,公司应该以人为本,综合考虑行业和个人特点,采用灵活的工作时间方案,让每个员工都可以根据自己的个人习惯来安排工作时间,以此激发员工更大的创作潜力。

　　王立听后默默地点了点头……

问题:

62. 依据罗伯特·卡茨的三类技能,作为东方动漫设计公司总经理的王立当前最需要加强的是(　　)。　　P86-8

　　A. 人际技能　　　　　B. 技术技能　　　　　C. 概念技能　　　　　D. 公关技能

63. 退休后的周成斌抱怨人走茶凉,这反映出他过去曾经拥有的职权是一种(　　)。　　P130-1

　　A. 感召性权力　　　　B. 专长性权力　　　　C. 惩罚性权力　　　　D. 法定性权力

64. 依据赫兹伯格的双因素理论,奖金对于李杰来说是( )。 **P139-3**

    A. 保健因素　　　　　B. 激励因素　　　　　C. 消极因素　　　　　D. 积极因素

65. 李杰上个月的个人销售业绩就占到了公司整个销售业绩的1/4,拿到的奖金却跟同科室同事一样多,感觉自己的努力没有得到应有的肯定,想要另谋出路。以下能较为恰当地解释这种现象的理论是( )。 **P145-4**

    A. 期望理论　　　　　B. 公平理论　　　　　C. 权变理论　　　　　D. 强化理论

66. 人事部主管郑继凯主张推行灵活的工作时间方案是基于他所持有的对员工的认识是倾向( )。 **P139-4**

    A. 社会人　　　　　B. X理论　　　　　C. Y理论　　　　　D. Z理论

(二)

　　某日化企业(以下简称A公司)拥有5条产品线,分别生产洗涤剂、牙膏、香皂、纸巾和方便尿布,每条产品线中有数量不同的产品项目,每个产品项目都有自己独特的品牌。其中,产品项目"亮洁"牌牙膏有3种规格(90 g、120 g、160 g)和4种配方(普通味、柠檬味、薄荷味、草莓味)。A公司的产品都通过同样的分销渠道出售。该公司的产品组合如下表所示:

A公司的产品组合

项 目	产品组合的宽度				
	洗涤剂	牙膏	香皂	纸巾	方便尿布
产品线 长度	洁白　飘雪　超人 欣悦　魅力　勇士 飞扬　吉祥　好光彩	黑妹 佳净 亮洁 健齿	丁宜　知音 晨曦　臻美 小护士　安逸 海浪	安心　美柔 晓风　温馨 小薇	宝贝王 宝康 贝贝舒

问题:

67. 案例中A公司的产品项目总数是( )。 **P200-1**

    A. 5　　　　　　B. 9　　　　　　C. 28　　　　　　D. 33

68. 案例中"亮洁"牌牙膏的深度是( )。 **P200-2**

    A. 3　　　　　　B. 4　　　　　　C. 7　　　　　　D. 12

69. 案例中A公司的产品线平均长度是( )。 **P200-3**

    A. 4.6　　　　　B. 5.6　　　　　C. 6.6　　　　　D. 7.6

70. 从分销渠道的角度来看,案例中A公司的产品线关联度( )。 **P200-4**

    A. 缺乏　　　　　B. 较弱　　　　　C. 一般　　　　　D. 较强

71. 案例中A公司采用的品牌策略是( )。 **P206-1**

    A. 多品牌　　　　　B. 统一品牌　　　　　C. 分类品牌　　　　　D. 品牌扩展

2017年福建省普通高校专升本招生考试
管理类专业基础课　试卷

（科目代码359）

考生答题注意事项：

1. 本试卷考试时间150分钟,满分300分。

2. 答题前,考生务必在试卷、答题卡规定的地方填写自己的准考证号、姓名。考生要认真核对答题卡粘贴的条形码的"准考证号、姓名"与考生本人准考证号、姓名是否一致。

3. 本试卷分为两部分:第一部分为选择题,第二部分为非选择题。选择题每小题选出答案后,用2B铅笔将答题卡上的相应代码涂黑。如需改动,用橡皮擦干净后,再选涂其他答案代码。非选择题用0.5毫米黑色签字笔在答题卡上书写作答,在试卷上作答无效。

4. 考试结束后,考生必须将试卷和答题卡一并交回。

5. 合理安排答题空间,超出答题区域无效。

第一部分　选择题

一、单项选择题(本大题共30小题,每小题2分,共60分。在每小题列出的四个备选项中只有一个是符合题目要求的。1～15小题为管理学试题,16～30小题为市场营销试题)

1. 根据明茨伯格的"十角色理论",管理者在人际关系方面主要扮演的角色是(　　)。　　**P82-8**
   A. 监听者　　　　　　B. 联络者　　　　　　C. 传播者　　　　　　D. 发言人

2. 某公司总经理要求下属人员都按他的要求工作,而副总经理也是这样要求下属,结果下属不知如何是好。这个问题出在(　　)。　　**P111-3**
   A. 总经理与副总经理不信任下属　　　　　　B. 总经理与副总经理不知道这种做法的坏处
   C. 总经理与副总经理违背统一指挥原则　　　D. 总经理与副总经理有矛盾

3. 提出适用于任何组织的14条管理原则的管理学家是(　　)。　　**P89-17**
   A. 法约尔　　　　　　B. 泰勒　　　　　　C. 梅奥　　　　　　D. 韦伯

4. 管理的主体是(　　)。　　**P82-9**
   A. 企业家　　　　　　B. 工人　　　　　　C. 技术人员　　　　　　D. 管理者

5. 组织规模一定时,管理层次和管理幅度呈现的关系是(　　)。　　**P118-9**
   A. 正比关系　　　　　B. 指数关系　　　　　C. 反比关系　　　　　D. 相关关系

6. 企业战略决策的决策者主要是(　　)。　　**P82-10**
   A. 高层管理者　　　　B. 中层管理者　　　　C. 基层管理者　　　　D. 技术专家

7. 期末考试开考前宣读考场纪律,告知学生考试违规的后果。这是(　　)。　　**P142-5**
   A. 正强化　　　　　　B. 负强化　　　　　　C. 惩罚　　　　　　D. 忽视

8. 为了防止问题的发生而在企业生产经营活动开始之前进行的是(　　)。　　**P147-7**
   A. 前馈控制　　　　　B. 现场控制　　　　　C. 事后控制　　　　　D. 反馈控制

9. 某职位或某部门所拥有的包括做出决策、发布命令的权力是(　　)。　　**P118-10**
   A. 直线职权　　　　　B. 参谋职权　　　　　C. 职能职权　　　　　D. 咨询权

10. 下列理论与激励无关的是(　　)。　　**P137-6**
    A. 需求层次理论　　　B. 双因素理论　　　　C. 期望理论　　　　　D. 权变理论

11. 王强是销售高手并且又乐此不疲。根据领导生命周期理论,对王强应采取的领导行为是(　　)。**P132-5**
    A. 指导型　　　　　　B. 授权型　　　　　　C. 推销型　　　　　　D. 参与型

12. 时下流行一句顺口溜："你把我当人看，我就把我当牛干；你把我当牛看，我就什么也不干。"这句顺口溜 **P137-7**
反映了职工的（ ）。
    A. 自我实现需求　　　　B. 安全需求　　　　　C. 尊重需求　　　　D. 归属需求

13. 关于组织精神的表述，不正确的是（ ）。　　　　　　　　　　　　　　　　　　　　**P126-2**
    A. 组织文化的核心
    B. 反映了组织成员对组织的特征、形象地位等的理解和认同
    C. 折射出一个组织的整体素质和精神风格
    D. 一般是在组织的发展历程中自发形成的

14. 需要从社会经济角度来分析企业系统中各成员间正式关系的调整和变革的是（ ）。　　**P152-2**
    A. 组织创新　　　　　　B. 目标创新　　　　　C. 技术创新　　　　D. 制度创新

15. 下列关于绩效评估的说法不正确的是（ ）。　　　　　　　　　　　　　　　　　　**P122-2**
    A. 绩效评估是组织与员工之间的一种互动关系
    B. 绩效评估的结果为确定员工的实际工作报酬提供了决策依据
    C. 员工能力的大小与其绩效存在着严格的——对应关系
    D. 绩效评估为员工提供了一面有益的"镜子"

16. 从需求管理的角度看，人们对无害香烟癌症特效新药的需求是（ ）。　　　　　　　　**P158-8**
    A. 潜伏需求　　　　　　B. 负需求　　　　　　C. 有害需求　　　　D. 充分需求

17. "我们卖什么，就让人们买什么。"这是典型的（ ）。
    A. 产品观念　　　　　　B. 生产观念　　　　　C. 推销观念　　　　D. 社会营销观念 **P159-9**

18. 某电视机厂开始生产空调、洗衣机和电热水壶等其他家用电器，该厂采用的成长战略是（ ）。**P164-5**
    A. 水平多角化　　　　　B. 同心多角化　　　　C. 垂直多角化　　　D. 综合多角化

19. 小王打算购买冰箱，收集了甲、乙、丙三种品牌的资料，从制冷效率、耗电、噪声等多方面综合衡量，这属
于消费者购买决策过程中的（ ）。　　　　　　　　　　　　　　　　　　　　　　　**P174-4**
    A. 确认问题　　　　　　B. 备选产品评估　　　C. 购买决策　　　D. 购后评价

20. 对所有的攻击行为都做出迅速而强烈反应的是（ ）。　　　　　　　　　　　　　　　**P193-1**
    A. 随机型竞争者　　　　B. 从容型竞争者　　　C. 选择型竞争者　　D. 凶狠型竞争者

21. 某饮料公司为了满足顾客"不会发胖"的需求而生产低热量的饮料，该公司采用的细分标准是（ ）。**P184-5**
    A. 追求利益　　　　　　B. 产品使用频率　　　C. 使用者情况　　　D. 品牌忠诚度

22. 消费者以追求商品或服务的使用价值为主导倾向，这是出于（ ）。　　　　　　　　　**P231-6**
    A. 求新动机　　　　　　B. 求廉动机　　　　　C. 求实动机　　　D. 求美动机

23. 某品牌牙膏有三种规格和两种配方，其产品组合的深度为（ ）。　　　　　　　　　　**P199-3**
    A. 2　　　　　　　　　B. 3　　　　　　　　　C. 5　　　　　　　D. 6

24. 顾客频繁购买或随时购买的产品，称为（ ）。　　　　　　　　　　　　　　　　　　**P197-3**
    A. 便利品　　　　　　　B. 特殊品　　　　　　C. 选购品　　　　　D. 非渴求品

25. 佳能公司生产的照相机、传真机、复印机等所有产品都使用"Canon"品牌，该公司采用的品牌策略是
（ ）。　　　　　　　　　　　　　　　　　　　　　　　　　　　　　　　　　　　　**P206-4**
    A. 统一品牌　　　　　　B. 个别品牌　　　　　C. 多品牌　　　　　D. 主副品牌

26. 顾客在60天内必须付清货款，若10天内付清，则给予5%的价格折扣，这种定价策略称为（ ）。**P213-8**
    A. 价格折让　　　　　　B. 现金折扣　　　　　C. 差别定价　　　D. 招徕定价

27.无门市零售的形式不包括(　　)。　　**P221-3**

　　A.摩尔(Mall)　　　　B.直复营销　　　　C.直接销售　　　　D.购物服务公司

28.某制造商在某一地区仅通过少数精心挑选的最合适的中间商推销产品,其采用的分销策略是(　　)。**P218-6**

　　A.集体分销　　　　B.密集性分销　　　　C.选择性分销　　　　D.独家分销

29.推销人员携带产品、说明书和订单等走访顾客、推销产品的形式称为(　　)。　　**P224-2**

　　A.走访推销　　　　B.柜台推销　　　　C.会议推销　　　　D.上门推销

30.5R 理论较 4C 理论更突出顾客的核心地位,营销核心从交易走向(　　)。　　**P228-1**

　　A.关联　　　　B.关系　　　　C.沟通　　　　D.交换

二、**多项选择题**(本大题共 16 小题,每小题 3 分,共 48 分。在每小题的五个备选答案中,选出两个至五个正确的答案。31~38 小题为管理学试题,39~46 小题为市场营销试题)

31.管理人员按其所处的层次可分为(　　)。　　**P84-5**

　　A.高层管理人员　　　　B.中层管理人员

　　C.基层管理人员　　　　D.综合管理人员

　　E.专业管理人员

32.组织变革的目标包括(　　)。　　**P124-2**

　　A.使组织更具环境适应性　　　　B.使董事会更具环境适应性

　　C.使管理者更具环境适应性　　　　D.使员工更具环境适应性

　　E.使监事会更具环境适应性

33.下列属于人际关系学派的主要观点有(　　)。　　**P91-5**

　　A.企业的职工是社会人

　　B.满足工人的社会欲望是提高生产效率的关键

　　C.企业中实际存在着一种"非正式组织"

　　D.人的行为都是由一定的动机引起的

　　E.企业应采取新型的管理方法

34.来源于职位的领导权力有(　　)。　　**P129-3**

　　A.奖赏性权力　　　　B.惩罚性权力

　　C.专长性权力　　　　D.法定性权力

　　E.感召性权力

35.计划的性质包括(　　)。　　**P105-3**

　　A.目标性　　B.基础性　　C.普遍性　　D.秩序性　　E.效率性

36.下列关于管理者技能要求的表述正确的有(　　)。　　**P84-6**

　　A.概念技能对于所有层次管理者的重要性大体相同

　　B.技术技能对于基层管理者最重要,中层管理者次之,高层较不重要

　　C.人际技能对于所有层次管理者的重要性大体相同

　　D.概念技能对于高层管理者最重要,中层管理者次之,基层较不重要

　　E.技术技能对于所有层次管理者的重要性大体相同

37.从创新发生的时期来看,可将其分为(　　)。　　**P151-3**

　　A.系统初建期的创新　　　　B.系统运行中的创新

　　C.局部创新　　　　D.整体创新

　　E.自发创新

38. 菲德勒权变理论的情境变量包括(   )。　　　　　　　　　　　　　　　　　　**P133-2**

    A. 下属能力　　　　　　　　　　　B. 职位权力

    C. 下属特点　　　　　　　　　　　D. 任务结构

    E. 上下级关系

39. 营销渠道企业包括(   )。　　　　　　　　　　　　　　　　　　　　　　　**P167-3**

    A. 供应商　　　　　B. 营销中间商　　　　C. 竞争者　　　　D. 顾客　　　　E. 公众

40. 营销调研涉及营销活动的各个方面,主要有(   )。　　　　　　　　　　　　**P181-4**

    A. 生产调研　　　B. 顾客调研　　　C. 销售调研　　　D. 产品调研　　　E. 促销调研

41. 市场挑战者在寻找和攻击对手弱点的同时向对手的强项发起进攻,其采用的挑战策略包括(   )。**P195-1**

    A. 正面进攻　　　B. 迂回进攻　　　C. 包抄进攻　　　D. 侧翼进攻　　　E. 游击进攻

42. 根据顾客对新产品反应的差异,可把顾客分为(   )。　　　　　　　　　　　**P204-1**

    A. 创新采用者　　　　　　　　　　B. 早期采用者

    C. 早期大众　　　　　　　　　　　D. 晚期大众

    E. 落后的购买者

43. 新产品定价策略主要有(   )。　　　　　　　　　　　　　　　　　　　　　**P214-2**

    A. 声望定价　　　B. 撇脂定价　　　C. 渗透定价　　　D. 差别定价　　　E. 基点定价

44. 适合短渠道分销的有(   )。　　　　　　　　　　　　　　　　　　　　　　**P219-2**

    A. 容易腐烂的产品　　　　　　　　B. 体积较大的产品

    C. 需安装维修的产品　　　　　　　D. 单位价值高的产品

    E. 日常生活用品

45. 对企业而言,制定正确的物流策略有利于(   )。　　　　　　　　　　　　　**P221-1**

    A. 降低成本费用　　　　　　　　　B. 增强竞争力

    C. 提供优质服务　　　　　　　　　D. 促进和便利顾客购买

    E. 提高企业效益

46. 针对中间商推广的方式有(   )。　　　　　　　　　　　　　　　　　　　　**P227-1**

    A. 经销奖励　　　　　　　　　　　B. 资助

    C. 购买折扣　　　　　　　　　　　D. 赠送样品

    E. 赠送代价券

第二部分　非选择题

三、填空题(本大题共 8 小题,每空 2 分,共 26 分。本大题为市场营销试题)

47. 市场营销的最终目标是＿＿＿＿＿＿＿＿。　　　　　　　　　　　　　　　　**P156-6**

48. 顾客满意是指顾客对一件产品满足其需要的＿＿＿＿＿＿＿与＿＿＿＿＿＿＿进行比较后形成的

    感觉状态。　　　　　　　　　　　　　　　　　　　　　　　　　　　　　**P161-5**

49. 营销环境包括＿＿＿＿＿＿＿和＿＿＿＿＿＿＿。　　　　　　　　　　　　　**P167-3**

50. 食物费占总支出的比例,称为＿＿＿＿＿＿＿。　　　　　　　　　　　　　　　**P169-1**

51. 中间商市场包括＿＿＿＿＿＿＿和＿＿＿＿＿＿＿。　　　　　　　　　　　　　**P179-1**

52. 公共关系是一门"内求团结、＿＿＿＿＿＿＿"的艺术。　　　　　　　　　　　**P226-1**

53. 运输包装又称＿＿＿＿＿＿＿或＿＿＿＿＿＿＿。　　　　　　　　　　　　　　**P208-4**

54. 产品总成本即＿＿＿＿＿＿＿和＿＿＿＿＿＿＿之和。　　　　　　　　　　　　**P210-2**

四、简答题(本大题共 4 小题,每小题 15 分,共 60 分。55～56 小题为管理学试题,57～58 小题为市场营销试题)

55.简述管理的职能以及它们之间的相互关系。　　　　　　　　　　　　　　**P84-1**

56.简述管理方格论中有代表性的五种领导行为。　　　　　　　　　　　　　**P133-2**

57.简述产品整体概念的五个层次。　　　　　　　　　　　　　　　　　　　**P198-1**

58.简述人员推销的对象和基本策略。　　　　　　　　　　　　　　　　　　**P224-1**

五、论述题(本大题共 2 小题,每小题 20 分,共 40 分。59 小题为管理学试题,60 小题为市场营销试题)

59.试述有效控制的特征。　　　　　　　　　　　　　　　　　　　　　　　**P150-1**

60.试述影响消费者购买行为的外在因素。 **P172-1**

六、计算题(本大题共 26 分。本大题为管理学试题)

61.某公司准备生产一种新产品,有三个可行性方案供选择:一是新建一个车间,二是扩建原有的一个车间,三是改造原有的一个车间。该产品在市场上可能出现高需求、中需求、低需求三种情况,每个可行方案在三种需求下的相应收益如下表所示:

各方案在不同需求下的收益情况　　　　　单位:万元

方案	高需求	中需求	低需求
新建	55	21	−25
扩建	42	23	−5
改建	33	20	10

试分别用以下方案进行决策,确定每种方案的最佳方案。

(1)小中取大法。(8 分) **P100-8**

(2)大中取大法。(8 分) **P100-8**

(3)最小最大后悔值法。(10 分) **P100-8**

七、案例分析题(本大题共2个案例,共10小题,每小题4分,共40分。在每小题列出的四个备选项中只有一个是符合题目要求的。62～66小题为管理学试题,67～71小题为市场营销试题)

(一)

根据某媒体报道,2013年1月10日,阿里巴巴宣布对集团现有业务架构和组织进行调整,成立了多个新的事业部,具体事业部的业务发展将由各事业部总经理负责。调整之前,阿里巴巴的架构为7个事业部,分别是淘宝、一淘、天猫、聚划算、阿里国际业务、阿里小企业业务和阿里云。

阿里巴巴集团表示,此次调整的核心在于确保以电子商务为驱动的新商业生态系统全面形成,以及适应互联网快速变革所带来的机遇和挑战,从战略到运营层面为阿里巴巴集团的健康、稳定和可持续发展提供保障。

阿里巴巴的董事局主席马云在给员工的邮件中特别提到:"阿里提出建设商业生态系统而不是商业帝国的思想已经几年了,几年来的努力让我们更加坚定了这个方向的正确性,但是光有思想是远远不够的,我们需要用人组织和文化来保证它的成功。本次组织变革也是为了面对未来无线互联网的机会和挑战,同时能够让我们的组织更加灵活地进行协同和创新。"

调整后的事业部具体分工如下:

一、JP(三丰)分管:共享业务事业部、商家业务事业部、阿里妈妈事业部、一淘及搜索事业部;

二、XY(逍遥子)分管:天猫事业部、物流事业部、航旅事业部;

三、ZY(语嫣)分管:类目运营事业部、数字业务事业部、综合业务事业部、消费者门户事业部、互动业务事业部;

四、YM(东邪)分管:无线事业部、旺旺与客户端事业部、音乐事业部;

五、JF(行颠)分管:聚划算事业部、本地生活事业部;

六、ZX(铁木真)分管:数据平台事业部、信息平台事业部、云OS事业部;

七、WJ分管:阿里云事业部;

八、PP(傲天)分管:B2B中国事业部;

九、MZ分管:B2B国际事业部、B2C国际事业部。

之后不久,阿里巴巴再次进行组织架构调整,将支付宝拆分成共享平台事业部、金融事业部、国内事业部、国际业务事业部四个部分。

问题:

62.新设立的组织架构中成立了B2B中国事业部和B2B国际事业部这属于组织部门化的(　　　)。　**P116-2**

　　A.流程部门化　　　　　　　　　　　B.职能部门化

　　C.顾客部门化　　　　　　　　　　　D.地域部门化

63.新设立的组织架构中成立了音乐事业部和航旅事业部,这属于组织部门化的(　　　)。　**P116-3**

　　A.时间部门化　　　　　　　　　　　B.职能部门化

　　C.流程部门化　　　　　　　　　　　D.顾客部门化

64.阿里巴巴的组织变革是为了面对未来无线互联网的机会和挑战。这是推动组织变革因素中的(　　　)。　**P125-2**

　　A.科技进步的影响　　　　　　　　　B.保障信息畅通的要求

　　C.快速决策的要求　　　　　　　　　D.资源变化的影响

65. 阿里巴巴的组织变革是为了使组织更加灵活地进行协同和创新,这是推动组织变革因素中的( )。 **P126-3**

　　A. 竞争观念的变化 　　　　　　　　　B. 以人为本的要求

　　C. 提高组织整体管理水平的要求 　　　D. 经济环境的变化

66. 阿里巴巴对集团现有业务架构和组织进行调整后,集团高管对下属的协调难度( )。 **P120-1**

　　A. 降低了 　　　　B. 没变化 　　　　C. 增加了 　　　　D. 不确定

(二)

　　某服装厂原来只生产低档青年女性服装,现增加中高档青年女性服装的生产。该厂在宣传中强调:其产品甲与竞争者质量相同,应定价为500元;耐磨性高于竞争者产品,应加价50元;售后保障措施周到,可为顾客提供裁剪、熨烫服务并免费更换组扣拉链等,应加价50元;流行周期较长,应加价100元;为顾客提供价格折扣,企业减利100元,故产品甲的实际售价为600元。为了增加产品甲的销售,厂家决定每逢周末和节假日进行促销,以售价的八八折出售。

问题:

67. 该服装厂采用的市场细分标准是( )。 **P188-4**

　　A. 年龄和性别 　　　　　　　　　　　B. 国家和地区

　　C. 民族和宗教 　　　　　　　　　　　D. 个性和偏好

68. 该服装厂采用的产品线延伸策略称为( )。 **P203-2**

　　A. 向上延伸 　　　　　　　　　　　　B. 向下延伸

　　C. 向前延伸 　　　　　　　　　　　　D. 向后延伸

69. 该服装厂产品甲采用的定价方法是( )。 **P211-2**

　　A. 成本定价 　　　　　　　　　　　　B. 理解价值定价

　　C. 撇脂定价 　　　　　　　　　　　　D. 招徕定价

70. 在周末和节假日,顾客能以哪种价格买到产品甲? ( ) **P231-3**

　　A. 428 元 　　　　　　　　　　　　　B. 520 元

　　C. 528 元 　　　　　　　　　　　　　D. 588 元

71. 该服装厂周末和节假日打折促销,其采用的促销策略属于( )。 **P227-1**

　　A. 人员推销 　　　　　　　　　　　　B. 广告

　　C. 公共关系 　　　　　　　　　　　　D. 销售促进

2018年福建省普通高校专升本招生考试
管理类专业基础课　试卷

（科目代码 359）

考生答题注意事项：

1. 本试卷考试时间 150 分钟,满分 300 分。

2. 答题前,考生务必在试卷、答题卡规定的地方填写自己的准考证号、姓名。考生要认真核对答题卡粘贴的条形码的"准考证号、姓名"与考生本人准考证号、姓名是否一致。

3. 本试卷分为两部分:第一部分为选择题,第二部分为非选择题。选择题每小题选出答案后,用 2B 铅笔将答题卡上的相应代码涂黑。如需改动,用橡皮擦干净后,再选涂其他答案代码。非选择题用 0.5 毫米黑色签字笔在答题卡上书写作答,在试卷上作答无效。

4. 考试结束后,考生必须将试卷和答题卡一并交回。

5. 合理安排答题空间,超出答题区域无效。

第一部分　选择题

一、单项选择题(本大题共 30 小题,每小题 2 分,共 60 分。在每小题列出的四个备选项中只有一个是符合题目要求的。1～15 小题为管理学试题,16～30 小题为市场营销试题)

1. 在管理的基本职能中,具有基础性质的职能是(　　)。　　**P82-11**

　　A. 计划　　　　　　B. 组织　　　　　　C. 领导　　　　　　D. 控制

2. 管理者掌握和熟悉特定专业领域中的过程、惯例技术和工具的能力,称为(　　)。　　**P83-12**

　　A. 概念技能　　　　B. 人际技能　　　　C. 技术技能　　　　D. 战略技能

3. 管理者必须因地制宜地将管理知识与具体管理活动结合起来,这里强调的是(　　)。　　**P154-2**

　　A. 管理的科学性　　B. 管理的艺术性　　C. 管理的自然属性　　D. 管理的社会属性

4. 将经营与管理进行明确界定的管理学家是(　　)。　　**P89-18**

　　A. 泰罗　　　　　　B. 法约尔　　　　　C. 韦伯　　　　　　D. 梅奥

5. 计划编制本身也是一个过程,通常包括:(1)研究过去;(2)确定前提条件;(3)确定目标;(4)拟定和选择可行方案;(5)制定预算等。如果就这五项进行排序,正确的是(　　)。　　**P107-1**

　　A. (4)(2)(1)(5)(3)　　B. (1)(3)(5)(2)(4)　　C. (3)(1)(2)(4)(5)　　D. (5)(3)(4)(1)(2)

6. 宏运公司的采购部在每个季度末都要根据生产计划和库存情况,决定采购下个季度所需原材料的品种和数量,这种决策属于(　　)。　　**P106-6**

　　A. 随机型　　　　　B. 风险型　　　　　C. 非程序化　　　　D. 程序化

7. 下列组织中最适合采用矩阵型组织结构的是(　　)。　　**P113-3**

　　A. 钢铁厂　　　　　B. 制衣厂　　　　　C. 学校　　　　　　D. 广告公司

8. 扬子公司共有 4 个组织层级,如果该公司的管理幅度是 5,则关于公司的管理人员数计算正确的是(　　)。　　**P118-11**

　　A. 31 人　　　　　　B. 30 人　　　　　　C. 26 人　　　　　　D. 6 人

9. 下列属于组织文化核心内容的是(　　)。　　**P127-3**

　　A. 组织的规章制度　　B. 组织行为　　　　C. 组织的价值观　　　D. 作业方式

10. 根据每个人的能力大小安排合适岗位的人员配备原则是(   )。 **P114-4**

    A. 因人设职　　　　B. 因才适用　　　　C. 因事用人　　　　D. 专业分工

11. 下列选项中属于按领导者权力运用方式分类的领导风格是(   )。 **P130-2**

    A. 事务型　　　　　B. 战略型　　　　　C. 变革型　　　　　D. 民主型

12. 在管理方格图中,(9,1)型对应的管理又称为(   )。 **P132-6**

    A. 任务型管理　　　B. 贫乏型管理　　　C. 中庸型管理　　　D. 乡村俱乐部型管理

13. 某公司始终坚持人是第一位的,因此公司注重关心员工、培养员工的归属感。该公司采用的人性假设是(   )。 **P89-19**

    A. 复杂人假设　　　B. 经济人假设　　　C. 社会人假设　　　D. 自我实现人假设

14. 为了消除腐败,廉洁为政,某单位除了大力提倡工作人员严格自律之外,还一直实行着一种岗位轮换制度。这种做法可以视为是一种(   )。 **P147-8**

    A. 过程控制　　　　B. 前馈控制　　　　C. 成果控制　　　　D. 反馈控制

15. 进行控制时,首先要建立标准。关于标准的下列说法中错误的是(   )。 **P149-2**

    A. 标准越高越好　　　　　　　　　　B. 标准应考虑行业的平均水平

    C. 标准应考虑可操作性　　　　　　　D. 标准应考虑适用性

16. 根据著名营销学家菲利普·科特勒的定义,市场营销的核心是(   )。 **P155-3**

    A. 产品　　　　　　B. 需要　　　　　　C. 效用　　　　　　D. 交换

17. 20 世纪初,美国福特汽车公司制造的产品供不应求,公司宣称"不管顾客需要什么颜色的汽车,我只有一种黑色",那么当年该公司奉行的市场营销管理观念是(   )。 **P159-10**

    A. 生产观念　　　　B. 推销观念　　　　C. 市场营销观念　　D. 社会营销观念

18. 杰罗姆·麦卡锡认为,市场营销的组合"4P"除了产品(Product)、地点(Place)和促销(Promotion)外,还包括(   )。 **P166-1**

    A. 人员(People)　　B. 价格(Price)　　　C. 过程(Process)　　D. 计划(Plan)

19. 宏观营销环境的经济环境中,影响消费者需求变化的最活跃因素是(   )。 **P168-4**

    A. 人均国内生产总值　　　　　　　　B. 个人收入

    C. 个人可支配收入　　　　　　　　　D. 个人可任意支配收入

20. 如果消费者属于高度参与,并且了解现有各品牌、品种和规格之间具有显著差异,则会产生(   )。 **P174-5**

    A. 复杂的购买行为　　　　　　　　　B. 减少失调感的购买行为

    C. 习惯性的购买行为　　　　　　　　D. 寻求多样化的购买行为

21. 购买产品用于转售或租赁以获取利润的单位和个人,故称为(   )。 **P177-1**

    A. 生产者市场　　　B. 中间商市场　　　C. 非营利组织市场　D. 政府市场

22. 某市场调查公司承接 A 公司的市场调查业务,调研的主要内容是媒体影响力、广告设计及效果,这种调研属于营销调研中的(   )。 **P181-4**

    A. 产品调研　　　　B. 顾客调研　　　　C. 销售调研　　　　D. 促销调研

23. 向特定顾客群出售他们所需要的各种产品,这属于市场覆盖模式的(   )。 **P189-5**

    A. 市场集中化　　　B. 产品专业化　　　C. 市场专业化　　　D. 市场全面化

24. 在市场竞争中,采取"扩大总需求"战略的通常是(   )。 **P194-4**

    A. 市场领导者　　　B. 市场挑战者　　　C. 市场追随者　　　D. 市场利基者

25. 服装属于消费品分类中的(　　　)。　　**P197-4**

　　A. 便利品　　　　　B. 选购品　　　　　C. 特殊品　　　　　D. 非渴求品

26. "海尔小神童"品牌的使用策略可以称为(　　　)。　　**P206-5**

　　A. 主副品牌策略　　B. 品牌联合策略　　C. 统一品牌策略　　D. 分类品牌策略

27. 某超市在国庆黄金周期间,将几种品牌、规格的洗衣液、牙膏、卫生纸的价格定得较低以吸引顾客,该超
　　市使用的策略为(　　　)。　　**P213-9**

　　A. 声望定价　　　　B. 差别定价　　　　C. 招徕定价　　　　D. 渗透定价

28. 消费者市场最普遍的渠道是(　　　)。　　**P218-7**

　　A. 零阶渠道　　　　B. 一阶渠道　　　　C. 二阶渠道　　　　D. 三阶渠道

29. 能够进行双向信息传递的促销方式是(　　　)。　　**P224-3**

　　A. 人员推销　　　　B. 广告　　　　　　C. 公共关系　　　　D. 销售促进

30. 某企业在营销活动中,坚持自觉维护自然生态平衡,抵制各种有害营销,该企业奉行的是(　　　)。　　**P228-1**

　　A. 整合营销　　　　B. 关系营销　　　　C. 传统营销　　　　D. 绿色营销

二、多项选择题(本大题共 16 小题,每小题 3 分,共 48 分。31～38 小题为管理学试题,39～46 小题为市场营
销试题。在每小题的五个备选答案中,选出两个至五个正确的答案)

31. 管理的对象是有效资源,这些有效资源包括(　　　)。　　**P84-7**

　　A. 人力　　　B. 物力　　　C. 财力　　　D. 信息　　　E. 时间

32. 韦伯的理想的行政组织体系所具有的特点包括(　　　)。　　**P91-6**

　　A 明确的分工　　　　　　　　　B. 自上而下的等级体系

　　C. 根据技术资格来选拔员工　　　D. 行政管理人是兼职的

　　E. 员工之间的关系不受个人情感的影响

33. 下面属于定性决策方法的有(　　　)。　　**P96-2**

　　A. 盈亏平衡法　　B. 悲观法　　C. 头脑风暴法　　D. 乐观法　　E. 德尔菲法

34. 目标管理的第一步是制定目标,作为任务分配、自我管理、业绩考核和奖惩实施依据的目标,除了要具备
　　层次性、网络性之外,还应具备(　　　)。　　**P110-1**

　　A. 多样性　　　　　　　　B. 可考核性　　　　　　　　C. 可接受性

　　D. 富有挑战性　　　　　　E. 伴随信息反馈性

35. 动态网络型结构是一种以项目为中心,通过与其他组织建立研发、生产制造、营销等业务合同网,有效发
　　挥核心业务专长的协作型组织形式。这种结构的优点包括(　　　)。　　**P114-2**

　　A. 结构简单、精练　　　　　　B. 可控性高

　　C. 组织的柔性大　　　　　　　D. 较易结合市场需求来整合各项资源

　　E. 员工对组织的忠诚度高

36. "路径—目标"理论认为的领导方式有(　　　)。　　**P133-3**

　　A. 指导型　　B. 参与型　　C. 专制型　　D. 支持型　　E. 成就导向型

37. 根据期望理论的研究,员工对待工作的态度依赖于对下列几种联系的判断,它们包括(　　　)。　　**P143-4**

　　A. 努力与工作的联系　　　　B. 努力与绩效的联系

　　C. 绩效与奖赏的联系　　　　D. 奖赏与个人目标的联系

　　E. 绩效与满足个人需要的联系

38. 某公司人力资源部门为自己创立了一个规矩:每一个员工离开公司时,人力资源部经理主动与离职员工交谈,收集离职员工对公司的意见和看法,并了解其去向,在此基础上,向公司决策部门提出人力资源管理建议,该部门做法中的控制类型有(   )。 **P148-5**

    A. 前馈控制　　　　　　　　　　　B. 实时控制

    C. 绩效控制　　　　　　　　　　　D. 反馈控制

    E. 同期控制

39. 以企业为中心的市场营销管理观念包括(   )。 **P159-1**

    A. 生产观念　　　　　　　　　　　B. 产品观念

    C. 推销观念　　　　　　　　　　　D. 市场营销观念

    E. 社会营销观念

40. 影响生产者用户购买决策的主要因素有(   )。 **P178-1**

    A. 环境　　　　B. 组织　　　　C. 时间　　　　D. 人际　　　　E. 个人

41. 市场需求预测的方法中,属于定量预测的方法有(   )。 **P183-1**

    A. 购买者意向调查　　　　　　　　B. 时间序列分析法

    C. 专家意见法　　　　　　　　　　D. 直线趋势法

    E. 统计需求分析法

42. 理想的利基市场应具备的特征有(   )。 **P196-2**

    A. 具有一定的规模和购买力,能够盈利

    B. 这一市场目前虽然较小,但具备发展潜力

    C. 强大的公司对这一市场不感兴趣

    D. 本公司具备向这一市场提供优质产品和服务的资源和能力

    E. 本公司在顾客中建立了良好的声誉,能够抵御竞争者入侵

43. 产品整体概念中,属于延伸产品的有(   )。 **P198-3**

    A. 产品基本效用　　　　　　　　　B. 商标

    C. 包装　　　　　　　　　　　　　D. 技术培训

    E. 产品说明书

44. 下列定价方法中属于竞争导向定价法的有(   )。 **P214-3**

    A. 目标定价法　　　　　　　　　　B. 反向定价法

    C. 随行就市定价法　　　　　　　　D. 投标定价法

    E. 边际贡献定价法

45. 下列中间商属于批发商的有(   )。 **P221-1**

    A. 购物服务公司　　　　　　　　　B. 商人批发商

    C. 经纪人和代理商　　　　　　　　D. 直接销售

    E. 制造商及零售商的分店和销售办事处

46. 与非人员推销相比,更适宜采用人员推销的产品有(   )。 **P222-2**

    A. 单位价值高的新产品　　　　　　B. 销售区域广的产品

    C. 根据用户需求特点设计的产品　　D. 单位价值比较低的日用品

    E 企业需要以最快速度抢占市场的产品

第二部分　非选择题

三、填空题(本大题共8小题,每空2分,共26分。本大题为市场营销试题)

47.市场营销学的研究方法有很多,主要有传统研究法、历史研究法、管理研究法和_____。　**P156-1**

48.顾客购买总价值由_____、服务价值、_____和形象价值构成,其中每一项价值的变化均对总价值产生影响。　**P161-6**

49.企业成长战略包括密集式成长战略、_____和多角化成长战略。　**P165-2**

50.生产者购买行为的主要类型有_____、_____和新购。　**P178-2**

51.市场营销调研可根据不同的标准,划分为不同的类型。按调研目的,可分为探测性调研、_____和_____。　**P181-1**

52.差别化是市场定位的根本战略,具体表现在以下四个方面,即产品差别化战略、_____、_____和形象差异化战略。　**P191-2**

53.市场追随者战略包括紧密跟随者、_____和_____。　**P196-2**

54.营销道德的最根本的准则,应是维护和增进全社会和人民的_____。凡有悖于此者,皆属非道德的行为。　**P230-1**

四、简答题(本大题共4小题,每小题15分,共60分。55～56小题为管理学试题,57～58小题为市场营销试题)

55.简述组织变革的类型和目标。　**P125-1**

56.简述绩效评估的方法。　**P123-2**

57.简述消费者购买决策过程参与者的五种角色。　**P175-2**

58. 简述市场细分的作用。　　　　　　　　　　　　　　　　　　　　　　　　　　**P186-1**

五、论述题(本大题共 2 小题,每小题 20 分,共 40 分。59 小题为管理学试题,60 小题为市场营销试题)

59. 试述创新的过程。　　　　　　　　　　　　　　　　　　　　　　　　　　　　　**P153-1**

60. 试述微观营销环境由哪些方面构成。　　　　　　　　　　　　　　　　　　　　　**P168-1**

六、计算题(本大题共 26 分。本大题为管理学试题)

61. 某公司计划开发新产品,有四种产品方案可供选择,每种方案都面临畅销、一般和滞销三种市场状态,各方案在各种状态下的损益值如下表所示:

各方案在不同市场状态下的损益值　　　　　　　　　　　　　　　单位:万元

方　案	畅销	一般	滞销
甲产品	90	40	-40
乙产品	50	30	-15
丙产品	60	45	-25
丁产品	45	20	10

(1)若用最小最大后悔值法进行决策,公司应该选择哪个方案?(要求给出后悔值表)(13 分)　　**P101-9**

(2)假设畅销、一般、滞销出现的概率分别是0.3、0.5和0.2,试用决策树法进行决策(无须绘制决策树图,要写出计算过程)。(13分)　　　　　　　　　　　　　　　　　　　**P101-9**

七、案例分析题(本大题共2个案例,共10小题,每小题4分,共40分。62～66小题为管理学试题,67～71小题为市场营销试题。在每小题列出的四个备选项中只有一个是符合题目要求的)

(一)

李明已进入不惑之年。回想起这二十几年的奋斗历程,感触颇多。当年自己没有稳定的工作就结了婚,妻子没有工作,俩人常为生计发愁。后来,李明应聘到一家生产型企业,并很快提拔为工段长,接着又成为车间主任,进而升为生产部长。

他记得那段日子对他个人和公司来说都是极重要的时期。他拼命地为公司工作,并为自己是其中的一分子而自豪。他的付出得到了回报,他的工作收入不断增加,不断地被提拔和升级。有段时间,他自己也沾沾自喜过。可现在细细想来,他觉得自己并没有什么成就,心里总是空虚得很。他现在是生产部长,可他看到企业一年比一年不景气,很想在开发新产品方面为企业做些什么。可他在研究开发和销售方面并没有什么权力。他多次给企业领导提议能否变革组织结构,使中层领导也能一起参与产品的生产、销售及研发以增强企业的创新能力和可持续发展能力。可是领导一直没有采纳他的建议。

所以,李明想换个单位,换个职务,职务不一定要很高但能真正发挥自己的潜能。可自己都步入中年了,"跳槽"又谈何容易啊。

问题:

62.当年,李明夫妻俩常为生计发愁,后来,他找了一个工作,根据马斯洛的需要层次理论,该工作满足了他的(　　　)。　　　　　　　　　　　　　　　　　　　　　　　　　　　　　　　**P140-5**

　　A. 生理需要　　　　　B. 安全需要　　　　　C. 社交需要　　　　　D. 尊重需要

63.李明拼命地为公司工作,并为自己是其中的一分子而自豪。这说明该工作满足了李明的(　　　)。**P140-6**

　　A. 生理需要和安全需要　　　　　　　　　　B. 生理需要和社交需要

　　C. 安全需要和社交需要　　　　　　　　　　D. 安全需要和自我实现需要

64.李明看到企业一年比一年不景气,他想通过自己的方法来增强企业的活力和创造能力。这说明,他有了(　　　)。　　　　　　　　　　　　　　　　　　　　　　　　　　　　　　　　　　**P140-7**

　　A. 安全需要　　　　　B. 社交需要　　　　　C. 尊重需要　　　　　D. 自我实现需要

65.李明作为生产部长,会拥有多种权力。根据领导权力的来源,下列选项中属于职位权力的是(　　　)。**P130-2**

　　A. 法定性权力和感召性权力　　　　　　　　B. 奖赏性权力和惩罚性权力

　　C. 奖赏性权力和专长性权力　　　　　　　　D. 感召性权力和专长性权力

66. 李明想"跳槽",不是因为工资和职位高低,而是由于工作表现的机会、工作上的成就感、对未来发展的期望等。根据赫兹伯格的双因素理论,下列选项中属于保健因素的是(   )。 **P140-8**

    A. 工资　　　　　　　B. 工作本身　　　　　C. 工作成就感　　　　D. 晋升

(二)

　　张伟在外打拼多年,终于事业有成,创办的公司生产"福闽"牌家庭日用品享誉一方,有较高的品牌知名度和认可度,拥有很多忠实客户。响应国家号召,为了帮助贫困山区脱贫致富奔小康,张伟决定利用老家崖上乡天然无污染的自然环境,采取"公司+农户"的方式,生产"福闽"牌绿色有机农产品。产品生产出来后,为突出产品的高端性,公司一方面投入大量的促销费用,加大宣传力度,通过各种媒体,大力宣传产品的优良品质等高档特性;另一方面决定采用精致高档的包装,并且利用"福闽"品牌在消费者心目中有较高声誉的优势,产品以高于同类产品的价格推向市场。为配合产品的推出,公司同时决定捐资帮助崖上乡建档立卡贫困家庭的孩子完成从小学到大学的学习。

问题:

67. 该公司采用的品牌策略是(   )。 **P206-2**

    A. 多品牌　　　　　　B. 统一品牌　　　　　C. 分类品牌　　　　　D. 主副品牌

68. 该公司在新产品推向市场的时候,采取的市场营销策略是(   )。 **P203-3**

    A. 快速掠取策略　　　B. 缓慢掠取策略　　　C. 快速渗透策略　　　D. 缓慢渗透策略

69. 该公司在新产品推向市场的时候,采取的价格策略是(   )。 **P216-4**

    A. 招徕定价　　　　　B. 渗透定价　　　　　C. 撇脂定价　　　　　D. 差别定价

70. 该公司在新产品推向市场的时候,采取的包装策略是(   )。 **P209-1**

    A. 更新包装策略　　　B. 类似包装策略　　　C. 分类包装策略　　　D. 等级包装策略

71. 该公司在新产品推向市场的时候,为配合新产品的上市,采取了一系列的促销活动,其中开展捐资助学属于(   )。 **P226-1**

    A. 人员推销　　　　　B. 广告　　　　　　　C. 公共关系　　　　　D. 销售促进

2019年福建省普通高校专升本招生考试
管理类专业基础课　试卷

(科目代码359)

考生答题注意事项：

1. 本试卷考试时间150分钟,满分300分。
2. 答题前,考生务必在试卷、答题卡规定的地方填写自己的准考证号、姓名。考生要认真核对答题卡粘贴的条形码的"准考证号、姓名"与考生本人准考证号、姓名是否一致。
3. 本试卷分为两部分:第一部分为选择题,第二部分为非选择题。选择题每小题选出答案后,用2B铅笔将答题卡上的相应代码涂黑。如需改动,用橡皮擦干净后,再选涂其他答案代码。非选择题用0.5毫米黑色签字笔在答题卡上书写作答,在试卷上作答无效。
4. 考试结束后,考生必须将试卷和答题卡一并交回。
5. 合理安排答题空间,超出答题区域无效。

第一部分　选择题

一、单项选择题(本大题共30小题,每小题2分,共60分。其中1~15小题为管理学试题,16~30小题为市场营销试题。在每小题列出的四个备选项中只有一个是符合题目要求的)

1. 对于高层管理者最重要,对于中层管理者较重要,对于基层管理者不重要的是(　　)。　**P83-13**
   A. 技术技能　　　　B. 概念技能　　　　C. 人际技能　　　　D. 领导技能

2. 提出一般管理理论的是(　　)。　**P90-20**
   A. 圣吉　　　　　　B. 朱兰　　　　　　C. 哈默　　　　　　D. 法约尔

3. 在集体决策方法中,要求对别人的建议不作评论的是(　　)。　**P95-7**
   A. 头脑风暴法　　　B. 名义小组技术　　C. 德尔菲技术　　　D. 委员会法

4. 随着市场竞争的日趋激烈,某高档消费品的生产商打算向中低端市场扩张,则该生产商将面临的重大决策属于(　　)。　**P95-8**
   A. 程序化决策　　　B. 非程序化决策　　C. 确定型决策　　　D. 风险型决策

5. 孔茨和韦里克从抽象到具体把计划分为一个层次体系,下列计划中最具体的是(　　)。　**P106-7**
   A. 目标　　　　　　B. 政策　　　　　　C. 预算　　　　　　D. 规则

6. 目标管理的基本精神是(　　)。　**P110-2**
   A. 以自我管理为中心　　　　　　　　　　B. 以人员编制为中心
   C. 以领导监督为中心　　　　　　　　　　D. 以部门设置为中心

7. 某公司的肖总经理非常欣赏技术部小张出众的业务能力,于是肖总经常亲自给小张布置工作任务,这令技术部的孙部长很不满。肖总的做法违反了(　　)。　**P111-4**
   A. 权责对等原则　　B. 专业化分工原则　C. 统一指挥原则　　D. 控制幅度原则

8. 将所选择的计划用文字形式正式地表达出来,作为一项管理文件。这是计划编制过程中的(　　)。　**P107-2**
   A. 制定预算　　　　B. 拟定计划　　　　C. 制定派生计划　　D. 制定主要计划

9. 某单位林工程师拿到了高于同行业平均水平的薪酬后仍然没有满意感。可以用来解释这种现象的激励理论是(　　)。　**P142-6**
   A. 需要层次理论　　B. 期望理论　　　　C. 公平理论　　　　D. 强化理论

10. 下列选项中,既是激励员工的重要方式,也是员工职业生涯发展的主要目标的是(　　)。　**P137-8**

    A. 奖赏   B. 升迁   C. 加薪   D. 荣誉证书

11. 绩效评估的有效性依赖于一定的执行程序。执行绩效评估之前,首先要做的事情是(　　)。　**P122-3**

    A. 分析内外环境中的影响因素   B. 确定考评责任者

    C. 选择考评制度   D. 交流考评意见

12. 某公司近年来生产任务完成不够好,盈利较少,员工收入不高,但总经理与员工的关系却很融洽,支持率很高。总经理的领导行为属于管理方格论中的(　　)。　**P132-7**

    A. 中庸型   B. 贫乏型   C. 任务型   D. 俱乐部型

13. 期望理论认为,激励力、效价、期望值三者的关系是(　　)。　**P136-2**

    A. 激励力(M)=效价(V)+期望值(E)   B. 激励力(M)=效价(V)-期望值(E)

    C. 激励力(M)=效价(V)×期望值(E)   D. 激励力(M)=效价(V)/期望值(E)

14. 生产主管在车间巡视时发现一个工人没有按照安全规程操作,他立即制止并帮助其纠正。这属于(　　)。　**P147-9**

    A. 现场控制   B. 预先控制   C. 直接控制   D. 间接控制

15. 市场创新属于(　　)。　**P152-3**

    A. 组织创新   B. 环境创新   C. 要素创新   D. 管理创新

16. "只要研发生产出市场上最美味的巧克力,顾客就会踏破门槛",其奉行的市场营销管理哲学是(　　)。　**P159-11**

    A. 生产观念   B. 产品观念   C. 推销观念   D. 社会营销观念

17. 波士顿矩阵中,增长率较高、市场占有率较低的经营单位是(　　)。　**P164-6**

    A. 问号类   B. 明星类   C. 奶牛类   D. 瘦狗类

18. 某钢铁公司兼并了一家铁矿,省去了采买矿石的麻烦。该公司采取的企业发展战略是(　　)。　**P164-7**

    A. 后向一体化   B. 前向一体化   C. 水平一体化   D. 水平多角化

19. 一个由年轻夫妻和 6 岁以下幼童组成的家庭属于家庭生命周期中的(　　)。　**P169-5**

    A. 新婚期   B. 满巢期一   C. 满巢期二   D. 满巢期三

20. 消费者经常在不同品牌的牙膏之间交替购买,这属于(　　)。　**P175-6**

    A. 复杂购买行为   B. 减少失调感购买行为

    C. 习惯性购买行为   D. 多样性购买行为

21. 小张决定购买某名牌摩托车,但是家人不同意,导致他的购买意向降低。影响小张最终购买决策的是(　　)。　**P175-7**

    A. 品牌信念   B. 产品属性   C. 他人态度   D. 意外因素

22. 在酒类需求总量不变的情况下,粮食价格上升,酒厂未必会减少购买。这说明组织市场(　　)。　**P177-2**

    A. 需求弹性小   B. 需求弹性大   C. 购买数量大   D. 需求波动大

23. 麦当劳的"M"标志,使人无论身处何方,只要一见到它立即就会想起麦当劳舒适宽敞的店堂、优质的服务和新鲜可口的汉堡薯条。麦当劳采用的市场定位战略是(　　)。　**P191-2**

    A. 产品差别化   B. 服务差别化   C. 人员差别化   D. 形象差别化

24. 某航空公司通过比较广告说明空运的优势,以争取从未乘坐飞机旅行的顾客。这种扩大市场需求总量的方法属于(　　)。　**P194-5**

    A. 开发新用户   B. 寻找新用途   C. 增加使用量   D. 凸显新优势

25. 某服装公司最近新增了洗涤用品生产线,该公司增加了产品组合的(　　)。　**P199-4**

    A. 宽度   B. 长度   C. 深度   D. 关联度

26. 某儿童食品公司采用了卡通造型的产品包装,包装内有认字卡片和小玩具。该公司采用的包装策略是（　　）。　　**P207-2**

　　A. 分类包装　　　　B. 附赠品包装　　　　C. 类似包装　　　　D. 更新包装

27. 对名人字画宜采取的定价策略是（　　）。　　**P213-10**

　　A. 招徕定价　　　　B. 习惯定价　　　　C. 声望定价　　　　D. 尾数定价

28. 一台彩电标价 2800 元,顾客以旧电视折价 300 元购买,只需付给 2500 元。这种折扣方式属于（　　）。　　**P214-11**

　　A. 现金折扣　　　　B. 数量折扣　　　　C. 功能折扣　　　　D. 价格折让

29. 针对食盐这类消费者购买频率高且单次购买量小的商品,企业应采用（　　）。　　**P218-8**

　　A. 窄、短分销渠道　　　　　　　　B. 窄、长分销渠道

　　C. 宽、短分销渠道　　　　　　　　D. 宽、长分销渠道

30. 某企业每月 6 日为社会开放日,开放日当天社会公众可凭借身份证进入厂区参观学习。这属于促销策略中的（　　）。　　**P226-1**

　　A. 人员推销　　　　B. 广告　　　　C. 公共关系　　　　D. 销售促进

二、多项选择题(本大题共 16 小题,每小题 3 分,共 48 分。其中 31～38 小题为管理学试题,39～46 小题为市场营销试题。在每小题的五个备选答案中,选出两个至五个正确的答案)

31. 下列选项中属于现代管理理论的有（　　）。　　**P91-7**

　　A. 科学管理理论　　　　　　B. 学习型组织

　　C. 业务流程再造　　　　　　D. 人际关系学说

　　E. 核心能力理论

32. 决策过程包含 6 个具体步骤,其中前 3 个步骤有（　　）。　　**P93-2**

　　A. 诊断问题　　B. 明确目标　　C. 研究过去　　D. 拟定方案　　E. 执行方案

33. 实施目标管理时,上级的管理主要表现在（　　）。　　**P110-2**

　　A. 指导　　　　　　　　B. 协助

　　C. 提供信息情报　　　　D. 提出问题

　　E. 创造良好的工作环境

34. 人力资源计划的任务主要包括（　　）。　　**P121-2**

　　A. 系统评估组织中人力资源的需求量　　B. 选配合适的人员

　　C. 制定和实施人员培训计划　　　　　　D. 评价员工业绩

　　E. 确定考评责任者

35. 领导在组织中的作用有（　　）。　　**P129-4**

　　A. 权威　　B. 指挥　　C. 激励　　D. 协调　　E. 垄断

36. 张总在激励员工时运用了强化理论,下列做法中属于负强化的有（　　）。　　**P143-5**

　　A. 员工表现出色时给其公开表扬　　B. 员工出现失误时给其减少奖金

　　C. 员工奉承拍马时给其冷脸　　　　D. 员工业绩达标时给其升职

　　E. 员工业绩不达标时给其降级

37. 有效控制应具备的特征有（　　）。　　**P150-1**

　　A. 适时控制　　B. 适度控制　　C. 客观控制　　D. 弹性控制　　E. 全面控制

38. 下列选项中属于技术创新的有（　　）。　　**P152-1**

　　A. 材料创新　　B. 管理制度创新　　C. 生产工艺创新　　D. 产品创新　　E. 设备创新

39. 下列选项中属于营销中间商的有(　　)。　　　　　　　　　　　　　　　　　　**P167-4**

    A. 银行　　　　　　B. 供应商　　　　　　C. 营销研究公司　　　D. 保险公司　　　　E. 广告公司

40. 社会学家根据家庭权威中心点不同,把所有家庭分为(　　)。　　　　　　　　　　　**P172-2**

    A. 丈夫支配型　　　　　　　　　　　B. 妻子支配型

    C. 共同支配型　　　　　　　　　　　D. 各自做主题

    E. 儿女做主型

41. 非营利组织的购买特点包括(　　)。　　　　　　　　　　　　　　　　　　　　　**P179-2**

    A. 限定总额　　　　B. 价格低廉　　　　C. 保证质量　　　　D. 受到控制　　　　E. 程序复杂

42. 市场细分的作用体现在(　　)。　　　　　　　　　　　　　　　　　　　　　　　**P185-3**

    A. 有利于发现市场机会　　　　　　　B. 有利于掌握目标市场的特点

    C. 有利于制定市场营销组合策略　　　D. 有利于提高企业的竞争力

    E. 有利于提高企业产品的质量

43. 商品包装的要素有(　　)。　　　　　　　　　　　　　　　　　　　　　　　　　**P207-3**

    A. 商标或品牌　　　B. 包装材料的选择　C. 包装形状和颜色　D. 包装图案

    E. 产品标签

44. 从企业特性的角度选择分销渠道时,企业应着重考虑(　　)。　　　　　　　　　　**P219-3**

    A. 总体规模　　　　B. 财务能力　　　　C. 产品组合　　　　D. 渠道经验　　　　E. 营销政策

45. 广告是一门带有浓郁商业性的综合艺术,依据广告的目的和内容,可分为(　　)。　　**P225-3**

    A. 文字广告　　　　B. 图画广告　　　　C. 商品广告　　　　D. 企业广告　　　　E. 杂志广告

46. 黄女士在一海边度假区售卖冷饮和快餐,她严格遵循当地市政组织的要求,经常提醒她的顾客不要随地
乱扔垃圾。黄女士有很强的(　　)。　　　　　　　　　　　　　　　　　　　　　**P228-1**

    A. 整合营销观念　　　　　　　　　　B. 品牌营销观念

    C. 网络营销观念　　　　　　　　　　D. 关系营销观念

    E. 绿色营销观念

第二部分　非选择题

三、填空题(本大题共8小题,每空2分,共26分。本大题为市场营销试题)

47. 市场营销活动的起点是＿＿＿＿＿＿＿和＿＿＿＿＿＿＿。　　　　　　　　　　　**P156-7**

48. 以企业为中心的市场营销管理观念,是以＿＿＿＿＿＿＿为根本取向和最高目标来处理营销问题的
观念。　　　　　　　　　　　　　　　　　　　　　　　　　　　　　　　　　　　**P160-4**

49. 某种相关群体的有影响力的人物称为＿＿＿＿＿＿＿或＿＿＿＿＿＿＿。　　　　　**P172-1**

50. 恩格尔系数越大,居民生活水平＿＿＿＿＿＿＿;恩格尔系数越小,居民生活水平＿＿＿＿＿＿＿。

                                                                                                    P169-2

51. 个性心理结构包括＿＿＿＿＿＿＿和＿＿＿＿＿＿＿。　　　　　　　　　　　　　**P173-1**

52. 调查收集第一手资料的方法主要有固定样本连续调查法、＿＿＿＿＿＿＿、＿＿＿＿＿＿＿和询问
法。　　　　　　　　　　　　　　　　　　　　　　　　　　　　　　　　　　　　　**P182-2**

53. 采用无差异性营销战略的最大优点是＿＿＿＿＿＿＿。　　　　　　　　　　　　　　**P190-1**

54. 促销的核心是＿＿＿＿＿＿＿。　　　　　　　　　　　　　　　　　　　　　　　　**P223-1**

四、简答题(本大题共 4 小题,每小题 15 分,共 60 分。其中 55~56 小题为管理学试题,57~58 小题为市场营销试题)

55.简述泰罗的科学管理理论的主要内容。　　　　　　　　　　　　　　　　**P92-2**

56.简述组织文化的主要特征和核心内容。　　　　　　　　　　　　　　　　**P127-1**

57.简述产品生命周期的内涵及阶段划分。　　　　　　　　　　　　　　　　**P202-1**

58.简述正确选择广告媒体应考虑的因素。　　　　　　　　　　　　　　　　**P226-1**

五、论述题(本大题共 2 小题,每小题 20 分,共 40 分。其中 59 小题为管理学试题,60 小题为市场营销试题)

59.试述矩阵型组织结构的特点以及优缺点。   **P115-1**

60.试用"机会分析矩阵图"和"威胁分析矩阵图"分析、评价营销环境可能出现的四种结果及相应的营销对策。   **P170-1**

六、计算题(本大题共 26 分。本大题为管理学试题)

61.华闽公司预测某市场前景良好,计划开发新产品,有 A、B、C 三个方案可供选择,每个方案都面临畅销、一般和滞销三种市场状态。假设市场畅销、一般、滞销出现的概率分别为 0.6、0.3 和 0.1,各方案在各种状态下的损益值如下表所示:

各方案在不同市场状态下的损益值   单位:万元

方案	畅销	一般	滞销
A 方案	170	110	—60
B 方案	210	100	—90
C 方案	120	80	30

(1)绘制决策树图。(12 分)   **P102-10**

(2)如果用最大期望收益准则进行决策,该公司应选择哪个方案?(14分)　**P102-10**

七、案例分析题(本大题共 2 个案例,共 10 小题,每小题 4 分,共 40 分。其中 62~66 小题为管理学试题,67~71 小题为市场营销试题。在每小题列出的四个备选项中只有一个是符合题目要求的)

(一)

陈彬是某公司的总经理。在陈彬上任前,公司的管理较混乱,专业技术人员不足,产品质量差,经营状况堪忧。陈彬上任之后,痛改公司的管理积弊,招聘专业技术人才,加强质量管理,提高产品质量,在短短 4 年时间里,公司的面貌焕然一新,陈彬被认为是一位成功的领导者和管理人员。

尽管公司的产品质量获得了极大提高,日常管理已经进入正常轨道,但陈彬的管理变化不大。他埋头于公司的日常事务中,总是犹豫不决是否要由其下属人员完成某些重要任务。当他到外地出差时,他认为公司的日常管理就会停滞不前,他坚持认为只有他才真正了解这家公司,只有自己才能做出有关公司的所有决策。于是,陈彬制定公司的发展战略、组织各种活动、招募员工、指挥员工的生产活动、抽检产品、解决员工遇到的同事关系问题、改善员工的工作条件等。他知道所有员工的名字,他的办公室随时向员工开放。

在公司不断成长期间,陈彬已经抽不出时间去制定新的策略以应对所发生的变化。随着问题增多,压力增大,陈彬正在考虑辞去他的工作,他觉得公司给自己带来了很大麻烦,公司使他丧失了健康和平静。

问题:

62. 按照权力运用方式来划分,陈彬的领导风格属于(　　)。　**P131-1**

　A. 民主式　　　　　B. 集权式　　　　　C. 放任式　　　　　D. 变革式

63. 尽管公司的产品质量获得了极大提高,日常管理已经进入正常轨道,但陈彬的管理变化不大。这说明陈彬应用的是(　　)。　**P135-2**

　A. 领导特质理论　　　　　　　　　B. 领导权变革理论

　C. 领导行为理论　　　　　　　　　D. 领导路径—目标理论

64. 陈彬总是犹豫不决是否要由其下属人员完成某些重要任务。当他到外地出差时,他认为公司的日常管理就会停滞不前。这最可能是因为(　　)。　**P135-3**

　A. 下属的能力和素质确实差　　　　　B. 下属是自我实现型的人

　C. 下属的工作太自由与灵活　　　　　D. 下属得不到陈彬的信任

65. 制定公司的发展战略、招募员工、抽检产品这几项工作,分别属于管理职能的(　　)。 **P86-9**

    A. 计划、领导、组织   B. 计划、组织、控制

    C. 决策、领导、控制   D. 决策、激励、创新

66. 陈彬为员工解决遇到的同事关系问题、改善员工的工作条件等。根据赫兹伯格的双因素理论,同事关系、工作条件分别属于(　　)。 **P140-9**

    A. 保健因素、保健因素   B. 激励因素、激励因素

    C. 保健因素、激励因素   D. 激励因素、保健因素

(二)

    某市泡泡糖市场大部分为A公司所垄断,为了在该市泡泡糖市场分一杯羹,B公司专门成立了市场开发班子,对A公司的经营状况进行了一次周密的调研分析,以寻求市场缝隙。经过调查研究发现,A公司存在三点不足:第一,成年人泡泡糖市场正逐步扩大,而A公司却依然把重点放在儿童市场上;第二,A公司的产品主要是果味型泡泡糖,全是单调的条板状,缺乏新型式样;第三,A公司的产品价格是11元,顾客用现金支付时需多掏1元零钱,往往感到不便。通过分析,B公司决定进军成人泡泡糖市场,并制订了相应的市场营销策略。以"川绮"为品牌名称,推出四大功能性产品:交际用泡泡糖,可清洁口腔、祛除口腔异味;运动用泡泡糖,可消除疲劳;开车用泡泡糖,可驱除开车时的倦意;放松用泡泡糖,可消除不良情绪。四大功能性产品的价格均为10元。在分销渠道的选择上,尽可能通过许多负责任的批发商、零售商推销其产品。功能性泡泡糖一问世,便受到市民的热烈追捧,B公司不仅挤进了由A公司独霸的泡泡糖市场,而且占据了约25%的市场份额。

问题:

67. 案例中B公司的市场调研属于(　　)。 **P183-2**

    A. 一次性调研   B. 定期性调研   C. 经常性调研   D. 临时性调研

68. 案例中B公司采取的目标市场战略是(　　)。 **P190-2**

    A. 差异性营销战略   B. 无差异性营销战略

    C. 集中性市场战略   D. 全面性市场战略

69. 案例中B公司采用的品牌策略是(　　)。 **P206-3**

    A. 主副品牌   B. 分类品牌   C. 个别品牌   D. 统一品牌

70. 案例中B公司采取的分销策略是(　　)。 **P220-2**

    A. 直销   B. 独家分销   C. 密集性分销   D. 选择性分销

71. 案例中B公司采用的产品定价策略是(　　)。 **P216-5**

    A. 顾客差别定价   B. 整数定价   C. 统一交货定价   D. 基点定价

2020 年福建省普通高校专升本招生考试
管理类专业基础课　试卷

（考试时间 150 分钟,满分 300 分）

考生答题注意事项:

1. 本试卷考试时间 150 分钟,满分 300 分。

2. 答题前,考生务必在试卷、答题卡规定的地方填写自己的准考证号、姓名。考生要认真核对答题卡粘贴的条形码的"准考证号、姓名"与考生本人准考证号、姓名是否一致。

3. 本试卷分为两部分:第一部分为选择题,第二部分为非选择题。选择题每小题选出答案后,用 2B 铅笔将答题卡上的相应代码涂黑。如需改动,用橡皮擦干净后,再选涂其他答案代码。非选择题用 0.5 毫米黑色签字笔在答题卡上书写作答,在试卷上作答无效。

4. 考试结束后,考生必须将试卷和答题卡一并交回。

5. 合理安排答题空间,超出答题区域无效。

第一部分　选择题

一、单项选择题(本大题共 30 小题,每小题 2 分,共 60 分。其中 1～15 小题为管理学试题,16～30 小题为市场营销试题。在每小题列出的四个备选项中只有一个是符合题目要求的,请选出并将答题卡上对应的答案代码涂黑,错涂、多涂或未涂均不得分)

1. 管理的对象是一切可以调用的资源。在这些资源中,最重要的是(　　)。　**P83-14**
   A. 物料　　　　　B. 资金　　　　　C. 人员　　　　　D. 信息

2. 把组织分为正式组织和非正式组织的是(　　)。　**P90-21**
   A. 巴纳德　　　　B. 泰罗　　　　　C. 韦伯　　　　　D. 梅奥

3. 下列选项中,属于古典管理理论的是(　　)。　**P90-22**
   A. 人际关系学说　B. 权变管理理论　C. 科学管理理论　D. 系统管理理论

4. 某电视台的一个栏目组在为下一期节目的内容和表现手法大伤脑筋时,把相关人员召集在一起,让大家在宽松的氛围中,敞开思路,畅所欲言,寻求多种决策思路。该栏目组采用的决策方法是(　　)。　**P95-9**
   A. 德尔菲技术　　B. 头脑风暴法　　C. 名义小组技术　D. 专家咨询法

5. 所有管理人员,从最高管理人员到第一线的基层管理人员都要进行计划工作。这体现了计划的(　　)。　**P104-3**
   A. 普遍性　　　　B. 基础性　　　　C. 目标性　　　　D. 秩序性

6. 某大型物业公司设置了写字楼管理部、公寓管理部、商场管理部以及其他配套部门,该公司的组织结构设计采取的部门划分形式是(　　)。　**P114-5**
   A. 职能部门化　　B. 顾客部门化　　C. 地域部门化　　D. 流程部门化

7. 组织结构是指组织的基本架构,它可以用三种特性来描述。其中,组织需要制定规章制度以及程序化、标准化的工作,规范性地引导员工的行为,是指(　　)。　**P112-5**
   A. 分权性　　　　B. 集权性　　　　C. 复杂性　　　　D. 规范性

8. 任何组织变革都常常会遇到来自于个人和团队的阻力。下列选项中,来自于个人阻力的是(　　)。　**P126-2**
   A. 身体上的影响　　　　　　　　　　B. 心理上的影响
   C. 组织结构变动的影响　　　　　　　D. 人际关系调整的影响

9. 下列选项中,属于组织文化核心内容的是(　　)。　**P127-4**
   A. 组织精神　　　B. 组织结构　　　C. 组织规章　　　D. 组织设施

10. 团队型的领导行为位于管理方格图的(　　)。　**P132-8**
    A. (1,1)格　　　B. (1,9)格　　　C. (9,1)格　　　D. (9,9)格

11. 亚当斯的公平理论属于（　　　）。　　　　　　　　　　　　　　　　　　　　　P142-7

　　A. 激励的内容理论　　　B. 激励的过程理论　　　C. 领导行为论　　　D. 领导情境论

12. 某高校在正确评估了教师们科研课题立项的数量和经费、学术论文发表的数量和刊物级别的基础上，授予了青

　　年博士孙老师很高的学术荣誉，以保护和进一步激发他的科研热情。该校采用的激励方法是（　　　）。P145-1

　　A. 工作激励　　　　　B. 教育激励　　　　　　C. 物质激励　　　　　D. 成果激励

13. 在企业生产经营活动中，税金的交纳，利润、工资、奖金的分配，资金、材料的供应等属于（　　　）。P147-10

　　A. 自适应控制　　　　B. 程序控制　　　　　　C. 最佳控制　　　　　D. 跟踪控制

14. 关于控制的频度，下列选项中正确的是（　　　）。　　　　　　　　　　　　　　　P149-3

　　A. 控制越多越好，这样不会有遗漏，少出错

　　B. 控制越少越好，这样能够节省控制的费用

　　C. 控制频度的多少，取决于被控制活动的性质

　　D. 控制频度的多少，取决于被控制活动的规模

15. 通过企业的技术创新，影响社会技术进步的方向，这属于（　　　）。　　　　　　　P152-4

　　A. 环境创新　　　　　B. 要素创新　　　　　　C. 制度创新　　　　　D. 目标创新

16. 作为市场的首要因素并直接决定市场规模大小的是（　　　）。　　　　　　　　　　P169-6

　　A. 人口　　　　　　　B. 动机　　　　　　　　C. 偏好　　　　　　　D. 需求

17. 某乳业公司发现羊奶较牛奶更能增加人体免疫力，竞争者也少，公司决定抓住市场机会，进军羊奶市场。

　　对该公司而言，羊奶市场业务属于（　　　）。　　　　　　　　　　　　　　　　P170-2

　　A. 困难业务　　　　　B. 冒险业务　　　　　　C. 成熟业务　　　　　D. 理想业务

18. 俄罗斯人中意仙人掌图案，新加坡人则偏爱红薯、蝙蝠和大象，这些均属于营销环境中的（　　　）。P169-7

　　A. 政治因素　　　　　B. 经济因素　　　　　　C. 自然因素　　　　　D. 社会文化因素

19. 如果消费者低度参与并认为各品牌之间没有什么显著差异，则会产生（　　　）。　　P175-8

　　A. 复杂的购买行为　　　　　　　　　　　B. 寻求多样化的购买行为

　　C. 习惯性的购买行为　　　　　　　　　　D. 减少失调感的购买行为

20. 生产者市场最复杂的购买类型是（　　　）。　　　　　　　　　　　　　　　　　P178-3

　　A. 新购　　　　　　　B. 代理采购　　　　　　C. 直接重购　　　　　D. 修正重购

21. 某家具公司根据消费者对该公司"逸美"品牌的喜爱程度把消费者划分为绝对品牌忠诚者、多种品牌忠

　　诚者、变换型忠诚者和非忠诚者。该公司采用的细分标准是（　　　）。　　　　　P185-6

　　A. 消费行为　　　　　B. 地理环境　　　　　　C. 消费心理　　　　　D. 人文环境

22. 下列选项中，以"年龄"变量进行市场细分的是（　　　）。　　　　　　　　　　　P185-7

　　A. 女性用品店　　　　B. 婴幼儿用品店　　　　C. 化妆品店　　　　　D. 手机体验店

23. 六神花露水强调其含中草药精萃而成的"六神原液"，满足消费者祛痱止痒、提神醒脑、祛除异味、清凉舒

　　爽等多种需求，这是根据（　　　）。　　　　　　　　　　　　　　　　　　　　P191-3

　　A. 产品档次定位　　　　　　　　　　　　B. 产品利益和功能定位

　　C. 竞争需要定位　　　　　　　　　　　　D. 使用者类型定位

24. 差异性目标市场战略面对的是（　　　）。　　　　　　　　　　　　　　　　　　P189-6

　　A. 整体市场　　　　　B. 相关市场　　　　　　C. 一个子市场　　　　D. 多个子市场

25. 在进行竞争者分析时，企业首先要（　　　）。　　　　　　　　　　　　　　　　P193-2

　　A. 建立竞争情报系统　　　　　　　　　　B. 评估竞争者的实力和反应

　　C. 识别竞争者　　　　　　　　　　　　　D. 判断竞争者的战略和目标

26. 某公司只生产大容器包装的软饮料,并且只在加油站出售,该公司采取的竞争战略是(　　)。　　**P195-2**

　　A. 地理市场专业化　　　　　　　　　　　　B. 销售渠道专业化

　　C. 客户订单专业化　　　　　　　　　　　　D. 顾客规模专业化

27. 冰箱的核心产品是(　　)。　　**P197-5**

　　A. 颜色、规格　　　　B. 品牌　　　　C. 售后服务　　　　D. 储存食物

28. 丰田公司在中档产品卡罗纳牌的基础上,为高档市场增加了佳美牌,为低档市场增加了小明星牌,这种

　　产品组合决策是(　　)。　　**P199-5**

　　A. 向上延伸　　　　B. 双向延伸　　　　C. 向下延伸　　　　D. 扩大产品组合

29. 下列产品中宜采用短渠道分销的是(　　)。　　**P219-9**

　　A. 电冰箱　　　　B. 电动车　　　　C. 鲜牛肉　　　　D. 山核桃

30. 夏天到了,某服装厂欲为一新款女性连衣裙打广告,若要使广告更具吸引力,最适合的媒体是(　　)。　　**P225-2**

　　A. 彩色杂志　　　　B. 报纸　　　　C. 广告牌　　　　D. 广播

二、多项选择题(本大题共16小题,每小题3分,共48分。其中31～38小题为管理学试题,39～46小题为市场营销试题。在每小题的五个备选答案中,选出两个至五个正确的答案,并将答题卡上对应题目的答案代码涂黑,不涂、错涂、多涂或少涂均不得分)

31. 法约尔认为,任何企业的基本活动中,除了管理活动外,还有(　　)。　　**P91-8**

　　A. 技术活动　　　B. 商业活动　　　C. 财务活动　　　D. 会计活动　　　E. 安全活动

32. 根据计划内容的明确性标准,可以将计划分为(　　)。　　**P107-2**

　　A. 程序性计划　　　　　　　B. 战略性计划　　　　　　　C. 具体性计划

　　D. 战术性计划　　　　　　　E. 指导性计划

33. 组织变革过程的主要变量因素包括(　　)。　　**P125-3**

　　A. 人员　　　　　　　　　　B. 结构　　　　　　　　　　C. 任务和技术

　　D. 任务和设备　　　　　　　E. 资金和技术

34. 绩效评估的步骤包括(　　)。　　**P123-1**

　　A. 确定特定的绩效评估目标　　　B. 确定考评责任者

　　C. 评价业绩　　　　　　　　　　D. 公布考评结果,交流考评意见

　　E. 根据考评结论,将绩效评估的结论备案

35. 小张是一家制造厂电车间的电焊能手,待人热情,经常主动分享自己的经验来帮助同事提高电焊工作质

　　量,因此,他很受同事喜爱和追随。小张对同事的影响力来源于(　　)。　　**P130-5**

　　A. 感召性权力　　　　　　　B. 奖赏性权力　　　　　　　C. 惩罚性权力

　　D. 法定性权力　　　　　　　E. 专长性权力

36. 弗鲁姆的期望理论认为,员工在工作中的积极性或激励力M是效价V和期望值E的乘积。下列算式成

　　立的有(　　)。　　**P144-6**

　　A. 高 E×高 V=高 M　　　　　B. 中 E×中 V=中 M　　　　　C. 低 E×低 V=低 M

　　D. 高 E×低 V=低 M　　　　　E. 低 E×高 V=低 M

37. 控制的过程包括多个基本环节的工作,具体有(　　)。　　**P149-4**

　　A. 研究过去　　　B. 确立标准　　　C. 衡量成效　　　D. 纠正偏差　　　E. 控制费用

38. 成功的变革与创新要经历多个阶段的努力,包括(　　)。　　**P153-2**

　　A. 寻找机会　　　B. 提出构想　　　C. 自我肯定　　　D. 迅速行动　　　E. 忍耐坚持

39. 按照社会营销观念,理想的市场营销决策应兼顾(　　)。　　**P159-2**

　　A. 市场需求　　　　　　　　　　B. 企业利润

　　C. 企业资源　　　　　　　　　　D. 社会长远利益

　　E. 竞争者的反应

40. 关于组织市场的特点,表述正确的有(　　)。　　**P177-1**

　　A. 购买者多　　　　　　　　　　B. 购买数量大

　　C. 需求弹性大　　　　　　　　　D. 购买者的地理位置相对集中

　　E. 组织市场的需求是派生需求

41. 目标市场营销的全过程包括(　　)。　　**P186-4**

　　A. 市场调研　　　　　　　　B. 市场预测　　　　　　　　C. 市场细分

　　D. 市场定位　　　　　　　　E. 目标市场选择

42. 缓慢渗透策略,即企业推出新产品时采取(　　)。　　**P202-3**

　　A. 高品质　　　B. 高促销　　　C. 高价格　　　D. 低促销　　　E. 低价格

43. 一超市某品牌牙膏220 g的售价为15.9元,同一品牌牙膏140 g的售价为12.9元,该超市采用的定价策略有(　　)。　　**P214-4**

　　A. 尾数定价　　　　　　　　B. 招徕定价　　　　　　　　C. 基点定价

　　D. 产品形式差别定价　　　　E. 产品部位差别定价

44. 企业定价时需考虑价格对需求量的影响,可以考虑提价的有(　　)。　　**P216-1**

　　A. 企业成本费用提高　　　　　　B. 企业产品供不应求

　　C. 市场上没有替代品和竞争者　　D. 购买者认为产品质量有所提高

　　E. 企业生产能力过剩

45. 拉式策略是企业运用非人员推销方式把顾客拉过来,使消费者对本企业产品产生需求,以扩大销售。拉式策略一般适用于(　　)。　　**P222-3**

　　A. 流通渠道较长的产品　　　　　B. 单位价值较低的日常用品

　　C. 市场范围较广的产品　　　　　D. 市场需求较大的产品

　　E. 性能复杂、需要示范的产品

46. 关系营销把一切内部和外部利益相关者纳入研究范围,用系统的方法考察企业所有活动及其相互关系,其中,利益相关者包括(　　)。　　**P229-1**

　　A. 员工　　　B. 竞争者　　　C. 顾客　　　D. 供销商　　　E. 影响者

第二部分　非选择题

三、填空题(本大题共8小题,每空2分,共26分。本大题为市场营销试题)

47. 市场营销是个人和群体通过创造并同他人交换产品和价值以满足＿＿＿＿＿＿和＿＿＿＿＿＿的一种社会和管理过程。　　**P156-8**

48. 感觉是人脑对当前直接作用于感觉器官的客观事物＿＿＿＿＿＿的反映。　　**P173-2**

49. 市场定位的方式主要有＿＿＿＿＿＿、＿＿＿＿＿＿和重新定位。　　**P191-3**

50. 消费品可以根据消费的特点区分为便利品、＿＿＿＿＿＿、＿＿＿＿＿＿和非渴求品。　　**P198-4**

51. 成本导向定价法包括＿＿＿＿＿＿和＿＿＿＿＿＿。　　**P211-3**

52. 人员推销的基本策略有＿＿＿＿＿＿和＿＿＿＿＿＿和诱导性策略。　　**P224-2**

53.市场利基者发展的关键是_____。　　　　　　　　　　　　　　**P196-3**

54.社会文化多方面的影响,使消费者产生共同的审美观念、生活方式和情趣爱好,从而导致社会需求的一致性,这称为_____。　　　　　**P169-3**

四、简答题(本大题共 4 小题,每小题 15 分,共 60 分。其中 55～56 小题为管理学试题,57～58 小题为市场营销试题)

55.简述计划的编制过程。　　　　　　　　　　　　　　　　　　**P107-1**

56.简述管理幅度设计的影响因素。　　　　　　　　　　　　　　**P119-2**

57.简述营销调研的类型和内容。　　　　　　　　　　　　　　　**P182-2**

58.简述企业市场竞争的战略原则。　　　　　　　　　　　　　　**P193-2**

五、论述题(本大题共 2 小题,每小题 20 分,共 40 分。其中 59 小题为管理学试题,60 小题为市场营销试题)

59.试述领导生命周期理论。 **P134-2**

60.试述包装的含义、种类及作用。 **P209-2**

六、计算题(本大题共 26 分。本大题为管理学试题)

61.某公司运用原有技术优势开发了一种市场上从未出现过的新产品,根据市场预测分析,该产品销路有三种可能性:畅销、一般和滞销,但不知道这三种情况各自出现的概率。生产该产品有自制、合作、外包三个方案可供选择,各方案在这三种市场状态下的损益值如下表所示:

各方案在不同市场状态下的损益值 单位:万元

方案	畅销	一般	滞销
自制	280	100	−150
合作	200	150	−85
外包	100	60	−50

(1)如果用小中取大法进行决策,该公司应选择哪个方案? **P103-11**

(2)如果用大中取大法进行决策,该公司应选择哪个方案? P103-11

(3)如果用最小最大后悔值法进行决策,该公司应选择哪个方案? P103-11

七、案例分析题(本大题共 2 个案例,共 10 小题,每小题 4 分,共 40 分。其中 62～66 小题为管理学试题,
67～71 小题为市场营销试题。在每小题列出的各个选项中只有一个是符合题目要求的,请将正确答案
代码填写在答题卡上)

(一)

　　某公司生产的主打产品是小家电,装配线上需要较多的操作工人。当前,公司面临的一个难题是招不
到足够的工人。因为年轻人抵制装配线工作,他们认为这种工作单调乏味、节奏太快、令人厌倦,没有成就
感,不能使自身价值得到发挥。

　　缺工意味着工作大幅度超时,许多员工每天工作 12 小时,周六也上班。这使得公司的离职率有所攀升,
加剧了工人的短缺,导致工作时间更长,进入恶性循环。

　　当新的管理层接管公司时,决定迎难而上,他们直接去一线找工人交谈,了解他们的需求,征求他们对
降低离职率的建议。之后,公司陆续推出了多项变革,如:系统评估所需装配工人数量,雇佣临时工来补缺,
尽量缩短工人的工作时间;采取岗位轮换、岗位工作丰富化等措施,调节枯燥乏味;提高工资和福利待遇、及
时解决生活问题。于是,工人们上班时不再感到那么单调了,下班后有较多的时间休息和陪伴家人,生活中
的问题也能得到基本解决了。结果是,公司的士气极大地提高了,离职率也降低了。

　　但是,工作任务仍然是繁重的,公司对工人的期望是依旧的。因此,公司又着手制定对工人的工作技能
培训计划,以期不断提高工人们的生产率和工作质量,缓解用工短缺的难题。

问题:

62. 该公司装配线因缺工而工作大幅度超时,使得一些工人不满而离职。根据赫兹伯格的双因素理论,下列
　　说法正确的是(　　)。 P141-10

　　A. 公司严重缺乏激励因素　　　　　　　　B. 公司严重缺乏保健因素
　　C. 激励因素与人们的不满情绪有关　　　　D. 保健因素与人们的满意情绪有关

63. 该公司"系统评估所需装配工人数量"这一工作任务属于(　　)。　　**P121-1**

   A. 人力资源考评　　　　B. 人力资源计划　　　　C. 人力资源激励　　　　D. 人力资源组织

64. 该公司通过雇佣临时工来缩短工人的工作时间,使得工人下班后有较多的时间休息。根据马斯洛的需要层次论,工人们得到了满足的是(　　)。　　**P141-11**

   A. 尊重的需要　　　　　B. 社交的需要　　　　　C. 安全的需要　　　　　D. 生理的需要

65. 该公司实施了多项变革后,士气极大地提高了,离职率降低了。其最合理的解释是因为(　　)。**P141-12**

   A. 管理层拥有法定权力　　　　　　　　　B. 下班后有时间陪伴家人了

   C. 管理层表现出的对员工的尊重　　　　　D. 工资和福利待遇提高了

66. 该公司将通过对工人们的工作技能培训,以不断提高他们的生产率和工作质量。这是一种(　　)。

   P148-1

   A. 前馈控制　　　　　　B. 现场控制　　　　　　C. 反馈控制　　　　　　D. 同步控制

(二)

　　某食品公司原来主打"入你心甜"牌糖果的生产,出于公司的业务发展需要,公司决定重塑品牌形象。公司把工作重心放在新品研发上,一是加强糖果新品的研发,如新增无糖配方的糖果,以满足老年人的需求;新增维生素糖,努力做到糖果功能多样化。二是新增"应季特色水果罐头"产品线,突出强调原材料的"绿色、有机、高品质",让消费者买得放心、吃得好。

　　"糖果新品"和"应季特色水果罐头"质量上乘,公司以高于市场同类产品的价格将产品推向市场,同时,为了让消费者易于购买到新鲜的水果罐头,公司采取 O2O 混合销售模式,有效运用渠道嫁接策略和邮政渠道合作策略,直接将水果罐头销售嫁接到授权店和知名商场超市,大面积铺货,同时在电商平台开设品牌旗舰店,通过邮政渠道将商品送货上门。近期,公司还将邀请当地网红为"糖果新品"和"应季特色水果罐头"进行网络直播,力争抢占市场先机,取得良好的直播带货效应。

问题:

67. 该公司推出的新品维生素糖属于(　　)。　　**P204-1**

   A. 全新产品　　　　　　B. 换代新产品　　　　　C. 改良新产品　　　　　D. 再定位新产品

68. 该公司新增"应季特色水果罐头"产品线,这是增加了产品组合的(　　)。　　**P200-5**

   A. 宽度　　　　　　　　B. 平均长度　　　　　　C. 密度　　　　　　　　D. 深度

69. 该公司采取的新产品定价策略是(　　)。　　**P216-6**

   A. 渗透定价　　　　　　B. 撇脂定价　　　　　　C. 分区定价　　　　　　D. 满意定价

70. 该公司直接在各零售终端大面积铺货并开设网络品牌旗舰店,其选择的是(　　)。　　**P220-3**

   A. 短、宽分销渠道　　　B. 长、宽分销渠道　　　C. 短、窄分销渠道　　　D. 长、窄分销渠道

71. 该公司将邀请当地网红为"糖果新品"和"应季特色水果罐头"进行网络直播,这主要是利用了相关群体对消费者的(　　)。

   P173-2

   A. 功利性影响　　　　　B. 信息性影响　　　　　C. 价值表现影响　　　　D. 规范性影响

第二部分　历年真题分章节精析

管理学

第一章　管理活动与管理理论

第一节　管理活动

一、单项选择题

1.(2011年,第4题)作为企业的总裁,最应该亲自处理和决断的管理活动是(　　)。

A. 对一位公司内部违纪职工按规章进行处罚

B. 对竞争对手某一产品的突然削价做出反应

C. 企业员工罢工,与员工代表谈判

D. 对一位顾客的常见投诉进行处理

【答案】C

【解析】根据罗伯特·卡茨的研究,管理者要具备三类技能,概念技能对于高层管理者最重要,对于中层管理者较重要,对于基层管理者不重要,作为企业的总裁最应该亲自处理的是与员工谈判的事宜,其他的事情都为企业常规化的管理,走流程即可,所以C选项正确。

【考点】考核《管理学》第一章中第一节"管理活动",要求学生掌握管理者应该具备的技能。

2.(2012年,第1题)管理的目的是(　　)。

A. 合理分配和协调各种资源　　　　　　　B. 以人为中心

C. 为了实现既定的目标　　　　　　　　　D. 促进组织发展

【答案】C

【解析】管理的本质是:合理分配和协调各种资源;管理的目的是:为了实现既定的目标;所以C选项正确。

【考点】考核《管理学》第一章中第一节"管理活动",要求学生掌握管理的定义。

3.(2014年,第1题)管理的主体是(　　)。

A. 管理者　　　　　　　　　　　　　　　B. 被管理者

C. 管理的任务、职能与层次　　　　　　　D. 处理好人际关系

【答案】A

【解析】管理是指有效支配和协调资源,并努力实现组织目标的过程,而管理者是对资源的使用进行分配和监督的人员,所以A选项正确。

【考点】考核《管理学》第一章中第一节"管理活动",要求学生掌握管理的定义和职能。

4.(2014年,第4题)高层管理者更多地需要(　　)。

A. 人际技能　　　　B. 管理技能　　　　C. 概念技能　　　　D. 技术技能

【答案】C

【解析】根据罗伯特·卡茨的研究,管理者要具备三类技能,概念技能对于高层管理者最重要,对于中层管理者较重要,对于基层管理者不重要,所以C选项正确。

【考点】考核《管理学》第一章中第一节"管理活动",要求学生掌握管理者应该具备的三类技能。

5.(2015年,第2题)管理者在和员工一起工作并通过员工努力来确保目标的实现时,他们就在扮演(　　)。

A. 人际角色　　　　B. 信息角色　　　　C.决策角色　　　　D. 冲突管理者角色

【答案】A

【解析】明茨伯格研究发现管理者扮演着10种角色,这10种角色可以被归入三大类,分别是人际角色、信息角色和决策角色,管理者在和员工一起工作并通过员工努力来确保目标的实现时,他们就在扮演领导者角色,即人际角色,所以 A 选项正确。

【考点】考核《管理学》第一章中第一节"管理活动",要求学生掌握管理者的角色。

6. (2015 年,第 3 题)管理人员区别于一般工作人员,是因为管理者是需要( )。

A. 与他人配合完成组织目标　　　　　　B. 从事具体的文件签发审阅工作

C. 协调他人的努力以实现组织目标　　　D. 对自己的工作成果负责

【答案】C

【解析】管理是"通过计划、组织、控制、激励和领导等环节来协调人力、物力和财力资源,以期更好地达成组织目标的过程"。这一定义有三层含义:第一层含义说明,管理有五种职能:计划、组织、控制、激励和领导。第二层含义是第一层含义所要达到的目的,即通过采取上述措施来协调人力、物力和财力资源。第三层含义又是第二层含义所要达到的目的,即通过协调人力、物力和财力资源来更好地达成组织目标。所以 C 选项正确。

【考点】考核《管理学》第一章中第一节"管理活动",要求学生掌握管理者的角色。

7. (2016 年,第 1 题)管理的本质是( )。

A. 实现既定的目标　　　　　　　　　　B. 合理分配和协调各种资源的过程

C. 获取所需的信息　　　　　　　　　　D. 决策、计划、组织、领导、控制和创新

【答案】B

【解析】管理是指组织为了达到个人无法实现的目标,通过各项职能活动,合理分配协调相关资源的过程,其中管理的本质是合理分配和协调各种资源的过程,所以 B 选项正确。

【考点】考核《管理学》第一章中第一节"管理活动",要求学生掌握管理的职能。

8. (2017 年,第 1 题)根据明茨伯格的"十角色理论",管理者在人际关系方面主要扮演的角色是( )。

A. 监听者　　　　　B. 联络者　　　　　C. 传播者　　　　　D. 发言人

【答案】B

【解析】明茨伯格研究发现,管理者扮演着10种角色,这10种角色可以被归入三大类,分别是人际角色、信息角色和决策角色,其中管理者所扮演的三种人际角色是:代表人角色、领导者角色和联络者角色,所以 B 选项正确。

【考点】考核《管理学》第一章中第一节"管理活动",要求学生掌握管理者的角色。

9. (2017 年,第 4 题)管理的主体是( )。

A. 企业家　　　　　B. 工人　　　　　C. 技术人员　　　　　D. 管理者

【答案】D

【解析】管理是指有效支配和协调资源,并努力实现组织目标的过程,而管理者是对资源的使用进行分配和监督的人员,所以 D 选项正确。

【考点】考核《管理学》第一章中第一节"管理活动",要求学生掌握管理的定义和职能。

10. (2017 年,第 6 题)企业战略决策的决策者主要是( )。

A. 高层管理者　　B. 中层管理者　　C. 基层管理者　　D. 技术专家

【答案】A

【解析】企业的管理者可以分为高层、中层和基层,高层管理者以概念技能为主,指产生新想法并加以处理,以及将关系抽象化的思维能力,企业战略决策即为该范畴,所以 A 选项正确。

【考点】考核《管理学》第一章中第一节"管理活动"和第二章中第一节"决策和决策理论",要求学生掌握管理的职能以及决策的定义。

11. (2018 年,第 1 题)在管理的基本职能中,具有基础性质的职能是( )。

A. 计划　　　　　　B. 组织　　　　　　C. 领导　　　　　　D. 控制

【答案】A

【解析】管理的职能有五种：计划、组织、指挥、协调和控制，其中计划既是决策所确定的组织在未来一定时期内的行动目标和方式在时间和空间的进一步展开，又是组织、领导、控制和创新等活动的基础，所以A选项正确。

【考点】考核《管理学》第一章中第一节"管理活动"，要求学生掌握管理的职能。

12.(2018年,第2题)管理者掌握和熟悉特定专业领域中的过程、惯例技术和工具的能力,称为(　　)。

　　A. 概念技能　　　　　B. 人际技能　　　　　C. 技术技能　　　　　D. 战略技能

【答案】C

【解析】技术技能是指管理者掌握和熟悉特定专业领域中的过程、惯例技术和工具的能力,所以C选项正确。

【考点】考核《管理学》第一章中第一节"管理活动",要求学生掌握管理者应该具备的三类技能。

13.(2019年,第1题)对于高层管理者最重要,对于中层管理者较重要,对于基层管理者不重要的是(　　)。

　　A. 技术技能　　　　　B. 概念技能　　　　　C. 人际技能　　　　　D. 领导技能

【答案】B

【解析】根据罗伯特·卡茨的研究,管理者要具备三类技能,概念技能对于高层管理者最重要,对于中层管理者较重要,对于基层管理者不重要,B选项正确;技术技能对于基层管理者最重要,对于中层管理者较重要,对于高层管理者不重要,A选项错误;人际技能对于所有层次的管理者重要性大致相同,C选项错误;领导技能不属于管理者具备的三类技能之一,D选项错误。

【考点】考核《管理学》第一章中第一节"管理活动",要求学生掌握管理者应该具备的三类技能。

14.(2020年,第1题)管理的对象是一切可以调用的资源。在这些资源中,最重要的是(　　)。

　　A. 物料　　　　　　　B. 资金　　　　　　　C. 人员　　　　　　　D. 信息

【答案】C

【解析】管理的对象是相关资源,即包括人力资源在内的一切可以调用的资源,包含原材料、人员、资金、土地、设备、顾客和信息等,在这些资源中,人是最重要的。所以C选项正确。

【考点】考核《管理学》第一章中第一节"管理活动",要求学生掌握管理的定义中管理的对象所包含的内容。

二、多项选择题

1.(2013年,第31题)根据卡茨的研究,管理者应该具备的管理技能是(　　)。

　　A. 技术技能　　　B. 人际技能　　　C. 概念技能　　　D. 组织技能　　　E. 领导技能

【答案】ABC

【解析】根据罗伯特·卡茨的研究,管理者要具备三类技能:概念技能、技术技能和人际技能,所以ABC选项正确。

【考点】考核《管理学》第一章中第一节"管理活动",要求学生掌握管理者应该具备的三类技能。

2.(2014年,第31题)管理的二重性是指管理的(　　)。

　　A. 科学性　　　B. 艺术性　　　C. 自然属性　　　D. 社会属性　　　E. 实践性

【答案】CD

【解析】管理的二重性是指管理的自然属性和社会属性,所以CD选项正确。

【考点】考核《管理学》第一章中第一节"管理活动",要求学生掌握管理的概念。

3.(2014年,第33题)管理职能有(　　)。

　　A. 计划　　　B. 领导　　　C. 管理　　　D. 控制　　　E. 组织

【答案】ABDE

【解析】管理职能有决策与计划、组织、领导、控制和创新,所以ABDE选项正确。

【考点】考核《管理学》第一章中第一节"管理活动",要求学生掌握管理的职能。

4.(2014年,第37题)按照管理的层次划分,管理者可以分为(   )。

    A. 高层管理者   B. 综合管理者   C. 中层管理者

    D. 基层管理者   E. 科技管理者

【答案】ACD

【解析】按管理者在组织中所处的地位,组织中的管理者可以分为三个层次,即高层管理者、中层管理者和基层管理者,所以 ACD 选项正确。

【考点】考核《管理学》第一章中第一节"管理活动",要求学生掌握管理的职能。

5.(2017年,第31题)管理人员按其所处的层次可分为(   )。

    A. 高层管理人员   B. 中层管理人员   C. 基层管理人员

    D. 综合管理人员   E. 专业管理人员

【答案】ABC

【解析】按管理者在组织中所处的地位,组织中的管理者可以分为三个层次,即高层管理者、中层管理者和基层管理者,所以 ABC 选项正确。

【考点】考核《管理学》第一章中第一节"管理活动",要求学生掌握管理的职能。

6.(2017年,第36题)下列关于管理者技能要求的表述正确的有(   )。

    A. 概念技能对于所有层次管理者的重要性大体相同

    B. 技术技能对于基层管理者最重要,中层管理者次之,高层较不重要

    C. 人际技能对于所有层次管理者的重要性大体相同

    D. 概念技能对于高层管理者最重要,中层管理者次之,基层较不重要

    E. 技术技能对于所有层次管理者的重要性大体相同

【答案】BCD

【解析】根据罗伯特·卡茨的研究,管理者要具备三类技能,其中概念技能对于高层管理者最重要,对于中层管理者较重要,对于基层管理者不重要,A 选项错误,D 选项正确;技术技能对于基层管理者最重要,对于中层管理者较重要,对于高层管理者不重要,B 选项正确,E 选项错误;人际技能对于所有层次的管理者重要性大致相同,C 选项正确;所以 BCD 选项正确。

【考点】考核《管理学》第一章中第一节"管理活动",要求学生掌握管理者应该具备的三类技能。

7.(2018年,第31题)管理的对象是有效资源,这些有效资源包括(   )。

    A. 人力   B. 物力   C. 财力   D. 信息   E. 时间

【答案】ABCDE

【解析】管理的对象是有效资源,包括人力资源在内的一切可以调用的资源,所以 ABCDE 选项正确。

【考点】考核《管理学》第一章中第一节"管理活动",要求学生掌握管理对象所包含的内容。

三、简答题

1.(2017年,第55题)简述管理的职能以及它们之间的相互关系。

【答案】管理的主要职能有决策与计划、组织、领导、控制和创新,它们之间的关系是:

(1)决策是计划的前提,计划是决策的逻辑延续。管理者在行使其他管理职能的过程中总会面临决策和计划的问题,决策和计划是其他管理职能的依据。

(2)组织、领导和控制旨在保证决策的顺利实施。

(3)创新贯穿于各种管理职能和各个组织层次之中。

【考点】考核《管理学》第一章中第一节"管理活动",要求学生掌握管理的职能。

四、案例分析题

1.(2013年,第68题)[案例分析原文详见23页]造成张东升被提升为主任后头几天混乱的最主要原因是(　　)。

A.他还不具备担任基层管理干部所需的素质

B.他还没有认清干部与工人所应担当角色的不同

C.这一期间车间的任务恰好太多太重

D.上级交给他的任务过多而帮助过少

【答案】B

【解析】根据罗伯特·卡茨的研究,管理者要具备三类技能,概念技能对于高层管理者最重要,对于中层管理者较重要,对于基层管理者不重要,案例中张东升被提升为主任后主要的精力应该放在企业的管理上,而不是处理一些技术性的工作,所以 B 选项正确。

【考点】考核《管理学》第一章中第一节"管理活动",要求学生掌握管理者的角色。

2.(2013年,第69题)[案例分析原文详见23页]优秀基层干部的主要特征是(　　)。

A.听从上级指示,坚决执行,任劳任怨

B.跟群众打成一片,吃苦在前

C.发挥好计划、组织、领导、控制等管理职能

D.努力学习政治,有很强的进取心

【答案】C

【解析】管理的职能活动包含信息、决策、计划、组织、领导、控制和创新,对于基层的干部来说主要的工作内容就应该是发挥好计划、组织、领导、控制等管理职能,所以 C 选项正确。

【考点】考核《管理学》第一章中第一节"管理活动",要求学生掌握管理的定义。

3.(2013年,第70题)[案例分析原文详见23页]基层的和高层的管理工作在性质上的主要差别在于(　　)。

A.基层管理被授予的权力小,因而责任和风险也较小;高层管理工作则反之

B.基层管理涉及工作较偏局部、短期和操作性,而高管则偏全局、长期和决策性

C.以上两点都属于基层和高层管理的主要差别

D.以上两点都不属于基层和高层管理的主要差别

【答案】C

【解析】按管理者在组织中所处的地位,组织中的管理者可以分为三个层次:(1)高层管理者:对组织负全面的责任,侧重于决定有关组织的大政方针和沟通组织与外界的联系;(2)中层管理者:贯彻高层管理者所指定的大政方针,指挥基层管理者的活动;(3)基层管理者:直接指挥和监督现场作业人员,保证完成上级下达的计划和指令,所以 C 选项正确。

【考点】考核《管理学》第一章中第一节"管理活动",要求学生掌握管理者的层次。

4.(2013年,第71题)[案例分析原文详见23页]事已至此,张东升的当务之急是(　　)。

A.从手下工人中挑选一两个能干而负责的人来充当自己的助手

B.认真学习管理理论,并运用于工作中

C.先认真思考一下车间主任的工作要求,明确新岗位的责任与权力

D.立刻向领导要求给予岗位指导和培训

【答案】C

【解析】作为高层管理者,最主要的职责是对组织负全面的责任,侧重于决定有关组织的大政方针和沟通组织与外界的联系,所以当务之急是明确新岗位的责任与权力,C 选项正确。

【考点】考核《管理学》第一章中第一节"管理活动",要求学生掌握管理者的层次。

5.(2014年,第65题)[案例分析原文详见31页]整个企业的管理水平有了显著提高,主要表现在以下四条,其中最重要的是(　　)。

A.职工的主人翁意识普遍增强,实现了职工从"我被管理"到"我来管理",群众性从严管理蔚然成风

B. 基层建设方面明确了由专业管理制度、管理人员职责范围和工作标准、班组级岗位 10 项规章制度等三方面构成,使基层管理水平有了明显提高

C. 星级管理使职工主动学技术、技能,努力成为多面手;对管理装置工艺流程全面了解,提高了处理本岗本系统突发事件的应变能力,事故发生率大幅度降低

D. 企业经济效益显著提高

【答案】D

【解析】管理的目的是实现既定的目标,对于企业来说衡量管理效率的最重要目标就是经济效益的提升,所以 D 选项正确。

【考点】考核《管理学》第一章中第一节"管理活动",要求学生掌握管理的概念。

6.（2014 年,第 67 题）[案例分析原文详见 31 页]"以人为中心的管理"即（　　）。

A. 制度管理　　　　B. 人本管理　　　　C. 文化管理　　　　D. 科学管理

【答案】B

【解析】管理的对象是相关资源,即包括人力资源在内的一切可以调用的资源,但是人与物的关系最终仍表现为人与人的关系,任何资源的分配、协调实际上都是以人为中心,所以 B 选项正确。

【考点】考核《管理学》第一章中第一节"管理活动",要求学生掌握管理的概念。

7.（2015 年,第 69 题）[案例分析原文详见 38 页]如果王总经理是一个理性的管理者,他对林经理同意张某使用电子邮件产生不满后,要采取的措施是（　　）。

A. 寻找机会提醒林经理

B. 对林经理进行降级处分

C. 把林经理调离人力资源部

D. 对公司人力资源部工作人员建立职务制度说明

【答案】D

【解析】王总经理作为高层管理者,重点应该是概念技能的展示,即产生新想法并加以处理,以及将关系抽象化的思维能力,所以 D 选项正确。

【考点】考核《管理学》第一章中第一节"管理活动",要求学生掌握管理者的技能。

8.（2016 年,第 62 题）[案例分析原文详见 47 页]依据罗伯特·卡茨的三类技能,作为东方动漫设计公司总经理的王立当前最需要加强的是（　　）。

A. 人际技能　　　　B. 技术技能　　　　C. 概念技能　　　　D. 公关技能

【答案】C

【解析】管理者要具备三类技能,概念技能对于高层管理者最重要,对于中层管理者较重要,对于基层管理者不重要,案例中罗伯特·卡茨作为东方动漫设计公司总经理是高层管理者,所以最需要掌握的技能是概念技能,所以 C 选项正确。

【考点】考核《管理学》第一章中第一节"管理活动",要求学生掌握管理者的技能。

9.（2019 年,第 65 题）[案例分析原文详见 71 页]制定公司的发展战略、招募员工、抽检产品这几项工作,分别属于管理职能的（　　）。

A. 计划、领导、组织　　　　　　　　　　B. 计划、组织、控制

C. 决策、领导、控制　　　　　　　　　　D. 决策、激励、创新

【答案】B

【解析】计划指组织在未来一定时期内的行动目标和方式在时间和空间的进一步展开,所以公司的发展战略属于计划;组织活动涉及的内容主要是横向的部门管理设计和纵向的管理层级设计,招募员工就属于组织的范畴;控制的主要内容包含了确立标准、衡量绩效和纠正偏差,所有抽检产品都属于控制的内容,所以该题选择 B。

【考点】考核《管理学》第一章第一节"管理活动",要求学生掌握并应用管理的职能。

第二节 管理理论的形成与发展

一、单项选择题

1.(2011年,第1题)把组织分为正式组织和非正式组织的是( )。

A. 泰罗 B. 法约尔 C. 甘特 D. 巴纳德

【答案】D

【解析】巴纳德对管理理论的贡献主要体现在《经理人员的职能》,他把组织分为正式组织和非正式组织,所以D选项正确。

【考点】考核《管理学》第一章中第三节"管理理论的形成与发展",要求学生掌握巴纳德的管理理论。

2.(2011年,第2题)以下不属于梅奥所阐述的人际关系学说的观点是( )。

A. 工人是社会人,而不是经济人

B. 管理要根据所处环境随机应变

C. 企业中存在着非正式组织

D. 生产率取决于工人的态度及他和周围人的关系

【答案】B

【解析】梅奥通过霍桑试验得到人际关系学说,该学说的观点有:工人是社会人,而不是经济人;企业中存在着非正式组织;生产率主要取决于工人的工作态度及他和周围人的关系,所以B选项正确。

【考点】考核《管理学》第一章中第三节"管理理论的形成与发展",要求学生掌握行为管理理论。

3.(2012年,第2题)科学管理理论着重研究( )。

A. 如何提高单个工人的生产率 B. 如何提高组织的生产率

C. 如何提高行业的生产率 D. 如何提高团队的生产率

【答案】A

【解析】科学管理理论着重研究如何提高单个工人的生产率,组织管理理论着重研究管理职能和整个组织结构,所以A选项正确。

【考点】考核《管理学》第一章中第三节"管理理论的形成与发展",要求学生掌握科学管理理论。

4.(2012年,第3题)行为管理理论早期被称为( )。

A. 科学管理理论 B. 组织管理理论

C. 系统管理理论 D. 人际关系学说

【答案】D

【解析】行为管理理论形成于20世纪20年代,早期被称为人际关系学说,后来发展为行为科学,即组织行为理论,所以D选项正确。

【考点】考核《管理学》第一章中第三节"管理理论的形成与发展",要求学生掌握行为管理理论。

5.(2012年,第15题)以下理论中属于韦伯贡献的是( )。

A."理想的行政组织体系"理论 B. 一般管理理论

C. 组织行为理论 D. 系统管理理论

【答案】A

【解析】韦伯是德国著名的社会学家,他对管理理论的主要贡献是提出了"理想的行政组织体系"理论,他认为等级、权威和行政制是一切社会组织的基础,所以A选项正确。

【考点】考核《管理学》第一章中第三节"管理理论的形成与发展",要求学生掌握科学管理理论。

6.(2013年,第1题)在管理思想史上被称为"科学管理之父"的是( )。

A. 亚当·斯密 B. 罗伯特·欧文 C. 亨利·法约尔 D. 泰罗

【答案】D

【解析】在管理思想史上被称为"科学管理之父"的是泰罗,所以D选项正确。

【考点】考核《管理学》第一章中第三节"管理理论的形成与发展",要求学生掌握科学管理理论。

7.(2013年,第2题)梅奥对其领导的霍桑试验进行总结,认为工人是( )。

A.经济人   B.社会人   C.理性人   D.复杂人

【答案】B

【解析】梅奥的霍桑试验提出三个重要的内容:工人是社会人,而不是经济人;企业中存在着非正式组织;生产率主要取决于工人的工作态度以及他和周围人的关系,所以B选项正确。

【考点】考核《管理学》第一章中第三节"管理理论的形成与发展",要求学生掌握行为管理理论。

8.(2014年,第6题)梅奥通过其领导的霍桑试验建立了人际关系学说,该学说属于( )。

A.行为管理理论   B.古典管理理论   C.系统管理理论   D.权变管理理论

【答案】A

【解析】行为管理理论形成于20世界20年代,早期被称为人际关系学说,之后发展为行为科学,所以A选项正确。

【考点】考核《管理学》第一章中第三节"管理理论的形成与发展",要求学生掌握不同类型的管理理论。

9.(2014年,第8题)为了最大限度地刺激人的劳动积极性,泰罗创立并推行( )。

A.差别计件工资制   B.计件工资制   C.计时工资制   D.奖励工资制

【答案】A

【解析】泰罗的科学管理理论之一:差别计件工资制,所以A选项正确。

【考点】考核《管理学》第一章中第三节"管理理论的形成与发展",要求学生掌握科学管理理论。

10.(2014年,第9题)泰罗的科学管理理论出现在( )。

A.19世纪末20世纪初   B.20世纪30年代

C.20世纪40年代   D.20世纪60年代

【答案】A

【解析】泰罗的科学管理理论出现在19世纪末20世纪初,所以A选项正确。

【考点】考核《管理学》第一章中第三节"管理理论的形成与发展",要求学生掌握科学管理理论。

11.(2014年,第11题)法约尔的代表作是( )。

A.《社会组织与经济组织理论》   B.《管理决策新科学》

C.《科学管理原理》   D.《工业管理和一般管理》

【答案】D

【解析】法约尔1916年在法国公开发表了他的代表作《工业管理和一般管理》,所以D选项正确。

【考点】考核《管理学》第一章中第三节"管理理论的形成与发展",要求学生掌握组织管理理论。

12.(2014年,第13题)泰罗认为工人和雇主双方都必须来一次( )。

A.管理培训   B.管理实践   C.劳动竞赛   D.心理革命

【答案】D

【解析】泰罗认为工人和雇主双方都必须来一次心理革命,所以D选项正确。

【考点】考核《管理学》第一章中第三节"管理理论的形成与发展",要求学生掌握科学管理理论。

13.(2014年,第14题)古典管理理论阶段的代表性理论是( )。

A.科学管理理论   B.管理科学理论   C.行为科学理论   D.权变理论

【答案】A

【解析】古典管理理论形成于19世纪末20世纪初,这个阶段的代表性理论是科学管理理论和组织管理理论,所以A选项正确。

【考点】考核《管理学》第一章中第三节"管理理论的形成与发展",要求学生掌握不同类型的管理理论。

14.(2016年,第2题)提出企业应成为一个学习型组织的是( )。

A.亚当·斯密   B.彼得·圣吉   C.查尔斯·巴贝奇   D.费雷彼里克·哈尔西

【答案】B

【解析】彼得·圣吉在《第五项修炼:学习型组织的艺术与实务》中指出,企业应该称为一个学习型的组织,并提出了建立学习型组织的四条标准,所以 B 选项正确;亚当·斯密对管理理论发展的一个重要贡献是他提出了劳动分工的观点;查尔斯·巴贝奇对管理的贡献主要有:对工作方法的研究和对报酬制度的研究;费雷彼里克·哈尔西的贡献体现在工资制度方面。

【考点】考核《管理学》第一章中第三节"管理理论的形成与发展",要求学生掌握基本的管理理论。

15.(2016 年,第 3 题)提出为了提高劳动生产率,必须为工作挑选第一流的工人的是(　　)。
A. 韦伯　　　　　　B. 法约尔　　　　　　C. 泰罗　　　　　　D. 巴纳德

【答案】C

【解析】泰罗是科学管理理论的代表人物,代表作为《科学管理原理》,主要内容包括:工作定额、标准化、能力与工作相适应、差别计件工资制和计划与执行相分离。其中能力与工作相适应即包含了必须为工作挑选第一流的工人,所以 C 选项正确。

【考点】考核《管理学》第一章中第三节"管理理论的形成与发展",要求学生掌握基本的管理理论。

16.(2016 年,第 4 题)梅奥的霍桑试验表明(　　)。
A. 管理者需要正视企业中非正式组织的存在
B. 管理者应及时取缔企业中的一切非正式组织
C. 非正式组织绝对有利于生产率的提高
D. 非正式组织绝对不利于生产率的提高

【答案】A

【解析】梅奥的霍桑试验提出三个重要的内容:工人是社会人,而不是经济人;企业中存在非正式组织;生产率主要取决于工人的工作态度以及他和周围人的关系,所以 A 选项正确。

【考点】考核《管理学》第一章中第三节"管理理论的形成与发展",要求学生掌握基本的管理理论。

17.(2017 年,第 3 题)提出适用于任何组织的 14 条管理原则的管理学家是(　　)。
A. 法约尔　　　　　　B. 泰勒　　　　　　C. 梅奥　　　　　　D. 韦伯

【答案】A

【解析】法约尔的代表作是《工业管理与一般管理》,他的贡献主要体现在他对管理职能的划分和管理原则的归纳上,他提出了一般管理的 14 条原则,所以 A 选项正确。

【考点】考核《管理学》第一章中第三节"管理理论的形成与发展",要求学生掌握组织管理理论的相关内容。

18.(2018 年,第 4 题)将经营与管理进行明确界定的管理学家是(　　)。
A. 泰罗　　　　　　B. 法约尔　　　　　　C. 韦伯　　　　　　D. 梅奥

【答案】B

【解析】法约尔的代表作是《工业管理与一般管理》,他的贡献主要体现在他对管理职能的划分和管理原则的归纳上,他指出任何企业都存在着 6 种基本活动,管理只是其中的一种,他明确了管理与经营的关系,所以 B 选项正确。

【考点】考核《管理学》第一章中第三节"管理理论的形成与发展",要求学生掌握组织管理理论的相关内容。

19.(2018 年,第 13 题)某公司始终坚持人是第一位的,因此公司注重关心员工、培养员工的归属感。该公司采用的人性假设是(　　)。
A. 复杂人假设　　　　　　　　　　　B. 经济人假设
C.社会人假设　　　　　　　　　　　D. 自我实现人假设

【答案】C

【解析】梅奥在霍桑试验中提出工人是社会人,除了物质需要外,还有社会、心理等方面的需求,因此不能忽视社会和心理因素对工人工作积极性的影响,所以 C 选项正确。

【考点】考核《管理学》第一章中第三节"管理理论的形成与发展",要求学生掌握不同类型的管理理论。

20.(2019年,第2题)提出一般管理理论的是(　　)。

　　A.圣吉　　　　　　　B.朱兰　　　　　　　C.哈默　　　　　　　D.法约尔

【答案】D

【解析】法国人法约尔1916年公开发表了他的著作《工业管理与一般管理》,这是他一生管理经验和管理思想的总结,他的理论贡献主要体现在他对管理职能的划分和管理原则的归纳上,D选项正确;彼得·圣吉提出的管理理论是学习型组织,A选项错误;朱兰和戴明提出的管理理论是全面质量管理,B选项错误;哈默提出的管理理论是业务流程再造,C选项错误。

【考点】考核《管理学》第一章中第三节"管理理论的形成与发展",要求学生理解现代管理理论主要学派的主要思想和代表人物,掌握法约尔的一般管理理论。

21.(2020年,第2题)把组织分为正式组织和非正式组织的是(　　)。

　　A.巴纳德　　　　　　B.泰罗　　　　　　　C.韦伯　　　　　　　D.梅奥

【答案】A

【解析】巴纳德对管理理论的贡献主要体现在《经理人员的职能》,他把组织分为正式组织和非正式组织,所以A选项正确。

【考点】考核《管理学》第一章中第三节"管理理论的形成与发展",要求学生掌握巴纳德的管理理论。

22.(2020年,第3题)下列选项中,属于古典管理理论的是(　　)。

　　A.人际关系学说　　　B.权变管理理论　　　C.科学管理理论　　　D.系统管理理论

【答案】C

【解析】古典管理理论形成于19世纪末和20世纪初的美欧,主要分为科学管理理论和组织管理理论。所以C选项正确。

【考点】考核《管理学》第一章中第三节"管理理论的形成与发展",要求学生掌握古典管理理论的相关内容。

二、多项选择题

1.(2011年,第16题)古典管理理论的代表人物有(　　)。

　　A.亚当·斯密　　　B.泰罗　　　　　C.法约尔　　　　　D.韦伯　　　　　E.梅奥

【答案】BCD

【解析】古典管理理论形成于19世纪末和20世纪初的美欧,它主要分为科学管理理论和组织管理理论,科学管理理论的代表人物有泰罗,组织管理理论的代表人物有法约尔和韦伯,所以BCD选项正确。

【考点】考核《管理学》第一章中第三节"管理理论的形成与发展",要求学生掌握古典管理理论。

2.(2014年,第35题)梅奥在总结霍桑试验的基础上得出的结论有(　　)。

　　A.人是社会人

　　B.人的行为是由动机导向的,而动机则是由需要引起的

　　C.人的需要是有层次的

　　D.正式组织中存在着非正式组织

　　E.人是经济人

【答案】AD

【解析】梅奥在总结霍桑试验的基础上得出的结论有人是社会人而不是经济人、企业中存在着非正式组织、生产率主要取决于工人的工作态度以及他和周围人的关系,所以AD选项正确。

【考点】考核《管理学》第一章中第三节"管理理论的形成与发展",要求学生掌握不同类型的管理理论。

3.(2015年,第31题)科学管理理论的代表人物有(　　)。

　　A.泰罗　　　　　　B.甘特　　　　　　C.法约尔　　　　　D.韦伯　　　　　E.梅奥

【答案】AC

【解析】科学管理理论的代表人物有泰罗和法约尔,所以AC选项正确。甘特的主要贡献是他创造的"甘特图",韦伯是组织管理理论的代表人物,梅奥是组织行为理论的代表人物。

【考点】考核《管理学》第一章中第三节"管理理论的形成与发展",要求学生掌握不同类型的管理理论。

4.(2016年,第31题)韦伯认为权威的类型有( )。

A. 个人崇拜式权威　　　　　　　　　　B. 个人强制命令式权威

C. 传统式权威　　　　　　　　　　　　D. 专长型权威

E. 理性—合法的权威

【答案】ACE

【解析】韦伯提出了"理想的行政组织体系",他认为等级、权威和行政制是一切社会组织的基础,他认为权威有三种类型:个人崇拜式权威、传统式权威和理性—合法的权威,所以ACE选项正确。

【考点】考核《管理学》第一章中第三节"管理理论的形成与发展",要求学生掌握不同类型的管理理论。

5.(2017年,第33题)下列属于人际关系学派的主要观点有( )。

A. 企业的职工是社会人　　　　　　　　B. 满足工人的社会欲望是提高生产效率的关键

C. 企业中实际存在着一种"非正式组织"　　D. 人的行为都是由一定的动机引起的

E. 企业应采取新型的管理方法

【答案】ABC

【解析】梅奥通过霍桑试验阐述了与古典管理理论不同的观点——人际关系学说,该学说的主要内容有:工人是社会人而不是经济人、企业中实际存在着一种"非正式组织"和生产率主要取决于工人的工作态度以及他和周围人的关系,所以ABC选项正确。

【考点】考核《管理学》第一章中第三节"管理理论的形成与发展",要求学生掌握人际关系学派的主要观点。

6.(2018年,第32题)韦伯的理想的行政组织体系所具有的特点包括( )。

A 明确的分工　　　　　　　　　　　　B. 自上而下的等级体系

C. 根据技术资格来选拔员工　　　　　　D. 行政管理人是兼职的

E. 员工之间的关系不受个人情感的影响

【答案】ABCE

【解析】韦伯的理想的行政组织体系具有以下特点:①存在明确分工;②按等级原则对各种公职或职位进行法定安排,形成一个自上而下的指挥链或等级体系;③根据正式考试或培训所获得的证书来选拔员工,并完全根据职务的要求来任用;④公职人员是任命的,个别的通过选举产生;⑤行政人员是专职的,有固定薪金、明示的升迁制度;⑥管理人员属企业员工而非企业拥有者;⑦行政管理人员严格遵守组织中规定的规则、纪律和办事程序;⑧组织中成员之间的关系以理性准则为指导,不受个人感情的影响,组织与外界也是如此。所以ABCE选项正确。

【考点】考核《管理学》第一章中第三节"管理理论的形成与发展",要求学生掌握韦伯的理想的行政组织体系所具有的特点。

7.(2019年,第31题)下列选项中属于现代管理理论的有( )。

A. 科学管理理论　　　　　　B. 学习型组织　　　　　　C. 业务流程再造

D. 人际关系学说　　　　　　E. 核心能力理论

【答案】BCE

【解析】彼得·圣吉提出的管理理论是学习型组织,B选项正确;哈默提出的管理理论是业务流程再造,C选项正确;核心能力理论是由80年代资源基础理论发展而来的,E选项正确;科学管理理论是19世纪末20世纪初泰罗提出的,属于古典管理理论,A选项错误;人际关系学说是梅奥在20世纪初提出的,属于行为管理理论,D选项错误。

【考点】考核《管理学》第一章中第三节"管理理论的形成与发展",要求学生掌握现代管理理论主要学派的主要思想和代表人物。

8.(2020年,第31题)法约尔认为,任何企业的基本活动中,除了管理活动外,还有( )。

A. 技术活动　　B. 商业活动　　C. 财务活动　　D. 会计活动　　E. 安全活动

【答案】ABCDE

【解析】法约尔指出,任何企业都存在6种基本活动,除了管理活动外,还有技术活动、商业活动、财务活动、会计活动和安全活动,所以 ABCDE 选项正确。

【考点】考核《管理学》第一章中第三节"管理理论的形成与发展",要求学生理解现代管理理论主要学派的主要思想和代表人物,掌握法约尔的一般管理理论。

三、简答题

1.(2016年,第55题)简述法约尔提出的一般管理的14条原则。

【答案】法约尔提出了一般管理的14条原则包括:

①劳动分工;②权力与责任;③纪律;④统一指挥;⑤统一领导;⑥个人利益服从整体利益;⑦人员报酬;⑧集中;⑨等级制度;⑩秩序;⑪公平;⑫人员稳定;⑬首创精神;⑭团队精神。

【考点】考核《管理学》第一章中第三节"管理理论的形成与发展",要求学生掌握组织管理理论。

2.(2019年,第55题)简述泰罗的科学管理理论的主要内容。

【答案】泰罗的科学管理理论主要包括:①工作定额;②标准化;③能力与工作相适应;④差别计件工资制;⑤计划职能与执行职能相分离。

【考点】考核《管理学》第一章中第三节"管理理论的形成与发展",要求学生掌握泰罗的科学管理理论的主要内容。

第二章 决策与决策方法

第一节 决策与决策理论

一、单项选择题

1.(2011年,第5题)决策遵循的原则是( )。

　A.最优原则　　　　B.满意原则　　　　C.集体原则　　　　D.灵活性原则

【答案】B

【解析】决策遵循的原则是满意原则,所以B选项正确。

【考点】考核《管理学》第五章中第一节"决策与决策理论",要求学生掌握决策遵循的原则。

2.(2012年,第4题)决策的依据是( )。

　A.大量的信息　　　　　　　　B.适量的信息

　C.满意的原则　　　　　　　　D.最优的原则

【答案】B

【解析】信息的数量和质量直接影响决策的水平,决策的依据是适量的信息,决策的原则是满意的原则,所以B选项正确。

【考点】考核《管理学》第五章中第一节"决策与决策理论",要求学生掌握决策的依据。

二、多项选择题

1.(2013年,第32题)决策的特点是( )。

　A.目标性　　　　B.可行性　　　　C.不可选择性　　　　D.满意性　　　　E.最优性

【答案】ABD

【解析】决策的特点是目标性、可行性和满意性,所以ABD选项正确。

【考点】考核《管理学》第五章中第一节"决策与决策理论",要求学生掌握决策的特点。

第二节 决策过程

一、多项选择题

1.(2011年,第17题)为了实现责权利三者的有效结合,管理者在决策方案的执行过程中应做到( )方面。

　A.将决策的目标分解到部门和个人,实行目标责任制

　B.善于授权,做到权责对等

　C.设计合理的报酬制度

　D.形成团结、和谐的组织气氛

　E.保证信息的有效传递

【答案】ABC

【解析】方案的执行将不可避免地会对各方造成不同程度的影响,一些人的既得利益可能会受到损害。在这种情况下,需要管理者善于做思想工作,帮助他们认识这种损害只是暂时的,管理者还可以拿出相应的补偿方案以消除他们的顾虑,化解方案在执行过程中遇到的阻力。

为此,需要做以下三方面的工作:①将决策的目标分解到各个部门与个人,实行目标责任制,让他们树立起责任心,感受到组织赋予他们的压力;②管理者要善于授权,做到责权对等,相关主体拥有必要的权利,便于其完成相应的目标;③设计合理的报酬制度,根据目标的完成情况对相关主体实施奖惩,以充分调动他们的工作积极性。所以ABC选项正确。

【考点】考核《管理学》第五章中第二节"决策过程",要求学生掌握执行方案。

2.(2019年,第32题)决策过程包含6个具体步骤,其中前3个步骤有( )。

A. 诊断问题　　　　B. 明确目标　　　　C. 研究过去　　　　D. 拟定方案　　　　E. 执行方案

【答案】ABD

【解析】决策过程的6个步骤分别是:(1)诊断问题;(2)明确目标;(3)拟定方案;(4)筛选方案;(5)执行方案;(6)评估效果。所以本题的正确答案是 ABD。

【考点】考核《管理学》第五章中第二节"决策过程",要求学生掌握决策过程的先后顺序,该考题考核内容为前三个步骤分别是什么内容。

第三节　决策方法

一、单项选择题

1.(2011年,第8题)在集体决策中,如果成员彼此间意见有较大分歧,则可以考虑采用( )。

A. 头脑风暴法　　　　B. 名义小组技术　　　　C. 德尔菲技术　　　　D. 政策指导矩阵

【答案】B

【解析】在集体决策中,如果决策者彼此的意见有较大的分歧,直接开会讨论的效果并不好,可能争执不下,也可能权威人士发言后大家随声附和,可以采用的定性决策方法是名义小组技术,所以 B 选项正确。

【考点】考核《管理学》第五章中第四节"决策方法",要求学生掌握集体决策方法。

2.(2012年,第12题)在集体决策中,如果决策者彼此的意见有较大的分歧,直接开会讨论的效果并不好,可能争执不下时,可以采用的定性决策方法是( )。

A. 头脑风暴法　　　　B. 名义小组技术　　　　C. 德尔菲技术　　　　D. 决策模拟演练

【答案】B

【解析】在集体决策中,如果决策者彼此的意见有较大的分歧,直接开会讨论的效果并不好,可能争执不下,也可能权威人士发言后大家随声附和,可以采用的定性决策方法是名义小组技术,所以 B 选项正确。

【考点】考核《管理学》第五章中第四节"决策方法",要求学生掌握集体决策方法。

3.(2013年,第3题)非程序化决策的决策者主要是( )。

A. 高层管理者　　　　B. 中层管理者　　　　C. 基层管理者　　　　D. 技术专家

【答案】A

【解析】西蒙把组织活动分为两类:一类是例行的活动,指一些重复出现的工作,如订货、材料的出入库,对这类活动的决策经常是反复的,所以这类决策叫程序化决策;另一类活动是非例行活动,这些活动不重复出现,如新产品的开发、品种结构的调整等,解决这类问题的决策叫非程序化决策,非程序化决策的决策者主要是高层管理者,所以 A 选项正确。

【考点】考核《管理学》第五章中第四节"决策方法",要求学生掌握程序化决策和非程序化决策的区别。

4.(2014年,第3题)兰德公同创立的通过反复多次听取有关专家意见,最后达成一致意见的预测方法是( )。

A. 回归分析法　　　　B. 德尔菲法　　　　C. 头脑风暴法　　　　D. 盈亏分析法

【答案】B

【解析】德尔菲法是根据问题的特点,选择和邀请相关经验的专家,请他们各自独立发表自己的意见,并写成书面材料,管理者收集并综合专家们的意见后,将综合意见反馈给各位专家,请他们再次发表意见,所以 B 选项正确。

【考点】考核《管理学》第五章中第四节"决策方法",要求学生掌握集体决策方法的类型以及区别。

5.(2015年,第7题)在经营单位组合分析法中,具有较高业务增长率和较低市场占有率的经营单位是( )。

A. 金牛　　　　B. 明星　　　　C. 幼童　　　　D. 瘦狗

【答案】C

【解析】经营单位组合分析法是由波士顿咨询公司提出来的。该方法认为,在确定某个单位经营活动方向时,应该考虑它的相对竞争地位和业务增长率两个维度。相对竞争地位经常体现在市场占有率上,它决定了企业的销售量、销售额和赢利能力;而业务增长率反映业务增长的速度,影响投资的回收期限,具有较高业务增长率和较低市场占有率的经营单位是幼童,所以 C 选项正确。

【考点】考核《管理学》第五章中第四节"决策方法",要求学生掌握有关活动方向的决策方法。

6.(2016 年,第 6 题)利用头脑风暴法进行集体决策时,下列做法不正确的是( )。

A. 鼓励参与者独立思考   B. 激发参与者提出各种荒诞的想法

C. 鼓励参与者对别人的建议作评论   D. 参与者可以补充完善已有的建议

【答案】C

【解析】头脑风暴法的特点是:针对解决的问题,相关专家或人员聚在一起,在宽松的氛围中,敞开思路,畅所欲言,寻求多种决策思路,原则之一是各自发表自己的意见,对别人的建议不作评论,C 选项正确。

【考点】考核《管理学》第五章中第四节"决策方法",要求学生掌握集体决策方法的类型以及各种方法的特点。

7.(2019 年,第 3 题)在集体决策方法中,要求对别人的建议不作评论的是( )。

A. 头脑风暴法   B. 名义小组技术   C. 德尔菲技术   D. 委员会法

【答案】A

【解析】头脑风暴法的特点是:针对解决的问题,相关专家或人员聚在一起,在宽松的氛围中,敞开思路,畅所欲言,寻求多种决策思路,原则之一是各自发表自己的意见,对别人的建议不作评论,A 选项正确;名义小组技术是小组成员各自先不通气,独立地思考,提出决策建议,然后召集会议,让小组成员一一陈述自己的方案,在此基础上对全部备选方案投票,产生大家最赞同的方案,并形成对其他方案的意见,提交管理者作为决策参考,B 选项错误;德尔菲技术是根据问题的特点,选择和邀请相关经验的专家,请他们各自独立发表自己的意见,并写成书面材料,管理者收集并综合专家们的意见后,将综合意见反馈给各位专家,请他们再次发表意见,C 选项错误;委员会法不属于集体决策的方法,D 选项错误。

【考点】考核《管理学》第五章中第四节"决策方法",要求学生掌握集体决策方法的类型以及区别。

8.(2019 年,第 4 题)随着市场竞争的日趋激烈,某高档消费品的生产商打算向中低端市场扩张,则该生产商将面临的重大决策属于( )。

A. 程序化决策   B. 非程序化决策   C. 确定型决策   D. 风险型决策

【答案】B

【解析】西蒙把组织活动分为两类:一类是例行的活动,指一些重复出现的工作,如订货、材料的出入库,对这类活动的决策经常是反复的,所以这类决策叫程序化决策;另一类活动是非例行活动,这些活动不重复出现,如新产品的开发、品种结构的调整等,解决这类问题的决策叫非程序化决策。本题中高档消费品向中低端市场扩张,属于非例行活动,所以 B 选项正确。确定型决策是指决策面对的问题的相关因素是确定的,从而建立的决策模型中的各种参数是确定的,本题中没有涉及相关因素的问题,C 选项错误;如果决策问题涉及的条件中有些是随机因素,它虽然不是确定型的,当我们知道它们的概率分布,这类决策被称为风险型决策,题目中没有涉及这些因素,D 选项错误。

【考点】考核《管理学》第五章中第四节"决策方法",要求学生掌握程序化决策和非程序化决策的区别。

9.(2020 年,第 4 题)某电视台的一个栏目组在为下一期节目的内容和表现手法大伤脑筋时,把相关人员召集在一起,让大家在宽松的氛围中,敞开思路,畅所欲言,寻求多种决策思路。该栏目组采用的决策方法是( )。

A. 德尔菲技术   B. 头脑风暴法   C. 名义小组技术   D. 专家咨询法

【答案】B

【解析】头脑风暴法的特点是:针对解决的问题,相关专家或人员聚在一起,在宽松的氛围中,敞开思路,畅所欲言,寻求多种决策思路,原则之一是各自发表自己的意见,对别人的建议不作评论,所以 B 选项正确。

【考点】考核《管理学》第五章中第四节"决策方法",要求学生掌握集体决策方法的类型以及各种方法的特点。

二、多项选择题

1.(2013年,第33题)从环境的可控制程度看,可把决策分为( )。

A. 确定型决策 B. 风险型决策 C. 不确定型决策 D. 集体决策 E. 个体决策

【答案】ABC

【解析】从环境的可控制程度看,可把决策分为确定型决策、风险型决策和不确定型决策,所以ABC选项正确。

【考点】考核《管理学》第五章中第四节"决策方法",要求学生掌握决策的分类。

2.(2018年,第33题)下面属于定性决策方法的有( )。

A. 盈亏平衡法 B. 悲观法 C. 头脑风暴法 D. 乐观法 E. 德尔菲法

【答案】CE

【解析】定性的决策方法有:头脑风暴法、名义小组技术和德尔菲法,所以CE选项正确。

【考点】考核《管理学》第五章中第四节"决策方法",要求学生掌握不同类型的决策方法。

三、计算题

1.(2011年,第24题)某笔记本厂商计划推出新型号的笔记本,根据市场预测分析,消费者对新产品的态度有两种:接受和不接受。这两种情况出现的概率分别是0.7和0.3。新产品有两种开发方案:

方案一:沿袭以往产品的外观设计;

方案二:重新设计产品外观。

两种方案的收益值如下表:

不同方案在不同市场情况下的收益 单位:万元

项 目	接受	不接受
(1)沿袭外观	1000	−200
(2)重新设计	1300	−600

根据上述材料,计算两种方案对应的期望收益值,并根据最大期望收益准则判断该企业应选择哪种方案。

【答案】两种方案对应的期望收益分别为:

(1)$1000 \times 0.7 - 200 \times 0.3 = 640$(万元)

(2)$1300 \times 0.7 - 600 \times 0.3 = 730$(万元)

因为第二种方案对应的期望值最大,所以选择重新设计产品外观。

【考点】考核《管理学》第五章中第四节"决策方法",要求学生掌握不确定性的决策方法。

2.(2011年,第25题)某企业生产某种平板电脑,目前规模不大,根据市场预测,明年的产品销量可能有两种情况:销量一般(与今年大致持平)与销量好(销量大增)。这两种情况出现的概率分别为0.4和0.6。为应对市场需求的可能变化,企业在今年有两种生产方案可供选择:

(1)改进生产设备(可满足销量一般情况下的生产要求);

(2)添置生产设备(可满足销量好情况下的生产要求)。

如果今年没有新建生产线,到明年却出现销量大增的情况,企业还可以采取两种预备方案:

(2.1紧急添置生产设备。

(2.2)部分生产外包并加班生产。各种可能方案的收益情况如下表:

各方案在不同市场情况下的收益 单位:万元

项 目	销量一般	销量好
(1)改进生产设备	500	
(2)添置生产设备	−300	2000
(2.1)紧急添置生产设备		1000
(2.2)部分生产外包并加班生产		1500

根据上述材料,运用决策树法选择企业在各个阶段的生产决策。

【答案】(1)画出决策树

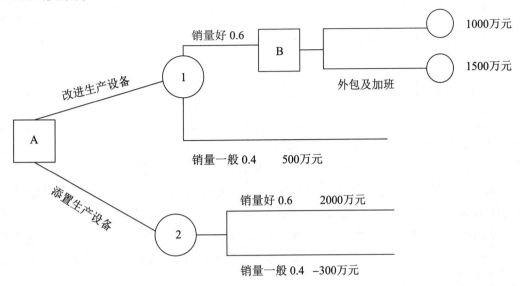

(2)从决策树末端开始求解,先遇到决策点 B

决策点 B 的值＝Max(1000,1500)＝1500(万元)

取方案 2.2 部分生产外包并加班生产

(3)遇到状态点

状态点 1 的期望收益 E1＝0.6×1500＋0.4×500＝1100(万元)

状态点 2 的期望收益 E2＝0.6×2000－0.4×300＝1080(万元)

(4)在决策点 A,由于状态点 1 的期望收益大于状态点 2,因此选择改进生产设备的方案。最后得到的决策方案是:今年采用方案 1,改进生产设备;明年如果销量好,则采用部分生产外包并加班生产的方案;如果销量一般,则维持原有生产方案。

【考点】考核《管理学》第五章中第四节"决策方法",要求学生掌握不确定性的决策方法。

3.(2012 年,第 24 题)某企业计划生产某种产品,根据市场预测分析,产品的销路存在三种可能性:销路好、销路一般和销路差。生产这种产品有三种方案:改进生产线、新建生产线和外包生产。各种方案的收益值如下表:

企业产品各方案在不同市场情况下的收益　　　　　　　　　单位:万元

项　　目	销路好	销路一般	销路差
(1)改进生产线	260	160	−100
(2)新建生产线	220	200	−60
(3)外包生产	160	50	20

根据上述资料计算:

(1)如果决策者对未来持乐观态度,请判断该决策者会选择哪种方案。

(2)如果决策者对未来持悲观态度,请判断该决策者会选择哪种方案。

(3)如果决策者采用最小最大后悔值决策方法,请判断该决策者会选择哪种方案。

【答案】(1)如果决策者对未来持乐观态度,也就意味着他们认为未来产品销路好,所以采用大中取大法来决策,比较三种项目方式,销路好时,改进生产线的收益最高为 260 万元,因此会选择改进生产线。

(2)如果决策者对未来持悲观态度,也就意味着他们认为未来产品销路差,所以采用小中取大法来决策,比较三种项目方式,销路差时,外包生产的收益最高为20万元,因此会选择外包生产。

(3)最小最大后悔值法

单位:万元

项　　目	销量好	销量一般	销量差	最大后悔值
(1)改进生产线	0	40	120	120
(2)新建生产线	40	0	80	80
(3)外包生产	140	150	0	150

其中第二种方案对应的最大后悔值最小,所以选择新建生产线的方案。

【考点】考核《管理学》第五章中第四节"决策方法",要求学生掌握不确定性的决策方法。

4.(2013年,第67题)某厂要决定下个五年计划期间生产某种电子产品的生产批量,根据以往的销售统计资料及市场预测得知,未来市场出现销路好、销路一般和销路差三种情况的概率分别为0.3、0.5和0.2;若该产品按大、中、小三种不同批量投产,则下个五年计划期内在不同的销售状态下的收益值可以估算出来,如下表所示。试用决策树法分析并计算出三种方案的各自收益值,并选出收益值最大的方案。(只需计算,无须绘制决策树图。)

企业产品各方案在不同市场情况下的收益

单位:万元

项　　目	销路好	销路一般	销路差
大批生产	20	14	-2
中批生产	17	12	10
小批生产	0	8	6

(1)方案1:大批生产的期望值。

(2)方案2:中批生产的期望值。

(3)方案3:小批生产的期望值。

(4)进行抉择:比较三个方案的计算结果并选出收益值最大的方案。

【答案】(1)方案1:大批生产的期望值:$20×0.3+14×0.5+(-2)×0.2=12.6$(万元)

(2)方案2:中批生产的期望值:$17×0.3+12×0.5+10×0.2=13.1$(万元)

(3)方案3:小批生产的期望值:$10×0.3+8×0.5+6×0.2=8.2$(万元)

(4)进行抉择:由于方案2的期望值最大,所以选择中批生产这一方案。

【考点】考核《管理学》第五章中第四节"决策方法",要求学生掌握不确定性的决策方法。

5.(2014年,第63题)ST民营企业生产U产品,市场销路有三种可能情况:畅销、一般、滞销。备选方案有三个:一是扩建,二是技术改造,三是维持现状。收益值如下表:

单位:万元

项　　目	畅销	一般	滞销
扩建	300	120	-70
技术改造	150	100	-30
维持现状	80	30	10

(1)试用大中取大乐观法、小中取大悲观法进行决策;

(2)若知销路好的概率为0.6,销路一般的概率为0.3,销路差的概率为0.1,试用决策树法进行决策(无须绘制决策树图)。

计算：

①扩建方案的预期收益值；

②技术改造方案的预期收益值；

③维持现状方案的预期收益值；

④比较三个方案计算结果并选择收益值最大的方案。

【答案】(1)若用大中取大乐观法来决策,从表中收益数据可知,扩建方案的最大收益值为300万元,技术改造方案的最大收益值为150万元,维持现状方案的最大收益值为80万元,经过比较,扩建方案的最大收益值最大,因此选择畅销300进行扩建。（3分）

若用小中取大悲观法来决策,从表中收益数据可知,扩建方案最小收益值为 -70 万元,技术改造方案的最小收益值为 -30 万元,维持现状方案的最小收益值为10万元,经过比较,选择滞销10维持现状。（3分）

(2)①扩建 $300×0.6+120×0.3+(-70)×0.1=209$ （万元）（5分）

②技术改造 $150×0.6+100×0.3+(-30)×0.1=117$ （万元）（5分）

③维持现状 $80×0.6+30×0.3+10×0.1=58$ （万元）（5分）

④由于方案1的期望值最大,所以选择扩建这一方案。（5分）

【考点】考核《管理学》第五章中第四节"决策方法",要求学生掌握不确定型决策的方法。

6.(2015年,第64题)某企业计划扩大某产品的生产,据市场预测产品销路好的概率为0.7,销路差的概率为0.3。有三种方案可供企业选择:方案1,新建大厂,需投资300万元。据初步估计,销路好时,每年可获利100万元;销路差时,每年亏损20万元,服务期为10年。方案2,新建小厂需投资140万元,销路好时,每年可获利40万元;销路差时,每年仍可获利30万元,服务期为10年。方案3,租赁同行业工厂生产,销路好时,每年可获利60万元;销路差时,每年获利20万元,租赁期为10年,租金200万元。

试用决策树法分析并计算出三个方案在10年内的各自收益值,并选出收益值最大的方案。（只需计算,无须绘制决策树）

【答案】

方案1:

每年获利的期望为: $E(x)=100×0.7-20×0.3=64$ （万元）

在服务期内获净利: $64×10-300=340$ （万元）

平均每年获净利: $340÷10=34$ （万元）

方案2:

每年获利的期望为: $E(x)=40×0.7+30×0.3=37$ （万元）

在服务期内获净利: $37×10-140=230$ （万元）

平均每年获净利: $230÷10=23$ （万元）

方案3:

前3年建小厂,依据方案2,3年共获利: $36×3=108$ （万元）

销路好的概率为0.7,后7年建厂的概率为0.7。

后7年每年获利的期望为: $E(x)=95×0.7=66.5$ （万元）

在服务期内获净利: $108+66.5×7-140-200=233.5$ （万元）

平均每年获净利: $233.5÷10=23.35$ （万元）

比较每年获净利,方案1最佳。

【考点】考核《管理学》第五章中第四节"决策方法",要求学生掌握不确定性的决策方法。

7.(2016年,第61题)某企业计划生产一种新产品。该产品在市场上的需求量有四种可能:需求量较高、需求量一般、需求量较低、需求量很低。无法预测每种情况出现的概率。现有三种方案:甲方案是新建生产线;乙方案是改进生产线;丙方案是外包生产。各种方案的收益值如下表所示。

企业产品生产各方案在不同市场情况下的收益   单位:万元

方案	需求量较高	需求量一般	需求量较低	需求量很低
甲方案	120	95	25	−25
乙方案	80	60	40	25
丙方案	100	70	30	10

(1)若用小中取大悲观法来决策,企业应该选择哪个方案?

(2)若用大中取大乐观法来决策,企业应该选择哪个方案?

(3)若用最小最大后悔值法来决策,企业应该选择哪个方案?

【答案】(1)若用小中取大悲观法来决策,从表中收益数据可知,甲方案最小收益值为−25万元,乙方案的最小收益值为25万元,丙方案的最小收益值为10万元,经过比较,乙方案的最小收益值最大,因此选择乙方案。

(2)若用大中取大乐观法来决策,从表中收益数据可知,甲方案的最大收益值为120万元,乙方案的最大收益值为80万元,丙方案的最大收益值为100万元,经过比较,甲方案的最大收益值最大,因此选择甲方案。

(3)若用最小最大后悔值法。从表中计算结果可以计算出后悔值为:

单位:万元

方案	需求量较高	需求量一般	需求量较低	需求量很低
甲方案	0	0	15	50
乙方案	40	35	0	0
丙方案	20	25	10	15

经过比较,甲方案的最大后悔值为50万元,乙方案的最大后悔值为40万元,丙方案的最大后悔值为25万元。根据计算原则,丙方案的最大后悔值最小,因此选择丙方案。

【考点】考核《管理学》第五章中第四节"决策方法",要求学生掌握不确定型决策的方法。

8.(2017年,第61题)某公司准备生产一种新产品,有三个可行方案供选择:一是新建一个车间,二是扩建原有的一个车间,三是改造原有的一个车间。该产品在市场上可能出现高需求、中需求、低需求三种情况,每个可行方案在三种需求下的相应收益如下表所示:

各方案在不同需求下的收益情况   单位:万元

方案	高需求	中需求	低需求
新建	55	21	−25
扩建	42	23	−5
改建	33	20	10

试分别用以下方案进行决策,确定每种方案的最佳方案:

(1)小中取大法;

(2)大中取大法;

(3)最小最大后悔值法。

【答案】

(1)小中取大法

小中取大法指的是决策者对未来持悲观态度,认为未来会出现最差的情况。决策时,对各种方案都按它的最低收益考虑,然后比较哪种方案的最低收益最高。

案例中三种方案的最小收益分别是−25万元、−5万元、10万元,其中第三种方案对应的收益值最大,所以选择改建的方案。

（2）大中取大法

大中取大法指的是决策者对未来持乐观态度,认为未来会出现最好的情况。决策时,对各种方案都按它的最高收益考虑,然后比较哪种方案的最高收益最高。

案例中三种方案的最大收益分别是 55 万元、42 万元、33 万元,其中第一种方案对应的收益值最大,所以选择新建的方案。

（3）最小最大后悔值法

决策者在选择了某个方案后,若事后发现客观情况并未按自己预想的发生,会为自己事前的决策而后悔。按最小最大后悔值法选择方案可使决策者最大幅度减轻可能产生的后悔程度。

第一步:计算每个方案在每种情况下的后悔值。

新建方案后悔值分别是 0、2、35,其中最大后悔值为 35;

扩建方案后悔值分别是 13、0、15,其中最大后悔值为 15;

改建方案后悔值分别是 22、3、0,其中最大后悔值为 22。

比较三种方案最大后悔值,其中最小的是扩建方案的 15,所以选择扩建方案。

【考点】考核《管理学》第五章中第四节"决策方法",要求学生掌握决策的方法。

9.（2018 年,第 61 题)某公司计划开发新产品,有四种产品方案可供选择,每种方案都面临畅销、一般和滞销三种市场状态,各方案在各种状态下的损益值如下表所示:

各方案在不同市场状态下的损益值　　　　　　　　　单位:万元

方案	畅销	一般	滞销
甲产品	90	40	−40
乙产品	50	30	−15
丙产品	60	45	−25
丁产品	45	20	10

（1）若用最小最大后悔值法进行决策,公司应该选择哪个方案?（要求给出后悔值表)

（2）假设畅销、一般、滞销出现的概率分别是 0.3、0.5 和 0.2,试用决策树法进行决策（无须绘制决策树图,要写出计算过程)。

【答案】（1）采用最小最大后悔值法来决策时,其步骤如下:

① 计算每个方案在每种情况下的后悔值,后悔值＝该情况下的各方案中的最大收益－该方案在该情况下的收益。

甲产品:

畅销的后悔值＝90－90＝0

一般的后悔值＝45－40＝5(万元)

滞销的后悔值＝10－(−40)＝50(万元)

乙产品:

畅销的后悔值＝90－50＝40(万元)

一般的后悔值＝45－30＝15(万元)

滞销的后悔值＝10－(−15)＝25(万元)

丙产品:

畅销的后悔值＝90－60＝30(万元)

一般的后悔值＝45－45＝0

滞销的后悔值＝10－(−25)＝35(万元)

丁产品:

畅销的后悔值＝90－45＝45(万元)

一般的后悔值＝45－20＝25(万元)

滞销的后悔值＝10－10＝0

如下表所示：

单位：万元

方案	畅销	一般	滞销
甲产品	0	5	50
乙产品	40	15	25
丙产品	30	0	35
丁产品	45	25	0

②找出各方案的最大后悔值。

甲产品的最大后悔值是 50 万元；乙产品的最大后悔值是 40 万元；丙产品的最大后悔值是 35 万元；丁产品的最大后悔值是 45 万元。

③找出最大后悔值中最小的方案。

通过比较②中各方案的数据,丙产品的最大后悔值最小。

所以选择丙产品。

(2)甲产品预期损益值：90×0.3＋40×0.5＋(－40)×0.2＝39(万元)

乙产品预期损益值：50×0.3＋30×0.5＋(－15)×0.2＝27(万元)

丙产品预期损益值：60×0.3＋45×0.5＋(－25)×0.2＝35.5(万元)

丁产品预期损益值：45×0.3＋20×0.5＋10×0.2＝25.5(万元)

故甲产品预期损益值最大,选甲产品。

【考点】考核《管理学》第五章中第四节"决策方法",要求学生掌握不确定型决策的方法。

10.(2019年,第61题)华闽公司预测某市场前景良好,计划开发新产品,有 A、B、C 三个方案可供选择,每个方案都面临畅销、一般和滞销三种市场状态。假设市场畅销、一般、滞销出现的概率分别为 0.6、0.3 和 0.1,各方案在各种状态下的损益值如下表所示：

各方案在不同市场状态下的损益值　　　　单位：万元

方案	畅销	一般	滞销
A 方案	170	110	－60
B 方案	210	100	－90
C 方案	120	80	30

(1)绘制决策树图。(12 分)

(2)如果用最大期望收益准则进行决策,该公司应选择哪个方案？

【答案】(1)决策树图：

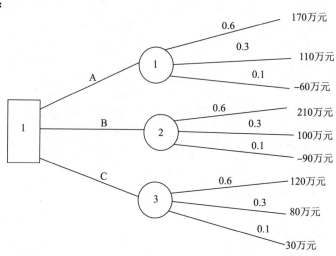

(2) A 方案的期望收益＝170×0.6＋110×0.3＋(−60)×0.1＝129(万元)

　　B 方案的期望收益＝210×0.6＋100×0.3＋(−90)×0.1＝147(万元)

　　C 方案的期望收益＝120×0.6＋80×0.3＋30×0.1＝99(万元)

因为 B 方案的期望收益值最大,所以应选择 B 方案。

【考点】考核《管理学》第五章中第四节"决策方法",要求学生掌握不确定型决策方法和风险型决策方法。

11.(2020 年,第 61 题)某公司运用原有技术优势开发了一种市场上从未出现过的新产品,根据市场预测分析,该产品销路有三种可能性:畅销、一般和滞销,但不知道这三种情况各自出现的概率。生产该产品有自制、合作、外包三个方案可供选择,各方案在这三种市场状态下的损益值如下表所示。

各方案在不同市场状态下的损益值　　　　　　单位:万元

方案	畅销	一般	滞销
自制	280	100	−150
合作	200	150	−85
外包	100	60	−50

(1)如果用小中取大法进行决策,该公司应选择哪个方案?

(2)如果用大中取大法进行决策,该公司应选择哪个方案?

(3)如果用最小最大后悔值法进行决策,该公司应选择哪个方案?

【答案】

(1)小中取大法

小中取大法指的是决策者对未来持悲观态度,认为未来会出现最差的情况。决策时,对各种方案都按它的最低收益考虑,然后比较哪种方案的最低收益最高。

案例中三种方案的最小收益分别是−150 万元、−85 万元、−50 万元,其中第三种方案对应的收益值最大,所以选择外包的方案。

(2)大中取大法

大中取大法指的是决策者对未来持乐观态度,认为未来会出现最好的情况。决策时,对各种方案都按它的最高收益考虑,然后比较哪种方案的最高收益最高。

案例中三种方案的最大收益分别是280 万元、200 万元、100 万元,其中第一种方案对应的收益值最大,所以选择自制的方案。

(3)最小最大后悔值法

决策者在选择了某方案后,若事后发现客观情况并未按自己预想的发生,会为自己事前的决策而后悔。按最小最大后悔值法选择方案可使决策者最大限度减轻可能产生的后悔程度。

若用最小最大后悔值法,从表中计算结果可以计算出后悔值为:

单位:万元

方案	畅销	一般	滞销
自制	0	50	100
合作	80	0	35
外包	180	90	0

经过比较,自制方案的最大后悔值为 100 万元,合作方案的最大后悔值为 80 万元,外包方案的最大后悔值为 180 万元。根据计算原则,合作方案的最大后悔值最小,因此选择合作方案。

【考点】考核《管理学》第五章中第四节"决策方法",要求学生掌握不确定型决策的方法。

第三章 计划与计划工作

第一节 计划的概念及其性质

一、单项选择题

1.(2011年,第3题)古人云:"运筹于帷幄之中,决胜于千里之外。"这里的"运筹帷幄"反映了管理的哪一项职能?(　　)

A. 计划职能　　　　　　　　　　　　　B. 组织职能

C. 领导职能　　　　　　　　　　　　　D. 控制职能

【答案】A

【解析】计划指用文字和指标等形式所表述的,在未来一定时期内组织以及组织内不同部门和不同成员,关于行动方向、内容和方式安排的管理文件,所以A选项正确。

【考点】考核《管理学》第六章中第一节"计划的概念及其性质",要求学生掌握计划的概念。

2.(2016年,第7题)做什么、为什么做、谁去做、何地做、何时做,以及怎么做,是哪一项管理职能的内容?(　　)

A. 计划　　　　　　B. 组织　　　　　　C. 领导　　　　　　D. 控制

【答案】A

【解析】计划是在未来一定时期内组织以及组织内不同部门和不同成员,关于行动、内容和方式安排的管理文件,包括5W1H,所以A选项正确。

【考点】考核《管理学》第六章中第一节"计划的概念及其性质",要求学生掌握计划的概念。

3.(2020年,第5题)所有管理人员,从最高管理人员到第一线的基层管理人员都要进行计划工作。这体现了计划的(　　)。

A. 普遍性　　　　　　　　　　　　　　B. 基础性

C. 目标性　　　　　　　　　　　　　　D. 秩序性

【答案】A

【解析】计划工作具有普遍性和秩序性,秩序表现为计划工作的纵向层次性和横向协作性,而所有的管理人员,从最高管理人员到第一线的基层管理人员都要进行计划工作体现的正是计划的普遍性,所以A选项正确。

【考点】考核《管理学》第六章中第一节"计划的概念及其性质",要求学生掌握计划的性质。

二、多项选择题

1.(2013年,第34题)计划是(　　)。

A. 面向未来的　　　　　　　　　　　B. 过去的总结

C. 现状的描述　　　　　　　　　　　D. 面向行动的

E. 不可操作的

【答案】AD

【解析】从名词意义上说,计划是指用文字和指标等形式所表述的,在未来一定时期内组织以及组织内不同部门和不同成员,关于行动、方向、内容和方式安排的管理文件。从动词意义上说,计划是指为了实现决策所确定的目标预先进行的行动安排,所以AD选项正确。

【考点】考核《管理学》第六章中第一节"计划的概念及其性质",要求学生掌握计划的概念。

2.(2014年,第36题)下列选项属于计划中的"5W1H"的有( )。

A. 做什么 B. 跟谁做 C. 为什么做 D. 谁去做 E. 怎样做

【答案】ACDE

【解析】计划中的"5W1H"指:做什么、为什么做、谁去做、何地做、何时做、怎样做。所以ACDE选项正确。

【考点】考核《管理学》第六章中第一节"计划的概念及其性质",要求学生掌握计划的概念。

3.(2017年,第35题)计划的性质包括( )。

A. 目标性 B. 基础性 C. 普遍性 D. 秩序性 E. 效率性

【答案】ABCDE

【解析】计划工作具有承上启下的作用:一方面计划工作是决策的逻辑延续,另一方面计划工作又是组织、领导、控制和创新等管理活动的基础,具有目标性、基础性、普遍性、秩序性和效率性的特点,所以ABCDE选项正确。

【考点】考核《管理学》第六章中第一节"计划的概念及其性质",要求学生掌握计划的性质。

三、简答题

1.(2012年,第22题)简述计划的性质与作用。

【答案】计划在管理的各项职能中具有承上启下的作用:一方面计划是决策的逻辑延续,为决策所选择的目标活动的实施提供了组织实施保证;另一方面计划又是组织、领导、控制和创新等职能的基础,是组织内不同部门、不同成员行动的依据。

可以从以下四个方面来考察计划的性质:

(1)计划工作为实现组织目标服务;

(2)计划工作是管理活动的桥梁,是组织、领导和控制等管理活动的基础;

(3)计划工作具有普遍性和秩序性;

(4)计划工作要追求效率。

【考点】考核《管理学》第六章中第一节"计划的概念及其性质",要求学生掌握计划的性质与作用。

第二节 计划的类型

一、单项选择题

1.(2012年,第5题)将计划分为具体性计划和指导性计划所依据的分类标准是( )。

A. 职能空间 B. 涉及时间长短及其范围广狭

C. 程序化程度 D. 内容的明确性

【答案】D

【解析】依据内容的明确性,可以将计划分为具体性计划和指导性计划,所以D选项正确。

【考点】考核《管理学》第六章中第二节"计划的类型",要求学生掌握计划的分类。

2.(2013年,第4题)根据计划的明确性,可以把计划分为( )。

A. 长期计划和短期计划 B. 战略性计划和战术性计划

C. 具体性计划和指导性计划 D. 程序性计划和非程序性计划

【答案】C

【解析】根据计划的明确性,可以把计划分为具体性计划和指导性计划,所以C选项正确。

【考点】考核《管理学》第六章中第二节"计划的类型",要求学生掌握计划的不同分类方式。

3.(2014年,第2题)按照时间的长短,计划可分为( )。

A. 生产计划、财务计划、供应计划、劳资计划、安全计划

B. 上层管理计划、中层管理计划、基层管理计划

C.专项计划、综合计划

D.长期计划、中期计划、短期计划

【答案】D

【解析】计划是将决策实施所需完成的活动任务进行时间和空间上的分解,以便将这些活动任务具体地落实到组织中的不同部门和个人,根据时间长短可以把计划分为长期计划、中期计划、短期计划,所以 D 选项正确。

【考点】考核《管理学》第六章中第二节"计划的类型",要求学生掌握不同类型的计划。

4.(2015 年,第 8 题)根据涉及时间长短及其范围广狭的综合性标准,可以把计划分为(   )。

A. 战略性计划和战术性计划
B. 长期计划和短期计划

C. 具体性计划和指导性计划
D. 程序性计划和非程序性计划

【答案】A

【解析】计划是将决策实施所需完成的活动任务进行时间和空间上的分解,以便将这些活动任务具体地落实到组织中的不同部门和个人,根据涉及时间长短及其范围广狭的综合性标准,可以把计划分为战略性计划和战术性计划,所以 A 选项正确。

【考点】考核《管理学》第六章中第二节"计划的类型",要求学生掌握不同类型的计划。

5.(2016 年,第 8 题)长期计划的时间跨度通常为(   )。

A.3～5 年
B.5 年左右

C.5 年以上
D.5～10 年

【答案】C

【解析】计划根据时间的长短可以分为长期计划和短期计划,长期计划通常指 5 年以上,短期一般指一年以内,所以 C 选项正确。

【考点】考核《管理学》第六章中第二节"计划的类型",要求学生掌握不同类型的计划。

6.(2018 年,第 6 题)宏运公司的采购部在每个季度末都要根据生产计划和库存情况,决定采购下个季度所需原材料的品种和数量,这种决策属于(   )。

A. 随机型
B. 风险型
C. 非程序化
D. 程序化

【答案】D

【解析】西蒙把组织活动分为两类:一类是例行的活动,指一些重复出现的工作,如订货、材料的出入库,对这类活动的决策经常是反复的,所以这类决策叫程序化决策;另一类活动是非例行活动,这些活动不重复出现,如新产品的开发、品种结构的调整等,解决这类问题的决策叫非程序化决策。题目所给的信息是公司的采购部门的例行工作,所以 D 选项正确。

【考点】考核《管理学》第六章中第二节"计划的类型",要求学生掌握程序性计划与非程序性计划的区别。

7.(2019 年,第 5 题)孔茨和韦里克从抽象到具体把计划分为一个层次体系,下列计划中最具体的是(   )。

A. 目标
B. 政策
C. 预算
D. 规则

【答案】C

【解析】预算是一份用数字表示预期结果的报表,C 选项正确;组织的目标往往太抽象、太原则化,需要进一步具体化为组织一定时期的目标和各部门的目标,A 选项错误;政策是指导或沟通决策思想的全面的陈述书或理解书,B 选项错误;规则是最简单形式的计划,它详细阐述了必需行动或非必需的行动,其本质是一种必须或无须采取某种行动的管理决策,D 选项错误。

【考点】考核《管理学》第六章中第二节"计划的类型",要求学生掌握各种形式的计划。

二、多项选择题

1.(2016年,第32题)根据职能空间不同,可以将计划分为( )。

A. 业务计划 B. 财务计划

C. 人事计划 D. 具体性计划

E. 指导性计划

【答案】ABC

【解析】计划根据职能不同可以划分为:业务计划、财务计划和人事计划,ABC选项正确。

【考点】考核《管理学》第六章中第二节"计划的类型",要求学生掌握计划的不同分类方式。

2.(2020年,第32题)根据计划内容的明确性标准,可以将计划分为( )。

A. 程序性计划 B. 战略性计划

C. 具体性计划 D. 战术性计划

E. 指导性计划

【答案】CE

【解析】根据计划内容的明确性标准可以将计划分为具体性计划和指导性计划,所以CE选项正确。根据综合性程度,可以将计划分为战略性计划和战术性计划,根据程序化程度可以将计划分为程序性计划和非程序性计划。

【考点】考核《管理学》第六章中第二节"计划的类型",要求学生掌握按照不同的标准划分出来的计划类型。

第三节　计划编制过程

一、单项选择题

1.(2018年,第5题)计划编制本身也是一个过程,通常包括:(1)研究过去;(2)确定前提条件;(3)确定目标;(4)报定和选择可行方案;(5)制定预算等。如果就这五项进行排序,正确的是( )。

A.(4)(2)(1)(3)(5) B.(1)(3)(5)(2)(4)

C.(3)(1)(2)(4)(5) D.(5)(3)(4)(1)(2)

【答案】C

【解析】为了保证编制计划的合理,确保能实现决策的组织落实,计划的编制要遵循一定的逻辑顺序,计划编制的步骤如下:(1)确定目标;(2)研究过去;(3)确定前提条件;(4)报定和选择可行方案;(5)制定预算。所以C选项正确。

【考点】考核《管理学》第六章中第三节"计划编制过程",要求学生掌握计划编制的步骤。

2.(2019年,第8题)将所选择的计划用文字形式正式地表达出来,作为一项管理文件。这是计划编制过程中的( )。

A. 制定预算 B. 拟定计划 C. 制定派生计划 D. 制定主要计划

【答案】D

【解析】制定主要计划就是将所选择的计划用文字形式正式地表达出来,作为一项管理文件,D选项正确;制定预算是编制计划的最后一步,A选项错误;拟定计划不属于计划编制的具体过程,B选项错误;制定派生计划属于主要计划制定后的工作步骤,C选项错误。

【考点】考核《管理学》第六章中第三节"计划编制过程",要求学生掌握计划编制的步骤。

二、简答题

1.(2020年,第55题)简述计划的编制过程。

【答案】计划的编制过程包含以下八个步骤:(1)确定目标;(2)认清现在;(3)研究过去;(4)预测并有效地

确定计划的重要前提条件;(5)拟定和选择可行性行动的计划;(6)制定主要计划;(7)制定派生计划;(8)制定预算。

【考点】考核《管理学》第六章中第三节"计划编制过程",要求学生掌握计划的编制过程。

三、论述题

1.(2013年,第65题)试述计划的编制过程。

【答案】计划编制本身是一个过程,一般由以下8个工作步骤组成:

(1)确定目标。确定目标是决策工作的主要任务。目标是指期望的成果。目标为组织整体、各部门和各成员指明了方向、描绘了组织未来的状况,并且作为标准可用来衡量实际的绩效,计划工作主要任务是将决策所确立的目标进行分解,以便落实到各个部门、各个活动环节,并将长期目标分解为各个阶段的目标。

(2)认清现在。认识现在的目的在于寻求合理有效的通向对岸的路径,也即实现目标的途径,认清现在不仅需要有开放的精神,将组织、部门置于更大的系统中,而且要有动态的精神,考查环境、对手与组织自身随时间的变化与相互间的动态反应。

(3)研究过去。研究过去不仅是从过去发生过的事件中得到启示和借鉴,更重要的是探讨过去通向现在的一些规律。

(4)预测并有效地确定计划的重要前提条件。其重要性不仅在于对前提条件认识越清楚越深刻,计划工作越有效,而且在于组织成员越彻底地理解和同意使用一致的计划前提条件,企业计划工作就越协调。

(5)拟定和选择可行性行动计划。包括三个内容:拟定可行性行动计划、评估计划和选定计划。

(6)制定主要计划。制定主要计划就是将所选择的计划用文字形式正式地表达出来,作为一项管理文件。制写计划要清楚地确定和描述5W1H的内容。

(7)制定派生计划。基本计划几乎肯定需要派生计划的支持。

(8)制定预算。用预算使计划数字化,编制预算,一方面是为了计划的指标体系更加明确,另一方面使企业更易于对计划执行进行控制。

(能列出8个工作步骤的,每个步骤给1.5分,共12分;每个步骤略有展开说明的,酌情给分,共8分,否则扣8分。)

【考点】考核《管理学》第六章中第三节"计划编制过程",要求学生掌握计划的编制过程。

第四章　战略性计划与计划实施

第一节　战略环境分析

一、单项选择题

1.(2013 年,第 5 题)在企业进行战略环境分析的"天、地、彼、己"中,"地"是指(　　)。

 A. 外部一般环境   B. 企业竞争所处的行业环境

 C. 企业竞争对手   D. 企业自身条件

【答案】B

【解析】战略环境分析是为战略决策和选择服务的。环境分析的内容是"天、地、彼、己"和"顾客"(目标市场),其目的是"知天知地,知彼知己"和"知顾客"。就企业环境分析而言,"天"指外部一般环境,主要包括政治环境、社会文化环境、经济环境、技术环境和自然环境;"地"指企业竞争所处的行业环境,主要分析行业竞争结构;"彼"指企业竞争对手;"己"指企业自身条件;"顾客"指企业为之提供产品或服务的消费者,所以 B 选项正确。

【考点】考核《管理学》第七章中第一节"战略环境分析",要求学生掌握战略环境的组成。

二、多项选择题

1.(2014 年,第 32 题)美国学者波特的五力模型中,除了行业竞争对手外,还有(　　)。

 A. 供应商   B. 销售商

 C. 替代品生产者   D. 政府政策

 E. 潜在竞争者

【答案】ABCE

【解析】美国学者波特的五力模型中,包含了行业竞争对手、供应商、销售商、替代品生产者和潜在竞争者,所以 ABCE 选项正确。

【考点】考核《管理学》第七章中第一节"战略环境分析",要求学生掌握行业环境。

第二节　战略性计划选择

一、单项选择题

1.(2011 年,第 7 题)企业增加新的,但与原有业务相关的产品与服务,属于(　　)。

 A. 横向一体化战略   B. 混合多元化战略

 C. 纵向一体化战略   D. 同心多元化战略

【答案】D

【解析】企业增加新的,但与原有业务相关的产品与服务,属于同心多元化战略,所以 D 选项正确;横向一体化战略指的是企业获得与自身生产同类产品的竞争对手的所有权或加强对他们的控制;混合多元化战略指的是企业增加新的,和原来业务不相关的产品或服务。

【考点】考核《管理学》第七章中第二节"战略性计划选择",要求学生掌握各种战略类型。

第三节　计划的组织实施

一、单项选择题

1.(2011 年,第 6 题)以下关于目标管理的论述中正确的是(　　)。

 A. 企业的任务必须转化为目标,但下属的成就并不一定由目标引申

 B. 目标管理是一种程序

C. 只要每个人的分目标都完成了,企业的总目标就能完成

D. 管理者依据下级的目标来指挥和控制他们

【答案】B

【解析】企业的任务必须转化为目标,企业管理人员必须通过这些目标对下级进行领导,并以此来保证企业总目标的实现,所以 A 选项错误。目标管理是一种程序,使一个组织中的上下各级管理人员统一起来制定共同的目标,确定彼此的责任,并将此项责任作为指导业务和衡量各自贡献的准则,所以 B 选项正确。每个企业管理人员或工人的分目标就是企业总目标对他的要求,同时也是这个企业管理人员或工人对企业总目标的贡献。只有每个人的分目标都完成了,企业的总目标才有完成的希望,所以 C 选项错误。管理人员和工人是依据设定的目标进行自我管理,他们以所要达到的目标为依据,进行自我指挥、自我控制而不是由他的上级来指挥和控制,所以 D 选项错误。

【考点】考核《管理学》第七章中第三节"计划的组织实施",要求学生掌握控制目标管理的基本思想。

2.(2019 年,第 6 题)目标管理的基本精神是(　　)。

A. 以自我管理为中心　　　　　　B. 以人员编制为中心

C. 以领导监督为中心　　　　　　D. 以部门设置为中心

【答案】A

【解析】目标管理的基本思想之一就是管理人员和工人是依据设定的目标进行自我管理,他们以所要达到的目标为依据,进行自我指挥、自我控制,而不是由他的上级来指挥和控制,A 选项正确。

【考点】考核《管理学》第七章中第三节"计划的组织实施",要求学生掌握目标管理的基本思想。

二、多项选择题

1.(2018 年,第 34 题)目标管理的第一步是制定目标,作为任务分配、自我管理、业绩考核和奖惩实施依据的目标,除了要具各层次性、网络性之外,还应具备(　　)。

A. 多样性　　　　　　　　　　　B. 可考核性

C. 可接受性　　　　　　　　　　D. 富有挑战性

E. 伴随信息反馈性

【答案】ABCDE

【解析】目标具有如下特征:①层次性;②网络性;③多样性;④可考核性;⑤可接受性;⑥富有挑战性;⑦伴随信息反馈性。所以 ABCDE 选项正确。

【考点】考核《管理学》第七章中第三节"计划的组织实施",要求学生掌握目标的特征。

2.(2019 年,第 33 题)实施目标管理时,上级的管理主要表现在(　　)。

A. 指导　　　　　　　　　　　　B. 协助

C. 提供信息情报　　　　　　　　D. 提出问题

E. 创造良好的工作环境

【答案】ABCDE

【解析】【解析】目标管理是美国管理学家被得 1954 年提出的,实施目标管理时上级的管理主要表现在:指导、协助、提供信息情报、提出问题和创造良好的工作环境。(课本上面找不到本题直接的答案,所以只能这样写了)

【考点】考核《管理学》第七章中第三节"计划的组织实施",要求学生掌握目标管理的实施过程。

三、简答题

1.(2012 年,第 21 题;2015 年,第 59 题)简述目标管理的过程。

【答案】目标管理是一个全面的管理系统,它用系统的方法把许多关键管理活动结合起来,有意识地瞄准并有效地和高效率地实现组织目标和个人目标。其过程主要包括以下几个环节:(1)制定目标;(2)明确组织的作用;(3)执行目标;(4)评价成果;(5)实行奖惩;(6)制定新目标并开始新的目标管理循环。

【考点】考核《管理学》第七章中第三节"计划的组织实施",要求学生掌握目标管理的过程。

第五章　组织设计

第一节　组织与组织设计

一、单项选择题

1. (2015年,第5题)从管理的角度看,对"一条船不能有两个船长"这句话的解释,下列说法最恰当的是(　　)。
   A. 在领导班子中如果有多个固执己见的人最终会降低管理效率
   B. 对于要高度集权管理的组织不能允许有多个直线领导核心
   C. 一个组织中的能人太多必然会造成内耗增加从而导致效率下降
   D. 组织中不能允许存在两种以上的观点,否则易造成管理混乱

   【答案】B

   【解析】统一指挥原则就是要求每位下属有且仅有一个上级,要求上下级之间形成一条清晰的指挥链,所以B选项正确。

   【考点】考核《管理学》第八章中第一节"组织与组织设计",要求学生掌握组织设计的原则。

2. (2015年,第11题)甲经理把产品销售的任务委派给一位副经理,由其负责所有地区的经销办事处,但同时甲经理又要求各地区经销办事处的负责人直接向会计师汇报每天的销售数字,而会计师也可以直接向各经销办事处的负责人下指令。甲经理的这种做法违反的原则是(　　)。
   A. 命令统一原则
   B. 权责对等原则
   C. 集权化原则
   D. 职务提高、职能分散原则

   【答案】A

   【解析】命令统一原则,它是组织设计原则中其中一个,命令统一性的实质就是在管理工作中实行统一领导,每个下属应当而且只能有一个上级主管,要求消除多头领导、政出多门的现象。题目中甲经理给好几个下属布置了同一个任务,违反了命令统一原则,所以A选项正确。

   【考点】考核《管理学》第八章中第一节"组织与组织设计",要求学生掌握组织设计的原则。

3. (2017年,第2题)某公司总经理要求下属人员都按他的要求工作,而副总经理也是这样要求下属的,结果下属不知如何是好。这个问题出在(　　)。
   A. 总经理与副总经理不信任下属
   B. 总经理与副总经理不知道这种做法的坏处
   C. 总经理与副总经理违背统一指挥原则
   D. 总经理与副总经理有矛盾

   【答案】C

   【解析】统一指挥原则就是要求每位下属有且仅有一个上级,要求上下级之间形成一条清晰的指挥链,题目中下属人员要么听从于总经理要么听从于副总经理,不能同时有两个直接领导,C选项正确。

   【考点】考核《管理学》第八章中第一节"组织与组织设计",要求学生掌握组织设计的原则。

4. (2019年,第7题)某公司的肖总经理非常欣赏技术部小张出众的业务能力,于是肖总经常亲自给小张布置工作任务,这令技术部的孙部长很不满。肖总的做法违反了(　　)。
   A. 权责对等原则
   B. 专业化分工原则
   C. 统一指挥原则
   D. 控制幅度原则

   【答案】C

   【解析】统一指挥原则就是要求每位下属有且仅有一个上级,要求上下级之间形成一条清晰的指挥链,题目中小张的直接主管应该是技术部的孙部长,但是肖总经理经常亲自给小张布置任务,违反了统一指挥的原则,C选项正确。

【考点】考核《管理学》第八章中第一节"组织与组织设计",要求学生掌握组织设计的原则。

5.(2020年,第7题)组织结构是指组织的基本架构,它可以用三种特性来描述。其中,组织需要靠规章制度以及程序化、标准化的工作来引导员工的行为,是指（   ）。

A. 分权性　　　　　　　B. 集权性　　　　　　　C. 复杂性　　　　　　　D. 规范性

【答案】D

【解析】所谓组织结构是指组织的基本架构,是对完成组织目标的人员、工作、技术和信息所作的制度性安排,可以用复杂性、规范性和集权性三种特性来描述。规范性是指组织需要靠规章制度以及程序化、标准化的工作,规范引导员工的行为,根据本题所给信息可以判断D选项正确。

【考点】考核《管理学》第八章中第一节"组织与组织设计",要求学生掌握组织结构的三种特性。

二、多项选择题

1.(2011年,第18题)（   ）属于组织设计的原则。

A. 专业化分工原则　　　　　　　B. 统一领导原则

C. 柔性经济原则　　　　　　　　D. 控制幅度原则

E. 权责对等原则

【答案】ACDE

【解析】在组织设计中应该遵循一些最基本的原则,这些原则都是在长期的管理实践中积累的经验,具体如下:专业化分工原则、柔性经济原则、控制幅度原则和权责对等原则,所以ACDE选项正确。

【考点】考核《管理学》第八章中第一节"组织与组织设计",要求学生掌握组织设计的原则。

2.(2012年,第17题)组织设计的任务包括（   ）。

A. 职能与职务的分析与设计　　　　B. 部门设计

C. 战略目标设计　　　　　　　　　D. 组织变革设计

E. 层级设计

【答案】ABE

【解析】组织设计的任务是设计清晰的组织结构、规划和设计组织中各部门的职能和职权,确定组织中职能职权、参谋职权、直线职权的活动范围并编制职务说明书,组织设计的任务包括职能与职务的分析与设计、部门设计和层级设计,所以ABE选项正确。

【考点】考核《管理学》第八章中第一节"组织与组织设计",要求学生掌握组织设计的任务。

3.(2013年,第35题)组织设计的任务是（   ）。

A. 研究与开发　　　　　　　　　　B. 提供组织结构系统图

C. 分析财务构成　　　　　　　　　D. 编制职务说明书

E. 招聘员工

【答案】BD

【解析】组织设计的任务是设计清晰的组织结构、规划和设计组织中各部门的职能和职权,所以BD选项正确。

【考点】考核《管理学》第八章中第一节"组织与组织设计",要求学生掌握组织设计的任务。

4.(2015年,第33题)组织设计的原则有（   ）。

A. 权责对等　　　　　　　　　　　B. 人人有事做

C. 命令统一　　　　　　　　　　　D. 尽量减轻管理者的压力,多设副职

E. 因人设职与因事设职相结合

【答案】AC

【解析】组织设计的原则有：专业化分工、统一指挥、控制幅度、权责对等和柔性经济，所以 AC 选项正确。

【考点】考核《管理学》第八章中第一节"组织与组织设计"，要求学生掌握组织设计的原则。

5.(2015 年,第 34 题)规模的扩大对组织结构的影响有(　　　)。

A. 分权化　　　　　　　　　　B. 集权化

C. 规范化　　　　　　　　　　D. 专职管理人员的数量增加

E. 复杂性提高

【答案】ACDE

【解析】随着组织规模的增加，管理的层级和部门数量就会增加，信息的传递速度和准确性就会降低，因此组织就要进行及时分权，分权后增加了高层主管与基层之间的沟通和协调的成本，增加了管理工作的复杂性，所以 ACDE 选项正确。

【考点】考核《管理学》第八章中第一节"组织与组织设计"，要求学生掌握组织设计的任务和原则。

三、简答题

1.(2013 年,第 61 题)简述组织设计要遵循的五个基本原则。

【答案】在组织设计的过程中，应遵循的五个最基本的原则是：

①专业化分工的原则；②统一指挥原则；③控制幅度原则；④权责对等原则；⑤柔性经济原则。

【考点】考核《管理学》第八章中第一节"组织与组织设计"，要求学生掌握组织设计的基本原则。

第二节　组织的部门化

一、单项选择题

1.(2013 年,第 7 题)一家产品单一的跨国公司在世界许多国家和地区拥有客户和分支机构,该公司的组织结构最应该考虑的划分因素是(　　　)。

A. 职能　　　　　　　　　　B. 产品

C. 地区　　　　　　　　　　D. 项目

【答案】C

【解析】地域部门化就是按照地域的分散化程度划分企业的业务活动，继而设置管理部门管理其业务活动，所以 C 选项正确。

【考点】考核《管理学》第八章中第二节"组织的部门化"，要求学生掌握组织部门化的基本形式。

2.(2015 年,第 9 题)下列企业中,最适合采用矩阵型组织结构的是(　　　)。

A. 钢铁厂　　　　　　　　　　B. 医院

C. 学校　　　　　　　　　　D. 软件开发公司

【答案】D

【解析】矩阵型组织结构是由纵横两套管理系统组成的矩阵结构，一套是纵向的职能管理系统，另一套是为完成某项任务而组成的横向项目系统，横向和纵向的职权具有平衡对等性。当组织面临较高的环境不确定性，组织目标需要同时反映技术和产品双重要求时，矩阵型结构是一种理想的组织形式，软件开发公司承接的任务通常为项目型，所以 D 选项正确。

【考点】考核《管理学》第八章中第二节"组织的部门化"，要求学生掌握矩阵型组织结构的优缺点。

3.(2018 年,第 7 题)下列组织中最适合采用矩阵型组织结构的是(　　　)。

A. 钢铁厂　　　　B. 制衣厂　　　　C. 学校　　　　D. 广告公司

【答案】D

【解析】矩阵型组织结构是由纵横两套管理系统组成的矩阵结构,一套是纵向的职能管理系统,另一套是为完成某项任务而组成的横向项目系统,横向和纵向的职权具有平衡对等性。当组织面临较高的环境不确定性,组织目标需要同时反映技术和产品双重要求时,矩阵型结构是一种理想的组织形式,广告公司承接的任务通常为项目型,所以 D 选项正确。

【考点】考核《管理学》第八章中第二节"组织的部门化",要求学生掌握矩阵型组织结构的优缺点。

4.(2018 年,第 10 题)根据每个人的能力大小安排合适岗位的人员配备原则是(   )。

    A. 因人设职   B. 因才适用   C. 因事用人   D. 专业分工

【答案】B

【解析】组织部门化的基本原则之一就是因事设职和因人设职相结合,及时调整与组织环境不相适应的部门和人员,使组织内的人力资源能够得到有效的整合和优化。根据每个人的能力大小安排合适岗位的人员配备即因才适用,所以 B 选项正确。

【考点】考核《管理学》第八章中第二节"组织的部门化",要求学生掌握组织部门化的基本原则。

5.(2020 年,第 6 题)某大型物业公司设置了写字楼管理部、公寓管理部、商场管理部以及其他配套部门,该公司的组织结构设计采取的部门划分形式是(   )。

    A. 职能部门化   B. 顾客部门化   C. 地域部门化   D. 流程部门化

【答案】B

【解析】顾客部门化就是根据目标顾客的不同利益需求来划分组织的业务活动,在激烈的市场竞争中,顾客的需求导向越来越明显,企业应该在满足顾客需求的同时,努力创造顾客的未来需求。所以 B 选项正确。

【考点】考核《管理学》第八章中第二节"组织的部门化",要求学生掌握组织部门化的几种基本形式,以及每种形式的优缺点。

二、多项选择题

1.(2012 年,第 18 题)以下关于矩阵型组织结构论述正确的是(   )。

    A. 矩阵型组织结构中横向和纵向管理系统的职权不具有平衡对等性

    B. 矩阵型组织结构中横向和纵向管理系统的职权具有平衡对等性

    C. 矩阵型组织结构打破了统一指挥的传统原则

    D. 矩阵型组织结构不存在多重指挥线

    E. 矩阵型组织中的信息和权力等资源完全实现充分的共享

【答案】BC

【解析】矩阵型组织结构是由纵横两套管理系统组成的矩形组织结构,一套是纵向的职能管理系统,另一套是为完成某项任务而组成的横向项目系统,横向和纵向的职权具有平衡对等性。矩阵型结构打破了统一指挥的传统原则,它有多重指挥线。当组织面临较高的环境不确定性,组织目标需要同时反映技术和产品双重要求时,矩阵型结构应该是一种理想的组织形式。所以 BC 选项正确。

【考点】考核《管理学》第八章中第二节"组织的部门化",要求学生掌握矩阵型组织结构。

2.(2018 年,第 35 题)动态网络型结构是一种以项目为中心,通过与其他组织建立研发、生产制造、营销等业务合同网,有效发挥核心业务专长的协作型组织形式。这种结构的优点包括(   )。

    A. 结构简单、精练   B. 可控性高

    C. 组织的柔性大   D. 较易结合市场需求来整合各项资源

    E. 员工对组织的忠诚度高

【答案】ACD

【解析】动态网络型结构的优点是:组织结构具有更大的灵活性和柔性,以项目为中心的合作可以更好地结合市场需求来整合各项资源,而且容易操作,网络中的各个价值链部分也随时可以根据市场需求的变动情况增加、调整或撤并;另外,这种组织结构简单、精练,由于组织中的大多数活动都实现了外包,而这些活动更多地靠电子商务来协调处理,组织结构可以进一步扁平化,效率也更高了。所以 ACD 选项正确。

【考点】考核《管理学》第八章中第二节"组织的部门化",要求学生掌握动态网络型结构的优点。

三、简答题

1.(2011 年,第 21 题)什么是矩阵型的组织结构? 它的优缺点有哪些?

【答案】矩阵型组织结构是由纵横两套管理系统组成的矩形组织结构,一套是纵向的职能管理系统,另一套是为完成某项任务而组成的横向项目系统,横向和纵向的职权具有平衡对等性。

其优点是:由不同背景、不同技能、不同专业知识的人员为某个特定项目共同工作,一方面可以取得专业化分工的好处,另一方面可以跨越各职能部门获取他们所需要的各种支持活动。资源可以在不同产品之间灵活分配;通过加强不同部门之间的配合和信息交流,可以有效地克服职能部门之间相互脱节的弱点,同时能够增强职能人员直接参与项目管理的积极性,增强矩阵主管和项目人员共同组织项目实施的责任感和工作热情。

其缺点是:组织中的信息和权力等资源一旦不能共享,项目经理与职能经理之间势必会为争取有限的资源或因权力不平衡而发生矛盾,这反而会产生适得其反的后果,协调处理这些矛盾必然要牵扯管理者更多的精力,并付出更多的组织成本。另外,一些项目成员接受双重领导,需要具备较好的人际沟通能力和平衡协调矛盾的技能;成员之间还可能会存在任务分配不明确、权责不统一的问题,这同样会影响组织效率。

【考点】考核《管理学》第八章中第二节"组织的部门化",要求学生掌握矩阵型组织结构的相关知识。

四、论述题

1.(2019 年,第 59 题)试述矩阵型组织结构的特点以及优缺点。

【答案】(1)矩阵型组织结构的特点:

矩阵型组织结构是由纵横两套管理系统组成的矩形组织结构,纵向是职能管理系统,横向是为完成某项任务而组成的项目系统,横向和纵向的职权具有平稳对等性。(能说出由纵横两套管理系统组成可给 3 分,后面的展开 3 分,共 6 分)

(2)矩阵型组织结构的优点:

①可以取得专业化分工的好处,还可以跨越各职能部门获取所需的各种支持活动;因为项目成员由不同背景、不同技能、不同专业知识的人员组成。

②资源可以在不同的产品之间灵活分配。

③克服职能部门之间相互脱节的弱点。(第 1 点 4 分,后两点各 2 分,共 8 分)

(3)矩阵型组织结构的缺点:

①组织中的信息和权力资源一旦不能共享,项目经理和职能经理就容易发生矛盾,协调处理这些矛盾会

增加组织成本;

②一些项目成员接受双重领导,要具备较好的人际沟通和平稳协调的技能;

③成员之间可能任务分配不明确、权责不统一,影响组织效率。(每点2分,共6分)

【考点】考核《管理学》第八章中第二节"组织的部门化",要求学生掌握矩阵型组织结构的特点以及优缺点。

五、案例分析题

1.(2015年,第65题)[案例分析原文详见38页]WT公司组织结构的优点是(   )。

A. 符合专业化分工要求,充分发挥员工才能

B. 有利于培养"多面手"管理人才

C. 有利于部门参与决策

D. 有利于资源分配

【答案】A

【解析】WT公司组织结构是职能部门化,能够突出业务活动的重点,符合专业化的分工要求,能够充分发挥员工的才能,所以A选项正确。

【考点】考核《管理学》第八章中第二节"组织的部门化",要求学生掌握不同类型的组织结构。

2.(2017年,第62题)[案例分析原文详见55页]新设立的组织架构中成立了B2B中国事业部和B2B国际事业部,这属于组织部门化的(   )。

A. 流程部门化   B. 职能部门化   C. 顾客部门化   D. 地域部门化

【答案】D

【解析】地域部门化是按照地域的分散化程度划分企业的业务活动,继而设置管理部门管理其业务活动,案例当中提到的中国事业部和国际事业部即按照地域来划分,D选项正确。

【考点】考核《管理学》第八章中第二节"组织的部门化",要求学生掌握组织的部门化的基本形式。

3.(2017年,第63题)[案例分析原文详见55页]新设立的组织架构中成立了音乐事业部和航旅事业部,这属于组织部门化的(   )。

A. 时间部门化   B. 职能部门化   C. 流程部门化   D. 顾客部门化

【答案】B

【解析】职能部门化是按照基本活动相似或技能相似的要求,分类设置专门的管理部门,如案例中提到的音乐事业部和航旅事业部,所以B选项正确。

【考点】考核《管理学》第八章中第二节"组织的部门化",要求学生掌握组织的部门化的基本形式。

第三节　组织的层级化

一、单项选择题

1.(2012年,第10题)决定组织中层级数目最基本因素的是(   )。

A. 组织战略   B. 人的因素

C. 有效的管理幅度   D. 组织的领导

【答案】C

【解析】组织层级化设计的核心任务是确定完成任务需要设定的层级数目,有效的管理幅度是决定组织中层级数目的最基本因素,所以C选项正确。

【考点】考核《管理学》第八章中第三节"组织的层级化",要求学生掌握组织的层级化与管理幅度的关系。

2.(2013年,第6题)企业中管理干部的管理幅度,是指他(   )。

A. 直接管理的下属数量   B. 所管理的部门数量

C. 所管理的全部下属数量   D. 所管理的部门数量和下属数量之和

【答案】A

【解析】企业中管理干部的管理幅度,又称组织幅度,是指组织中上级主管能够直接有效地指挥和领导下属的数量,所以 A 选项正确。

【考点】考核《管理学》第八章中第三节"组织的层级化",要求学生掌握管理幅度的概念。

3.(2013 年,第 10 题)张教授到某企业咨询,企业李总热情接待张教授,并介绍公司的具体情况,才说 15 分钟,就被人叫了出去,10 分钟后回来继续,不到 15 分钟,又被叫出去。这样,整个下午 3 个小时李总一共被叫出去 10 次之多,使得企业情况介绍时断时续。这说明(　　)。

A. 总经理不重视管理咨询　　　　　　　B. 该企业可能这几天遇到了紧急情况

C. 总经理可能过度集权　　　　　　　　D. 总经理重视民主管理

【答案】C

【解析】集权是指决策指挥权在组织层级系统中较高层次上的集中,下级部门只能依据上级的决定、命令和指示办事,一切行动都必须服从上级指挥,案例中李总之所以一直被叫出去处理事情,就是因为他没有进行分权,让下级组织机构的人员去处理解决事情,所以 C 选项正确。

【考点】考核《管理学》第八章中第三节"组织的层级化",要求学生掌握组织的层级化设计中的集权和分权。

4.(2014 年,第 5 题)管理层次少而管理宽度大的组织结构被称为(　　)。

A. 直线型组织结构　　　　　　　　　　B. 扁平式组织结构

C. 职能型组织结构　　　　　　　　　　D. 事业部制组织结构

【答案】B

【解析】扁平式组织结构的特点是管理层次少而管理宽度大,所以 B 选项正确。

【考点】考核《管理学》第八章中第三节"组织的层级化",要求学生掌握不同类型组织结构的优缺点。

5.(2014 年,第 7 题)管理幅度与管理层次成(　　)。

A. 正比　　　　　　B. 反比　　　　　　C. 横比　　　　　　D. 纵比

【答案】B

【解析】组织层级与组织幅度的反比关系,决定了两种基本的组织结构形态:扁平式和锥形式,所以 B 选项正确。

【考点】考核《管理学》第八章中第三节"组织的层级化",要求学生掌握管理幅度与管理层次的关系。

6.(2015 年,第 10 题)以下最能说明企业组织采取越来越分权的做法的是(　　)。

A. 更多的管理人员能对下属提出的建议行使否决权

B. 下属提出更多的建议并有更大的比例被付诸实施

C. 较低层次的管理人员愿意提出更多、更重要的改进建议

D. 采取了更多的措施减轻高层主要领导的工作负担

【答案】C

【解析】戴尔曾提出判断一个组织分权程度的四条标准:(1)较低的管理层次做出的决策数量越多,分权程度就越大;(2)较低的管理层次做出的决策重要性越大,分权程度就越大;(3)较低的管理层次做出的决策影响面越大,分权程度就越大;(4)较低的管理层次所作决策审核越少,分权程度就越大。所以 C 选项正确。

【考点】考核《管理学》第八章中第三节"组织的层级化",要求学生掌握组织层级化设计中的集权与分权。

7.(2015 年,第 15 题)某公司财务经理授权会计科长管理应付款,会计科长由于太忙,不能亲自处理,便授权属下一位会计负责此事。会计科长对应付款的管理是(　　)。

A. 不再负有责任　　　B. 责任与原来相同　　　C. 责任减轻　　　D. 不再负有主要责任

【答案】B

【解析】授权是上级把权力授予下级,授权的含义有:(1)分派任务,向被托付人交代所要完成的任务;(2)授予权力或职权,授予被托付人相应的权力或职权,使之有权处理原本无权处理的事务;(3)明确责任,要求被托付人对托付的工作负全责。所以 B 选项正确。

【考点】考核《管理学》第八章中第三节"组织的层级化",要求学生掌握组织层级设计中的授权。

8.(2016 年,第 9 题)某企业有员工 64 人,假设管理幅度为 4 人,则该企业的管理人员数为(   )。

A. 5   B. 20   C. 21   D. 85

【答案】C

【解析】已知企业有员工 64 人,组织管理幅度为 4,所以得到第一层级为 1 人,第二层级为 4 人,第三层级为 16 人。前三层均为管理层级,即 1+4+16=21 人,C 选项正确。

【考点】考核《管理学》第八章中第三节"组织的层级化",要求学生掌握管理幅度设计的影响因素。

9.(2017 年,第 5 题)组织规模一定时,管理层次和管理幅度呈现的关系是(   )。

A. 正比关系   B. 指数关系   C. 反比关系   D. 相关关系

【答案】C

【解析】当组织规模一定时,管理层次和管理幅度呈现反比关系,即上级直接领导的下属越多,组织层级越少,反之则越多,所以 C 选项正确。

【考点】考核《管理学》第八章中第三节"组织的层级化",要求学生掌握管理幅度与组织层级的互动性。

10.(2017 年,第 9 题)某职位或某部门所拥有的包括做出决策、发布命令的权力是(   )。

A. 直线职权   B. 参谋职权   C. 职能职权   D. 咨询权

【答案】A

【解析】职权分为三种形式:直线职权、参谋职权和职能职权,其中直线职权是指管理者直接管理下属工作的职权,在指挥链上,拥有直线职权的管理者有权领导和指挥下属工作,即可以发布命令,所以 A 选项正确。

【考点】考核《管理学》第八章中第三节"组织的层级化",要求学生掌握权力的性质和特征。

11.(2018 年,第 8 题)扬子公司共有 4 个组织层级,如果该公司的管理幅度是 5,则关于公司的管理人员数计算正确的是(   )。

A. 31 人   B. 30 人   C. 26 人   D. 6 人

【答案】A

【解析】若组织管理幅度为 5,共有 4 个组织层级,那么第一层级为 1 人,第二层级为 5 人,第三层级为 25 人,第四层级为 125 人。前三层均为管理层级,即 1+5+25=31 人,所以 A 选项正确。

【考点】考核《管理学》第八章中第三节"组织的层级化",要求学生掌握管理幅度设计的影响因素。

二、多项选择题

1.(2011 年,第 19 题)下列关于组织层次与管理幅度关系论述中正确的是(   )。

A. 锥形式组织结构的管理幅度窄,组织层次少

B. 锥形式组织结构的管理幅度窄,组织层次多

C. 扁平式组织结构的管理幅度宽,组织层次少

D. 扁平式组织结构的管理幅度窄,组织层次少

E. 扁平式组织结构在未来将在各行业全面取代锥形式组织结构

【答案】BC

【解析】组织层级与组织幅度的反比关系决定了两种基本的组织结构形态:一种是扁平式的组织结构形态,另一种是锥形式的组织结构形态。其中锥形式组织结构的优点是:由于管理的层级比较多,管理幅度比较小,每一、二管理层级上的主管都能对下属进行及时的指导和控制;另外,层级之间的关系也比较紧密,这有利于工作任务的衔接,同时也为下属提供了更多的提升机会,所以 B 选项正确。扁平式组织结构的优点是:由于管理的层级比较少,信息的沟通和传递速度比较快,信息失真度比较低;同时,上级主管对下属的控制也不会太呆板,这有利于发挥下属人员的积极性和创造性,所以 C 选项正确。

【考点】考核《管理学》第八章中第三节"组织的层级化",要求学生掌握组织层次与管理幅度关系。

2.(2015 年,第 35 题)扁平结构的组织具有的优点有(　　　)。

A. 信息传递速度快　　　　　　　B. 每位主管能够对下属进行详尽的指导

C. 有利于下属发挥主动性和首创精神　　D. 信息失真的可能性小

E. 上下级之间关系比较紧密

【答案】ACD

【解析】扁平式组织结构的优点是:由于管理的层级比较少,信息的沟通和传递速度比较快,信息失真度比较低;同时,上级主管对下属的控制也不会太呆板,这有利于发挥下属人员的积极性和创造性。所以 ACD 选项正确。

【考点】考核《管理学》第八章中第三节"组织的层级化",要求学生掌握组织的层级化与管理幅度。

三、简答题

1.(2015 年,第 62 题)试述在组织设计中,管理幅度设计的影响因素。

【答案】任何组织都要解决主管人员直接指挥与监督下属数量问题,在成功的组织中,各位主管直接管理的下属数量是不同的,有效的管理幅度受诸多因素的影响,主要有:管理者与被管理者的工作能力、工作内容、工作条件和工作环境等,具体如下:

(1)工作能力

(2)工作性质和内容

①主管所处的管理层次

②下属工作的相似性

③计划完善程度

④非管理事务的多少

(3)工作条件

①助手配备情况

②信息手段配备情况

③工作地点相似性

(4)工作环境

【考点】考核《管理学》第八章中第三节"组织的层级化",要求学生掌握管理幅度设计的影响因素。

2.(2020 年,第 56 题)简述管理幅度设计的影响因素。

【答案】管理幅度设计的影响因素主要有以下四点:(1)工作能力;(2)工作内容和性质;(3)工作条件;(4)工作环境。

【考点】考核《管理学》第八章中第三节"组织的层级化",要求学生掌握管理幅度设计的影响因素。

四、论述题

1.(2016 年,第 59 题)试述组织层级与组织幅度之间的关系及扁平式组织机构、锥形式组织结构的优缺点。

【答案】组织层级受组织规模和组织幅度的影响,它与组织规模成正比:组织规模越大,成员越多,则层次越多。在组织规模已定的条件下,它与组织幅度成反比:主管直接控制的下属越多,组织层级越少;相反,组织幅度减少,则组织层级增多。组织层级与组织幅度的反比关系决定了两种基本的管理组织结构形态:扁平式组织结构和锥形组织结构。

扁平式组织结构特点:管理层次少,管理幅度大。优点:信息传递快、决策执行效率高、有利于调动下属工作积极性。缺点:幅度大,领导者对每一位下属不可能进行有效的指导和监督,从而可能影响信息的及时利用。

锥形组织结构即高耸组织结构,特点:管理层次多,管理幅度小。优点:管理严密、分工明确、易于协调。缺点:管理人员多,易造成官多兵少,协调工作会大量增加,有可能会出现职能交叉,推诿扯皮,管理严密,等级森严,影响下属积极性。

【考点】考核《管理学》第八章中第三节"组织的层级化",要求学生掌握组织层级与组织幅度之间的关系。

五、案例分析题

1.(2017年,第66题)[案例分析原文详见55页]阿里巴巴对集团现有业务架构和组织进行调整后,集团高管对下属的协调难度(   )。

A. 降低了　　　　　B. 没变化　　　　　C. 增加了　　　　　D. 不确定

【答案】C

【解析】案例中阿里巴巴再次进行组织架构调整将支付宝拆分成共享平台事业部、金融事业部、国内事业部、国际事业部四个部分,属于在组织规模已经确定的情况下增加了组织的层级,过多的层级往往会影响信息的传递速度,增加了高层管理者与基层之间沟通和协调的成本,增加了管理的复杂性,所以C选项正确。

【考点】考核《管理学》第八章中第三节"组织的层级化",要求学生掌握组织的层级化与管理幅度之间的关系。

第六章　人力资源管理

第一节　人力资源计划

一、多项选择题

1.(2016年,第33题)人力资源计划的任务包括(　　)。

  A. 评估现有的人力资源状况　　　　　B. 密切组织与外部环境的联系

  C. 系统评价组织中人力资源的需求量　D. 选配合适的人员

  E. 制定和实施人员培训计划

【答案】CDE

【解析】人力资源计划的任务包括:系统评价组织中人力资源的需求量、选配合适的人员,以及制定和实施人员培训计划,CDE选项正确。

【考点】考核《管理学》第九章中第一节"人力资源计划",要求学生掌握人力资源计划的任务。

2.(2019年,第34题)人力资源计划的任务主要包括(　　)。

  A. 系统评估组织中人力资源的需求量　B. 选配合适的人员

  C. 制定和实施人员培训计划　　　　　D. 评价员工业绩

  E. 确定考评责任者

【答案】ABC

【解析】人力资源计划的任务包括系统评估组织中人力资源的需求量、选配合适的人员,以及制定和实施人员培训计划三部分内容,所以本题的正确答案是ABC。

【考点】考核《管理学》第九章中第一节"人力资源计划",要求学生掌握人力资源计划的任务。

二、案例分析题

1.(2020年,第63题)[案例分析原文详见79页]该公司"系统评估所需装配工人数量"这一工作任务属于(　　)。

  A. 人力资源考评　　B. 人力资源计划　　C. 人力资源激励　　D. 人力资源组织

【答案】B

【解析】人力资源计划的任务包含三部分内容:系统评价组织中人力资源的需求量、选配合适的人员,以及制定和实施人员培训计划,"系统评估所需装配工人数量"这一工作任务属于评价组织中人力资源的需求量,所以B选项正确。

【考点】考核《管理学》第九章中第一节"人力资源计划",要求学生掌握人力资源计划的任务。

第二节　员工的招聘与解聘

一、多项选择题

1.(2015年,第36题)外部招聘具有的优点有(　　)。

  A. 被聘干部具有"外来优势",没有历史包袱

  B. 能够为组织带来新鲜空气

  C. 有利于使被聘者迅速开展工作

  D. 有利于鼓舞士气,提高工作热情

  E. 有利于平息和缓和内部竞争者之间的紧张关系

【答案】ABE

【解析】外部招聘具有的优点有:具备难得的"外部竞争优势"、有利于平息和缓和内部竞争者之间的紧张关系和能够为组织输送新鲜血液,所以 ABE 选项正确。

【考点】考核《管理学》第十二章中第二节"员工的招聘与解聘",要求学生掌握员工招聘的来源与方法。

第三节　员工培训

一、单项选择题

1.(2015 年,第 12 题)采取工作轮换的方式来培养管理人员,其最大的优点是有助于(　　)。

　　A. 提供受训者的业务专精能力　　　　　　B. 减轻上级领导的工作压力

　　C. 增强受训者的综合管理能力　　　　　　D. 考察受训者的高层管理能力

【答案】C

【解析】工作轮换作为培养管理技能的一种重要方法,不仅可以使受训人丰富技术知识和管理能力,掌握公司业务管理的全貌,而且可以培养他们的协作精神和系统观念,使他们明确系统和各部分在整体运行和发展中的作用,从而在解决具体问题时.能自觉地从系统的角度出发,处理好局部与整体的关系。所以 C 选项正确。

【考点】考核《管理学》第九章中第三节"员工培训",要求学生掌握管理人员培训的方案。

第四节　绩效评估

一、单项选择题

1.(2016 年,第 10 题)下列哪一项不是组织所采取的传统绩效评估方法?(　　)

　　A. 个人自我评价法　　　B. 小组评议法　　　C. 排列评估法　　　D. 头脑风暴法

【答案】D

【解析】传统绩效评估方法有:个人自我评价法、小组评议法、排列评估法、工作标准法、业绩表评估法和平行对比评估法等,头脑风暴法属于集体决策的方法,所以 D 选项正确。

【考点】考核《管理学》第九章中第四节"绩效评估",要求学生掌握绩效评估的方法。

2.(2017 年,第 15 题)下列关于绩效评估的说法不正确的是(　　)。

　　A. 绩效评估是组织与员工之间的一种互动关系

　　B. 绩效评估的结果为确定员工的实际工作报酬提供了决策依据

　　C. 员工能力的大小与其绩效存在着严格的一一对应关系

　　D. 绩效评估为员工提供了一面有益的"镜子"

【答案】C

【解析】绩效评估中对能力的考评是指通过考察员工在一定时间内的工作业绩,评估他们的现实能力和发展潜力,看其是否符合现任职务所具备的素质和能力要求,是否具有担任更重要工作的潜能,但是员工能力的大小与其绩效不存在一一对应关系,所以 C 选项正确。

【考点】考核《管理学》第九章中第四节"绩效评估",要求学生掌握绩效评估的相关内容。

3.(2019 年,第 11 题)绩效评估的有效性依赖于一定的执行程序。执行绩效评估之前,首先要做的事情是(　　)。

　　A. 分析内外环境中的影响因素　　　　　　B. 确定考评责任者

　　C. 选择考评制度　　　　　　　　　　　　D. 交流考评意见

【答案】A

【解析】绩效评估的有效性依赖于一定的执行程序,执行绩效评估之前,首先要做的事情是对影响绩效评估过程的内外环境因素进行评估,确定哪些因素影响到了评估的有效性,A选项正确。BCD属于绩效评估过程的具体步骤。

【考点】考核《管理学》第九章中第四节"绩效评估",要求学生掌握绩效评估的程序。

二、多项选择题

1.(2020年,第34题)绩效评估的步骤包括(　　)。

A. 确定特定的绩效评估目标　　　　　B. 确定考评责任者

C. 评价业绩　　　　　　　　　　　　D. 公布考评结果,交流考评意见

E. 根据考评结论,将绩效评估的结论备案

【答案】ABCDE

【解析】绩效评估的有效性依赖于一定的执行程序,具体来说分为以下几个步骤:确定特定的绩效评估目标;确定考评责任者;评价业绩;公布考评结果,交流考评意见;根据考评结论,将绩效评估的结论备案。所以ABCDE选项正确。

【考点】考核《管理学》第九章中第四节"绩效评估",要求学生掌握绩效评估的步骤。

三、简答题

1.(2016年,第56题)简述绩效评估的步骤。

【答案】绩效评估的步骤主要包括:

(1)确定特定的绩效评估目标

(2)确定考评责任者

(3)评价业绩

(4)公布考评结果,交流考评意见

(5)根据考评结论,将绩效评估结论备案。

【考点】考核《管理学》第九章中第四节"绩效评估",要求学生掌握绩效评估的步骤。

2.(2018年,第56题)简述绩效评估的方法。

【答案】绩效评估的方法有传统和现代两大类。传统的方法主要有:个人自我评价法、小组评议法、工作标准法、业绩表评估法、排列评估法、平行对比评估法等。现代绩效评估更多采用目标管理法。

【考点】考核《管理学》第九章中第四节"绩效评估",要求学生掌握绩效评估的方法。

第七章　组织变革与组织文化

第一节　组织变革的一般规律

一、单项选择题

1.(2011 年,第 9 题)为了响应顾客要求,某银行对信用卡的审批程序进行了调整,大大缩短了顾客的等待时间,这属于(　　)。

A. 战略性变革　　　　　B. 结构性变革　　　　　C. 流程主导性变革　　　　D. 以人为中心的变革

【答案】C

【解析】流程主导性变革是指组织紧密围绕其关键目标和核心能力,充分应用现代信息技术对业务流程进行重新构造,这种变革会对组织结构、组织文化、用户服务、质量、成本等各个方面产生重大的改变,所以 C 选项正确。

【考点】考核《管理学》第十章中第一节"组织变革的一般规律",要求学生掌握组织变革的类型。

2.(2012 年,第 6 题)组织决定进行业务收缩,考虑如何剥离非关联业务的变革是属(　　)。

A. 战略性变革　　　　　　　　　　　B. 结构性变革

C. 流程主导性变革　　　　　　　　　D. 以人为中心的变革

【答案】A

【解析】战略性变革是指组织对其长期发展战略或使命所做的变革,如果组织决定进行业务收缩,考虑如何剥离非关联业务;如果组织决定进行战略扩张,就必须考虑并购的对象和方式,以及组织文化重构等问题,所以 A 选项正确。

【考点】考核《管理学》第十章中第一节"组织变革的一般规律",要求学生掌握组织变革的类型。

3.(2016 年,第 11 题)按照变革的程度与速度不同,组织变革可以分为(　　)。

A. 主动性变革和被动性变革　　　　　　B. 渐进式变革和激进式变革

C. 结构性变革和流程性变革　　　　　　D. 战略性变革和战术性变革

【答案】B

【解析】按照变革的程度与速度不同,组织变革可以分为渐进式变革和激进式变革,B 选项正确。

【考点】考核《管理学》第十章中第一节"组织变革的一般规律",要求学生掌握组织变革的类型。

二、多项选择题

1.(2016 年,第 34 题)推动组织变革的内部环境因素主要有(　　)。

A. 组织机构适时调整的要求　　　　　　B. 保障信息畅通的要求

C. 克服组织低效率的要求　　　　　　　D. 快速决策的要求

E. 提高组织整体管理水平的要求

【答案】ABCDE

【解析】推动组织变革的内部环境因素主要有:组织机构适时调整的要求、保障信息畅通的要求、克服组织低效率的要求、快速决策的要求和提高组织整体管理水平的要求,ABCDE 选项正确。

【考点】考核《管理学》第十章中第一节"组织变革的一般规律",要求学生掌握组织变革的原因。

2.(2017 年,第 32 题)组织变革的目标包括(　　)。

A. 使组织更具环境适应性　　　　　　　B. 使董事会更具环境适应性

C. 使管理者更具环境适应性　　　　　　D. 使员工更具环境适应性

E. 使监事会更具环境适应性

【答案】ACD

【解析】组织变革的基本目标是提高组织的适应能力,具体来说包括三个方面:提高组织的环境适应性、提高管理者的环境适应性和提高员工的环境适应性,所以 ACD 选项正确。

【考点】考核《管理学》第七章中第一节"组织变革的一般规律",要求学生掌握管理的职能。

3.(2020 年,第 33 题)组织变革过程的主要变量因素包括(　　)。

A. 人员　　　　　　　　　　　　B. 结构

C. 任务和技术　　　　　　　　　D. 任务和设备

E. 资金和技术

【答案】ABC

【解析】组织变革的因素可以分为外部环境因素和内部环境因素两个部分。外部环境因素主要有宏观社会经济环境的变化、科技进步的影响、环境资源的影响和竞争观念的改变,内部环境因素主要有组织机构的调整、保障信息畅通的要求、客户组织低效率的要求、快速决策的要求和提高组织整体管理水平的要求。其中 AB 选项属于内部环境因素,C 选项属于外部环境因素,所以 ABC 选项正确。

【考点】考核《管理学》第十章中第一节"组织变革的一般规律",要求学生掌握组织变革的动因。

三、简答题

1.(2018 年,第 55 题)简述组织变革的类型和目标。

【答案】组织变革的类型:按照组织变革的不同侧重,可分为以下四种:战略性变革、结构性变革、流程主导性变革、以人为中心的变革。

组织变革的目标:使组织更具环境适应性、使管理者更具环境适应性、使员工更具环境适应性。

【考点】考核《管理学》第十章中第一节"组织变革的一般规律",要求学生掌握组织变革的类型和目标。

四、案例分析题

1.[2012 年,第 25 题(2)][案例分析原文详见 12 页]结合组织变革管理的相关知识,请你为 T 公司设计出解决当前困境的方法。

【答案】(1)组织变革就是组织根据内外环境的变化,及时对组织中的要素进行结构性变革,以适应未来组织发展的要求。

(2)无论是个人还是组织都有可能对变革形成阻力,变革成功的关键在于尽可能消除阻碍变革的各种因素,缩小反对变革的力量,使变革的阻力尽可能降低,必要时还应该运用行政的力量保证组织变革的顺利进行。关键做好以下三个方面的变革管理:客观分析变革的推力和阻力的强弱;创新组织文化;创新策略方法和手段。

(3)案例中,T 公司就是进行企业战略变革时面临各方面的阻力,包括员工关注短期利益的行为与企业长远发展和品牌建设的战略冲突,员工短期利益受损而跳槽,医院和医生的资源如何从业务员转移到公司。

(4)根据组织变革管理的理论,可以从以下三个方面入手:第一,分析变革导致的员工短期利益和资源受损的程度;第二,通过策划、宣导逐步淡化和改变企业原有的"商人"文化,重塑适合企业长远发展的团队建设、实干、创新等方面的文化属性;第三,对关键员工的短期利益和资源受损进行物质补偿,同时进行价值观的改造,以长远的利益为引导,降低变革的阻力。

【考点】考核《管理学》第十章中第一节"组织变革的一般规律",要求学生掌握组织变革管理的相关知识。

2.(2017 年,第 64 题)[案例分析原文详见 55 页]阿里巴巴的组织变革是为了面对未来无线互联网的机会和挑战。这是推动组织变革因素中的(　　)。

A. 科技进步的影响　　　　　　　B. 保障信息畅通的要求

C. 快速决策的要求　　　　　　　D. 资源变化的影响

【答案】A

【解析】组织变革的因素可以分为内部环境因素和外部环境因素,当今知识经济社会,科技的发展日新月异,新产品、新工艺、新技术层出不穷,案例中阿里巴巴的组织变革是为了面对未来无线互联网的机会和挑战,属于受到外部环境因素中科技进步的影响,所以 A 选项正确。

【考点】考核《管理学》第十章中第一节"组织变革的一般规律",要求学生掌握组织变革的动因。

3. (2017年,第65题)[案例分析原文详见55页]阿里巴巴的组织变革是为了使组织更加灵活地进行协同和创新,这是推动组织变革因素中的(　　)。

　　A. 竞争观念的变化　　　　　　　　　　　B. 以人为本的要求

　　C. 提高组织整体管理水平的要求　　　　　D. 经济环境的变化

【答案】C

【解析】组织变革的因素可以分为内部环境因素和外部环境因素,组织整体管理水平的高低是竞争力的重要体现,案例中阿里巴巴的组织变革是为了使组织更加灵活地进行协同和创新,属于受到内部环境因素中提高组织整体管理水平的要求,所以C选项正确。

【考点】考核《管理学》第十章中第一节"组织变革的一般规律",要求学生掌握组织变革的动因。

第二节　管理组织变革

一、单项选择题

1. (2013年,第8题)组织变革的第一步是(　　)。

　　A. 通过组织诊断,发现变革征兆　　　　　B. 分析变革因素,制定改革方案

　　C. 选择正确方案,实施变革计划　　　　　D. 评价变革效果,及时进行反馈

【答案】A

【解析】组织变革可以分为以下几个步骤进行:(1)通过组织诊断,发现变革征兆;(2)分析变革因素,制定改革方案;(3)选择正确方案,实施变革计划;(4)评价变革效果,及时进行反馈。所以A选项正确。

【考点】考核《管理学》第十章中第二节"管理组织变革",要求学生掌握组织变革的程序。

2. (2020年,第8题)任何组织变革都常常会遇到来自于个人和团队的阻力。下列选项中,来自于个人阻力的是(　　)。

　　A. 身体上的影响　　　　　　　　　　　　B. 心理上的影响

　　C. 组织结构变动的影响　　　　　　　　　D. 人际关系调整的影响

【答案】B

【解析】任何组织的变革都可能遇到来自组织成员个人或群体对变革不确定后果的担忧而引发的阻力,其中个人阻力主要来自利益上的影响和心理上的影响,所以B选项正确。

【考点】考核《管理学》第十章中第二节"管理组织变革",要求学生掌握组织变革的阻力。

第三节　组织文化及其发展

一、单项选择题

1. (2011年,第10题)(　　)属于潜层次的企业文化。

　　A. 道德规范　　　　　B. 组织行为　　　　　C. 管理哲学　　　　　D. 组织结构

【答案】C

【解析】潜层次的企业文化是指组织文化的核心和主体,是广大员工共同而潜在的意识形态,包括管理哲学、敬业精神、人本主义的价值观念、道德观念等,所以C选项正确。

【考点】考核《管理学》第十章中第三节"组织文化及其发展",要求学生掌握组织文化的概念。

2. (2017年,第13题)关于组织精神的表述,不正确的是(　　)。

　　A. 组织文化的核心

　　B. 反映了组织成员对组织的特征、形象地位等的理解和认同

　　C. 折射出一个组织的整体素质和精神风格

　　D. 一般是在组织的发展历程中自发形成的

【答案】D

【解析】组织精神是指组织经过共同努力奋斗和长期培养所逐步形成的,认识和看待事物的共同心理趋

势,而非自发形成的,所以 D 选项正确。

【考点】考核《管理学》第十章中第三节"组织文化及其发展",要求学生掌握组织文化的结构与内容。

3.(2018 年,第 9 题)下列属于组织文化核心内容的是(　　)。

　　A. 组织的规章制度　　　　B. 组织行为　　　　C. 组织的价值观　　　　D. 作业分工

【答案】C

【解析】组织文化包括组织的价值观、组织精神、伦理规范以及组织素养,其中组织文化的核心内容是组织的价值观,C 选项正确。

【考点】考核《管理学》第十章中第三节"组织文化及其发展",要求学生掌握组织文化的内容。

4.(2020 年,第 9 题)下列选项中,属于组织文化核心内容的是(　　)。

　　A. 组织精神　　　　B. 组织结构　　　　C. 组织规章　　　　D. 组织设施

【答案】A

【解析】组织文化包括组织价值观、组织精神、伦理规范和组织素养,其中组织精神是一个组织的精神支柱,是组织文化的核心,所以 A 选项正确。

【考点】考核《管理学》第十章中第三节"组织文化及其发展",要求学生掌握组织文化包含的内容。

二、简答题

1.(2019 年,第 56 题)简述组织文化的主要特征和核心内容。

【答案】①组织文化具有以下主要特征:超个体的独特性、相对稳定性、融合继承性、发展性;②组织文化的核心内容包括:组织的价值观、组织精神、伦理规范、组织素养等。

【考点】考核《管理学》第十章中第三节"组织文化及其发展",要求学生掌握组织文化的主要特征和核心内容。

三、论述题

1.(2011 年,第 23 题)什么是组织文化,请结合企业的初衷,谈谈其在企业运作过程中的作用。

【答案】组织文化是被组织成员广泛认同、普遍接受的价值观念、思维方式、行为准则等群体意识的总称。组织文化在企业运作过程中的作用主要体现在以下三个方面:

(1)整合功能,组织文化通边培育组织成员的认同感和归属感,建立起成员与组织之间的相互信任和依存关系,使个人的行为、思想、感情、信念、习惯及沟通方式与整个组织有机地整合在一起,形成相对稳固的文化氛围,凝聚成一种无形的合力,以此激发出组织成员的主观能动性,并为组织的共同目标而努力。

(2)适应功能,组织文化能从根本上改变员工的旧有价值观念,建立起新的价值观念,使之适应组织外部环境的变化要求。一旦组织文化所提倡的价值观念和行为规范被成员接受和认同,成员就会自觉不自觉地做出符合组织要求的行为选择,倘若违反,则会感到内疚、不安和自责,从而自动修正自己的行为。因此,组织文化具有某种程度的强制性和改造性,其效用是帮助组织指导员工的日常活动,使其能快速地适应外部环境因素的变化。

(3)导向功能,组织文化作为团体共同价值观,与组织成员必须强行遵守的、以文字形式表述的明文规定不同,它是一种软性的理智约束,通过组织的共同价值观不断地向个人价值观渗透和内化,使组织自动生成一套自我调控机制,以一种适应性文化引导着组织的行为和活动。

【考点】考核《管理学》第十章中第三节"组织文化及其发展",要求学生掌握组织文化的相关内容。

四、案例分析题

1.[2012 年,第 25 题(1)][案例分析原文详见 12 页]什么是组织文化,结合案例谈谈你对组织文化功能的认识。

【答案】(1)组织文化是组织在长期的实践活动中所形成的并且为组织成员普遍认可和遵循的具有本组织特色的价值观念、团体意识、工作作风、行为规范和思维方式的总和。

(2)组织文化的功能主要体现在以下三个方面:

①整合功能,组织文化通过培育组织成员的认同感和归属感,使个人的行为、感情、信念等与组织有机地

整合在一起,形成相对稳定的文化氛围,凝聚成一种无形的合力;②适应功能,组织文化能根本上改变员工的旧有价值观念,建立起新的观念,使之适应组织内外部环境的要求;③导向功能,组织文化作为团体共同的价值观,是一种软性的约束,不断地向个人价值观渗透,引导组织活动和员工行为。

案例中,T公司初期的成功就在于文化整合了公司资源、经营模式和个人的利益,所以能够带动员工和经销商的热情,并且形成稳固的"商人"文化。这种文化适应组织的经销模式和外部环境,让企业的每个环节都成为一个"商人",快速适应环境,所以能够实现销量的快速发展和企业的行业地位。但是当企业开始转型时,这种文化对员工和组织的导向作用却起了阻碍变革的作用。因为"商人"文化引导下的员工更关注短期利益,不愿在品牌积累和长期市场开发上下功夫;此外,商人之间是交易关系,这使得业务员对公司忠诚度极差,很容易造成人才和资源的流失。

【考点】考核《管理学》第十章中第三节"组织文化及其发展",要求学生掌握组织文化的相关内容。

2.(2014年,第66题)[案例分析原文详见31页]职工的主人翁意识普遍增强,实现了职工从"我被管理"到"我来管理",群众性从严管理蔚然成风;基层建设方面明确了十项规章制度等三方面构成,使基层管理水平有了明显提高。这里体现的两种企业文化是(   )。
A. 物质文化、精神文化　　　　　　　　B. 精神文化、制度文化
C. 物质文化、制度文化　　　　　　　　D. 表层文化、制度文化

【答案】B

【解析】精神文化是指文化中的核心和主体,是员工共同而潜在的意识形态,包括敬业精神、道德观念和人本主义的价值观念等,案例中职工的主人翁意识普遍增强即精神文化;制度文化指某个具体组织的文化特色的各种规章制度、道德规范,以及员工行为准则的总和,案例中基层建设方面明确了十项规章制度等三方面构成即制度文化,所以B选项正确。

【考点】考核《管理学》第十章中第三节"组织文化及其发展",要求学生掌握组织文化的内容。

第八章　领导概论

第一节　领导的内涵

一、单项选择题

1.(2012年,第11题)领导在带领、引导和鼓舞部下为实现组织目标而努力的过程中,要具有的作用是(　　)。

A.计划、组织和控制　　　　　　　　　B.指挥、协调和激励

C.决策、激励和控制　　　　　　　　　D.指挥、沟通和引导

【答案】B

【解析】领导在带领、引导和鼓舞部下为实现组织目标而努力的过程中,要具有的作用是指挥、协调和激励,所以B选项正确。

【考点】考核《管理学》第十一章中第一节"领导的内涵",要求学生掌握领导的作用。

二、多项选择题

1.(2013年,第36题)领导者的权力来源有(　　)。

A.法定权　　　　　B.奖赏权　　　　　C.惩罚权　　　　　D.感召权　　　　　E.专长权

【答案】ABCDE

【解析】领导的核心在权力,领导者的权力来源有以下五种:法定权、奖赏权、惩罚权、感召权和专长权,所以ABCDE选项正确。

【考点】考核《管理学》第十一章中第一节"领导的内涵",要求学生掌握领导者的权力来源。

2.(2016年,第35题)下列关于领导和管理关系的表述正确的是(　　)。

A.领导和管理都是一种实现组织目标的过程

B.领导和管理都与组织层级的岗位设置有关

C.就组织中的个人而言,领导者一定就是管理者

D.就组织中的个人而言,管理者一定就是领导者

E.领导是高层次的概念,管理则是低层次的概念

【答案】AE

【解析】从行为方式上来看,领导和管理都是一种实现组织目标的过程,A选项正确;从权力的构成来看,两者都与组织层级的岗位设置无关,B选项错误;就组织中的个人而言,可能既是领导者又是管理者,也可能只是领导者不是管理者,也可能是管理者而不是真正的领导者,CD选项错误;领导是高层次的概念,侧重方针,管理是低层次的概念,侧重执行,E选项正确。

【考点】考核《管理学》第十一章中第一节"领导的内涵",要求学生掌握管理和领导的概念以及区别。

3.(2017年,第34题)来源于职位的领导权力有(　　)。

A.奖赏性权力　　　　　　　　　　　B.惩罚性权力

C.专长性权力　　　　　　　　　　　D.法定性权力

E.感召性权力

【答案】ABD

【解析】领导的核心在于权力,权力的来源有五种,分别是:法定性权力、奖赏性权力、惩罚性权力、感召性权力和专长性权力,其中属于职位权力的有法定性权力、奖赏性权力、惩罚性权力,所以ABD选项正确。

【考点】考核《管理学》第十一章中第一节"领导的内涵",要求学生掌握领导权力的来源。

4.(2019年,第35题)领导在组织中的作用有(　　)。

A.权威　　　　　B.指挥　　　　　C.激励　　　　　D.协调　　　　　E.垄断

【答案】BCD

【解析】领导者在带领、引导和鼓励部下为实现组织目标而努力的过程中,要具有指挥、协调和激励三个方面的作用,所以本题的正确答案是 BCD。

【考点】考核《管理学》第十一章中第一节"领导的内涵",要求学生掌握领导的作用。

5.(2020 年,第 35 题)小张是一家制造厂电车间的电焊能手,待人热情,经常主动分享自己的经验来帮助同事提高电焊工作质量,因此,他很受同事喜爱和追随。小张对同事的影响力来源于( )。

A. 感召性权力   B. 奖赏性权力   C. 惩罚性权力
D. 法定性权力   E. 专长性权力

【答案】AE

【解析】感召性权力是指由于拥有吸引别人的个性、品德、作风而引起人们的认同、赞赏、钦佩、羡慕而自愿地追随和服从他,小张由于个人的能力突出以及待人热情受到同事喜爱,拥有了感召性权力。专长性权力指的是因为人在某一领域所特有的专长而影响他人的能力,小张的专长为电焊,所以他具备专长性权力,所以 AE 选项正确。

【考点】考核《管理学》第十一章中第一节"领导的内涵",要求学生掌握领导权力的来源。

三、案例分析题

1.(2016 年,第 63 题)[案例分析原文详见 47 页]退休后的周成斌抱怨人走茶凉,这反映出他过去曾经拥有的职权是一种( )。

A. 感召性权力   B. 专长性权力   C. 惩罚性权力   D. 法定性权力

【答案】D

【解析】领导的核心在权力,领导权力有五种来源,其中法定性权力是由个人在组织中的职位决定的,案例中退休后的周成斌抱怨人走茶凉,就是因为离开原来的职位就丧失了这个职位带给他的权力,所以 D 选项正确。

【考点】考核《管理学》第十一章中第一节"领导的内涵",要求学生掌握领导权力的来源。

2.(2018 年,第 65 题)[案例分析原文详见 63 页]李明作为生产部长,会拥有多种权力。根据领导权力的来源,下列选项中属于职位权力的是( )。

A. 法定性权力和感召性权力   B. 奖赏性权力和惩罚性权力
C. 奖赏性权力和专长性权力   D. 感召性权力和专长性权力

【答案】B

【解析】领导的核心在于权力,权力的来源有五种,分别是:法定性权力、奖赏性权力、惩罚性权力、感召性权力和专长性权力,其中属于职位权力的有法定性权力、奖赏性权力、惩罚性权力,所以 B 选项正确。

【考点】考核《管理学》第十一章中第一节"领导的内涵",要求学生掌握领导权力的来源。

第二节　领导风格类型

一、单项选择题

1.(2014 年,第 15 题)按照领导者权力运用方式不同,领导风格类型之一是( )。

A. 自由型   B. 民主式   C. 竞争型   D. 科学型

【答案】B

【解析】按照领导者权力运用方式不同,领导风格可以分为两类:民主式和集权式,所以 B 选项正确。

【考点】考核《管理学》第十一章中第二节"领导风格类型",要求学生掌握不同类型的领导风格。

2.(2018 年,第 11 题)下列选项中属于按领导者权力运用方式分类的领导风格是( )。

A. 事务型   B. 战略型   C. 变革型   D. 民主式

【答案】D

【解析】领导风格按领导者权力运用方式分类,可以分为集权式领导者和民主式领导者,所以 D 选项正确。按照创新方式划分,可以分为魅力型领导者和变革型领导者;按照思维方式划分,可以分为事务型领导者和战略型领导者。

【考点】考核《管理学》第十一章中第二节"领导风格类型",要求学生掌握不同类型的领导风格。

二、多项选择题

1.(2011年,第20题)按照创新方式划分,领导者可以分为(　　)。

A. 魅力型领导　　　　　　　　　　B. 集权式领导

C. 民主式领导　　　　　　　　　　D. 变革型领导

E. 战略型领导

【答案】AD

【解析】按照创新方式划分,领导者可以分为魅力型领导和变革型领导,所以AD选项正确。按照权力的运用方式,领导者可以分为集权式领导和民主式领导;按照思维方式,领导者可以分为战略型领导和事务型领导。

【考点】考核《管理学》第十一章中第二节"领导风格类型",要求学生掌握不同类型的领导风格。

三、案例分析题

1.(2019年,第62题)[案例分析原文详见71页]按照权力运用方式来划分,陈彬的领导风格属于(　　)。

A. 民主式　　　　B. 集权式　　　　C. 放任型　　　　D. 变革型

【答案】B

【解析】集权,是指领导者把权力进行集中的行为和过程,集权式领导者就是把管理的制度权力相对牢靠地进行控制的领导者。案例中给出了陈彬平时的做事风格,"他埋头于公司的日常事务中,总是犹豫不决是否要由其下属人员完成某些重要的任务",由此可以判断他属于集权式的领导风格。所以本题选择B。

【考点】考核《管理学》第十一章中第二节"领导风格类型",要求学生掌握按照权力运用的方式来划分,领导者风格可以分为集权式领导者和民主式领导者。

第三节　领导理论

一、单项选择题

1.(2011年,第12题)领导生命周期理论将下属的成熟程度作为领导选择正确领导方式的重要依据,领导者同时提供指导行为与支持行为的领导方式被称为(　　)。

A. 推销型领导(高任务—高关系)　　　　B. 指示型领导(高任务—低关系)

C. 参与型领导(低任务—高关系)　　　　D. 授权型领导(低任务—低关系)

【答案】A

【解析】领导者同时提供指导行为与支持行为的领导方式被称为推销型领导(高任务—高关系),所以A选项正确;指导型领导(高任务—低关系),领导者定义角色,告诉下属应该做什么、怎样做以及在何时何地做;参与型领导(低任务—高关系),领导者与下属共同决策,领导者的主要角色是提供便利条件和沟通;授权型领导(低任务—低关系),领导者提供较少的指导或支持。

【考点】考核《管理学》第十一章中第三节"领导理论",要求学生掌握领导生命周期理论。

2.(2012年,第7题)领导理论中的路径—目标理论的提出者是(　　)。

A. 菲德勒　　　　B. 布莱克　　　　C. 穆顿　　　　D. 罗伯特·豪斯

【答案】D

【解析】领导情景论包含权变理论、路径—目标理论和领导生命周期理论,其中路径—目标理论的提出者是罗伯特·豪斯;权变理论的提出者是菲德勒;领导生命周期理论的提出者是保罗和肯尼斯;布莱克和穆顿提出的是管理方格论,所以D选项正确。

【考点】考核《管理学》第十一章中第三节"领导理论",要求学生掌握路径—目标理论。

3.(2013年,第9题)菲德勒提出的领导情景理论是(　　)。

A. 权变理论　　　B. 路径—目标理论　　　C. 领导生命周期理论　　　D. 管理方格论

【答案】A

【解析】领导情景理论包含了权变理论、路径—目标理论和领导生命周期理论,其中权变理论是菲德勒提出的,路径—目标理论是罗伯特·豪斯提出的,领导生命周期理论是保罗和肯尼斯提出的,所以A选项正确。

【考点】考核《管理学》第十一章中第三节"领导理论",要求学生掌握领导情景论。

4.(2016年,第12题)根据菲德勒权变理论,在环境比较好和环境比较差的情况下,比较有效的领导方式是( )。

    A. 两种情况下都是采用人际关系型的领导方式

    B. 两种情况下都是采用工作任务型的领导方式

    C. 前者采用人际关系型的领导方式,后者采用工作任务型的领导方式

    D. 前者采用工作任务型的领导方式,后者采用人际关系型的领导方式

【答案】B

【解析】菲德勒权变理论认为各种领导方式都可能在一定的环境内有效,这种环境是多种外部和内部因素的综合作用体,根据菲德勒的模型,在环境比较好和环境比较差的情况下都采用工作任务型的领导方式比较有效,所以B选项正确。

【考点】考核《管理学》第十一章中第三节"领导理论",要求学生掌握领导情景论。

5.(2017年,第11题)王强是销售高手并且又乐此不疲。根据领导生命周期理论,对王强应采取的领导行为是( )。

    A. 指导型　　　　　　B. 授权型　　　　　　C. 推销型　　　　　　D. 参与型

【答案】B

【解析】生命周期理论从工作成熟度和心理成熟度两个维度出发,组合成四种领导方式,王强是销售高手说明他工作的成熟度比较高,同时对工作乐此不疲说明可以减少任务行为和支持行为,领导可以采取授权,所以B选项正确。

【考点】考核《管理学》第十一章中第三节"领导理论",要求学生掌握领导生命周期理论。

6.(2018年,第12题)在管理方格图中,(9,1)型对应的管理又称为( )。

    A. 任务型管理　　　　B. 贫乏型管理　　　　C. 中庸型管理　　　　D. 乡村俱乐部型管理

【答案】A

【解析】在管理方格论中,(9,1)型又称为任务型管理,表示领导者只重视任务效果而不重视下属的发展和士气,所以A选项正确。

【考点】考核《管理学》第十一章中第三节"领导理论",要求学生掌握管理方格论。

7.(2019年,第12题)某公司近年来生产任务完成不够好,盈利较少,员工收入不高,但总经理与员工的关系却很融洽,支持率很高。总经理的领导行为属于管理方格论中的( )。

    A. 中庸型　　　　　　B. 贫乏型　　　　　　C. 任务型　　　　　　D. 俱乐部型

【答案】D

【解析】管理方格论是对理想的领导行为加以综合考虑的管理理论,首先把管理人员按照他们的绩效导向行为和维护导向行为进行评估,给出等级分值,然后以此为基础把分值标注在两个维度坐标界面上,并在这两个维度坐标轴上分别划出9个等级,从而生成不同的领导类型。俱乐部型管理的特点就是领导者只注重支持和关怀下属而不关心任务和效率,所以D选项正确。

【考点】考核《管理学》第十一章中第三节"领导理论",要求学生掌握管理方格论。

8.(2020年,第10题)团队型的领导行为位于管理方格图的( )。

    A. (1,1)格　　　　　　B. (1,9)格　　　　　　C. (9,1)格　　　　　　D. (9,9)格

【答案】D

【解析】在管理方格论中,(9,9)型又称为团队型管理,表示领导者通过协调和综合工作相关活动而提高任务效率和士气,所以D选项正确。(1,1)型又称贫乏型管理,(1,9)型又称乡村俱乐部型管理,(9,1)型又称任务型管理。

【考点】考核《管理学》第十一章中第三节"领导理论",要求学生掌握管理方格论。

二、多项选择题

1.(2013年,第37题)布莱克和穆顿在提出管理方格时,列举出典型的领导方式是(　　)。

　　A.乡村俱乐部型　　B.贫乏型　　　　C.中庸之道型　　　D.任务型　　　　E.团队型

【答案】ABCDE

【解析】布莱克和穆顿在提出管理方格时,列举出典型的领导方式是乡村俱乐部型(1,9)、贫乏型(1,1)、中庸之道型(5,5)、任务型(9,1)和团队型(9,9),所以ABCDE选项正确。

【考点】考核《管理学》第十一章中第三节"领导理论",要求学生掌握领导方格论。

2.(2017年,第38题)菲德勒权变理论的情境变量包括(　　)。

　　A.下属能力　　　　　　　　　B.职位权力　　　　　　　　　C.下属特点

　　D.任务结构　　　　　　　　　E.上下级关系

【答案】BDE

【解析】菲德勒权变理论认为各种领导方式都可能在一定环境内有效,这种环境是多种外部与内部因素的综合作用体,包含三个情境变量:职位权力、任务结构和上下级关系,所以BDE选项正确。

【考点】考核《管理学》第十一章中第三节"领导理论",要求学生掌握领导情景论。

3.(2018年,第36题)"路径—目标"理论认为的领导方式有(　　)。

　　A.指导型　　　B.参与型　　　C.专制型　　　D.支持型　　　E.成就导向型

【答案】ABDE

【解析】"路径—目标"理论认为的领导方式有以下四种:指导型、参与型、支持型和成就导向型,所以ABDE选项正确。

【考点】考核《管理学》第十一章中第三节"领导理论",要求学生掌握领导情景论。

三、简答题

1.(2015年,第58题)简述领导情境论中的路径—目标理论的主要内容。

【答案】罗伯特·豪斯发展的一种领导权变理论,认为:最有效的领导方式是领导者采取种种步骤去设计一种环境,使群体成员潜在地或明显地受到动机的激励,并能对它做出有效的响应。豪斯认为领导方式有四种:

(1)指导型指让下级知道领导对他们的期望以及他们完成工作的时间安排,并对完成工作给予具体的指导。

(2)支持型指表现出对下属需要的关怀。

(3)参与型指共同磋商,并在决策前充分考虑他们的建议。

(4)成就挑战型指设立目标并希望下属努力达到。

与费德勒的权变理论不同之处在于,豪斯认为领导的风格是灵活的,同一领导者可以根据情景的不同表现出不同的领导风格。

路径—目标理论提出了两类情景或权变量作为领导行为结果关系的中间变量:

(1)环境因素:任务结构、正式权力和工作群体。

(2)个人特点:控制点、经验和知觉能力。

理论指出:当环境因素与领导者行为重复或领导者行为与下属特点不一致时,效果均不佳,例如,任务不明或压力过大时,指导型的领导导致致高的满意度;知觉能力和经验丰富的下属,指导型领导被视为累赘多余;权力型官僚化的组织,领导应表现出支持行为。

【考点】考核《管理学》第十一章中第三节"领导理论",要求学生掌握路径—目标理论。

2.(2017年,第56题)简述管理方格论中有代表性的五种领导行为。

【答案】管理方格论是研究企业的领导方式及其有效性的理论,该理论认为,任何领导在工作中都有其惯常的行为倾向,即以工作为导向和以人为导向。

理论的提出者布莱克和穆顿用一张九等分的方格图组成一个两维矩阵,纵横组成81个小方格,每一小方格代表一种领导方式,评价领导者时,按照其两方面的行为,寻找交叉点,这个交叉点就是他的类型,其中有五种典型的领导行为类型:

第一种:(1,1)型,又称为"贫乏型管理";

第二种:(1,9)型,又称为"乡村俱乐部型管理";

第三种:(9,1)型,又称为"任务型管理";

第四种:(5,5)型,又称为"中庸之道型管理";

第五种:(9,9)型,又称为"团队型管理"。

【考点】考核《管理学》第十一章中第三节"领导理论",要求学生掌握管理方格论。

四、论述题

1.(2012年,第23题)领导生命周期理论的主要观点是什么?该理论对管理者有何启示?

【答案】(1)这一理论把下属的成熟度作为关键的情景因素,认为依据下属的成熟度水平选择正确的领导方式,决定着领导者的成功。

(2)生命周期理论提出任务行为和关系行为这两种领导维度,并且将每种维度进行了细化,从而组合成四种具体的领导方式:指导型领导(高任务—低关系)、推销型领导(高任务—高关系)、参与型领导(低任务—高关系)、授权型领导(低任务—低关系)。

(3)当下属的成熟度水平不断提高时,领导者不但可以减少对活动的控制,而且还可以不断减少关系行为。如指导型领导方式,是对低成熟度的下属而言的,表示下属需要得到明确而具体的指导。

(4)领导生命周期理念容易理解和直观,但它只针对下属的特征,而没有包括领导行为的其他情景特征。因此它并不是完善的理论,但它对深化领导者和下属之间的研究具有重要的基础作用。管理者在实际管理工作中要根据下属的成熟度来决定领导的方式,同时要考虑其他情景特征。

【考点】考核《管理学》第十一章中第三节"领导理论",要求学生掌握领导生命周期理论。

2.(2020年,第59题)试述领导生命周期理论。

【答案】领导生命周期理论又称为领导情景理论,是由美国管理学者保罗·赫塞和其尼斯·布兰查德提出的,他们认为领导行为是任务绩效还是维持行为更重要之前应当考虑的因素成熟度,并以此发展为领导方式生命周期理论。这一理论把下属的成熟度作为关键的情景因素,认为依据下属的成熟度水平选择正确的领导方式,决定着领导者的成功。

生命周期理论提出任务行为和关系行为这两种领导维度,并且将每种维度进行了细化,从而组合成四种具体的领导方式:

(1)指导(告知)型领导(高任务—低关系),领导者定义角色,告诉下属应该做什么、怎样做以及在何时何地做。

(2)推销型领导(高任务—高关系),领导者同时提供指导行为与支持行为。

(3)参与型领导(低任务—高关系),领导者与下属共同决策,领导者的主要角色是提供便利条件和沟通。

(4)授权型领导(低任务—低关系),领导者提供不多的指导或支持。

和菲德勒的权变理论相比,领导方式生命周期理论更容易理解和直观。但它只针对下属的特征,而没有包括领导行为的其他情景特征。因此,这种领导方式的情景理论算不上完善,但它对于深化领导者和下属之间的研究,具有重要的基础作用。

【考点】考核《管理学》第十一章中第三节"领导理论",要求学生掌握领导生命周期理论。

五、案例分析题

1.(2013年,第72题)[案例分析原文详见23页]事到如今,张东升的直接上级应采取的首要措施是(   )。

A. 减少机修车间的工作量,适当放宽完工期限

B. 对张东升进行上岗培训,并对他的工作给予指导和帮助

C. 马上打电话去鼓励他,增加其信心与责任感

D. 不必做什么特别的事让他自行发展,逐渐成熟起来

【答案】B

【解析】生命周期理论提出任务行为和关系行为这两种领导维度,并且将每种维度进行了细化,从而组合成四种具体的领导方式:(1)指导型领导(高任务—低关系),领导者定义角色,告诉下属应该做什么、怎样做以及在何时何地做。(2)推销型领导(高任务—高关系),领导者同时提供指导行为与支持行为。(3)参与型领导(低任务—高关系),领导者与下属共同决策,领导者的主要角色是提供便利条件和沟通。(4)授权型领导(低任务—低关系),领导者提供较少的指导或支持。案例中张东升属于低成熟度的下属,所以 B 选项正确。

【考点】考核《管理学》第十一章中第三节"领导理论",要求学生掌握领导生命周期理论。

2. (2019 年,第 63 题)[案例分析原文详见 71 页]尽管公司的产品质量获得了极大提高,日常管理已经进入正常轨道,但陈彬的管理变化不大。这说明陈彬应用的是(　　)。

A. 领导特质理论　　　　　　　　B. 领导权变革理论

C. 领导行为理论　　　　　　　　D. 领导路径—目标理论

【答案】C

【解析】本道题要考核的是陈彬应用的领导理论是哪一种,领导行为理论研究的内容是领导者的行为特点与绩效之间的关系,根据题目中给的信息公司的产品获得了极大的提高,但是管理者自己的变化却不大,所以本题的正确选项是 C。

【考点】考核《管理学》第十一章中第三节"领导理论",要求学生掌握几种常见的理论如领导特质理论、领导行为理论和领导情景论。

3. (2019 年,第 64 题)[案例分析原文详见 71 页]陈彬总是犹豫不决是否要由其下属人员完成某些重要任务。当他到外地出差时,他认为公司的日常管理就会停滞不前。这最可能是因为(　　)。

A. 下属的能力和素质确实差　　　B. 下属是自我实现型的人

C. 下属的工作太自由与灵活　　　D. 下属得不到陈彬的信任

【答案】D

【解析】生命周期理论提出任务行为和关系行为这两种领导维度,并且将每种维度进行了细化,从而组合成指导型、推销型、参与型和授权型四种领导方式,其中指导型就属于高任务—低关系,领导定义角色,告诉下属应该做什么、怎样做以及在何时何地做。根据题目的信息,陈彬不放心把任务交给下属,所有的东西都要亲历亲为,以至于出差便感觉公司的管理会停滞不前,重要的原因之一就是领导和下属的低关系,而产生该关系的原因很有可能就是下属得不到领导的信任,所以该题选择 D。

【考点】考核《管理学》第十一章中第三节"领导理论",要求学生掌握领导生命周期理论中任务行为和关系行为两种领导的维度。

第九章　激励

第一节　激励原理

一、单项选择题

1.(2014年,第10题)弗鲁姆提出的激励理论认为( )。

A. 激励力＝期望值×效价

B. 人是社会人

C. 对主管人员来说,最重要的需求是成就需求

D. 激励不是一种简单的因果关系

【答案】A

【解析】弗鲁姆提出的激励理论认为激励力＝期望值×效价,所以A选项正确。

【考点】考核《管理学》第十二章中第一节"激励原理",要求学生掌握激励与行为。

2.(2019年,第13题)期望理论认为,激励力、效价、期望值三者的关系是( )。

A. 激励力(M)＝效价(V)＋期望值(E)

B. 激励力(M)＝效价(V)－期望值(E)

C. 激励力(M)＝效价(V)×期望值(E)

D. 激励力(M)＝效价(V)÷期望值(E)

【答案】C

【解析】效价指个人对达到某种预期成果的偏爱程度,或某种预期成果可能给行为者带来的满足程度;期望值则是某一具体行为可带来某种预期成果的概率,即行为者采取某种行动,获得某种成果,从而带来某种心理上或生理上满足的可能性;通过激励促成组织中人的行为的产生,取决于某一行动的效价和期望值,所以它们三者之间的关系是:激励力(M)＝效价(V)×期望值(E),所以C选项正确。

【考点】考核《管理学》第十二章中第一节"激励原理",要求学生掌握激励的相关概念激励力、效价和期望值之间的关系。

第二节　激励的需要理论

一、单项选择题

1.(2011年,第11题)根据马斯洛需要层次论,地位和他人认可的需要属于( )。

A. 安全的需要　　　　B. 社交的需要　　　　C. 尊重的需要　　　　D. 自我实现的需要

【答案】C

【解析】马斯洛认为,每个人都有五个层次的需要:生理的需要、安全的需要、社交或情感的需要、尊重的需要和自我实现的需要。其中尊重的需要分为内部尊重和外部尊重:内部尊重因素包括自尊、自主和成就感;外部尊重因素包括地位、认可和关注或者说受人尊重。所以C选项正确。

【考点】考核《管理学》第十二章中第二节"激励的需要理论",要求学生掌握马斯洛需要层次论。

2.(2011年,第13题)"人生下来就是厌恶工作的"是( )的观点。

A. X理论　　　　B. Y理论　　　　C. 双因素理论　　　　D. 期望理论

【答案】A

【解析】美国管理心理学家道格拉斯·麦格雷戈对人性的假设有两种对立的基本观点:一种是消极的X理论;另一种是积极的Y理论。X理论的主要内容如下:(1)员工天性好逸恶劳,只要可能,就会躲避工作;(2)以自我为中心,漠视组织要求;(3)员工只要有可能就会逃避责任,安于现状,缺乏创造性:(4)不喜欢工作,需要对他们采取强制措施或惩罚办法迫使他们去实现组织的目标,所以A选项正确。

【考点】考核《管理学》第十二章中第二节"激励的需要理论",要求学生掌握 X 理论和 Y 理论。

3.(2013 年,第 11 题)根据马斯洛需要层次论,人的行为决定于( )。
   A. 需要层次　　　　　B. 激励程度　　　　　C. 精神状态　　　　　D. 主导需求
【答案】D
【解析】马斯洛的需要层次论有两个基本出发点。一个基本论点是:人是有需要的动物,其需要取决于他已经得到了什么、缺少什么,只有尚未满足的需要能够影响行为。另一个基本论点是:人的需要都有轻重层次,某一层需要得到满足后,另一层需要才出现,所以 D 选项正确。
【考点】考核《管理学》第十二章中第二节"激励的需要理论",要求学生掌握马斯洛的需要层次论。

4.(2015 年,第 6 题)双因素理论中保健因素是指( )。
   A. 能影响和促进员工工作满意度的因素　　　B. 能保护员工心理健康的因素
   C. 能预防员工心理疾病的因素　　　　　　　D. 能影响和预防员工不满意感发生的因素
【答案】D
【解析】保健因素是指那些与人们的不满情绪有关的因素,例如公司政策、工作条件、工资、同事关系等,所以 D 选项正确。
【考点】考核《管理学》第十二章中第二节"激励的需要理论",要求学生掌握双因素理论的相关内容。

5.(2015 年,第 14 题)马斯洛的需要层次论认为,处于需要最高层次的是( )。
   A. 自我实现的需要　　　B. 生理的需要　　　C. 感情的需要　　　D. 尊重的需要
【答案】A
【解析】马斯洛认为,每个人都有五个层次的需要:生理的需要、安全的需要、社交或情感的需要、尊重的需要、自我实现的需要。只有前面的需要得到充分的满足后,后面的需要才显示出其激励作用,所以 A 选项正确。
【考点】考核《管理学》第十二章中第二节"激励的需要理论",要求学生掌握马斯洛的需要层次论。

6.(2017 年,第 10 题)下列理论与激励无关的是( )。
   A. 需求层次理论　　　B. 双因素理论　　　C. 期望理论　　　D. 权变理论
【答案】D
【解析】需求层次理论和双因素理论属于激励的需要理论,期望理论属于激励的过程理论,权变理论属于领导理论,D 选项正确。
【考点】考核《管理学》第十二章中第二节"激励的需要理论"和第九章中第三节"激励的过程理论",要求学生掌握激励的相关理论。

7.(2017 年,第 12 题)时下流行一句顺口溜:"你把我当人看,我就把我当牛干;你把我当牛看,我就什么也不干。"这句顺口溜反映了职工的( )。
   A. 自我实现需求　　　B. 安全需求　　　C. 尊重需求　　　D. 归属需求
【答案】C
【解析】尊重分为内部尊重和外部尊重,内部尊重因素包括自尊、自主和成就感;外部尊重因素包括地位、认可和关注或者说受人尊重,员工希望被当成人看待而不是当成牛看待,反映的正是尊重的需要,所以 C 选项正确。
【考点】考核《管理学》第十二章中第二节"激励的需要理论",要求学生掌握马斯洛的需要层次论。

8.(2019 年,第 10 题)下列选项中,既是激励员工的重要方式,也是员工职业生涯发展的主要目标的是( )。
   A. 奖赏　　　B. 升迁　　　C. 加薪　　　D. 荣誉证书
【答案】B
【解析】激励因素是指那些与人们的满意情绪有关的因素,如成就、承认、责任、晋升等,题目中四个选项都属于激励因素,但是与职业生涯的发展相关的只有升迁,所以 B 选项正确。
【考点】考核《管理学》第九章中第二节"激励的需要理论",要求学生掌握双因素理论的相关内容。

二、多项选择题

1.(2012年,第19题)以下因素中属于赫兹伯格双因素理论中保健因素的有(   )。

A. 责任   B. 地位   C. 同事关系   D. 公司政策   E. 承认

【答案】BCD

【解析】双因素理论又称保健—激励理论,保健因素是那些与人们的不满情绪有关的因素,如公司的政策、地位、保障、管理和监督、人际关系、工作条件等,所以 BCD 选项正确。

【考点】考核《管理学》第十二章中第二节"激励的需要理论",要求学生掌握双因素理论。

2.(2013年,第38题)根据马斯洛需要层次论,每个人都有的、由低到高的需要是(   )。

A. 生理的需要   B. 安全的需要

C. 社交或情感的需要   D. 尊重的需要

E. 自我实现的需要

【答案】ABCDE

【解析】马斯洛认为,每个人都有五个层次的需要:生理的需要、安全的需要、社交或情感的需要、尊重的需要、自我实现的需要。只有前面的需要得到充分的满足后,后面的需要才显示出其激励作用,所以 ABCDE 选项正确。

【考点】考核《管理学》第十二章中第二节"激励的需要理论",要求学生掌握马斯洛的需要层次论。

3.(2013年,第39题)根据赫兹伯格双因素理论,"双因素"是指(   )。

A. 精神因素 B. 物质因素 C. 保健因素 D. 激励因素 E. 心理因素

【答案】CD

【解析】根据赫兹伯格双因素理论,"双因素"是指保健因素和激励因素,所以 CD 选项正确。

【考点】考核《管理学》第十二章中第二节"激励的需要理论",要求学生掌握双因素理论的相关内容。

4.(2016年,第36题)下列对于马斯洛的需要层次论理解正确的是(   )。

A. 每个人都有五个层次的需要

B. 可以针对人在某个阶段的主导需求进行激励

C. 已经得到满足的需要不再起激励作用

D. 低级需要主要是从内部使人得到满足

E. 高级需要主要是从外部使人得到满足

【答案】ABC

【解析】马斯洛的需要层次论认为:每个人都有五个层次的需要,A 选项正确;马斯洛的需要层次论有两个基本出发点:一个基本论点是人是有需要的动物,其需要取决于他已经得到了什么,还缺少什么,只有尚未满足的需要能够影响行为。换言之,已经得到满足的需要不再起激励作用。另一个基本论点是:人的需要都有轻重层次,某一层需要得到满足后,另一层需要才出现,BC 选项正确。人们对于需要的满足是从低级需要开始的,与内部和外部无关,所以 DE 选项错误。

【考点】考核《管理学》第十二章中第二节"激励的需要理论",要求学生掌握马斯洛的需要层次论。

三、简答题

1.(2014年,第61题)试述赫兹伯格的双因素理论("双因素";每个因素所包含内容;对于"满意、不满意"问题的理解,赫兹伯格与我们一般人的差别;解除员工"不满"和达到员工"满意"的方法)。

【答案】(1)保健因素和激励因素。(5分)

(2)保健因素:工资、奖金、待遇等。

激励因素:工作、表彰、培训进修、晋升等(5分)

(3)一般人理解:满意的对立面是不满意。

赫兹伯格认为:满意的对立面是没有满意;不满意的对立面是没有不满意。多了一个中间概念。(5分)

(4)运用保健因素解除员工的满意;运用激励因素使员工满意。(5分)

【考点】考核《管理学》第十二章中第二节"激励的需要理论",要求学生掌握赫兹伯格的双因素理论。

2.(2014年,第58题)简述马斯洛的需要层次理论。

【答案】(1)生理需要。(3分)

(2)安全需要。(3分)

(3)社会需要。(3分)

(4)尊重需要。(3分)

(5)自我实现的需要。(3分)

【考点】考核《管理学》第十二章中第二节"激励的需要理论",要求学生掌握马斯洛的需要层次理论。

四、案例分析题

1.(2014年,第64题)[案例分析原文详见31页]QS公司的"信得过"管理采用的管理的基本方法是(　　)。

A. 职责管理、经济管理

B. 过程管理、现场管理

C. "自我管理,让领导放心"、"免检"、准则十条

D. "免检"、准则十条

【答案】C

【解析】美国心理学家麦格雷戈提出,管理者对人性的假设有两种对立的基本观点:一种是消极的X理论,另一种是积极的Y理论。案例中公司开展"信得过"活动就是运用积极的Y理论进行员工的管理与激励,所以C选项正确。

【考点】考核《管理学》第十二章中第二节"激励的需要理论",要求学生掌握X理论和Y理论。

2.(2015年,第66题)[案例分析原文详见39页]从"双因素"理论来看,本案例中,员工的培训和职业发展计划分别属于(　　)。

A. 前者是保健因素,后者是激励因素

B. 前者是激励因素,后者是保健因素

C. 两者都是激励因素

D. 两者都是保健因素

【答案】C

【解析】保健因素是指那些与人们的不满情绪有关的因素,激励因素是指那些与人们的满意情绪有关的因素。本案例中,员工的培训和职业发展计划都没有引起员工的不满意情绪,所以都是激励因素,所以C选项正确。

【考点】考核《管理学》第十二章中第二节"激励的需要理论",要求学生掌握双因素理论的相关内容。

3.(2016年,第64题)[案例分析原文详见47页]依据赫兹伯格的双因素理论,奖金对于李杰来说是(　　)。

A. 保健因素　　　　　　　　　　　　B. 激励因素

C. 消极因素　　　　　　　　　　　　D. 积极因素

【答案】A

【解析】保健因素是指那些与人们的不满情绪有关的因素,激励因素是指那些与人们的满意情绪有关的因素。本案例中李杰递上辞呈是因为他觉得销售部的奖金分配方案搞平均主义,极不合理,奖金对于李杰来说引起他的不满情绪,所以属于保健因素,A选项正确。

【考点】考核《管理学》第十二章中第二节"激励的需要理论",要求学生掌握双因素理论的相关内容。

4.(2016年,第66题)[案例分析原文详见47页]人事部主管郑继凯主张推行灵活的工作时间方案是基于他所持有的对员工的认识,这是倾向(　　)。

A. 社会人　　　　　　B. X理论　　　　　　C. Y理论　　　　　　D. Z理论

【答案】C

【解析】Y理论是一种积极的理论,认为员工自觉勤奋喜欢工作;有很强的自控能力;每个人不但能够承担

责任而且还会主动承担责任;绝大多数人都具备做出正确决策的能力。案例中人事部主管郑继凯主张推行灵活的工作时间方案是基于对员工充分信任的基础上,所以 C 选项正确。

【考点】考核《管理学》第十二章中第二节"激励的需要理论",要求学生掌握双因素理论的相关内容。

5.(2018 年,第 62 题)[案例分析原文详见 63 页]当年,李明夫妻俩常为生计发愁,后来,他找了一份工作,根据马斯洛的需要层次理论,该工作满足了他的(   )。

A. 生理需要   B. 安全需要   C. 社交需要   D. 尊重需要

【答案】A

【解析】生理需要是人类最基本的需求,如衣食住行等。案例中所提到的李明夫妻俩常为生计发愁属于生理需要,所以 A 选项正确。

【考点】考核《管理学》第十二章中第二节"激励的需要理论",要求学生能够应用马斯洛的需要层次理论。

6.(2018 年,第 63 题)[案例分析原文详见 63 页]李明拼命地为公司工作,并为自己是其中的一分子而自豪。这说明该工作满足了李明的(   )。

A. 生理需要和安全需要   B. 生理需要和社交需要

C. 安全需要和社交需要   D. 安全需要和自我实现需要

【答案】D

【解析】安全需要分为两类即一方面要求自己现在的社会生活各方面均能有所保证,另一方面希望未来的生活能有所保障,李明拼命地为公司工作就是为了获得安全需要。自我实现需要表现在成就感方面,对有这种需要的人来说,工作的乐趣在于成果和成功,他们需要知道自己工作的结果,李明拼命地为公司工作,并为自己是其中的一分子而自豪,就是为了获得自我实现需要,所以 D 选项正确。

【考点】考核《管理学》第十二章中第二节"激励的需要理论",要求学生能够应用马斯洛的需要层次理论。

7.(2018 年,第 64 题)[案例分析原文详见 63 页]李明看到企业一年比一年不景气,他想通过自己的方法来增强企业的活力和创造能力。这说明,他有了(   )。

A. 安全需要   B. 社交需要   C. 尊重需要   D. 自我实现需要

【答案】D

【解析】自我实现需要是一种追求个人能力极限的内驱力,表现在两个方面:一是胜任感方面,有这种需要的人力图控制事物或环境,不是等事物被动地发生与发展,而是希望在自己控制下进行;二是成就感方面,对有这种需要的人来说,工作的乐趣在于成果和成功,他们需要知道自己工作的结果,李明想通过自己的方法来增强企业的活力和创造能力就是希望自己能够控制事物或环境,所以 D 选项正确。

【考点】考核《管理学》第十二章中第二节"激励的需要理论",要求学生能够应用马斯洛的需要层次理论。

8.(2018 年,第 66 题)[案例分析原文详见 63 页]李明想"跳槽",不是因为工资和职位高低,而是由于工作表现的机会、工作上的成就感、对未来发展的期望等。根据赫兹伯格的双因素理论,下列选项中属于保健因素的是(   )。

A. 工资   B. 工作本身   C. 工作成就感   D. 晋升

【答案】A

【解析】双因素理论包含保健因素和激励因素,其中保健因素包含公司政策、工作条件、工资、同事关系、个人生活和地位等,所以 A 选项正确。

【考点】考核《管理学》第十二章中第二节"激励的需要理论",要求学生掌握双因素理论。

9.(2019 年,第 66 题)[案例分析原文详见 71 页]陈彬为员工解决遇到的同事关系问题,改善员工的工作条件等。根据赫兹伯格的双因素理论,同事关系、工作条件分别属于(   )。

A. 保健因素、保健因素   B. 激励因素、激励因素

C. 保健因素、激励因素   D. 激励因素、保健因素

【答案】A

【解析】保健因素包含:监督、公司政策、与监督者的关系、工作条件、工资、同事关系、个人生活、地位、保

障、与下属的关系等,所以该题选择 A。

【考点】考核《管理学》第十二章中第二节"激励的需要理论",要求学生掌握双因素理论的相关内容。

10. (2020 年,第 62 题)[案例分析原文详见 79 页]该公司装配线因缺工而工作大幅度超时,使得一些工人不满而离职。根据赫兹伯格的双因素理论,下列说法正确的是(　　)。

    A. 公司严重缺乏激励因素　　　　　　　　B. 公司严重缺乏保健因素

    C. 激励因素与人们的不满情绪有关　　　　D. 保健因素与人们的满意情绪有关

【答案】B

【解析】案例中工人离职的原因是工作大幅度超时,这属于工作条件的范畴,属于双因素理论中的保健因素缺失,所以 B 选项正确。激励因素是指那些与人们的满意情绪有关的因素,C 选项错误,保健因素是指那些与人们的不满情绪有关的因素,所以 D 选项错误。

【考点】考核《管理学》第十二章中第二节"激励的需要理论",要求学生能够应用双因素理论。

11. (2020 年,第 64 题)[案例分析原文详见 79 页]该公司通过雇佣临时工来缩短工人的工作时间,使得人们下班后有较多的时间休息。根据马斯洛的需要层次论,工人们得到了满足的是(　　)。

    A. 尊重的需要　　　B. 社交的需要　　　C. 安全的需要　　　D. 生理的需要

【答案】B

【解析】马斯洛认为每个人都有五个层次的需要:生理的需要、安全的需要、社交的需要、尊重的需要和自我实现的需要。人们下班后有较多的时间休息属于社交需求,所以 B 选项正确。

【考点】考核《管理学》第十二章中第二节"激励的需要理论",要求学生掌握马斯洛需要理论。

12. (2020 年,第 65 题)[案例分析原文详见 79 页]该公司实施了多项变革后,士气极大地提高了,离职率降低了。其最合理的解释是因为(　　)。

    A. 管理层拥有法定权力　　　　　　　　　B. 下班后有时间陪伴家人了

    C. 管理层表现出的对员工的尊重　　　　　D. 工资和福利待遇提高了

【答案】D

【解析】双因素理论也叫"保健—激励理论",其中激励因素是指那些与人们的满意情绪有关的因素,保健因素是指那些与人们的不满情绪有关的因素,离职率的高低跟保健因素有直接的关系,保健因素包含工作条件、工资、同事关系、个人生活等,所以 D 选项正确。

【考点】考核《管理学》第十二章中第二节"激励的需要理论",要求学生能够应用双因素理论。

第三节　激励的过程理论

一、单项选择题

1. (2013 年,第 12 题)提出激励过程的期望理论的是(　　)。

    A. 麦格雷戈　　　B. 亚当斯　　　C. 弗鲁姆　　　D. 斯金纳

【答案】C

【解析】激励的过程理论有两种基本类型:公平理论和期望理论。公平理论是由亚当斯提出的,期望理论是由弗鲁姆提出的,所以 C 选项正确。

【考点】考核《管理学》第十二章中第三节"激励的过程理论",要求学生掌握激励的过程理论。

2. (2014 年,第 12 题)提出公平理论的是(　　)。

    A. 麦格雷戈　　　B. 亚当斯　　　C. 弗鲁姆　　　D. 斯金纳

【答案】B

【解析】公平理论是美国心理学家亚当斯在 1965 年提出来的,又称为社会比较理论,所以 B 选项正确。

【考点】考核《管理学》第十二章中第三节"激励的过程理论",要求学生掌握公平理论。

3. (2015 年,第 13 题)某企业规定,员工上班迟到一次,扣发当月 50%的奖金,自此规定出台之后,员工迟到现象基本消除,这种强化方式是(　　)。

A. 正强化　　　　　B. 负强化　　　　　C. 惩罚　　　　　D. 忽视

【答案】B

【解析】负强化就是惩罚那些不符合组织目标的行为,以使得这些行为削弱甚至消失,从而保证组织目标的实现不受干扰,所以 B 选项正确。

【考点】考核《管理学》第十二章中第三节"激励的过程理论",要求学生掌握激励的强化理论。

4.(2016 年,第 13 题)某高校为严肃考场纪律,规定凡违反考场纪律者,一经发现,当科成绩以零分计,下学期初不得参加补考,并根据违纪情况给予相应的纪律处分,这种强化手段是(　　)。

A. 自然消退　　　　B. 小题大做　　　　C. 负强化　　　　D. 正强化

【答案】C

【解析】负强化就是惩罚那些不符合组织目标的行为,以使得这些行为削弱甚至消失,从而保证组织目标的实现不受干扰,题目中告知学生考试违规的后果,即为通过预先告知惩罚的方式规避学生违规的行为,C 选项正确。

【考点】考核《管理学》第十二章中第三节"激励的过程理论",要求学生掌握激励的强化理论。

5.(2017 年,第 7 题)期末考试开考前宣读考场纪律,告知学生考试违规的后果,这是(　　)。

A. 正强化　　　　　B. 负强化　　　　　C. 惩罚　　　　　D. 忽视

【答案】B

【解析】负强化就是惩罚那些不符合组织目标的行为,以使得这些行为削弱甚至消失,从而保证组织目标的实现不受干扰,题目中告知学生考试违规的后果,即为通过预先告知惩罚的方式规避学生违规的行为,B 选项正确。

【考点】考核《管理学》第十二章中第三节"激励的过程理论",要求学生掌握激励的强化理论。

6.(2019 年,第 9 题)某单位林工程师拿到了高于同行业平均水平的薪酬后仍无满意感。可以用来解释这种现象的激励理论是(　　)。

A. 需要层次理论　　B. 期望理论　　　　C. 公平理论　　　　D. 强化理论

【答案】C

【解析】过程理论有两个基本类型:公平理论和期望理论。公平理论是美国心理学家亚当斯 1965 年提出来的,主要讨论报酬的公平性对人们工作积极性的影响,通过横向和纵向两个方面来比较和判断所获得报酬的公平性,根据本题的信息,C 选项正确。过程理论的另一个类型是期望理论,该理论认为只有当人们的预期到某一行为能给个人带来有吸引力的结果时,个人才会采取特定的行动,B 选项错误。

【考点】考核《管理学》第十二章中第三节"激励的过程理论",要求学生掌握公平理论的相关内容。

7.(2020 年,第 11 题)亚当斯的公平理论属于(　　)。

A. 激励的内容理论　B. 激励的过程理论　C. 领导行为论　　　D. 领导情境论

【答案】B

【解析】激励的过程理论试图说明员工面对激励措施,如何选择行为方式去满足他们的需要,以及确定其行为方式的选择是否成功。过程理论分为两种基本类型:公平理论和期望理论。所以 B 选项正确。

【考点】考核《管理学》第十二章中第三节"激励的过程理论",要求学生掌握激励的过程理论所包含的内容,以及激励的相关理论的区别。

二、多项选择题

1.(2012 年,第 16 题)亚当斯的公平理论认为,员工总是在进行比较,员工选择的与自己进行比较的参照类型有(　　)。

A. 其他人　　　B. 制度　　　C. 职位　　　D. 自我　　　E. 责任

【答案】ABD

【解析】公平理论是美国心理学家亚当斯提出来的,这种理论的基础在于:员工不是在真空中工作的,他们总是在进行比较,比较的结果对于他们在工作中的努力程度有影响。这种理论主要讨论报酬的公平性对人们工作积极性的影响。它指出,人们将通过横向和纵向两个方面的比较来判断其所获报酬的公平性。员工选择的与自己进行比较的参照类型有三种,分别是"其他人""制度""自我",所以 ABD 选项正确。

【考点】考核《管理学》第十二章中第三节"激励的过程理论",要求学生掌握公平理论。

2.(2013 年,第 40 题)一位父亲为了鼓励小孩用功学习,向小孩提出:如果在下学期每门功课都考 95 分以上,就给物质奖励。小孩会因受到激励而用功学习的可能条件是(　　)。

A. 平时成绩较好,有可能各门功课都考 95 分以上

B. 奖励的东西是小孩最想要的

C. 奖励的东西是小孩不想要的

D. 父亲说话向来都是算数的

E. 父亲说话向来都是不算数的

【答案】ABD

【解析】根据期望理论的研究,有效的激励取决于个体对完成工作任务以及接受预期奖赏的能力期望,具体来说依赖于对下列三种联系的判断:(1)努力—绩效的联系。感觉到通过一定程度的努力而达到工作绩效的可能性,也就是 A 选项"平时成绩较好,有可能各门功课都考 95 分以上"。(2)绩效—奖赏的联系,对于达到一定工作绩效后即可获得理想的奖赏结果的信任程度,也就是 D 选项"父亲说话向来都是算数的"。(3)奖赏—个人目标的联系。如果工作完成,员工所获得的潜在结果或奖赏对他的重要性程度。如这一奖赏能否满足个人的目标? 吸引力有多大? 也就是 B 选项"奖励的东西是小孩最想要的",所以 ABD 选项正确。

【考点】考核《管理学》第十二章中第三节"激励的过程理论",要求学生掌握期望理论的相关内容。

3.(2015 年,第 37 题)激励理论主要有(　　)。

A. 管理方格理论　　B. 需要层次理论　　C. 权变理论　　D. 公平理论　　E. 期望理论

【答案】BDE

【解析】激励理论主要有:马斯洛需要层次理论、双因素理论、公平理论和期望理论,所以 BDE 选项正确。管理方格理论和权变理论属于领导理论。

【考点】考核《管理学》第十二章中第三节"激励的需要理论"和第三节"激励的过程理论",要求学生掌握激励的主要理论。

4.(2018 年,第 37 题)根据期望理论的研究,员工对待工作的态度依赖于对下列几种联系的判断,它们包括(　　)。

A. 努力与工作的联系　　　　　B. 努力与绩效的联系

C. 绩效与奖赏的联系　　　　　D. 奖赏与个人目标的联系

E. 绩效与满足个人需要的联系

【答案】BCD

【解析】期望理论认为只有当人们预期到某一个行为能给个人带来有吸引力的结果时,个人才会采取特定的行动,根据这一理论的研究,员工对待工作的态度依赖于对下列三种联系的判断:努力与绩效的联系、绩效与奖赏的联系、奖赏与个人目标的联系,所以 BCD 选项正确。

【考点】考核《管理学》第十二章中第三节"激励的过程理论",要求学生掌握期望理论的相关内容。

5.(2019 年,第 36 题)张总在激励员工时运用了强化理论,下列做法中属于负强化的有(　　)。

A. 员工表现出色时给其公开表扬　　B. 员工出现失误时给其减少奖金

C. 员工奉承拍马时给其冷脸　　　　D. 员工业绩达标时给其升职

E. 员工业绩不达标时给其降级

【答案】BE

【解析】所谓负强化,就是惩罚那些不符合组织目标的行为,以使这些行为削弱甚至消失,从而保证组织目标的实现不受干扰。常见的负强化包含减少奖酬或者罚款、批评降级等,所以本题的正确答案是 BE。正

强化的刺激物包含奖金等物质奖励,也包含表扬、提升、改善工作关系等精神奖励,选项 AD 属于正强化,不是正确答案。

【考点】考核《管理学》第十二章中第三节"激励的过程理论",要求学生掌握激励的强化理论。

6.(2020 年,第 36 题)弗鲁姆的期望理论认为,员工在工作中的积极性或激励力 M 是效价 V 和期望值 E 的乘积。下列算式成立的有(   )。

A. 高 E×高 V＝高 M   B. 中 E×中 V＝中 M

C. 低 E×低 V＝低 M   D. 高 E×低 V＝低 M

E. 低 E×高 V＝低 M

【答案】ABCDE

【解析】期望理论认为只有当人们预期到某一行为能给个人带来有吸引力的结果时,个人才会采取特定的行为,而效价和期望值的不同结合,会产生不同的激发力量,一般存在五种情况:高 E×高 V＝高 M;中 E×中 V＝中 M;低 E×低 V＝低 M;高 E×低 V＝低 M;低 E×高 V＝低 M,所以 ABCDE 选项正确。

【考点】考核《管理学》第十二章中第三节"激励的过程理论",要求学生掌握激励的过程理论所包含的内容。

三、简答题

1.(2013 年,第 62 题)简述激励强化理论的主要内容。

【答案】强化理论是美国心理学家斯金纳首先提出的。该理论认为人的行为是其所获刺激的函数。如果这种刺激对他有利,这种行为会重复出现;若对他不利,这种行为会减弱直至消失。因此管理者要采取各种强化方式,以使人们的行为符合组织的目标。根据强化的性质和目的,可以分为两大类型:正强化和负强化。

【考点】考核《管理学》第十二章中第三节"激励的过程理论",要求学生掌握激励强化理论。

四、案例分析题

1.(2011 年,第 26 题)[案例分析原文详见 5 页](1)从公平理论的角度分析莫力离开单位的原因。

(2)结合期望理论,谈谈李所长应该如何挽留莫力。

【答案】(1)①公平理论又叫社会比较理论。这种理论主要讨论报酬的公平性对人们工作积极性的影响。员工总是在比较中工作,经常将自己现在的所得和付出与他人以及自己的过去进行比较,由此产生的不公平感将影响到他以后的工作态度及工作付出。

②当员工经过比较感到不公平时,可能会提出增加报酬,也可能会减少付出,改变比较对象,甚至还会出现破坏生产设备或者离职等现象来谋取公平。

③案例中莫力工作积极,成绩突出,但工资、住房等问题没有得到解决,并且也没有合理的解释,因此,莫力认为报酬制度不公平。通过与本单位的职工以及自己的同学比较,莫力觉得自己的报酬比之工作付出和成绩来说太少了。无论是自我、制度还是他人的对照,都让莫力感到不公平,这最终导致了他的辞职。

④管理者应加强与员工的沟通,倾听员工意见,了解员工对各种报酬的主观感觉,在心理上降低他们的不公平感觉。

(2)①期望理论主要内容是:只有当人们预期到某一行为能给个人带来有吸引力的结果时,人们才会采取特定的行动。该理论回答了在面对同一种需要的活动时,为什么有的人情绪高昂,而另一些人却无动于衷。根据这一理论的研究,员工对待工作的态度依赖于努力—绩效、绩效—奖赏、奖赏—个人目标三种联系的连续判断。

②期望理论的核心是双向期望,管理者期望员工努力工作,员工期望管理者对其工作及时认可和奖赏。期望理论的基础是自我利益,这种利益可以是物质的,也可以是精神的。管理人员的责任是帮助员工满足其个人需要,同时实现组织目标,使员工的责权能利对等。

③案例中莫力到研究所工作,由于工作上的良好表现和职位的提升,使其对满足物质条件的需求,比如提高工资收入、解决住房问题等产生了很高的期望,并且对于面对即将解决终身大事的莫力来说,这些物质条件的效价也非常高,如果李所长能够满足他这一方面的需求,那么对莫力能够产生很高的激励力,从而

挽留他。
④具体来说,李所长应该立即通过项目奖金、岗位津贴等方式在现有工资制度基础上提升莫力的实际收入。此外,住房问题如果难以在短时间内解决,可以通过心理开导、许诺等方式降低他在短期内对住房需求的效价,提高他在未来一定时间内获得住房的期望值。

【考点】考核《管理学》第十二章中第三节"激励的过程理论",要求学生掌握公平理论和期望理论。

2.(2014年,第68题)[案例分析原文详见31页]奖惩制度的实施,突出了美国心理学家斯金纳的(　　)。

A. 期望理论　　　　　B. 公平理讼　　　　　C. 需要层次理论　　　　　D. 强化理论

【答案】D

【解析】美国心理学家斯金纳提出强化理论,该理论主张对激励进行有针对性的刺激,只看员工的行为及其结果之间的关系,所以 D 选项正确。

【考点】考核《管理学》第十二章中第三节"激励的过程理论",要求学生掌握激励的强化理论。

3.(2015年,第67题)[案例分析原文详见38页]王总的工资改革方案可能产生的影响是(　　)。

A. 有利于员工对知识、信息和技能的交流学习

B. 提高一部分员工的积极性

C. 工资成本上升

D. 挫伤一部分员工的积极性

【答案】A

【解析】所谓正强化就是奖励那些符合组织目标的行为,以便使这些行为得到进一步加强,从而有利于组织目标的实现。正强化的刺激物包含了奖金等物质要素,案例中王总的工资改革方案就是为了更好地实现组织目标采取的激励方式,所以 A 选项正确。

【考点】考核《管理学》第十二章中第二节"激励的过程理论",要求学生掌握激励的强化理论的相关内容。

4.(2016年,第65题)[案例分析原文详见47页]李杰上个月的个人销售业绩就占到了公司整个销售业绩的1/4,拿到的奖金却跟同科室同事一样多,感觉自己的努力没有得到应有的肯定,想要另谋出路。以下能较为恰当地解释这种现象的理论是(　　)。

A. 期望理论　　　　　B. 公平理论　　　　　C. 权变理论　　　　　D. 强化理论

【答案】B

【解析】公平理论是美国心理学家亚当斯提出来的,又称社会比较理论,主要讨论报酬的公平性对人们工作积极性的影响。案例中李杰因为业绩比同事多但是奖金却和同事一样多感觉到了不公平,想要另谋出路,所以 B 选项正确。

【考点】考核《管理学》第十二章中第三节"激励的过程理论",要求学生掌握公平理论的相关内容。

第四节　激励实务

1.(2020年,第12题)某高校在正确评估了教师们科研课题立项的数量和经费、学术论文发表的数量和刊物级别的基础上,授予了青年博士孙老师很高的学术荣誉,以保护和进一步激发他的科研热情。该校采用的激励方法是(　　)。

A. 工作激励　　　　　B. 教育激励　　　　　C. 物质激励　　　　　D. 成果激励

【答案】D

【解析】工作激励是指通过分配适当的工作来激发员工内在的工作热情;成果激励是指在正确评估工作成果的基础上给员工以合理的奖惩,以保证员工行为的良性循环;批评激励是指通过批评来激发员工改正错误行为的信心和决心;培训教育激励则是通过灌输组织文化和开展技术知识培训,提高员工的素质,增强其更新知识、共同完成组织目标的热情。

【考点】考核《管理学》第十二章中第四节"激励实务",要求学生掌握成果激励。

第十章　控制与控制过程

第一节　控制活动

一、单项选择题

1.(2011年,第14题)以下关于自适应控制的描述,不正确的是(　　　)。
　　A. 自适应控制的特点是没有明确的先行量
　　B. 控制标准 Z 值是过去时刻已达状态 K_t 的函数,即 $Z=f(K_t)$
　　C. Z 值是通过学习过去的经验而建立起来的
　　D. 大量的管理工作都属于自适应控制
【答案】D
【解析】工程技术中的学习机器人通过学习过去的经验,会对活动中遇到的各种情况采取相应的行动。但如果发生了它在学习中没有遇到过的事情,它将无法采取行动。因此,自适应是相对的,有一定限度的。在企业的生产经营活动中,情况是千变万化的,企业最高领导人对企业的发展方向很难进行程序控制或跟踪控制,而必须进行自适应控制。他们往往要根据过去时刻企业所处的外部环境和内部已经达到的状态,凭自己的分析、判断、经验、预感做出重大的经营决策,使企业适应外部环境发生的新变化,所以 D 选项正确。
【考点】考核《管理学》第十四章中第一节"控制活动",要求学生掌握控制的类型。

2.(2012年,第8题)企业生产经营活动中,税金的交纳是属于控制中的(　　　)。
　　A. 过程控制　　　　　B. 跟踪控制　　　　　C. 自适应控制　　　　　D. 最佳控制
【答案】B
【解析】企业生产经营活动中,税金的交纳、利润、工资、奖金的分配、材料的供应等都属于跟踪控制,所以 B 选项正确。
【考点】考核《管理学》第十四章中第一节"控制活动",要求学生掌握控制的类型。

3.(2012年,第9题)同期控制也可以称为(　　　)。
　　A. 过程控制　　　　　B. 前馈控制　　　　　C. 反馈控制　　　　　D. 成果控制
【答案】A
【解析】同期控制也可以称为过程控制或者现场控制,是指企业经营过程开始以后,对活动中的人和事进行指导和监督,所以 A 选项正确。
【考点】考核《管理学》第十四章中第一节"控制活动",要求学生掌握控制的类型。

4.(2013年,第14题)"治病不如防病,防病不如讲卫生",根据这一说法,应采取的控制方式是(　　　)。
　　A. 预先控制　　　　　B. 同期控制　　　　　C. 反馈控制　　　　　D. 实施控制
【答案】A
【解析】预先控制是在企业生产经营活动开始之前进行的控制,目的是防止问题的发生而不是当问题出现的时候再补救,"治病不如防病,防病不如讲卫生",这一说法就是预先控制,所以 A 选项正确。
【考点】考核《管理学》第十四章中第一节"控制活动",要求学生掌握控制的概念与分类。

5.(2015年,第1题)为了保证计划与实际作业动态相适应,组织需要的职能是(　　　)。
　　A. 计划职能　　　　　B. 控制职能　　　　　C. 领导职能　　　　　D. 组织职能
【答案】B
【解析】控制是管理工作最重要职能之一,它是保障企业计划与实际作业动态相适应的管理职能,所以 B 选项正确。
【考点】考核《管理学》第十四章中第一节"控制活动",要求学生掌握控制的概念。

6.(2016年,第14题)过程控制又称为(　　　)。

A. 前馈控制　　　　　　B. 成果控制　　　　　　C. 现场控制　　　　　　D. 事后控制

【答案】C

【解析】过程控制又称为现场控制或同期控制,是指企业经营过程开始以后,对活动中的人和事进行指导和监督,所以 C 选项正确。

【考点】考核《管理学》第十四章中第一节"控制活动",要求学生掌握控制的类型。

7.(2017 年,第 8 题)为了防止问题的发生而在企业生产经营活动开始之前进行的是(　　)。

A. 前馈控制　　　　　　B. 现场控制　　　　　　C. 事后控制　　　　　　D. 反馈控制

【答案】A

【解析】前馈控制是企业生产经营活动开始之前进行的控制,目的是防止问题的发生而不是当问题出现的时候再补救,所以 A 选项正确。

【考点】考核《管理学》第十四章中第一节"控制活动",要求学生掌握控制的类型。

8.(2018 年,第 14 题)为了消除腐败,廉洁为政,某单位除了大力提倡工作人员严格自律之外,还一直实行着一种岗位轮换制度。这种做法可以视为是一种(　　)。

A. 过程控制　　　　　　B. 前馈控制　　　　　　C. 成果控制　　　　　　D. 反馈控制

【答案】B

【解析】前馈控制是企业生产经营活动开始之前进行的控制,目的是防止问题的发生而不是当问题出现的时候再补救,所以 B 选项正确。

【考点】考核《管理学》第十四章中第一节"控制活动",要求学生掌握控制的类型。

9.(2019 年,第 14 题)生产主管在车间巡视时发现一个工人没有按照安全规程操作,他立即制止并帮助其纠正。这属于(　　)。

A. 现场控制　　　　　　B. 预先控制　　　　　　C. 直接控制　　　　　　D. 间接控制

【答案】A

【解析】根据时机、对象和目的对控制进行分类,可以分为前馈控制、同期控制和反馈控制。其中同期控制又称为现场控制或过程控制,是指企业经营过程开始以后,对活动中的人和事进行指导和监督。根据本题给的信息,生产主管在车间巡视时发现问题,即为现场控制,所以 A 选项正确。

【考点】考核《管理学》第十四章中第一节"控制活动",要求学生掌握控制的类型。

10.(2020 年,第 13 题)在企业生产经营活动中,税金的交纳,利润、工资、奖金的分配,资金、材料的供应等属于(　　)。

A. 自适应控制　　　　　　B. 程序控制　　　　　　C. 最佳控制　　　　　　D. 跟踪控制

【答案】D

【解析】根据确定控制标准 Z 值方法可以把控制分为程序控制、跟踪控制、自适应控制和最佳控制,其中跟踪控制的特点是,控制标准 Z 值是控制对象所跟踪的先行量的函数。在企业生产经营活动中,税金的交纳,利润、工资、奖金的分配,资金、材料的供应等都属于跟踪控制性质,所以 D 选项正确。

【考点】考核《管理学》第十四章中第一节"控制活动",要求学生掌握控制的类型。

二、多项选择题

1.(2014 年,第 38 题)控制类型按照不同时间分有(　　)。

A. 直接控制　　B. 前馈控制　　C. 反馈控制　　D. 现场控制　　E. 制度控制

【答案】BCD

【解析】控制类型按照不同时间分为前馈控制、反馈控制和现场控制,所以 BCD 选项正确。

【考点】考核《管理学》第十四章中第一节"控制活动",要求学生掌握控制的类型。

2.(2015 年,第 38 题)根据时机、对象和目标的不同,控制类别有(　　)。

A. 最佳控制　　B. 前馈控制　　C. 反馈控制　　D. 同期控制　　E. 程序控制

【答案】BCD

【解析】根据时机、对象和目标的不同,控制类别有:前馈控制、同期控制和反馈控制,所以 BCD 选项正确。

【考点】考核《管理学》第十四章中第一节"控制活动",要求学生掌握控制的类型。

3.(2015年,第40题)在企业生产经营活动中,属于跟踪控制性质的有( )。

A. 税金的交纳　　　　　　　B. 利润、工资、奖金的分配
C. 信息控制程序　　　　　　D. 资金、材料的供应
E. 职工成绩评定

【答案】ABD

【解析】在企业生产经营活动中,属于跟踪控制性质的有:税金的交纳,利润、工资、奖金的分配,资金、材料的供应,所以 ABD 选项正确。

【考点】考核《管理学》第十四章中第一节"控制活动",要求学生掌握控制的类型。

4.(2016年,第37题)根据确定控制标准 Z 值的方法,控制过程可分为程序控制、跟踪控制、自适应控制及最佳控制。其中最佳控制的函数是( )。

A. Z＝f(i)　　　　　　　　B. Z＝f(W)
C. Z＝f(K2)　　　　　　　D. Z＝maxf(X、S、K、C)
E. Z＝minf(X、S、K、C)

【答案】DE

【解析】最佳控制的特点是,控制标准 Z 值由某一目标函数的最大值和最小值构成,Z＝maxf(X、S、K、C)、Z＝minf(X、S、K、C),所以 DE 选项正确。

【考点】考核《管理学》第十四章中第一节"控制活动",要求学生掌握不同分类方式的控制标准 Z 值。

5.(2018年,第38题)某公司人力资源部门为自己创立了一个规矩:每一个员工离开公司时,人力资源部经理主动与离职员工交谈,收集离职员工对公司的意见和看法,并了解其去向,在此基础上,向公司决策部门提出人力资源管理建议,该部门做法中的控制类型有( )。

A. 前馈控制　　　B. 实时控制　　　C. 绩效控制　　　D. 反馈控制　　　E. 同期控制

【答案】AD

【解析】前馈控制是企业生产经营活动开始之前进行的控制,目的是防止问题的发生而不是当问题出现的时候再补救,题目中人力资源部经理把离职员工的建议反馈给公司,就属于前馈控制。反馈控制是指在一个时期的生产经营活动已经结束以后,对本期的资源利用状况及其结果进行总结,题目中人力资源部收集离职员工对公司的意见和看法就属于反馈控制,所以 AD 选项正确。

【考点】考核《管理学》第十四章中第一节"控制活动",要求学生掌握控制类型。

三、简答题

1.(2014年,第57题)简述四种人性假设。

【答案】美国行为科学家谢恩归纳了人性的四种假设:

经济人:人受经济利益所驱动。

社会人:人受社会关系影响。

自我实现人:人有实现自我人生价值的需求。

复杂人:一个人不同的时间、地点、环境,其需求不同;不同人有复杂多样的需求。

【考点】考核《管理学》第十四章中第一节"控制活动",要求学生掌握控制的概念。

四、案例分析题

1.(2020年,第66题)[案例分析原文详见79页]该公司将通过对工人们的工作技能培训,以不断提高他们的生产效率和工作质量。这是一种( )。

A. 前馈控制　　　　B. 现场控制　　　　C. 反馈控制　　　　D. 同步控制

【答案】B

【解析】根据时机、对象和目的进行分类,可以把控制分为前馈控制、现场控制和反馈控制。现场控制是指企业经营过程开始以后,对活动中的人和事进行指导和监督,公司通过对工人们的工作技能培训,以不断提高他们的生产效率和工作质量,属于现场控制,所以 B 选项正确。

【考点】考核《管理学》第十四章中第一节"控制活动",要求学生掌握不同类型的控制。

第二节 控制过程

一、单项选择题

1.(2016 年,第 5 题)控制的过程包括三个基本环节的工作,其正确排序应该是( )。

　　A. 确定标准—纠正偏差—衡量成效　　　　B. 确定标准—衡量成效—纠正偏差

　　C. 衡量成效—纠正偏差—确定标准　　　　D. 衡量成效—确定标准—纠正偏差

【答案】B

【解析】控制的过程包括三个基本环节的工作:确定标准、衡量成效、纠正偏差,所以 B 选项正确。

【考点】考核《管理学》第十四章中第二节"控制过程",要求学生掌握控制过程的三个基本环节。

2.(2018 年,第 15 题)进行控制时,首先要建立标准。关于标准的下列说法中错误的是( )。

　　A. 标准越高越好　　　　　　　　　　　　B. 标准应考虑行业的平均水平

　　C. 标准应考虑可操作性　　　　　　　　　D. 标准应考虑适用性

【答案】A

【解析】在控制过程中,控制过多或不足都会影响控制的有效性,对影响各种结果的要素或活动过于频繁地衡量,不仅会增加控制的费用,而且可能引起有关人员的不满,从而影响他们的工作态度;而检查和衡量的次数太少,则可能使许多重大的偏差不能及时发现,从而不能及时采取措施,以什么样的频度,在什么时候对某种活动的绩效进行衡量,这取决于被控制的性质,所以标准不是越高越好,因此 A 选项正确。

【考点】考核《管理学》第十四章中第二节"控制过程",要求学生掌握控制过程中衡量的频度。

3.(2020 年,第 14 题)关于控制的频度,下列选项中正确的是( )。

　　A. 控制越多越好,这样不会有遗漏,少出错　　B. 控制越少越好,这样能够节省控制的费用

　　C. 控制频度的多少,取决于被控制活动的性质　　D. 控制频度的多少,取决于被控制活动的规模

【答案】C

【解析】在控制过程中,控制过多或不足都会影响控制的有效性,对影响各种结果的要素或活动过于频繁地衡量,不仅会增加控制的费用,而且可能引起有关人员的不满,从而影响他们的工作态度;而检查和衡量的次数太少,则可能使许多重大的偏差不能及时发现,从而不能及时采取措施,以什么样的频度,在什么时候对某种活动的绩效进行衡量,这取决于被控制的性质,所以 C 选项正确。

【考点】考核《管理学》第十四章中第二节"控制过程",要求学生掌握控制过程中衡量的频度。

4.(2020 年,第 37 题)控制的过程包括多个基本环节的工作,具体有( )。

　　A. 研究过去　　　B. 确立标准　　　C. 衡量成效　　　D. 纠正偏差　　　E. 控制费用

【答案】BCD

【解析】控制的过程包括三个基本环节工作,分别是:确立标准、衡量成效和纠正偏差。所以 BCD 选项正确。

【考点】考核《管理学》第十四章中第二节"控制过程",要求学生掌握控制的具体过程。

第三节 有效控制

一、单项选择题

1.(2011 年,第 15 题)有效控制的特征,不包括( )。

　　A. 适时性　　　　　　B. 适度性　　　　　　C. 客观性　　　　　　D. 一致性

【答案】D

【解析】有效控制的特征包含:适时性、适度性和客观性,所以 D 选项正确。

【考点】考核《管理学》第十四章中第三节"有效控制",要求学生掌握有效控制的特征。

2.(2012 年,第 14 题)组织的控制工作应该针对企业的实际状况,采取必要的措施,这属于有效控制的( )。

　　A. 适时控制　　　　　B. 适度控制　　　　　C. 客观控制　　　　　D. 弹性控制

【答案】C

【解析】组织的控制工作应该针对企业的实际状况,采取必要的措施,或促进企业活动沿着原先的轨迹继续前进,这属于有效控制的客观控制,所以 C 选项正确。

【考点】考核《管理学》第十四章中第三节"有效控制",要求学生掌握有效控制的特征。

3.(2013 年,第 13 题)考虑到企业在生产经营过程中经常可能遇到某种突发的、无力抗拒的变化,控制应当是(　　)。

　　A. 适时控制　　　　　　B. 适度控制　　　　　　C. 客观控制　　　　　　D. 弹性控制

【答案】D

【解析】企业在生产经营过程中经常可能遇到某种突发的、无力抗拒的变化,这些变化使企业计划与现实条件严重背离,有效的控制应该在这样的情况下仍能发挥作用,维持企业的运营,也就是具有灵活性或弹性,所以 D 选项正确。

【考点】考核《管理学》第十四章中第三节"有效控制",要求学生掌握有效控制的特征。

二、多项选择题

1.(2019 年,第 37 题)有效控制应具备的特征有(　　)。

　　A. 适时控制　　　　B. 适度控制　　　　C. 客观控制　　　　D. 弹性控制　　　　E. 全面控制

【答案】ABCD

【解析】有效控制的四个特征分别是:适时控制、适度控制、客观控制和弹性控制,所以本题的正确答案是ABCD。

【考点】考核《管理学》第十四章中第三节"有效控制",要求学生掌握有效控制的特征。

三、简答题

1.(2017 年,第 59 题)试述有效控制的特征。

【答案】控制的目的是保证企业活动符合计划的要求,以有效地实现预定目标。有效的控制应具有下述特征:

(1)适时控制:企业经营活动中产生的偏差只有及时采取措施加以纠正,才能避免偏差的扩大,或防止偏差对企业不利影响的扩散。

(2)适度控制:是指控制的范围、程度和频度要恰到好处。这种恰到好处的控制要注意以下几个方面的问题:①防止控制过多或控制不足;②处理好全面控制与重点控制的关系;③使花费一定费用的控制得到足够的控制收益。

(3)客观控制:控制工作应该针对企业的实际状况,采取必要的纠偏措施,或促进企业活动沿着原先的轨道继续前进。因此,有效的控制必须是客观的、符合企业实际的。

(4)弹性控制:企业在生产经营过程中经常可能遇到某种突发的、无力抗拒的变化,这些变化使企业计划与现实条件严重背离。有效的控制系统应在这样的情况下仍然发挥作用,维持企业的运营,也就是说,应该具有灵活性或弹性。

【考点】考核《管理学》第十四章中第三节"有效控制",要求学生掌握有效控制的特征。

四、案例分析题

1.(2015 年,第 68 题)〔案例分析原文详见 38 页〕在对待女员工张某的态度及其事件的处理上,下列说法中比较合理的是(　　)。

　　A. 林经理的做法丧失了原则　　　　　　B. 不符合管理中的"例外处理"原则

　　C. 王经理与王总经理的做法是正确的　　D. 起到"杀鸡儆猴"的作用

【答案】B

【解析】例外原则指有效的控制系统往往集中精力于例外发生的事情,凡已出现过的事情,皆可按照规定的控制程序处理,第一次发生的实例,需要投入较大的精力,所以 B 选项正确。

【考点】考核《管理学》第十四章中第三节"有效控制",要求学生掌握有效控制的特征。

第十一章　管理的创新职能

第一节　创新及其作用

一、单项选择题

1.(2012年,第13题)在动态环境中生存的社会经济系统,必须不断调整系统活动的内容和目标,以适应环境变化的要求,这种管理职能被称为( )。

A. 决策　　　　　　B. 组织　　　　　　C. 创新　　　　　　D. 控制

【答案】C

【解析】在动态环境中生存的社会经济系统,必须不断调整系统活动的内容和目标,以适应环境变化的要求,这种管理职能被称为创新,所以C选项正确。

【考点】考核《管理学》第十六章中第一节"创新及其作用",要求学生掌握创新的概念。

二、多项选择题

1.(2012年,第20题)从创新与环境的关系来分析,可将创新分为( )。

A. 消极防御型创新　　　　B. 积极攻击型创新　　　　C. 积极防御型创新

D. 有组织的创新　　　　E. 自发创新

【答案】AB

【解析】系统内部的创新可以从不同的角度去考察,从创新与环境的关系来分析,可将创新分为消极防御型创新和积极攻击型创新,所以AB选项正确。

【考点】考核《管理学》第十六章中第一节"创新及其作用",要求学生掌握创新的分类。

2.(2015年,第39题)创新与维持的关系说法正确的有( )。

A. 维持是创新的逻辑延续　　　　B. 创新是维持的逻辑延续

C. 维持是为了实现创新的成果　　　　D. 创新是为更高层次的维持提供依托和框架

E. 二者相互联系、不可或缺

【答案】ACDE

【解析】作为管理的两个基本职能,维持与创新对系统的生存发展都是非常重要的,它们是相互联系、不可或缺的。创新是维持基础上的发展,而维持则是创新的逻辑延续;维持是为了实现创新的成果,而创新则是为更高层次的维持提供依托和框架,所以ACDE选项正确。

【考点】考核《管理学》第十六章中第一节"创新及其作用",要求学生掌握创新与维持的关系及其作用。

3.(2017年,第37题)从创新发生的时期来看,可将其分为( )。

A. 系统初建期的创新　　　　B. 系统运行中的创新

C. 局部创新　　　　D. 整体创新

E. 自发创新

【答案】AB

【解析】从创新发生的时期来看,可将其分为系统初建期的创新和系统运行中的创新,所以AB选项正确。

【考点】考核《管理学》第十六章中第一节"创新及其作用",要求学生掌握创新的类别与特征。

第二节　创新职能的基本内容

一、单项选择题

1.(2013年,第15题)组织创新工作经历的内外因素分析,是指( )。

A. 分析公司所面对的内外环境因素　　　　B. 确定公司新的愿景和战略

C. 进行组织重构和重新分配资源　　　　D. 进行创新进程的控制和评估创新的成果

【答案】A

【解析】组织创新工作经历的内外因素分析,是指分析公司所面对的内外环境因素,所以 A 选项正确。

【考点】考核《管理学》第十六章中第二节"创新职能的基本内容",要求学生掌握环境创新。

2.(2017年,第14题)需要从社会经济角度来分析企业系统中各成员间正式关系的调整和变革的是(　　)。

　　A.组织创新　　　　　B.目标创新　　　　　C.技术创新　　　　　D.制度创新

【答案】D

【解析】系统在运行中的创新要涉及许多方面,制度创新需要从社会经济角度来分析企业系统中各成员间正式关系的调整和变革,所以 D 选项正确。

【考点】考核《管理学》第十六章中第二节"创新职能的基本内容",要求学生掌握不同类型的创新。

3.(2019年,第15题)市场创新属于(　　)。

　　A.组织创新　　　　　B.环境创新　　　　　C.要素创新　　　　　D.管理创新

【答案】B

【解析】就企业来说,环境创新的主要内容是市场创新,市场创新主要是指通过企业的活动去引导消费,创造需求,B 选项正确。

【考点】考核《管理学》第十六章中第二节"创新职能的基本内容",要求学生掌握环境创新的主要内容。

4.(2020年,第15题)通过企业的技术创新,影响社会技术进步的方向,这属于(　　)。

　　A.环境创新　　　　　B.要素创新　　　　　C.制度创新　　　　　D.目标创新

【答案】B

【解析】技术创新是企业创新的主要内容,企业的技术创新主要表现在要素创新、要素组合方法创新以及要素组合结果创新三个方面,所以 B 选项正确。

【考点】考核《管理学》第十六章中第二节"创新职能的基本内容",要求学生掌握要素创新的相关内容。

二、多项选择题

1.(2019年,第38题)下列选项中属于技术创新的有(　　)。

　　A.材料创新　　　B.管理制度创新　　　C.生产工艺创新　　　D.产品创新　　　　E.设备创新

【答案】ACDE

【解析】企业的技术创新主要表现在要素创新、要素组合方法创新以及要素组合结果创新三个方面,其中要素创新包含材料创新和设备创新,要素组合方法创新包含生产工艺和生产过程的时空组织,生产过程的组织又包含工艺装备、在制品(即产品)以及劳动者在空间上的分布和在时间上的组合。所以本题的正确答案是 ACDE。

【考点】考核《管理学》第十六章中第二节"创新职能的基本内容",要求学生掌握技术创新的主要内容。

第三节　创新过程及其管理

一、单项选择题

1.(2016年,第15题)创新活动必须依据一定的步骤、程序和规律。以下对成功创新需要经历的几个阶段排序正确的是(　　)。

　　A.提出构想—寻找机会—迅速行动—忍耐坚持

　　B.提出构想—迅速行动—寻找机会—忍耐坚持

　　C.寻找机会—迅速行动—提出构想—忍耐坚持

　　D.寻找机会—提出构想—迅速行动—忍耐坚持

【答案】D

【解析】创新活动必须依据一定的步骤、程序和规律,总结众多成功企业的经验,成功的变革和创新都要经历以下几个过程:寻找机会、提出构想、迅速行动和忍耐坚持,所以 D 选项正确。

【考点】考核《管理学》第十六章中第三节"创新过程及其管理",要求学生掌握创新活动的过程。

二、多项选择题

1.(2016 年,第 38 题)组织成员抵制创新的基本原因有(　　)。

A. 个人利益　　　B. 缺乏了解　　　C. 评价差异　　　D. 惰性　　　E. 团体心理压力

【答案】ABCDE

【解析】组织中对于创新的抵触力来自复杂的系统因素:组织文化、既定的发展战略、组织的机构、技术水平、领导的风格、成员的因素都可能使创新受到阻碍,人的因素是创新抵触力中最活跃的因素。组织成员抵制创新的基本原因有:个人利益、缺乏了解、评价差异、惰性和团体心理压力,所以 ABCDE 选项正确。

【考点】考核《管理学》第十六章中第三节"创新过程及其管理",要求学生掌握抵制创新的原因。

2.(2020 年,第 38 题)成功的变革与创新要经历多个阶段的努力,包括(　　)。

A. 寻找机会　　　B. 提出构想　　　C. 自我肯定　　　D. 迅速行动　　　E. 忍耐坚持

【答案】ABDE

【解析】成功的变革与创新要经历多个阶段的努力,分别是寻找机会、提出构想、迅速行动和坚持不懈,所以 ABDE 选项正确。

【考点】考核《管理学》第十六章中第三节"创新过程及其管理",要求学生掌握创新活动经历的过程。

三、简答题

1.(2011 年,第 22 题)请谈谈组织员工抵制创新的原因。

【答案】(1)个人利益,人们害怕由于创新所导致的利益损失而抵制创新。

(2)缺乏了解,即使创新的方案能使每个人受益,员工也可能会因为缺乏了解而误解它,进而反对它。

(3)评价差异,组织成员间私有信息的差异会导致人们对创新活动有着与管理者不同的评价和看法,这种评价的差异可能会导致员工抵制创新。

(4)惰性,人们习惯于原来的工作方式,不希望打破现状,使得人们不自觉地产生对于创新的抵制情绪。

(5)团体心理压力,如果一个团队的凝聚力强,而创新会打破现有的同事网络和工作节奏,来自同事的压力就能让其成员反对哪怕是合理的创新。

【考点】考核《管理学》第十六章中第三节"创新过程及其管理",要求学生掌握组织员工抵制创新的原因。

四、论述题

1.(2018 年,第 59 题)试述创新的过程。

【答案】成功的创新要经历以下四个阶段的努力:

(1)寻找机会

创新是对原有秩序的破坏,创新活动是从发现和利用原有秩序内部或对其有影响的外部的不协调现象开始的,不协调为创新提供了契机。

(2)提出构想

敏锐地观察到了不协调现象的产生以后,还要透过现象究其原因,并据此分析和预测不协调的未来变化趋势,估计它们可能给组织带来的积极或消极后果,在此基础上,努力利用机会或将威胁转换成为机会,提出多种解决问题、消除不协调,使系统在更高层次实现平衡的创新构想。

(3)迅速行动

创新成功的秘密主要在于迅速行动。提出的构想可能还不完善,甚至可能很不完善,但这种并非十全十美的构想必须立即付诸行动才有意义。创新的构想只有在不断地尝试中才能逐渐完善,企业只有迅速地行动才能有效地利用"不协调"提供的机会。

(4)坚持不懈

构想经过尝试才能成熟,而尝试是有风险的,是不可能"一打就中"的,是可能失败的。创新的过程是不断尝试、不断失败、不断提高的过程。因此,创新者在开始行动以后,为取得最终的成功,必须坚定不移地继

续下去,决不能半途而废,否则便会前功尽弃。(每个阶段的展开部分若有符合题意的答案,可酌情给分)

【考点】考核《管理学》第十六章中第三节"创新过程及其管理",要求学生掌握创新的过程。

超纲题精析

一、单项选择题

1.(2015 年,第 4 题)威廉·大内在分析研究了日本的企业管理经验之后,提出了(　　)。

A. X 理论　　　　　　B. Y 理论　　　　　　C. 超 Y 理论　　　　　　D. Z 理论

【答案】D

【解析】威廉·大内提出了 Z 理论,D 选项正确。

2.(2018 年,第 3 题)管理者必须因地制宜地将管理知识与具体管理活动结合起来,这里强调的是(　　)。

A. 管理的科学性　　　　B. 管理的艺术性　　　　C. 管理的自然属性　　　　D. 管理的社会属性

【答案】B

【解析】管理的艺术性是指管理实践中,一定要根据具体情况,"随机应变"地处理问题。在解题时要注意题目中的"因地制宜",B 选项正确。

二、多项选择题

1.(2014 年,第 34 题)管理原则是管理者在管理实践中必须遵循的基本原则,这些原则主要有(　　)。

A. 适度原则　　　B. 人本原则　　　C. 最优化原则　　　D. 满意原则　　　E. 管理原则

【答案】AB

【解析】管理者在管理实践中必须遵循的基本原则有适度原则和人本原则,所以 AB 选项正确。

2.(2015 年,第 32 题)下列属于 X 理论的观点有(　　)。

A. 员工会自觉勤奋　　　　　　　　　　B. 员工以自我为中心,漠视组织要求

C. 员工大多数具备做出正确决策的能力　　D. 员工天性好逸恶劳,尽可能逃避工作

E. 需要强迫员工工作,迫使他们实现组织的目标

【答案】BDE

【解析】X 理论是麦格雷戈把对人的工作动机视为获得经济报酬的"实利人"的人性假设理论的命名。主要观点是:①人类本性懒惰,厌恶工作,尽可能逃避;绝大多数人没有雄心壮志,怕负责任,宁可被领导骂。②多数人必须用强制办法乃至惩罚、威胁,使他们为达到组织目标而努力。③激励只在生理和安全需要层次上起作用。④绝大多数人只有极少的创造力。因此企业管理的唯一激励办法,就是以经济报酬来激励生产,只要增加金钱奖励,便能取得更高的产量。所以这种理论特别重视满足职工生理及安全的需要,同时也很重视惩罚,认为惩罚是最有效的管理工具。所以 BDE 选项正确。

市场营销学

第一章 市场营销与市场营销学

第一节 市场和市场营销

一、单项选择题

1.(2013 年,第 16 题)市场营销的核心是(   )。

　　A. 生产　　　　　　　　B. 分配　　　　　　　　C. 交换　　　　　　　　D. 促销

【答案】C

【解析】"交换"是市场营销的核心,所以 C 选项正确。

【考点】考核《市场营销学》第一章中第一节"市场和市场营销",要求学生掌握市场营销的定义。

2.(2014 年,第 16 题)市场营销的最终目标是(   )。

　　A. 满足需求和欲望　　　　　　　　　　B. 获取利润

　　C. 求得生存和发展　　　　　　　　　　D. 把商品推销给消费者

【答案】A

【解析】市场营销的最终目标是满足需求和欲望,所以 A 选项正确。

【考点】考核《市场营销学》第一章中第一节"市场和市场营销",要求学生掌握市场营销的含义。

3.(2018 年,第 16 题)根据著名营销学家菲利普·科特勒的定义,市场营销的核心是(   )。

　　A. 产品　　　　　　　　B. 需要　　　　　　　　C. 效用　　　　　　　　D. 交换

【答案】D

【解析】"交换"是市场营销的核心。所以 D 选项正确。

【考点】考核《市场营销学》第一章中第一节"市场和市场营销",要求学生掌握市场营销的定义。

二、多项选择题

1.(2011 年,第 26 题)(   )和(   )是市场营销活动的起点。

　　A. 需求　　　　B. 需要　　　　C. 欲望　　　　D. 态度　　　　E. 交换

【答案】BC

【解析】需要和欲望是市场营销活动的起点,所以 BC 选项正确。

【考点】考核《市场营销学》第一章中第一节"市场和市场营销",要求学生掌握市场及其相关概念。

三、填空题

1.(2011 年,第 1 题)我国古代有关"日中为市,致天下之民,聚天下之货,交易而退,各得其所"的记载(《易·系辞下》),就是对这种在一定_____和_____进行商品交易的市场的描述。

【答案】时间;空间

【考点】考核《市场营销学》第一章中第一节"市场和市场营销",要求学生掌握市场及其相关概念。

2.(2012 年,第 1 题)市场是建立在社会分工和商品生产,即商品经济基础上的_____。

【答案】交换关系

【考点】考核《市场营销学》第一章中第一节"市场和市场营销",要求学生掌握市场及其相关概念。

3.(2012年,第2题)市场的发展是一个由_____决定,而由_____推动的动态过程。

【答案】消费者;生产者

【考点】考核《市场营销学》第一章中第一节"市场和市场营销",要求学生掌握市场及其相关概念。

4.(2013年,第51题)需求是指人们有能力购买并愿意购买某个具体产品的_____。

【答案】欲望

【考点】考核《市场营销学》第一章中第一节"市场和市场营销",要求学生掌握市场营销的相关概念。

5.(2013年,第52题)交易通常有两种方式:一是货币交易,二是_____。

【答案】非货币交易

【考点】考核《市场营销学》第一章中第一节"市场和市场营销",要求学生掌握交换、交易和关系的概念。

6.(2017年,第47题)市场营销的最终目标是_____。

【答案】满足需求和欲望

【考点】考核《市场营销学》第一章中第一节"市场和市场营销",要求学生掌握市场营销的含义。

7.(2019年,第47题)市场营销活动的起点是_____和_____。

【答案】需要;欲望(顺序可调)

【考点】考核《市场营销学》第一章中第一节"市场和市场营销",要求学生掌握市场营销活动的起点的内容。

8.(2020年,第47题)市场营销是个人和群体通过创造并同他人交换产品和价值以满足_____和_____的一种社会和管理过程。

【答案】需求;欲望

【考点】考核《市场营销学》第一章中第一节"市场和市场营销",要求学生掌握市场营销的含义。

第二节 市场营销学的产生和发展

一、多项选择题

1.(2013年,第41题)按照管理大师彼得·德鲁克的说法,企业的基本职能是(   )。

A. 生产   B. 组织   C. 市场营销   D. 创新   E. 控制

【答案】CD

【解析】按照管理大师彼得·德鲁克的说法,企业的基本职能是市场营销、创新。所以CD选项正确。

【考点】考核《市场营销学》第一章中第二节"市场营销学的产生和发展",要求学生掌握市场营销与企业职能。

第三节 研究市场营销学的意义和方法

一、填空题

1.(2018年,第47题)市场营销学的研究方法有很多,主要有传统研究法、历史研究法、管理研究法和_____。

【答案】系统研究法

【考点】考核《市场营销学》第一章中第四节"研究市场营销学的意义和方法",要求学生掌握市场营销学的研究方法。

第二章　市场营销管理哲学及其贯彻

第一节　市场营销管理哲学及其演进

一、单项选择题

1.(2011年,第11题)市场营销管理的实质是(　　)。

    A. 刺激需求　　　　　B. 需求管理　　　　　C. 生产管理　　　　　D. 销售管理

【答案】B

【解析】市场营销管理的实质是需求管理,所以B选项正确。

【考点】考核《市场营销学》第二章中第一节"市场营销管理哲学及其演进",要求学生掌握市场营销管理及其哲学观念。

2.(2011年,第12题)"酒香不怕巷子深",这是一种(　　)观念。

    A. 生产　　　　　B. 产品　　　　　C. 推销　　　　　D. 社会营销

【答案】B

【解析】"酒香不怕巷子深",这是一种产品观念。(1)生产观念:我们生产什么就卖什么;(2)推销观念:我们卖什么就让人买什么;(3)产品观念:只要我的产品质量好,就会有人来买;(4)社会营销观念:企业的任务在于确定目标市场的需要欲望和利益,比竞争者更有效地使顾客满意,同时维护与增进消费者和社会福利。所以B选项正确。

【考点】考核《市场营销学》第二章中第一节"市场营销管理哲学及其演进",要求学生掌握以社会长远利益为中心的观念。

3.(2013年,第17题)执行推销观念的企业,称为推销导向企业。其口号是(　　)。

    A. 我们生产什么就卖什么　　　　　　　B. 我们卖什么就让人们买什么

    C. 市场需要什么就生产什么　　　　　　D. 好酒不怕巷子深

【答案】B

【解析】(1)生产观念:我们生产什么就卖什么;(2)市场营销观念:顾客需要什么我们就生产什么;(3)推销观念:我们卖什么就让人们买什么;(4)产品观念:只要我的产品质量好,就会有人来买。所以B选项正确。

【考点】考核《市场营销学》第二章中第一节"市场营销管理哲学及其演进",要求学生掌握以社会长远利益为中心的观念。

4.(2014年,第17题)以"顾客需要什么,我们就生产供应什么"作为其座右铭的企业属于(　　)。

    A. 生产导向型　　　　　　　　　　　B. 推销导向型

    C. 市场营销导向型　　　　　　　　　D. 社会市场营销导向型

【答案】C

【解析】(1)生产观念:我们生产什么就卖什么;(2)市场营销观念:顾客需要什么我们就生产什么;(3)推销观念:我们卖什么就让人买什么;(4)社会营销观念:企业的任务在于确定目标市场的需要欲望和利益,比竞争者更有效地使顾客满意,同时维护与增进消费者和社会的福利。所以C选项正确。

【考点】考核《市场营销学》第二章中第一节"市场营销管理哲学及其演进",要求学生掌握以消费者为中心的观念。

5.(2015年,第16题)春节假期期间,国内许多高速公路车满为患,行车速度缓慢,从需求管理的角度看,旅客对高速公路的需求是(   )。

A. 负需求   B. 过量需求   C. 不规则需求   D. 有害需求

【答案】C

【解析】(1)负需求指绝大多数人不喜欢,甚至愿意花一定代价来回避某种产品。(2)过量需求,指某产品的市场需求超过企业所能供给或愿意供给水平的需求状况。(3)不规则需求指市场对某些产品的需求在不同季节不同时间甚至一天的不同时段呈现出很大的波动状况,如旅游、宾馆、公园、公共汽车、博物馆等服务需求就是不规则需求。(4)有害需求指的是市场对某些有害物品或服务,如烟酒、毒品、色情电影和黄色书刊等需求。所以 C 选项正确。

【考点】考核《市场营销学》第二章中第一节"市场营销管理哲学及其演进",要求学生掌握典型的不同需求状况及其相应的营销管理任务。

6.(2015年,第19题)电池生产企业推出了无汞电池,以减少对环境的破坏,它所奉行的市场营销管理哲学是(   )。

A. 产品观念   B. 推销观念   C. 市场营销观念   D. 社会市场营销观念

【答案】D

【解析】(1)产品观念:只要质量好,产品一定会大卖;(2)推销观念:我们卖什么就让人买什么;(3)市场营销观念:顾客需要什么我们就生产什么;(4)社会市场营销观念:企业的任务在于确定目标市场的需要欲望和利益,比竞争者更有效地使顾客满意,同时维护与增进消费者和社会的福利。所以 D 选项正确。

【考点】考核《市场营销学》第二章中第一节"市场营销管理哲学及其演进",要求学生掌握以社会长远利益为中心的观念。

7.(2016年,第16题)近年来许多汽车制造企业纷纷推出新款节能汽车,尽可能地减少汽车尾气的排放。这些汽车制造企业所遵循的市场营销管理哲学是(   )。

A.生产观念   B. 推销观念   C. 市场营销观念   D. 社会市场营销观念

【答案】D

【解析】社会市场营销观念:企业的任务在于确定目标市场的需要欲望和利益,比竞争者更有效地使顾客满意,同时维护与增进消费者和社会的福利,所以 D 选项正确。

【考点】考核《市场营销学》第二章中第一节"市场营销管理哲学及其演进",要求学生掌握以企业为中心的观念。

8.(2017年,第16题)从需求管理的角度看,人们对无害香烟癌症特效新药的需求是(   )。

A. 潜伏需求   B. 负需求   C. 有害需求   D. 充分需求

【答案】A

【解析】(1)潜伏需求是指现有产品或劳务尚未满足的隐而不现的需求状况,如人们对无害香烟癌症特效药品的需求。(2)负需求指的是目标市场对产品毫无兴趣或漠不关心的需求状况,如对某些陌生的新产品,与消费者传统观念、习惯相抵触的产品被认为无价值的废旧物资等。(3)有害需求指的是市场对某些有害物品或服务,如烟酒、毒品、色情电影和黄色书刊等需求。(4)充分需求是指某种产品或服务的需求水平和时间与预期相一致的需求状况。所以 A 选项正确。

【考点】考核《市场营销学》第二章中第一节"市场营销管理哲学及其演进",要求学生掌握典型的不同需求状况及其相应的营销管理任务。

9.(2017年,第17题)"我们卖什么就让人们买什么",这是典型的(　　)。

A. 产品观念　　　　B. 生产观念　　　　C. 推销观念　　　　D. 社会营销观念

【答案】C

【解析】(1)产品观念:只要质量好,产品一定会大卖;(2)生产观念:我们生产什么就卖什么;(3)推销观念:我们卖什么就让人们买什么;(4)社会营销观念:企业的任务在于确定目标市场的需要欲望和利益,比竞争者更有效地使顾客满意,同时维护与增进消费者和社会的福利。所以 C 选项正确。

【考点】考核《市场营销学》第二章中第一节"市场营销管理哲学及其演进",要求学生掌握以企业为中心的观念。

10.(2018年,第17题)20 世纪初,美国福特汽车公司制造的产品供不应求,公司宣称"不管顾客需要什么颜色的汽车,我只有一种黑色的",那么当年该公司奉行的市场营销管理观念是(　　)。

A. 生产观念　　　　B. 推销观念　　　　C. 市场营销观念　　　　D. 社会营销观念

【答案】A

【解析】生产观念的口号是:"我们生产什么就卖什么。"福特公司宣称"不管顾客需要什么颜色的汽车,我只有一种黑色的"为生产观念。所以 A 选项正确。

【考点】考核《市场营销学》第二章中第一节"市场营销管理哲学及其演进",要求学生掌握以企业为中心的观念。

11.(2019年,第16题)"只要研发生产出市场上最美味的巧克力,顾客就会踏破门槛",其奉行的市场营销管理哲学是(　　)。

A. 生产观念　　　　B. 产品观念　　　　C. 推销观念　　　　D. 社会营销观念

【答案】B

【解析】产品观念认为,消费者最喜欢高质量、多功能和具有某些特色的产品。因此,企业管理的中心是致力于生产优质产品,并不断精益求精。持产品观念的公司假设购买者欣赏精心制作的产品,相信他们能鉴别产品的质量和功能,并愿意出较高价格购买质量上乘的产品,所以 B 选项正确。

【考点】考核《市场营销学》第二章中第一节"市场营销管理哲学及其演进",要求考生掌握产品观念的内容。

二、多项选择题

1.(2018年,第39题)以企业为中心的市场营销管理观念包括(　　)。

A. 生产观念　　　　　　　　　　B. 产品观念

C. 推销观念　　　　　　　　　　D. 市场营销观念

E. 社会营销观念

【答案】ABC

【解析】以企业为中心的市场营销管理观念包括生产观念、产品观念、推销观念。以消费者为中心的观念为市场营销观念。以社会长远利益为中心的观念,指的是社会营销观念。所以 ABC 选项正确。

【考点】考核《市场营销学》第二章中第一节"市场营销管理哲学及其演进",要求学生掌握以企业为中心的观念。

2.(2020年,第39题)按照社会营销观念,理想的市场营销决策应兼顾(　　)。

A. 市场需求　　　　　　　　　　B. 企业利润

C. 企业资源　　　　　　　　　　D. 社会长远利益

E. 竞争者的反应

【答案】AD

【解析】社会营销观念认为企业生产经营不仅要考虑消费者需要，而且要考虑消费者和整个社会的长远利益，所以 AD 选项正确。

【考点】考核《市场营销学》第二章中第一节"市场营销管理哲学及其演进"，要求学生掌握社会营销观念的内涵。

三、填空题

1.(2013 年，第 53 题)在过量需求的情况下，营销管理的任务是实施＿＿＿＿＿＿＿。

【答案】低营销

【考点】考核《市场营销学》第二章中第一节"市场营销管理哲学及其演进"，要求学生掌握市场营销管理及其哲学观念。

2.(2013 年，第 54 题)以消费者为中心的观念，又称＿＿＿＿＿＿＿。

【答案】市场营销观念

【考点】考核《市场营销学》第二章中第一节"市场营销管理哲学及其演进"，要求学生掌握以消费者为中心的观念。

3.(2014 年，第 47 题)市扬营销管理的实质是＿＿＿＿＿＿＿。

【答案】需求管理

【考点】考核《市场营销学》第二章中第一节"市场营销管理哲学及其演进"，要求学生掌握市场营销管理及其哲学观念。

4.(2019 年，第 48 题)以企业为中心的市场营销管理观念，是以＿＿＿＿＿＿＿为根本取向和最高目标来处理营销问题的观念。

【答案】企业利益

【解析】以企业为中心的市场营销管理观念，是以企业利益为根本取向和最高目标来处理营销问题的观念。它包括生产观念、产品观念、推销观念。

【考点】考核《市场营销学》第二章中第一节"市场营销管理哲学及其演进"，要求学生掌握以企业为中心的观念的主要内容。

第二节　顾客满意

一、多项选择题

1.(2012 年，第 24 题)顾客购买总价值由(　　)等构成。

A. 产品价值

B. 服务价值

C. 人员价值

D. 形象价值

【答案】ABCD

【解析】顾客购买总价值由产品价值、服务价值、人员价值、形象价值等构成，所以 ABCD 选项正确。

【考点】考核《市场营销学》第二章中第二节"顾客满意"，要求学生掌握顾客让渡价值的含义。

2.(2013 年，第 42 题)顾客总价值包括(　　)。

A. 商品品牌　　　　B. 服务价值　　　　C. 人员价值　　　　D. 产品价值　　　　E. 形象价值

【答案】BCDE

【解析】顾客总价值包括服务价值、人员价值、产品价值、形象价值，所以 BCDE 选项正确。

【**考点**】考核《市场营销学》第二章中第二节"顾客满意",要求学生掌握顾客让渡价值的含义。

3.(2014 年,第 39 题)顾客让渡价值中顾客购买总成本包括(　　)。

　　A.货币成本　　　　B.时间成本　　　　C.可变成本　　　　D.固定成本　　　　E.体力成本

【**答案**】ABE

【**解析**】顾客购买总成本包括:货币成本、时间成本、体力成本、精神成本,所以 ABE 选项正确。

【**考点**】考核《市场营销学》第二章中第二节"顾客满意",要求学生掌握顾客让渡价值的含义。

4.(2016 年,第 40 题)顾客满意是(　　)。

　　A.顾客的一种主观感觉状态　　　　　　B.建立在"满足需要"的基础上

　　C.顾客本人再购买的基础　　　　　　　D.影响其他顾客购买的要素

　　E.顾客对企业产品和服务价值的综合评估

【**答案**】ABCDE

【**解析**】顾客满意是顾客的一种主观感觉状态、建立在"满足需要"的基础上、顾客本人再购买的基础、影响其他顾客购买的要素、顾客对企业产品和服务价值的综合评估,所以 ABCDE 选项正确。

【**考点**】考核《市场营销学》第二章中第二节"顾客满意",要求学生掌握顾客满意的含义。

二、填空题

1.(2012 年,第 3 题)通过满足需求达到_____,最终实现包括利润在内的企业目标,是现代市场营销的基本精神。

【**答案**】顾客满意

【**考点**】考核《市场营销学》第二章中第二节"顾客满意",要求学生掌握顾客满意的含义。

2.(2012 年,第 4 题)顾客让渡价值是指企业转移的、顾客感受得到的_____。它一般表现为顾客购买价值与顾客购买成本的差额。

【**答案**】实际价值

【**考点**】考核《市场营销学》第二章中第二节"顾客满意",要求学生掌握顾客让渡价值的含义。

3.(2012 年,第 5 题)所谓企业价值链,是指企业_____的互不相同,但又互相关联的经济活动的集合。

【**答案**】创造价值时

【**考点**】考核《市场营销学》第二章中第二节"顾客满意",要求学生掌握企业价值链的含义。

4.(2015 年,第 55 题)使顾客获得更大顾客让渡价值的途径包括_____和_____。

【**答案**】增加顾客购买总价值;降低顾客购买总成本

【**考点**】考核《市场营销学》第二章中第二节"顾客满意",要求学生掌握顾客让渡价值的含义。

5.(2017 年,第 48 题)顾客满意是指顾客对一件产品满足其需要的_____与_____进行比较后形成的感觉状态。

【**答案**】绩效;期望

【**考点**】考核《市场营销学》第二章中第二节"顾客满意",要求学生掌握顾客满意的含义。

6.(2018 年,第 48 题)顾客购买总价值由_____、服务价值、_____和形象价值构成,其中每一项价值的变化均对总价值产生影响。

【**答案**】产品价值;人员价值(顺序可调)

【**考点**】考核《市场营销学》第二章中第二节"顾客满意",要求学生掌握顾客让渡价值的含义。

三、案例分析题

1.(2013年,第75题)[案例分析原文详见24页]现代顾客购买产品时,最主要是考虑(   )。

　　A. 产品价格　　　　　　　B. 服务　　　　　　　　C. 折扣　　　　　　　　D. 顾客让渡价值

【答案】D

【解析】顾客让渡价值是指企业转移的顾客感受到的实际价值,它一般表现为顾客购买总价值与顾客购买总成本之间的差额。使顾客获得更大顾客让渡价值的途径包括增加顾客购买总价值和降低顾客购买总成本,所以D选项正确。

【考点】考核《市场营销学》第二章中第二节"顾客满意",要求学生掌握顾客让渡价值的含义。

2.(2013年,第77题)[案例分析原文详见24页]乙品牌的营销策略,相对比较起来(   )比较高。

　　A. 顾客总成本　　　　　　B. 顾客总价值　　　　　　C. 体力耗费　　　　　　D. 人员价值

【答案】B

【解析】顾客购买总价值由产品价值、服务价值、人员价值和形象价值构成;本题"乙品牌,服务较多"也就是服务价值的增高。所以B选项正确。

【考点】考核《市场营销学》第二章中第二节"顾客满意",要求学生掌握顾客总价值的含义。

3.(2014年,第73题)[案例分析原文详见31页]案例中A公司的市场营销管理观念是(   )。

　　A. 以企业为中心的观念　　　　　　　　　B. 以消费者为中心的观念

　　C. 以推销为中心的观念　　　　　　　　　D. 以社会长远利益为中心的观念

【答案】D

【解析】社会营销观念认为:企业的任务在于确定目标市场的需要欲望和利益,比竞争者更有效地使顾客满意,同时维护与增进消费者和社会福利。本材料中提到:"A公司在汶川地震中捐款1个亿,并牵头粤港澳凉茶企业由政府出面申请将凉茶列入中国非物质文化保护遗产目录,这些做法更加体现了A公司敏锐的营销意识。"所以D选项正确。

【考点】考核《市场营销学》第二章中第二节"顾客满意",要求学生掌握以社会长远利益为中心的观念。

第三章　规划企业战略与市场营销管理

第一节　企业战略与战略规划

一、多项选择题

1.(2012年,第25题)企业战略具有(　　)等基本特征。

A. 全局性　　　　　　　B. 长远性　　　　　　　C.抗争性　　　　　　　D. 纲领性

【答案】ABCD

【解析】企业战略具有全局性、长远性、抗争性、纲领性等基本特征。所以 ABCD 选项正确。

二、填空题

1.(2015年,第51题)企业战略一般分为总体战略、＿＿＿＿＿＿＿和职能战略。

【答案】经营战略

【考点】考核《市场营销学》第三章中第一节"企业战略与战略规划",要求学生掌握企业战略的层次结构。

第二节　规划总体战略

一、单项选择题

1.(2013年,第18题)具有较高增长率和较高市场占有率的经营单位是(　　)。

A.问号类　　　　　　　B. 明星类　　　　　　　C. 奶牛类　　　　　　　D. 瘦狗类

【答案】B

【解析】"市场增长率/市场占有率"矩阵是美国波士顿咨询公司提出的一种模式。该矩阵有四个象限:"问号"类型——增长率较高,市场占有率较低的经营单位或业务;"明星"类型——市场增长率较高,相对市场占有率较高;"奶牛"类型——相对市场占有率较高,市场增长率较低;"瘦狗"类型——市场增长率和相对市场占有率都较低的经营单位。所以 B 选项正确。

【考点】考核《市场营销学》第三章中第二节"规划总体战略",要求考生掌握波士顿矩阵的内容。

2.(2014年,第18题)市场增长率和相对市场占有率都较低的经营单位是(　　)。

A.问号类　　　　　　　B. 明星类　　　　　　　C. 奶牛类　　　　　　　D. 瘦狗类

【答案】D

【解析】(1)问号类:市场增长率很高,市场占有率较低;

(2)明星类:增长率较高,市场占有率较高;

(3)奶牛类:市场占有率较高,市场增长率较低;

(4)瘦狗类:增长率和相对市场占有率都较低。

所以 D 选项正确。

【考点】考核《市场营销学》第三章中第二节"规划总体战略",要求学生掌握规划投资组合。

3.(2015年,第17题)某不锈钢厂为了企业发展,创办了一个生产不锈钢餐具的工厂,这种战略属于(　　)。

A. 前向一体化　　　　　B. 后向一体化　　　　　C. 水平一体化　　　　　D. 同心多元化

【答案】A

【解析】前向一体化:指收购、兼并上游的供应商,拥有或控制自己的供应系统权限。后向一体化:指收购、兼并下游的批发商零售商,自办销售渠道业务,或将产品线向前延伸,从事原来由用户经营的业务。水平一体化:指争取对同类企业的所有权或控制权,或实行各种形式的联合经营。所以 A 选项正确。

【考点】考核《市场营销学》第三章中第二节"规划总体战略",要求学生掌握规划成长战略。

4.(2016年,第18题)一家计算机软件公司投资进入保健品行业,并且还从事房地产等业务,这种多角化成长战略属于(　　)。

A.同心多角化   B.水平多角化   C.综合多角化   D.关联多角化

【答案】C

【解析】(1)同心多角化:是指面对新市场新顾客与原有技术特长和经验为基础,增加新业务,如拖拉机厂生产小货车,电视机厂生产其他家用电器;(2)水平多角化:是指针对现有市场和现有顾客采取不同技术增加新业务;(3)综合多角化:是指企业以新业务进入新市场,与企业现有的技术市场及业务没有联系,比如一家计算机软件公司投资进入保健品行业,并且还从事房地产等业务。所以 C 选项正确。

【考点】考核《市场营销学》第三章中第二节"规划总体战略",要求学生掌握多角化成长战略的类型。

5.(2017年,第18题)某电视机厂开始生产空调、洗衣机和电热水壶等其他家用电器,该厂采用的成长战略是( )。

A.水平多角化   B.同心多角化   C.垂直多角化   D.综合多角化

【答案】B

【解析】(1)水平多角化:是指针对现有市场和现有顾客采取不同技术增加新业务;(2)同心多角化:是指面对新市场新顾客与原有技术特长和经验为基础,增加新业务,如拖拉机厂生产小货车,电视机厂生产其他家用电器;(3)综合多角化:是指企业以新业务进入新市场,与企业现有的技术市场及业务没有联系,比如一家计算机软件公司投资进入保健品行业,并且还从事房地产等业务。所以 B 选项正确。

【考点】考核《市场营销学》第三章中第二节"规划总体战略",要求学生掌握多角化战略的类型。

6.(2019年,第17题)波士顿矩阵中,增长率较高、市场占有率较低的经营单位是( )。

A.问号类   B.明星类   C.奶牛类   D.瘦狗类

【答案】A

【解析】"市场增长率/市场占有率"矩阵是美国波士顿咨询公司提出的一种模式。该矩阵有四个象限:"问号"类型——增长率较高,市场占有率较低的经营单位或业务;"明星"类型——市场增长率较高,相对市场占有率较高;"奶牛"类型——相对市场占有率较高,市场增长率较低;"瘦狗"类型——市场增长率和相对市场占有率都较低的经营单位。所以 A 选项正确。

【考点】考核《市场营销学》第三章中第二节"规划总体战略",要求考生掌握波士顿矩阵的内容。

7.(2019年,第18题)某钢铁公司兼并了一家铁矿,省去了采买矿石的麻烦。该公司采取的企业发展战略是( )。

A.后向一体化   B.前向一体化   C.水平一体化   D.水平多角化

【答案】A

【解析】后向一体化,指收购、兼并上游的供应商,拥有或控制自己的供应系统,所以 A 选项正确。

【考点】考核《市场营销学》第三章中第二节"规划总体战略",要求学生掌握一体化战略的类型。

二、多项选择题

1.(2012年,第26题)企业基本的成长战略包括( )等。

A.密集式成长战略 B.一体化成长战略 C.多角化成长战略 D.快速成长战略

【答案】ABC

【解析】企业基本的成长战略包括密集式成长战略、一体化成长战略、多角化成长战略。所以 ABC 选项正确。

【考点】考核《市场营销学》第三章中第二节"规划总体战略",要求学生掌握企业基本的成长战略。

2.(2013年,第43题)多因素投资组合矩阵依据市场吸引力的大小和竞争能力的强弱分为九个区域,由它们组成三种战略地带。这三种战略地带是( )。

A."红色地带"   B."绿色地带"

C."黄色地带"   D."蓝色地带"

E."白色地带"

【答案】ABC

【解析】这三种战略地带可分为红色地带、绿色地带、黄色地带,所以 ABC 选项正确。

【考点】考核《市场营销学》第三章中第二节"规划总体战略",要求学生掌握多因素投资组合矩阵。

3.(2014 年,第 40 题)企业多角化成长战略包括(   )。

A. 纵向多角化   B. 垂直多角化

C. 同心多角化   D. 水平多角化

E. 综合多角化

【答案】CDE

【解析】企业多角化成长战略包括:(1)同心多角化:是指面对新市场新顾客与原有技术特长和经验为基础,增加新业务,如拖拉机厂生产小货车,电视机厂生产其他家用电器;(2)水平多角化:是指针对现有市场和现有顾客采取不同技术增加新业务;(3)综合多角化:是指企业以新业务进入新市场,与企业现有的技术市场及业务没有联系,比如一家计算机软件公司投资进入保健品行业,并且还从事房地产等业务。所以 CDE 选项正确。

【考点】考核《市场营销学》第三章中第二节"规划总体战略",要求学生掌握多角化成长战略的类型。

4.(2015 年,第 41 题)多因素投资组合矩阵对战略经营单位进行评估时,采用的评估因素有(   )。

A. 市场增长率   B. 市场吸引力

C. 相对市场占有率   D. 市场占有率

E. 竞争能力

【答案】BE

【解析】多因素投资组合矩阵都是从市场吸引力和竞争能力进行评估的,所以 BE 选项正确。

【考点】考核《市场营销学》第三章中第二节"规划总体战略",要求学生掌握多因素投资组合矩阵。

三、填空题

1.(2012 年,第 12 题)_____是美国波士顿咨询公司进行投资组合分析时提出的一种研究模式。

【答案】"市场增长率/市场占有率"矩阵

【考点】考核《市场营销学》第三章中第二节"规划总体战略",要求学生掌握规划投资组合。

2.(2018 年,第 49 题)企业成长战略包括密集式成长战略、_____和多角化成长战略。

【答案】一体化成长战略

【考点】考核《市场营销学》第三章中第二节"规划总体战略",要求学生掌握规划成长战略。

第三节 规划经营战略

一、单项选择题

1.(2016 年,第 24 题)成本领先战略要求企业的产品必须(   )。

A. 具有较高的市场占有率   B. 具有较低的成本

C. 具有较高的总利润   D. 具有较高的市场增长率

【答案】B

【解析】成本领先战略是指一个企业以力争使其总成本降到行业最低水平,作为战胜竞争者的基本前提。采用这种策略,核心是争取最大市场份额,使单位产品成本最低,从而以较低售价赢得竞争优势,实现成本领先的目标。所以 B 选项正确。

【考点】考核《市场营销学》第三章中第三节"规划经营战略",要求学生掌握选择竞争战略。

二、多项选择题

1.(2012 年,第 27 题)企业可选择的基本竞争战略包括(   )等。

A. 成本领先战略 B. 差异化战略 C. 集中或聚焦战略 D. 技术领先战略

【答案】ABC

【解析】企业可选择的基本竞争战略包括成本领先战略、差异化战略、集中或聚焦战略,所以 ABC 选项正确。

【考点】考核《市场营销学》第三章中第三节"规划经营战略",要求学生掌握企业可选择的基本竞争战略。

第四节　规划和实施市场营销管理

一、单项选择题

1.(2018 年,第 18 题)杰罗姆·麦卡锡认为,市场营销的组合"4P"除了产品(Product)、渠道(Place)和促销(Promotion)外,还包括(　　)。

A. 人员(People)　　　　B. 价格(Price)　　　　C. 过程(Process)　　　　D. 计划(Plan)

【答案】B

【解析】1960 年,杰罗姆·麦卡锡提出产品(Product)、价格(Price)、渠道(Place)、促销(Promotion),即著名的"4P"。所以 B 选项正确。

【考点】考核《市场营销学》第三章中第四节"规划和实施市场营销管理",要求学生掌握发展市场营销组合的应用。

第四章　市场营销环境

第一节　市场营销环境的含义及特点

一、填空题

1.(2012 年,第 6 题)＿＿＿＿＿＿＿＿＿是存在于企业营销部门外部的不可控制的因素和力量,这些因素和力量是影响企业营销活动及其目标实现的外部条件。

【答案】市场营销环境

【考点】考核《市场营销学》第四章中第一节"市场营销环境的含义及特点",要求学生掌握营销环境的含义。

2.(2012 年,第 13 题)＿＿＿＿＿＿＿＿＿是企业营销环境研究中最常用的分析手段。

【答案】SWOT 分析法

【考点】考核《市场营销学》第四章中第一节"市场营销环境的含义及特点",要求学生掌握企业营销环境研究中最常用的分析手段。

3.(2017 年,第 49 题)营销环境包括＿＿＿＿＿＿＿＿和＿＿＿＿＿＿＿＿。

【答案】微观环境;宏观环境

【考点】考核《市场营销学》第四章中第一节"市场营销环境的含义及特点",要求学生掌握营销环境的含义。

第二节　微观营销环境

一、多项选择题

1.(2014 年,第 41 题)微观环境指与企业紧密相联,直接影响企业营销能力的各种参与者,包括(　　)。

A. 企业本身　　　　　　　　B.市场营销渠道企业　　　　　　C. 顾客

D. 竞争者　　　　　　　　　E. 社会公众

【答案】ABCDE

【解析】微观环境指与企业紧密相联,直接影响企业营销能力的各种参与者,包括企业本身、市场营销渠道企业、顾客、竞争者、社会公众,所以 ABCDE 选项正确。

【考点】考核《市场营销学》第四章中第二节"微观营销环境",要求学生掌握微观营销环境的构成。

2.(2016 年,第 39 题)融资公众是指影响企业融资能力的金融机构,主要有(　　)。

A. 银行　　　　　　　　　　B. 投资公司　　　　　　　　　　C. 保险公司

D. 证券经纪公司　　　　　　E. 房地产公司

【答案】ABCD

【解析】融资公众是指影响企业融资能力的金融机构,主要有银行、投资公司、保险公司、证券经纪公司,所以 ABCD 选项正确。

【考点】考核《市场营销学》第四章中第二节"微观营销环境",要求学生掌握微观营销环境中的公众组成。

3.(2017 年,第 39 题)营销渠道企业包括(　　)。

A. 供应商　　B. 营销中间商　　C. 竞争者　　D. 顾客　　E. 公众

【答案】AB

【解析】营销渠道企业包括供应商和营销中间商,所以 AB 选项正确。

【考点】考核《市场营销学》第四章中第二节"微观营销环境",要求学生掌握营销渠道企业的构成。

4.(2019 年,第 39 题)下列选项中属于营销中间商的有(　　)。

A. 银行　　　　B. 供应商　　　　C. 营销研究公司　　　　D. 保险公司　　　　E. 广告公司

【答案】ACDE

【解析】营销中间商主要指协助企业促销、销售和经销及产品给最终购买者的机构,包括中间商实体分配公司营销服务机构和财务中介机构,所以本题的正确答案是 ACDE。

【考点】考核《市场营销学》第四章中第二节"微观营销环境",要求学生掌握营销中间商的主要内容。

二、简答题

1.(2018 年,第 60 题)试述微观营销环境由哪些方面构成。

【答案】企业的微观营销环境包括企业本身、市场营销渠道企业、顾客、竞争者和社会公众。

(1)企业内部。企业为开展营销活动,必须设立某种形式的营销部门,营销部门不是独立存在的,它还面对其他职能部门以及高层管理部门。这些部门的业务状况如何,它们与营销部门的合作以及它们之间是否协调发展,对营销决策的制定与实施影响极大。

(2)营销渠道企业。①供应商,是向企业及其竞争者提供生产经营所需资源的企业或个人。②营销中间商,主要是协助企业促销、销售和经销其产品给最终购买者的机构,包括中间商(商人中间商、代理中间商)、营销服务机构、财务中介机构、实体分配公司。

(3)顾客,就是企业的目标市场,是企业服务的对象,也是企业营销活动的出发点和归宿。

(4)竞争者,指企业不能独占市场,都会面对形形色色的竞争对手。

(5)公众,指企业实现营销目标的能力有实际或潜在利害关系和营销力的团体或个人。主要有融资公众、媒介公众、政府公众、社团公众、社区公众、一般公众和内部公众等。

【考点】考核《市场营销学》第四章中第二节"微观营销环境",要求学生掌握微观营销环境的构成。

第三节 宏观营销环境

一、单项选择题

1.(2013 年,第 19 题)恩格尔定律表明,随着消费者收入的提高,恩格尔系数将( )。

A. 越来越小　　　　B. 保持不变　　　　C. 越来越大　　　　D. 趋近于零

【答案】A

【解析】恩格尔定律表明,随着消费者收入的提高,恩格尔系数将越来越小。所以 A 选项正确。

【考点】考核《市场营销学》第四章中第三节"宏观营销环境",要求学生掌握恩格尔系数的含义。

2.(2015 年,第 23 题)通过市场调查发现,某高档手机的热销是由于人们生活水平的提高引起的,这一因素属于外部宏观环境中的( )。

A. 经济环境　　　　B. 人口环境　　　　C. 技术环境　　　　D. 社会文化环境

【答案】A

【解析】营销环境包括人口因素、经济因素、自然因素、技术因素、政治因素、法律因素、文化因素。某高档手机的热销是由于人们生活水平提高引起的,只有人们有钱了才会想要换手机,这些因素属于外部宏观环境的经济环境,所以 A 选项正确。

【考点】考核《市场营销学》第四章中第三节"宏观营销环境",要求学生掌握营销环境的内容及特点。

3.(2016 年,第 29 题)分析消费结构变化最常用的方法是( )。

A. 相关分析法　　　B. 因果分析法　　　C. 恩格尔定律　　　D. 统计分析法

【答案】C

【解析】分析消费结构变化最常用的方法是恩格尔定律,所以 C 选项正确。

【考点】考核《市场营销学》第四章中第三节"宏观营销环境",要求学生掌握宏观营销环境中的经济因素。

4.(2018 年,第 19 题)宏观营销环境的经济环境中,影响消费需求变化的最活跃因素是( )。

A. 人均国内生产总值　　　　　　　B. 个人收入

C. 个人可支配收入　　　　　　　　D. 个人可任意支配收入

【答案】D

【解析】只有在可支配收入中减去这部分维持生活的必需支出,才是个人可任意支配收入,这是影响消费需求变化最活跃的因素。所以 D 选项正确。

【考点】考核《市场营销学》第四章中第三节"宏观营销环境",要求学生掌握市场营销环境的构成。

5.(2019 年,第 19 题)一个由年轻夫妻和 6 岁以下幼童组成的家庭属于家庭生命周期中的(　　)。

    A. 新婚期 　　　　B. 满巢期一 　　　　C. 满巢期二 　　　　D. 满巢期三

【答案】B

【解析】家庭组成,指一个以家长为代表的家庭生活的全过程,又称家庭生命周期。家庭组成可划分为七个阶段。满巢期一,指的是年轻夫妻,有 6 岁以下的幼童,所以 B 选项正确。

【考点】考核《市场营销学》第四章中第三节"宏观营销环境",要求学生掌握家庭组成的类型。

6.(2020 年,第 16 题)作为市场的首要因素并直接决定市场规模大小的是(　　)。

    A. 人口 　　　　B. 动机 　　　　C. 偏好 　　　　D. 需求

【答案】A

【解析】本题考查市场的构成要素。需求是人的本能,对物质生活资料及精神产品的需求是人类维持生命的基本条件。因此,哪里有人,哪里就有需求,就会形成市场。人口的多少决定着市场容量的大小。所以 A 选项正确。

【考点】考核《市场营销学》第四章中第三节"宏观营销环境",要求学生掌握市场的构成要素。

7.(2020 年,第 18 题)俄罗斯人中意仙人掌图案,新加坡人则偏爱红薯、蝙蝠和大象,这些均属于营销环境中的(　　)。

    A. 政治因素 　　　　B. 经济因素 　　　　C. 自然因素 　　　　D. 社会文化因素

【答案】D

【解析】本题考查宏观营销环境中的社会文化环境。社会文化主要是指一个国家或地区的民族特征、价值观念、生活方式、风俗习惯、宗教信仰、伦理道德、教育水平、语言文字等的总和。社会文化因素分析主要从以下几方面进行:教育水平、宗教信仰、价值观念、消费习俗、消费流行等。所以 D 选项正确。

【考点】考核《市场营销学》第四章中第三节"宏观营销环境",要求学生掌握社会文化环境的内容。

二、填空题

1.(2017 年,第 50 题)食物费占总支出的比例,称为_____。

【答案】恩格尔系数

【考点】考核《市场营销学》第四章中第三节"宏观营销环境",要求学生掌握恩格尔系数的含义。

2.(2019 年,第 50 题)恩格尔系数越大,居民生活水平_____;恩格尔系数越小,居民生活水平_____。

【答案】越低;越高

【解析】食物费占总支出的比例称为恩格尔系数。一般认为恩格尔系数越大,生活水平越低,反之恩格尔系数越小,生活水平越高。

【考点】考核《市场营销学》第四章中第三节"宏观营销环境",要求学生掌握恩格尔系数的内容。

3.(2020 年,第 54 题)社会文化多方面的影响,使消费者产生共同的审美观念、生活方式和情趣爱好,从而导致社会需求的一致性,这称为_____。

【答案】消费流行

【考点】考核《市场营销学》第四章中第三节"宏观营销环境",要求学生掌握宏观营销环境的构成。

第四节　环境分析与营销对策

一、单项选择题

1.(2015 年,第 20 题)进行环境分析时,低机会水平和低威胁水平的业务被称为(　　)。

A. 理想业务　　　　　B. 冒险业务　　　　　C. 成熟业务　　　　　D. 困难业务

【答案】C

【解析】理想业务:高机会水平和低威胁水平;

冒险业务:高机会水平和高威胁水平;

成熟业务:低机会水平和低威胁水平;

困难业务:低机会水平和高威胁水平。

所以C选项正确。

【考点】考核《市场营销学》第四章中第四节"环境分析与营销对策",要求学生掌握环境分析与营销对策。

2.(2020年,第17题)某乳业公司发现羊奶较牛奶更能增加人体免疫力,竞争者也少,公司决定抓住市场机会,进军羊奶市场。对该公司而言,羊奶市场业务属于(　　)。

A. 困难业务　　　　　B. 冒险业务　　　　　C. 成熟业务　　　　　D. 理想业务

【答案】D

【解析】本题考查环境分析评价图的内容。理想业务:低威胁、高机会;成熟业务:低威胁、低机会;困难业务:高威胁、低机会;风险业务:高威胁、高机会。所以D选项正确。

【考点】考核《市场营销学》第四章中第四节"环境分析与营销对策",要求学生掌握环境综合分析评价图。

二、多项选择题

1.(2013年,第44题)对环境威胁的分析,一般着眼于(　　)。

A. 威胁是否存在　　　　　　　B. 威胁的潜在严重性　　　　　　　C. 威胁的征兆

D. 预测威胁到来的时间　　　　　E. 威胁出现的可能性

【答案】BE

【解析】威胁分析一般着眼于两个方面:一是分析威胁的潜在严重性,即影响程度;二是分析威胁出现的可能性,即出现概率。所以BE选项正确。

【考点】考核《市场营销学》第四章中第四节"环境分析与营销对策",要求学生掌握环境威胁与市场机会。

三、简答题

1.(2019年,第60题)试用"机会分析矩阵图"和"威胁分析矩阵图"分析、评价营销环境可能出现的四种结果及相应的营销对策。

【答案】

(1)可能出现的四种结构:

①理想业务:机会水平高,威胁水平低;

②冒险业务:机会水平高,威胁水平高;

③成熟业务:机会水平低,威胁水平低;

④困难业务:机会水平低,威胁水平高。

(2)营销对策:

①对理想业务,应看到机会难得,甚至转瞬即逝,必须抓住机遇,迅速行动;否则,丧失战机,将后悔不及。

②对冒险业务,既不宜盲目冒进,也不应迟疑不决,坐失良机,应全面分析自身的优势和劣势,扬长避短,创造条件,争取突破性进展。

③对成熟业务,可作为企业的常规业务,用以维持企业的正常运转,并为开展理想业务和冒险业务准备必要的条件。

④对困难业务,要么努力改变环境,走出困境或减轻威胁;要么立即转移,摆脱无法扭转的困境。

【考点】考核《市场营销学》第四章中第四节"环境分析与营销对策",要求学生掌握环境分析综合评价图及企业营销对策。

第五章　消费者市场和购买行为分析

第一节　消费者市场与消费者行为模式

1.(2014年,第50题)从消费者对信息的信任程度看,_____和个人来源最高。

【答案】经验来源

【考点】考核《市场营销学》第五章中第一节"消费者市场与消费者行为模式",要求学生掌握消费者购买行为模式。

第二节　影响消费者购买行为的外在因素

一、单项选择题

1.(2013年,第20题)体育明星和电影明星是其崇拜者的(　　)。

　　A. 成员群体　　　　　　B. 直接参照群体　　　　C. 厌恶群体　　　　　　D. 向往群体

【答案】D

【解析】向往群体又称为渴望群体,指消费者不属于该群体,并非该群体成员。体育明星和电影明星是其崇拜者的向往群体,所以 D 选项正确。

【考点】考核《市场营销学》第五章中第二节"影响消费者购买行为的外在因素",要求学生掌握相关群体。

2.(2016年,第19题)企业营销活动中最重要的消费品购买组织是(　　)。

　　A. 企业　　　　　　　　B. 政府　　　　　　　　C. 家庭　　　　　　　　D. 相关群体

【答案】C

【解析】消费者以个人或家庭为单位购买,家庭成员和其他有关人员在购买活动中往往起到不同作用并且相互影响,构成了消费者的购买组织,所以企业营销活动中最重要的消费品购买组织是家庭,因此 C 选项正确。

【考点】考核《市场营销学》第五章中第二节"影响消费者购买行为的外在因素",要求学生掌握影响消费者购买行为的外在因素。

二、多项选择题

1.(2012年,第33题)影响消费者购买行为的外在因素包括(　　)等。

　　A. 文化因素　　　　　　B. 相关群体　　　　　　C. 家庭　　　　　　　　D. 角色身份

【答案】ABCD

【解析】影响消费者购买行为的外在因素包括文化因素、相关群体、家庭、角色身份,所以 ABCD 选项正确。

【考点】考核《市场营销学》第五章中第二节"影响消费者购买行为的外在因素",要求学生掌握影响消费者购买行为的外在因素。

2.(2013年,第45题)一个国家的文化包括的亚文化群主要有(　　)。

　　A. 语言亚文化群　　　　　　　　　　　B. 宗教亚文化群
　　C. 民族亚文化群　　　　　　　　　　　D. 种族亚文化群
　　E. 地理亚文化群

【答案】BCDE

【解析】一个国家的亚文化群主要有:民族亚文化群、宗教亚文化群、种族亚文化群、地理亚文化群。所以 BCDE 选项正确。

【考点】考核《市场营销学》第五章中第二节"影响消费者购买行为的外在因素",要求学生掌握影响消费者购买行为的外在因素。

三、填空题

1.(2019年,第49题)某种相关群体的有影响力的人物称为_____或_____。

【答案】意见领袖;意见领导者(顺序可调)

【解析】只要某一群人在消费行为态度或价值观等方面上存在直接或间接的相互影响,就构成一个相关群体。某种相关群体有影响的人物称为"意见领袖"或"意见领导者",他们的行为会引起群体内追随者、崇拜者的仿效。

【考点】考核《市场营销学》第五章中第二节"影响消费者购买行为的外在因素",要求学生掌握相关群体的影响力人物的称谓。

四、论述题

1.(2017年,第60题)试述影响消费者购买行为的外在国素。

【答案】(1)文化因素

①文化指人类在生活实践中建立起来的价值观念、道德、信仰、理想和其他有意义的象征的综合体;②亚文化指某一局部的文化现象,包含民族、宗教、种族和地理亚文化群;③社会阶层是社会学家根据职业、收入来源、教育水平、价值观和居住区域对人们进行的一种社会分类,是按层次排列的、具有同质性和持久性的社会群体。

(2)相关群体

又称为参考群体或参照群体,指一个人在认知、情感的形成过程和行为的实践过程中用来参照标准的某个人或某些人的集合。相关群体对消费者行为产生三种影响,分别是:①信息性影响;②功利性影响;③价值表现的影响。

(3)家庭

消费者以个人或家庭为单位购买产品,家庭成员和其他有关人员在购买活动中往往由家庭特点决定,家庭特点可以家庭权威中心点、家庭成员的文化与社会阶层等方面分析。

(4)角色身份

个人的角色身份随着所处环境的不同而改变,在不同的环境中扮演不同的社会角色,塑造不同的自我,具有不同的行为。

【考点】考核《市场营销学》第五章中第二节"影响消费者购买行为的外在因素",要求学生掌握影响消费者购买行为的外在因素。

第三节 影响消费者购买行为的内在因素

一、多项选择题

1.(2014年,第42题)影响消费者购买行为的内在因素有( )。

A. 文化因素　　　　　　　　　　B. 社会因素

C. 心理因素　　　　　　　　　　D. 生理因素

E. 经济因素(个人)

【答案】CDE

【解析】影响消费者购买行为的内在因素有心理因素、生理因素、经济因素(个人)。所以CDE选项正确。

【考点】考核《市场营销学》第五章中第三节"影响消费者购买行为的内在因素",要求学生掌握影响消费者购买行为的内在因素。

2.(2019年,第40题)社会学家根据家庭权威中心点不同,把家庭分为( )。

A. 丈夫支配型　　　　　　　　　B. 妻子支配型

C. 共同支配型　　　　　　　　　D. 各自做主型

E. 儿女做主型

【答案】ABCD

【解析】社会学家根据家庭权威中心点不同,把家庭分为四种类型,即各自做主型、丈夫支配型、妻子支配型、共同支配型。所以本题的正确答案是 ABCD。

【考点】考核《市场营销学》第五章中第三节"影响消费者购买行为的内在因素",要求学生掌握家庭权威中心点的家庭类型。

二、填空题

1.(2019年,第51题)个性心理结构包括_____和_____。

【答案】个性倾向性;个性心理特征(顺序可调)

【解析】个性指人的整个心理面貌,是个人心理活动的稳定的心理倾向和心理特征的总和。个性心理结构,包括个性倾向性和个性心理特征两个方面。

【考点】考核《市场营销学》第五章中第三节"影响消费者购买行为的内在因素",要求学生掌握个性的构成。

2.(2020年,第48题)感觉是人脑对当前直接作用于感觉器官的客观事物_____的反映。

【答案】个别属性

【考点】考核《市场营销学》第五章中第三节"影响消费者购买行为的内在因素",要求学生掌握影响消费者购买行为的内在因素。

三、简答题

1.(2012年,第34题)简述改变消费者态度的主要策略。

【答案】(1)改变认知成分。包括:①改变信念;②改变属性的权数;③增加新属性;④改变理想点。

(2)改变情感成分。包括:①经典型的条件反射。企业将消费者喜爱的某种刺激与品牌名称放在一起展示,多次反复就会将该刺激产生的正面情感转移到品牌上来。②激发对广告本身的情感。消费者如果喜爱一则广告,也能导致对该产品的正面情感,进而提高购买参与度,激发有意识的决策过程。③增加消费者对品牌的接触。大量的品牌接触能增加消费者对品牌的好感。

(3)改变行为成分。在改变消费者的认知或情感之前改变其行为的主要途径是运用操作性条件反射原理。营销人员的关键任务是促使消费者使用或购买本企业产品并确保产品的优异质量和功能,使消费者感到购买本产品是值得的。

【考点】考核《市场营销学》第五章中第三节"影响消费者购买行为的内在因素",要求学生掌握改变消费者态度的主要策略。

四、案例分析题

1.(2015年,第72题)[案例分析原文详见40页]吴太太对去云南旅游感兴趣而忽略了损害游客利益事件的影响,这属于(　　)。

A. 选择性注意　　　B. 选择性扭曲　　　C. 选择性保留　　　D. 选择性记忆

【答案】B

【解析】选择性注意,指在外界诸多刺激中,仅仅注意到某些刺激或刺激的某些方面,而对其他刺激加以忽略。

选择性扭曲,指人们有选择地将某些信息加以扭曲,使之符合自己的意向,在消费者购买中受选择性扭曲的作用,人们会忽视所喜爱品牌的缺点和其他品牌的优点。

选择性保留,指人们倾向于保留那些与其态度和信念相符的信息,所以 B 选项正确。

【考点】考核《市场营销学》第五章中第三节"影响消费者购买行为的内在因素",要求学生掌握影响消费者购买行为的内在因素。

2.(2020年,第71题)[案例分析原文详见80页]该公司将邀请当地网红为"糖果新品"和"应季特色水果罐头"进行网络直播,这主要是利用了相关群体对消费者的(　　)。

A. 功利性影响　　　B. 信息性影响　　　C. 价值表现影响　　　D. 规范性影响

【答案】B

【解析】信息性影响是指相关群体的价值观和行为被个人作为有用的信息加以参考。当地网红为相应产品进行网络直播。网红的价值观和行为被个人作为有用的信息参考,所以 B 选项正确。

【考点】考核《市场营销学》第五章中第三节"影响消费者购买行为的内在因素",要求学生掌握相关群体对消费者行为的影响。

第四节　消费者购买决策过程

一、单项选择题

1.(2011 年,第 20 题)消费者购买香烟、火柴的购买行为类型一般是( )。

　　A. 复杂型购买行为　　　B. 交换性购买行为　　　C. 协调性购买行为　　　D. 习惯型购买行为

【答案】D

【解析】如果消费者属于低度参与,并认为各品牌之间没有什么显著差异,就会产生习惯性购买行为,所以 D 选项正确。

【考点】考核《市场营销学》第五章中第四节"消费者购买决策过程",要求学生掌握消费者购买行为类型。

2.(2014 年,第 19 题)消费者购买决策过程的参与者中营销人员最关心的是( )。

　　A. 发起者　　　　　　　B. 影响者　　　　　　　C. 决定者　　　　　　　D. 购买者

【答案】C

【解析】消费者购买决策过程的参与者中营销人员最关心的是决定者,所以 C 选项正确。

【考点】考核《市场营销学》第五章中第四节"消费者购买决策过程",要求学生掌握消费者购买决策过程参与者的五种角色。

3.(2014 年,第 20 题)有些产品品牌差异明显,但消费者不愿花长时间来选择和估价,而是不断变换所购产品的品牌,这种购买行为称为( )。

　　A. 习惯性的购买行为　　　　　　　　　　　　B. 多样性的购买行为
　　C. 减少失调感的购买行为　　　　　　　　　　D. 复杂的购买行为

【答案】B

【解析】多样性的购买行为,指如果消费者属于低度参与并了解现有各品牌和品种之间具有显著差异,则会产生寻求多样化的购买行为。所以 B 选项正确。

【考点】考核《市场营销学》第五章中第四节"消费者购买决策过程",要求学生掌握消费者购买行为类型。

4.(2017 年,第 19 题)小王打算购买冰箱,收集了甲、乙、丙三种品牌的资料,从制冷效率、耗电、噪声等多方面综合衡量,这属于消费者购买决策过程中的( )。

　　A. 确认问题　　　　B. 备选产品评估　　　　C. 购买决策　　　　D. 购后评价

【答案】B

【解析】备选产品评估消费者在获得认为够用的信息后,就会根据这些信息和一定的评价方法,对产品加以评价并决定选择,消费者的评价行为涉及三个方面:(1)产品属性;(2)品牌信念;(3)效用要求。所以 B 选项正确。

【考点】考核《市场营销学》第五章中第四节"消费者购买决策过程",要求学生掌握消费者购买决策过程的主要步骤。

5.(2018 年,第 20 题)如果消费者属于高度参与,并且了解现有各品牌、品种和规格之间具有显著差异,则会产生( )。

　　A. 复杂的购买行为　　　　　　　　　　　　B. 减少失调感的购买行为
　　C. 习惯性的购买行为　　　　　　　　　　　　D. 寻求多样化的购买行为

【答案】A

【解析】不同消费者购买决策过程的复杂程度不同,究其原因,是受诸多因素影响,其中最主要的是参与程度和品牌差异大小。根据购买者的参与程度和产品品牌差异程度区分,消费者购买行为类型有四种:复杂的购买行为、减少失调感的购买行为、习惯性的购买行为、寻求多样化的购买行为。如果消费者属于高度参与,并且了解现有各品牌、品种和规格之间具有显著差异,则会产生复杂的购买行为,所以A选项正确。

【考点】考核《市场营销学》第五章中第四节"消费者购买决策过程",要求学生掌握消费者购买行为类型。

6.(2019年,第20题)消费者经常在不同品牌的牙膏之间交替购买,这属于(　　)。

A. 复杂购买行为　　　　　　　　　　B. 减少失调感购买行为

C. 习惯性购买行为　　　　　　　　　　D. 多样性购买行为

【答案】D

【解析】寻求多样化的购买行为,指消费者购买产品有很大的随意性,并不深入收集信息和评估比较,就决定购买某一品牌,在消费时才加以评估,但是在下次购买时又转换其他品牌。转换的原因是厌倦原口味,或想试试新口味,是寻求产品的多样性,而不一定有不满意之处,所以D选项正确。

【考点】考核《市场营销学》第五章中第四节"消费者购买决策过程",要求学生掌握消费者购买行为的类型。

7.(2019年,第21题)小张决定购买某名牌摩托车,但是家人不同意,导致他的购买意向降低。影响小张最终购买决策的是(　　)。

A. 品牌信念　　　　B. 产品属性　　　　C. 他人态度　　　　D. 意外因素

【答案】C

【解析】消费者经过产品评估后,会形成购买意向,但不一定导致实际购买,比如他人态度。他人态度的影响力取决于三个因素:(1)他人否定态度的强度;(2)他人与消费者的关系;(3)他人的权威性。所以C选项正确。

【考点】考核《市场营销学》第五章中第四节"消费者购买决策过程",要求学生掌握影响购买决策的因素。

8.(2020年,第19题)如果消费者低度参与并认为各品牌之间没有什么显著差异,则会产生(　　)。

A. 复杂的购买行为　　　　　　　　　　B. 寻求多样化的购买行为

C. 习惯性的购买行为　　　　　　　　　　D. 减少失调感的购买行为

【答案】C

【解析】不同消费者购买决策过程的复杂程度不同,究其原因,是受诸多因素影响,其中最主要的是参与程度和品牌差异大小。根据购买者的参与程度和产品品牌差异程度区分,消费者购买行为类型有四种:复杂的购买行为、减少失调感的购买行为、习惯性的购买行为、寻求多样化的购买行为。如果消费者属于低度参与,并认为各品牌之间没有什么显著差异,就会产生习惯性购买行为,所以C选项正确。

【考点】考核《市场营销学》第五章中第四节"消费者购买决策过程",要求学生掌握消费者购买行为类型。

二、简答题

1.(2016年,第57题)简述消费者购买决策过程的主要步骤。

【答案】确认问题、信息收集、方案评价(含产品属性、属性权重、品牌信念和效用要求)、购买决策和购后评价。

【考点】考核《市场营销学》第五章中第四节"消费者购买决策过程",要求学生掌握消费者购买决策过程的主要步骤。

2.(2018年,第57题)简述消费者购买决策过程参与者的五种角色。

【答案】(1)发起者(3分)

(2)影响者(3分)

(3)决定者(3分)

(4)购买者(3分)

(5)使用者(3分)

【考点】考核《市场营销学》第五章中第四节"消费者购买决策过程",要求学生掌握消费者购买决策过程参与者的五种角色。

三、案例分析题

1.(2015年,第70题)[案例分析原文详见40页]吴先生此次旅游的购买行为属于(   )。

A. 复杂的购买行为　　　　　　　　　　B. 寻求多样化的购买行为

C. 减少失调感的购买行为　　　　　　　D. 习惯性的购买行为

【答案】A

【解析】复杂的购买行为指的是:如果消费者属于高度参与,并且了解现有各品牌、品种和规格之间有显著的差异,则会产生复杂的购买行为。复杂的购买行为需要消费者经历大量的信息收集、全面的产品评估、慎重的购买决策和认真的购后评价等阶段,所以A选项正确。

【考点】考核《市场营销学》第五章中第四节"消费者购买决策过程",要求学生掌握消费者购买行为的类型。

2.(2015年,第71题)[案例分析原文详见40页]在此次购买决策过程中,扮演购买者的是(   )。

A. 吴先生　　　　B. 吴太太　　　　C. 吴先生的儿子　　　　D. 亲友和同事

【答案】A

【解析】复杂的购买行为指的是:如果消费者属于高度参与,并且了解现有各品牌、品种和规格之间有显著的差异,则会产生复杂的购买行为,复杂的购买行为需要消费者经历大量的信息收集、全面的产品评估、慎重的购买决策和认真的购后评价等阶段,所以A选项正确。

【考点】考核《市场营销学》第五章中第四节"消费者购买决策过程",要求学生掌握消费者购买行为的类型。

3.(2015年,第74题)[案例分析原文详见40页]西藏和北京两个旅游目的地被淘汰,发生在此次购买决策过程的(   )环节。

A. 问题确认　　　　B. 信息收集　　　　C. 方案评价　　　　D. 购买决策

【答案】C

【解析】本材料中提到:"吴先生喜欢西藏,但担心父母年纪太大承受不了高海拔,上小学的儿子喜欢北京,但吴先生及妻子都担心北京空气质量差影响老人小孩的身体。"所以C选项正确。

【考点】考核《市场营销学》第五章中第四节"消费者购买决策过程",要求学生掌握消费者购买决策过程的主要步骤。

第六章 组织市场和购买行为的分析

第一节 组织市场的类型和特点

一、单项选择题

1.(2018年,第21题)购买产品用于转售或租赁以获取利润的单位和个人,故称为( )。

    A.生产者市场　　　　　B.中间商市场　　　　　C.非营利组织市场　　　D.政府市场

【答案】B

【解析】中间商市场又称为转卖者市场,指购买产品转售或租赁以获取利润的单位和个人,所以B选项正确。

【考点】考核《市场营销学》第六章中第一节"组织市场的类型和特点",要求学生掌握组织市场的类型。

2.(2019年,第22题)在酒类需求总量不变的情况下,粮食价格上升,酒厂未必会减少购买。这说明组织市场( )。

    A.需求弹性小　　　　　B.需求弹性大　　　　　C.购买数量大　　　　　D.需求波动大

【答案】A

【解析】组织市场的特点之一需求弹性小,这是指组织市场对产品和服务的需求总量受价格变动的影响较小。一般的规律是在需求链条上,距离消费者越远的产品,价格的波动越大,需求弹性越小。所以A选项正确。

【考点】考核《市场营销学》第六章中第一节"组织市场的类型和特点",要求学生掌握组织市场的特点。

二、多项选择题

1.(2020年,第40题)关于组织市场的特点,表述正确的有( )。

    A.购买者多　　　　　　　　　　　　B.购买数量大

    C.需求弹性大　　　　　　　　　　　D.购买者的地理位置相对集中

    E.组织市场的需求是派生需求

【答案】BDE

【解析】组织市场的特点是:购买者少,购买数量大,供需双方关系密切,购买者的地理位置相对集中,派生需求,需求弹性小,需求波动大,专业人员采购,影响购买的人多,销售访问多,直接采购,互惠购买,租赁等。所以BDE选项正确。

【考点】考核《市场营销学》第六章中第一节"组织市场的类型和特点",要求学生掌握组织市场的特点。

三、填空题

1.(2011年,第3题)按照购买目的或者用途的不同,可以把市场分为＿＿＿＿＿＿＿＿和＿＿＿＿＿＿＿＿。

【答案】组织市场;消费者市场(或个人市场)

【考点】考核《市场营销学》第六章中第一节"组织市场的类型和特点",要求学生掌握组织市场的概念和类型。

2.(2012年,第7题)＿＿＿＿＿＿＿＿是指工商企业为从事生产、销售等业务活动,以及政府部门和非营利组织为履行职责而购买产品和服务所构成的市场。

【答案】组织市场

【考点】考核《市场营销学》第六章中第一节"组织市场的类型和特点",要求学生掌握组织市场的概念和类型。

3.(2014年,第48题)组织市场包括生产者市场、＿＿＿＿＿＿＿＿、非营利组织市场和政府市场。

【答案】中间商市场

【考点】考核《市场营销学》第六章中第一节"组织市场的类型和特点",要求学生掌握组织市场的类型。

第二节　生产者市场和购买行为分析

一、单项选择题

1.(2013年,第21题)生产者用户初次购买某种产品或服务称为(　　)。

　　A. 直接重购　　　　　B. 修正重购　　　　　C. 重购　　　　　D. 新购

【答案】D

【解析】生产者用户初次购买某种产品或服务称为新购,所以D选项正确。

【考点】考核《市场营销学》第六章中第二节"生产者市场和购买行为分析",要求学生掌握生产者市场和购买行为分析。

2.(2016年,第20题)在生产者购买决策过程中,提出购买要求的是(　　)。

　　A. 决策者　　　　　B. 发起者　　　　　C. 批准者　　　　　D. 信息控制者

【答案】B

【解析】决策者:指只有权决定买与不买、产品规格、购买数量和供应商的人员;发起者:指提出购买要求的人;批准者:指只有权批准决策者或购买者所提购买方案的人员信息;信息控制者:指生产者用户的内部或外部能够控制信息流向采购中心成员的人员。所以B选项正确。

【考点】考核《市场营销学》第六章中第二节"生产者市场和购买行为分析",要求学生掌握生产者购买决策的参与者。

3.(2020年,第20题)生产者市场最复杂的购买类型是(　　)。

　　A. 新购　　　　　B. 代理采购　　　　　C. 直接重购　　　　　D. 修正重购

【答案】A

【解析】生产者购买行为的主要类型有:直接重购、修正重购、新购。新购是生产者用户初次购买某种产品或服务,这是最复杂的购买类型。所以A选项正确。

【考点】考核《市场营销学》第六章中第二节"生产者市场和购买行为分析",要求学生掌握生产者购买行为的主要类型。

二、多项选择题

1.(2018年,第40题)影响生产者用户购买决策的主要因素有(　　)。

　　A. 环境　　　　　B. 组织　　　　　C. 时间　　　　　D. 人际

　　E. 个人

【答案】ABDE

【解析】影响生产者用户购买决策的主要因素有环境、组织、人际、个人。所以ABDE选项正确。

【考点】考核《市场营销学》第六章中第二节"生产者市场和购买行为分析",要求学生掌握影响生产者用户购买决策的主要因素。

三、填空题

1.(2016年,第53题)生产者通过一次性购买而获得其项目所需全部产品的采购方法称为＿＿＿＿＿＿。

【答案】系统购买

【考点】考核《市场营销学》第六章中第二节"生产者市场和购买行为分析",要求学生掌握系统购买与销售。

2.(2018年,第50题)生产者购买行为的主要类型有＿＿＿＿＿、＿＿＿＿＿和新购。

【答案】直接重购;修正重购(顺序可调)

【考点】考核《市场营销学》第六章中第二节"生产者市场和购买行为分析",要求学生掌握生产者购买行为的主要类型。

第三节　中间商市场和购买行为分析

一、填空题

1.(2017年,第51题)中间商市场包括＿＿＿＿＿＿＿＿和＿＿＿＿＿＿＿＿。

【答案】批发商;零售商

【考点】考核《市场营销学》第六章中第三节"中间商市场和购买行为分析",要求学生掌握中间商市场的构成。

第四节　非营利组织市场、政府市场购买行为分析

一、单项选择题

1.(2012年,第15题)影响政府购买决策的主要因素除了社会公众监督因素、国际国内政治形势因素和国际国内经济形势因素外,还包括(　　)等。

A. 自然因素　　　　　B. 生产因素　　　　　C. 市场因素　　　　　D. 消费因素

【答案】A

【解析】影响政府购买决策的主要因素除了社会公众监督因素、国际国内政治形势因素和国际国内经济形势因素外,还包括自然因素,所以A选项正确。

【考点】考核《市场营销学》第六章中第四节"非营利组织市场、政府市场购买行为分析",要求学生掌握政府市场购买行为分析。

二、多项选择题

1.(2013年,第46题)政府购买方式有(　　)。

A. 公开招标选购　　B. 议价合约选购　　C. 直接购买　　　　D. 日常性采购　　　E. 专家购买

【答案】ABD

【解析】政府购买方式有公开招标选购、议价合约选购、日常性采购。所以ABD选项正确。

【考点】考核《市场营销学》第六章中第四节"非营利组织市场、政府市场购买行为分析",要求学生掌握政府购买方式。

2.(2019年,第41题)非营利组织的购买特点包括(　　)。

A. 限定总额　　　B. 价格低廉　　　C. 保证质量　　　　D. 受到控制　　　　E. 程序复杂

【答案】ABCDE

【解析】非营利组织的购买特点有:限定总额、价格低廉、保证质量、受到控制、程序复杂。所以本题的正确答案是ABCDE。

【考点】考核《市场营销学》第六章中第四节"非营利组织市场、政府市场购买行为分析",要求学生掌握非营利组织的购买特点。

第七章　市场营销调研与预测

第一节　市场营销信息系统

一、单项选择题

1.(2012 年,第 16 题)企业营销信息系统包括:内部报告系统、营销情报系统、营销调研系统和(　　)等。

A. 客户关系系统　　　　　　　　　　　B. 营销分析系统

C. 政策情报收集系统　　　　　　　　　D. 国际情报收集系统

【答案】B

【解析】企业营销信息系统包括:内部报告系统、营销情报系统、营销调研系统和营销分析系统,所以 B 选项正确。

【考点】考核《市场营销学》第七章中第一节"市场营销信息系统",要求学生掌握营销信息系统的构成。

2.(2015 年,第 21 题)营销信息系统中,用于提供外部环境的"变化资料",帮助营销主管人员了解市场动态并指明未来的新机会及问题的子系统是(　　)。

A. 内部报告系统　　　　　　　　　　　B. 营销情报系统

C. 营销调研系统　　　　　　　　　　　D. 营销分析系统

【答案】B

【解析】(1)内部报告系统:指提供企业内部信息,以内部会计系统为主,同时辅之以销售报告系统,集中反映订货、销售、存货、现金流量应收及应付账单等数据材料营销情报系统。

(2)营销情报系统:指提供外部环境的变化资料,帮助营销主管人员了解市场动态,并指明未来的新机会及问题。

(3)营销调研系统:指系统的设计收集分析和报告与特定营销环境有关资料和研究结果的活动。

(4)营销分析系统:指使企业以一些先进技术分析市场营销数据和问题的营销信息的系统。

【考点】考核《市场营销学》第七章中第一节"市场营销信息系统",要求学生掌握市场营销信息系统的构成及内容。

第二节　市场营销调研

一、单项选择题

1.(2012 年,第 17 题)按照调研的目的可以将营销调研分为探测性调研、描述性调研和(　　)等。

A. 原因性调研　　　　B. 结果性调研　　　　C. 因果性调研　　　　D. 不确定性调研

【答案】C

【解析】按照调研的目的可以将营销调研分为探测性调研、描述性调研和因果性调研,所以 C 选项正确。

【考点】考核《市场营销学》第七章中第二节"市场营销调研",要求学生掌握营销调研的类型和内容。

2.(2013 年,第 22 题)收集第一手资料的主要工具是(　　)。

A. 计算机　　　　　　B. 乱数表　　　　　　C. 调查表　　　　　　D. 统计年鉴

【答案】C

【解析】收集第一手资料的主要工具是调查表和仪器,所以 C 选项正确。

【考点】考核《市场营销学》第七章中第二节"市场营销调研",要求学生掌握收集第一手资料的主要工具。

3.(2016年,第17题)邮寄调查法的优点是(　　)。

A. 回收率较高　　　　　B. 结果较客观　　　　　C. 灵活性较强　　　　　D. 速度较快

【答案】B

【解析】邮寄调查法的优点是结果较客观,所以 B 选项正确。

【考点】考核《市场营销学》第七章中第二节"市场营销调研",要求学生掌握营销调研的方法。

4.(2018年,第22题)某市场调查公司承接 A 公司的市场调查业务,调研的主要内容是媒体影响力、广告设计及效果,这种调研属于营销调研中的(　　)。

A. 产品调研　　　　　B. 顾客调研　　　　　C. 销售调研　　　　　D. 促销调研

【答案】D

【解析】促销调研:主要是对企业在产品或服务的促销活动中所采用的各种促销方法的有效性进行测试和评价。如广告目标、媒体影响力、广告设计及效果;公共关系的主要措施及效果;企业形象的设计和塑造等,都需有目的地进行调研,所以 D 选项正确。

【考点】考核《市场营销学》第七章中第二节"市场营销调研",要求学生掌握营销调研的内容。

二、多项选择题

1.(2011年,第29题)抽样计划涉及的问题主要有(　　)。

A. 抽样技巧　　　B. 抽样技能　　　C. 抽样单位　　　D. 抽样数目　　　E. 抽样程序

【答案】CDE

【解析】抽样计划涉及的问题主要有抽样单位、抽样数目、抽样程序,所以 C 选项正确。

【考点】考核《市场营销学》第七章中第二节"市场营销调研",要求学生掌握营销调研的类型和内容。

2.(2013年,第47题)市场调研计划的内容主要包括(　　)。

A. 资料来源　　　B. 调研方法　　　C. 调研工具　　　D. 抽样计划　　　E. 接触方法

【答案】ABCDE

【解析】市场调研计划的内容主要包括资料来源、调研方法、调研工具、抽样计划、接触方法,所以 ABCDE 选项正确。

【考点】考核《市场营销学》第七章中第二节"市场营销调研",要求学生掌握拟定调研计划。

3.(2015年,第44题)市场营销调研按调研目的可分为(　　)。

A. 探测性调研　　　　　　　B. 描述性调研

C. 计划性调研　　　　　　　D. 因果关系调研

E. 销售调研

【答案】ABD

【解析】市场营销调研按调研目的可分为探测性调研、描述性调研、因果关系调研,所以 ABD 选项正确。

【考点】考核《市场营销学》第七章中第二节"市场营销调研",要求学生掌握市场营销调研的内容与类型。

4.(2017年,第40题)营销调研涉及营销活动的各个方面,主要有(　　)。

A. 生产调研　　　B. 顾客调研　　　C. 销售调研　　　D. 产品调研　　　E. 促销调研

【答案】BCDE

【解析】营销调研的内容包括顾客调研、销售调研、产品调研、促销调研,所以 BCDE 选项正确。

【考点】考核《市场营销学》第七章中第二节"市场营销调研",要求学生掌握市场营销的内容。

三、填空题

1.(2018年,第51题)市场营销调研可根据不同的标准,划分为不同的类型。按调研目的,可分为探测性调研、_____和_____。

【答案】描述性调研;因果关系调研(顺序可调)

【考点】考核《市场营销学》第七章中第二节"市场营销调研",要求学生掌握市场营销调研的类型。

2.(2019年,第52题)调查收集第一手资料的方法主要有固定样本连续调查法、_____、_____和询问法。

【答案】观察法;实验法(顺序可调)

【解析】调查收集第一手资料的方法主要有固定样本连续调查法、观察法、实验法和询问法。

【考点】考核《市场营销学》第七章中第二节"市场营销调研",要求学生掌握调查收集第一手资料的方法。

四、简答题

1.(2015年,第60题)简述营销调研的步骤。

【答案】营销调研的过程,通常包括五个步骤:确定问题与调研目标、拟定调研计划、收集信息、分析信息、提出结论。

【考点】考核《市场营销学》第七章中第二节"市场营销调研",要求学生掌握市场营销调研。

2.(2020年,第57题)简述营销调研的类型和内容。

【答案】(1)市场营销调研的类型

市场营销调研可根据不同的标准,划分为不同的类型。如按调研时间可分为一次性调研、定期性调研、经常性调研、临时性调研。按调研目的可分为探测性调研、描述性调研、因果关系调研等。

(2)市场营销调研的内容

①产品调研。包括对新产品设计、开发和试销,对现有产品进行改良,对目标顾客在产品款式、性能、质量、包装等方面的偏好趋势进行预测。

②顾客调研。包括对消费心理、消费行为的特征进行调查分析,研究社会、经济、文化等因素对购买决策的影响,例如调研消费者的品牌偏好及对本企业产品的满意度等。

③销售调研。包括对购买行为的调查,即研究社会、经济、文化、心理等因素对购买决策的影响;还包括对企业销售活动进行全面审查,如对销售量、销售范围、分销渠道等方面的调研。

④促销调研。主要是对企业在产品或服务的促销活动中所采用的各种促销方法的有效性进行测试和评价。如广告目标、媒体影响力、广告设计及效果;公共关系的主要措施及效果;企业形象的设计和塑造;等等,都需有目的地进行调研。

【考点】考核《市场营销学》第七章中第二节"市场营销调研",要求学生掌握营销调研的类型和内容。

五、案例分析题

1.(2011年,第34题)[案例分析原文详见8页]案例中提到的试验法,从调研的目的来看属于( )所使用的方法。

A. 探索性研究   B. 定性研究   C. 描述性研究   D. 因果关系研究

【答案】D

【解析】因果关系调研为了弄清市场变量之间的因果关系,收集有关市场变量的数据资料,运用统计分析和逻辑推理等方法,判明何者是自变量和因变量以及它们变动的规律。本材料中提到:"国内某化妆品公司于20世纪80年代初开发出适合东方女性需求特点的具有独特功效的系列化妆品,并在多个国家获得了专利保护。"所以D选项正确。

【考点】考核《市场营销学》第七章中第二节"市场营销调研",要求学生掌握营销调研的类型和内容。

2.(2019年,第67题)［案例分析原文详见72页］案例中B公司的市场调研属于(　　)。

A.一次性调研　　　　B.定期性调研　　　　C.经常性调研　　　　D.临时性调研

【答案】A

【解析】市场营销调研可根据不同的标准划分为不同的类型。按调研时间可分为一次性调研、定期性调研、经常性调研、临时性调研。所以本题的正确答案是A。

【考点】考核《市场营销学》第七章中第二节"市场营销调研",要求学生掌握营销调研的类型。

第三节　市场需求的测量与预测

一、单项选择题

1.(2014年,第21题)市场预测方法中的小组讨论法属于(　　)。

A.购买者意向调查法　　　　　　B.综合销售人员意见法

C.市场试验法　　　　　　　　　D.专家意见法

【答案】D

【解析】专家意见法,指根据专家的经验和判断以求的预测值:(1)小组讨论法;(2)单独预测集中法;(3)特尔菲法;所以D选项正确。

【考点】考核《市场营销学》第七章中第三节"市场需求的测量与预测",要求学生掌握市场需求预测方法。

二、多项选择题

1.(2018年,第41题)市场需求预测方法中,属于定量预测的方法有(　　)。

A.购买者意向调查　　　　　　　B.时间序列分析法

C.专家意见法　　　　　　　　　D.直线趋势法

E.统计需求分析法

【答案】BDE

【解析】市场需求预测方法中属于定量预测的方法有:时间序列分析法、直线趋势法、统计需求分析法。定性预测方法有:购买者意向调查、专家意见法、综合销售人员意见法、市场实验法。所以BDE选项正确。

【考点】考核《市场营销学》第七章中第三节"市场需求的测量与预测",要求学生掌握市场需求预测的方法并区分定性定量的方法。

三、填空题

1.(2011年,第10题)美国兰德公司于20世纪40年代采用系统的程序,采取匿名和反复进行的方式,以函询的办法,轮番征询专家的意见再汇总预测结果。这种方法叫_____。

【答案】德尔菲法(或特尔菲法)

【考点】考核《市场营销学》第七章中第三节"市场需求的测量与预测",要求学生掌握专家意见法。

第八章　目标市场营销战略

第一节　市场细分

一、单项选择题

1.(2012 年,第 18 题)消费者市场细分的标准包括:地理环境因素、人口因素、消费心理因素和(　　)等四个方面。
　A. 收入因素　　　　　　　　　　　　B. 消费行为因素
　C. 宗教信仰因素　　　　　　　　　　D. 受教育因素
【答案】B
【解析】消费者市场细分的标准包括:地理环境因素、人口因素、消费心理因素和消费行为因素。所以 B 选项正确。
【考点】考核《市场营销学》第八章中第一节"市场细分",要求学生掌握市场细分的标准。

2.(2013 年,第 23 题)同一细分市场的顾客需求具有(　　)。
　A. 绝对的共同性　　　　　　　　　　B. 较多的共同性
　C. 较少的共同性　　　　　　　　　　D. 较多的差异性
【答案】B
【解析】同一细分市场的顾客需求具有较多的共同性,所以 B 选项正确。
【考点】考核《市场营销学》第八章中第一节"市场细分",要求学生掌握市场细分的含义。

3.(2014 年,第 22 题)某鞋厂专门生产 3～6 岁儿童的鞋子,该厂的市场细分依据是(　　)。
　A. 地理细分　　　B. 人口细分　　　C. 心理细分　　　D. 行为细分
【答案】B
【解析】市场细分的标准中人口因素包括年龄、婚姻、职业、性别、收入、受教育程度、家庭生命周期、国籍、民族、宗教、社会阶层等。这里提到 3～6 岁儿童,属于年龄,所以 B 选项正确。
【考点】考核《市场营销学》第八章中第一节"市场细分",要求学生掌握市场细分的标准。

4.(2016 年,第 22 题)某牙膏厂为满足顾客"防止蛀牙"的需求面生产防蛀型的牙膏,该厂采用的细分标准是(　　)。
　A. 产品使用频率　　B. 追求利益　　C. 品牌忠诚度　　D. 使用者情况
【答案】B
【解析】消费心理因素包括个性、购买动机、价值观念、生活格调、追求利益等变量。追求利益是指消费者在购买过程中对产品不同效用的重视程度。"防止蛀牙"的需求等同于消费者对产品效用的重视。所以 B 选项正确。
【考点】考核《市场营销学》第八章中第一节"市场细分",要求学生掌握市场细分的标准。

5.(2017 年,第 21 题)某饮料公司为了满足顾客"不会发胖"的需求而产生低热量的饮料,该公司采用的细分标准是(　　)。
　A. 追求利益　　　B. 产品使用频率　　C. 使用者情况　　D. 品牌忠诚度
【答案】A
【解析】消费心理因素包括个性、购买动机、价值观念、生活格调、追求利益等变量。追求利益是指消费者在购买过程中对产品不同效用的重视程度。"不会发胖"的需求等同于消费者对产品效用的重视。所以 A

选项正确。

【考点】考核《市场营销学》第八章中第一节"市场细分",要求学生掌握市场细分的标准。

6.(2020年,第21题)某家具公司根据消费者对该公司"逸美"品牌的喜爱程度把消费者划分为绝对品牌忠诚者、多种品牌忠诚者、变换型忠诚者和非忠诚者。该公司采用的细分标准是(　　)。

    A. 消费行为　　　　　B. 地理环境　　　　　C. 消费心理　　　　　D. 人文环境

【答案】A

【解析】消费者市场细分标准可归纳为四大类:地理环境因素、人口因素、消费心理因素和消费行为因素。按照消费者的购买行为,细分市场包括消费者进入市场的程度、使用频率、偏好程度等变量。消费者对产品的偏好程度是指消费者对某品牌的喜爱程度,据此可以把消费者市场划分为四个群体:绝对品牌忠诚者、多品牌忠诚者、变换型忠诚者和非忠诚者。所以 A 选项正确。

【考点】考核《市场营销学》第八章中第一节"市场细分",要求学生掌握消费者市场细分的标准。

7.(2020年,第22题)下列选项中,以"年龄"变量进行市场细分的是(　　)。

    A. 女性用品店　　　　B. 婴幼儿用品店　　　　C. 化妆品店　　　　D. 手机体验店

【答案】B

【解析】消费者市场细分标准可归纳为四大类:地理环境因素、人口因素、消费心理因素和消费行为因素。人口因素指各种人口统计变量,包括年龄、婚姻、职业性别、收入、受教育程度、家庭生命周期、国籍、民族、宗教、社会阶层等,本题是以年龄进行市场细分。所以 B 选项正确。

【考点】考核《市场营销学》第八章中第一节"市场细分",要求学生掌握消费者市场细分的标准。

二、多项选择题

1.(2015年,第45题)下列属于地理细分变量的有(　　)。

    A. 国籍　　　　　　　B. 国家　　　　　　　C. 气候

    D. 城市规模　　　　　E. 人口密度

【答案】BCDE

【解析】地理环境因素的变量包括国家、地区、城市规模、气候及人口密度等,所以 BCDE 选项正确。

【考点】考核《市场营销学》第八章中第一节"市场细分",要求学生掌握市场细分的标准。

2.(2016年,第41题)消费者市场细分标准中人口因素包括(　　)。

    A. 职业　　　　　　　B. 年龄　　　　　　　C. 受教育程度

    D. 收入　　　　　　　E. 民族

【答案】ABCDE

【解析】市场细分标准中人口因素包括年龄、婚姻、职业、性别、收入、受教育程度、家庭生命周期、国籍、民族、宗教、社会阶层等,所以 ABCDE 选项正确。

【考点】考核《市场营销学》第八章中第一节"市场细分",要求学生掌握市场细分的标准。

3.(2019年,第42题)市场细分的作用体现在(　　)。

    A. 有利于发现市场机会　　　　　　　　B. 有利于掌握目标市场的特点

    C. 有利于制定市场营销组合策略　　　　D. 有利于提高企业的竞争力

    E. 有利于提高企业产品的质量

【答案】ABCD

【解析】市场细分的作用:有利于发现市场机会;有利于掌握目标市场的特点;有利于制定市场营销组合策略;有利于提高企业的竞争力。所以本题的正确答案是 ABCD。

【考点】考核《市场营销学》第八章中第一节"市场细分",要求学生掌握市场细分的作用。

4.(2020年,第41题)目标市场营销的全过程包括(　　　　)。

　　A.市场调研　　　　　　　B.市场预测　　　　　　　C.市场细分　　　　　　　D.市场定位

　　E.目标市场选择

【答案】CDE

【解析】目标市场营销的全过程包括市场细分、目标市场选择、市场定位,所以CDE选项正确。

【考点】考核《市场营销学》第八章中第一节"市场细分",要求学生掌握目标市场营销的全过程。

三、填空题

1.(2012年,第8题)_____是以顾客需求的某些特征或变量为依据,区分具有不同需求的顾客群体的过程。

【答案】市场细分

【考点】考核《市场营销学》第八章中第一节"市场细分",要求学生掌握市场细分的含义。

2.(2013年,第55题)选择目标市场的前提是_____。

【答案】市场细分

【考点】考核《市场营销学》第八章中第一节"市场细分",要求学生掌握市场细分的含义。

3.(2014年,第51题)市场细分的客观依据是_____差异的存在。

【答案】需求偏好

【考点】考核《市场营销学》第八章中第一节"市场细分",要求学生掌握市场细分的含义。

4.(2016年,第47题)市场机会实质上是_____。

【答案】未满足的需求

【考点】考核《市场营销学》第八章中第一节"市场细分",要求学生掌握市场细分的含义。

四、简答题

1.(2018年,第58题)简述市场细分的作用。

【答案】市场细分是企业是否真正树立"以消费者为中心"的市场营销观念的根本标志,具体包括:

(1)有利于发现市场机会;

(2)有利于掌握目标市场的特点;

(3)有利于制定市场营销组合策略;

(4)有利于提高企业的竞争能力。

【考点】考核《市场营销学》第八章中第一节"市场细分",要求学生掌握市场细分的作用。

五、论述题

1.(2011年,第33题)论述企业借助市场细分可以获得的利益。

【答案】市场细分就是以顾客需求的某些特征或变量为依据,区分具有不同需求的顾客群体的过程。市场细分被西方企业誉为具有创造性的新概念,是企业是否真正树立"以消费者为中心"的市场营销观念的根本标志。对企业营销有以下作用:

(1)有利于发现市场机会,提高市场占有率。企业营销决策的起点在于发现有吸引力的市场环境机会,进而发展为企业的市场机会,显然这是以市场细分为基础的。通过市场细分,企业一方面可以更准确地发现消费者需求的差异性和需求被满足的程度,更好地发现和抓住市场机会;另一方面可以更好掌握竞争对手在各细分市场的竞争实力,以发挥自己的竞争优势,选择更有效的目标市场。

(2)有利于掌握目标市场的特点。能否正确选择目标市场,直接决定着企业今后一系列的发展战略,是企业今后若干年发展后劲的"先天条件"。不进行市场细分,企业选择目标市场必定是盲目的;不认真地鉴别各个细分市场的需求特点,就不能进行有针对性的市场营销。

(3)有利于制定市场营销组合的策略。市场营销组合是企业综合考虑产品、价格、促销形式和销售渠道等各种因素而制定的市场营销方案,就每一特定市场而言,只有一种最佳组合形式,这种最佳组合只能是市场细分的结果。

(4)有利于提高企业的竞争能力。企业的竞争能力受客观因素的影响而存在差别,但通过有效的市场细分战略可以改变这种差别。通过市场细分,企业可以集中人、财、物和信息等资源条件投入到有限的目标市场,变整体劣势为局部优势,使自己在竞争中立于不败之地。特别是对于中小企业来说,意义更大。

[说明]论述题作用4点,每一点4分,应结合实际进行分析,否则酌情扣分。

【考点】考核《市场营销学》第八章中第一节"市场细分",要求学生掌握市场细分的作用。

2. (2012年,第36题)论述市场细分的作用及原则。

【答案】市场细分就是以顾客需求的某些特征或变量为依据,区分具有不同需求的顾客群体的过程。

对企业营销有以下的作用:

(1)有利于发现市场机会,提高市场占有率。通过市场细分,企业一方面可以更准确地发现消费者需求的差异性和需求被满足的程度,更好地发现和抓住市场机会;另一方面可以更好掌握竞争对手在各细分市场的竞争实力,以发挥自己的竞争优势,选择更有效的目标市场。

(2)有利于掌握目标市场的特点。能否正确选择目标市场,直接决定着企业今后一系列的发展战略,是企业今后若干年发展后劲的"先天条件"。

(3)有利于制定市场营销组合的策略。

(4)有利于提高企业的竞争能力。企业的竞争能力受客观因素的影响而存在差别,但通过有效的市场细分战略可以改变这种差别。

市场细分的原则:

(1)可衡量性。指表明该细分市场特征的有关数据资料必须能够加以衡量和推算。

(2)可实现性。企业所选择的目标市场是否易于进入,根据企业目前的人、财、物和技术等资源条件能否通过适当的营销组合策略占领目标市场。

(3)可盈利性。所选择的细分市场有足够的需求量且有一定的发展潜力,使企业赢得长期稳定利润。

(4)可区分性。不同细分市场的特征可清楚地加以区分。

【考点】考核《市场营销学》第八章中第一节"市场细分",要求学生掌握市场细分的作用以及原则。

六、案例分析题

1. (2011年,第35题)[案例分析原文详见8页]该公司进行的市场细分变量主要有(　　　)。

A. 行为变量　　　　　B. 人口因素　　　　　C. 地理环境变量　　　　　D. 消费者心理

【答案】BC

【解析】"按照年龄层次将日本女性化妆品市场划分为15~18岁、18~25岁(婚前)、25~35岁及35岁以上四个子市场"属于人口因素的年龄;"日本市场需求潜力大,购买力强,且没有同类产品竞争者"属于地理环境变量。所以BC选项正确。

【考点】考核《市场营销学》第八章中第一节"市场细分",要求学生掌握市场细分的标准。

2. (2011年,第36题)[案例分析原文详见8页]你认为,以下哪一条不是该公司在细分市场时应注意的原则?(　　　)

A. 可实现性　　　　　B. 可衡量性　　　　　C. 可盈利性

D. 稳定性　　　　　E. 可区分性

【答案】D

【解析】市场细分的原则有:可实现性、可衡量性、可盈利性、可区分性。所以D选项正确。

【考点】考核《市场营销学》第八章中第一节"市场细分",要求学生掌握市场细分的原则。

3. (2012年,第37题)[案例分析原文详见16页]案例中,福特汽车公司采取了以(　　　)为标准的细分市场方式。

A. 地理环境因素　　　　　　　　　　B. 人口因素

C. 消费心理因素　　　　　　　　　　D. 消费行为因素

【答案】C

【解析】消费心理因素包括个性、购买动机、价值观念、生活格调、追求利益等变量。追求利益是指消费者在购买过程中对产品不同效用的重视程度。"美国社会年轻人中兴起一股赛车热。赛车流线的外观,强大的动力,轰鸣的马达,飞快的速度,飞翔的体验,让年轻人痴迷发狂,赛车已经成为年轻人魂牵梦绕的钟情物"的需求等同于消费者对生活格调的爱好。所以 C 选项正确。

【考点】考核《市场营销学》第八章中第一节"市场细分",要求学生掌握市场细分的标准。

4.(2017 年,第 67 题)[案例分析原文详见 56 页]该服装厂采用的市场细分标准是(   )。

A. 年龄和性别   B. 国家和地区   C. 民族和宗教   D. 个性和偏好

【答案】A

【解析】本材料提出"某服装厂原来只生产低档青年女性服装,现增加中高档青年女性服装的生产",细分年龄档分为青年,细分性别档分为女性。所以 A 选项正确。

【考点】考核《市场营销学》第八章中第一节"市场细分",要求学生掌握市场细分的标准。

第二节　市场选择

一、单项选择题

1.(2011 年,第 15 题)企业准备为之提供产品和服务的顾客群构成了企业的(   )。

A. 市场机会   B. 营销机会   C. 生产者市场   D. 目标市场

【答案】D

【解析】企业准备为之提供产品和服务的顾客群构成了企业的目标市场,所以 D 选项正确。

【考点】考核《市场管理学》第八章中第二节"市场选择",要求学生掌握目标市场概念。

2.(2014 年,第 23 题)某饮料企业向老年人、中年人、青年人等几个子市场销售同一种产品,该企业所使用的市场覆盖模式是(   )。

A. 市场集中化   B. 选择专业化   C. 市场专业化   D. 产品专业化

【答案】D

【解析】(1)市场集中化:企业只选取一个细分市场,并生产一类产品,供应某一单一顾客群进行集中营销。

(2)产品专业化:企业集中生产某一产品,并向各类顾客销售这种产品。

(3)市场专业化:企业专门经营满足某一顾客群体需要的各种产品。

(4)市场全面化:企业生产多种产品去满足各种顾客群体的需要。

(5)选择专业化:企业选取若干个具有良好盈利潜力和结构吸引力且符合企业目标和资源条件的细分市场,作为目标市场。所以 D 选项正确。

【考点】考核《市场营销学》第八章中第二节"市场选择",要求学生掌握如何选择目标市场。

3.(2015 年,第 28 题)对于经营资源有限的中小企业而言,要打入新市场适宜采用(   )。

A. 集中市场营销   B. 差异性市场营销   C. 社会市场营销   D. 无差异性市场营销

【答案】A

【解析】无差异性市场营销战略:是指企业把整体市场看作一个大的目标市场,不进行细分,用同一种产品统一的市场营销组合对待整体市场。

差异性市场营销战略:是指整体市场划分为若干需求与愿望大致相同的细分市场,然后根据企业的资源及营销实力选择两个以上甚至全部细分市场作为目标市场,并为各目标市场制定不同的市场营销组合策略。

集中市场营销战略:是指企业在将整体市场分割为若干个细分市场后,只选择其中某一细分市场作为目标市场。集中市场营销又称"弥隙战略",也就是弥补市场空隙的意思,它往往适合资源较少的小企业。所以 A 选项正确。

【考点】考核《市场营销学》第八章中第二节"市场选择",要求学生掌握目标市场战略。

4.(2016年,第21题)某工程机械公司专门向建筑业用户供应推土机、打桩机、超重机、水泥搅拌机等建筑工程中所需要的机械设备,该公司采用的市场覆盖模式属于(　　)。

　　A. 产品专业化　　　　　B. 市场全面化　　　　　C. 市场专业化　　　　　D. 选择专业化

【答案】C

【解析】(1)市场集中化:企业只选取一个细分市场,并生产一类产品,供应某一单一顾客群进行集中营销。

(2)产品专业化:企业集中生产某一产品,并向各类顾客销售这种产品。

(3)市场专业化:企业专门经营满足某一顾客群体需要的各种产品。

(4)市场全面化:企业生产多种产品去满足各种顾客群体的需要。

(5)选择专业化:企业选取若干个具有良好盈利潜力和结构吸引力且符合企业目标和资源条件的细分市场,作为目标市场。所以 C 选项正确。

【考点】考核《市场营销学》第八章中第二节"市场选择",要求学生掌握如何选择目标市场。

5.(2018年,第23题)向特定顾客群出售他们所需要的各种产品,这属于市场覆盖模式的(　　)。

　　A. 市场集中化　　　　　B. 产品专业化　　　　　C. 市场专业化　　　　　D. 市场全面化

【答案】C

【解析】(1)市场集中化:企业只选取一个细分市场,并生产一类产品,供应某一单一顾客群进行集中营销。

(2)产品专业化:企业集中生产某一产品,并向各类顾客销售这种产品。

(3)市场专业化:企业专门经营满足某一顾客群体需要的各种产品。

(4)市场全面化:企业生产多种产品去满足各种顾客群体的需要。

(5)选择专业化:企业选取若干个具有良好盈利潜力和结构吸引力且符合企业目标和资源条件的细分市场,作为目标市场。所以 C 选项正确。

【考点】考核《市场营销学》第八章中第二节"市场选择",要求学生掌握如何选择目标市场。

6.(2020年,第24题)差异性目标市场战略面对的是(　　)。

　　A. 整体市场　　　　　B. 相关市场　　　　　C. 一个子市场　　　　　D. 多个子市场

【答案】D

【解析】差异性市场营销战略是把整体市场划分为若干需求与愿望大致相同的细分市场,然后根据企业的资源及营销实力选择两个以上甚至全部细分市场作为目标市场,并为目标市场制定不同的市场营销组合策略,或者说企业许多个营销组合共同发展,每个组合服务于不同的细分市场。所以 D 选项正确。

【考点】考核《市场营销学》第八章中第二节"市场选择",要求学生掌握差异性营销战略。

二、多项选择题

1.(2012年,第28题)企业营销目标市场战略包括(　　)等。

　　A. 差异性营销战略　　B. 无差异性营销战略　　C. 集中性营销战略　　D. 低成本战略

【答案】ABC

【解析】企业营销目标市场战略包括差异性营销战略、无差异性营销战略、集中性营销战略,所以 ABC 选项正确。

【考点】考核《市场营销学》第八章中第二节"市场选择",要求学生掌握目标市场战略。

2.(2013年,第48题)市场细分的原则包括(　　)。

　　A. 可控制性　　　B. 可实现性　　　C. 可区分性　　　D. 可衡量性　　　E. 可盈利性

【答案】BCDE

【解析】市场细分的原则包括可实现性、可区分性、可衡量性、可盈利性,所以 BCDE 选项正确。

【考点】考核《市场营销学》第八章中第二节"市场选择",要求学生掌握市场细分的原则。

3.(2014年,第43题)选择目标市场营销战略的条件有(　　)。

　　A. 企业能力　　　B. 产品同质性　　　C. 可衡量性　　　D. 市场的类同性　　　E. 可盈利性

【答案】ABD

【解析】选择目标市场营销战略的条件有：企业能力、产品同质性、产品所属的寿命周期阶段、市场的类同性、视竞争者战略而定。所以ABD选项正确。

【考点】考核《市场营销学》第八章中第二节"市场选择"，要求学生掌握选择目标市场营销战略的条件。

三、填空题

1.(2019年,第53题)采用无差异性营销战略的最大优点是_____。

【答案】成本的经济性

【解析】采用无差异性营销战略的最大优点是成本的经济性。

【考点】考核《市场营销学》第八章中第二节"市场选择"，要求学生掌握采用无差异性营销战略的最大优点。

四、简答题

1.(2013年,第63题)简述目标市场战略的三种类型和企业选择目标市场战略所依据的五个条件。

【答案】企业目标市场战略有三种类型：

(1)无差异性营销战略；

(2)差异性营销战略；

(3)集中市场战略。

企业根据企业能力、产品同质性、产品寿命周期阶段、市场的类同性和竞争者战略等五个条件来选择目标市场战略。

【考点】考核《市场营销学》第八章中第二节"市场选择"，要求学生掌握目标市场战略。

2.(2015年,第61题)简述企业选择目标市场时可参考的市场覆盖模式。

【答案】目标市场是企业打算进入的细分市场或打算满足的具有某一需求的顾客群体。企业选择目标市场时,有五种可供考虑的市场覆盖模式:市场集中化、选择性专业化、产品专业化、市场专业化、市场全面化。

【考点】考核《市场营销学》第八章中第二节"市场选择"，要求学生掌握如何选择目标市场。

五、案例分析题

1.(2011年,第37题)[案例分析原文详见8页]该公司选择了其中一个最大的子市场进行重点开发,这是实施了( )。

A.无差异性市场营销战略　　　　　B.差异性市场营销战略

C.集中市场营销战略　　　　　　　D.水平一体化战略

【答案】C

【解析】企业营销目标市场战略包括差异性市场营销战略、无差异性市场营销战略、集中市场营销战略。集中市场营销战略是指企业在将整体市场分割为若干细分市场后,只选择其中某一细分市场作为目标市场,为该市场开发一种理想的产品,实行集中营销。所以C选项正确。

【考点】考核《市场营销学》第八章中第二节"市场选择"，要求学生掌握目标市场战略。

2.(2019年,第68题)[案例分析原文详见72页]案例中B公司采取的目标市场战略是( )。

A.差异性市场营销战略　　　　　　B.无差异性市场营销战略

C.集中市场营销战略　　　　　　　D.全面性市场营销战略

【答案】C

【解析】集中市场营销战略是指企业在将整体市场分割为若干细分市场后,只选择其中某一细分市场作为目标市场,为该市场开发一种理想的产品,实行集中营销。所以本题的正确答案是C。

【考点】考核《市场营销学》第八章中第二节"市场选择"，本题要求考生区分无差异性市场营销战略、差异性市场营销战略、集中市场营销战略三种目标市场战略。

第三节 市场定位

一、单项选择题

1.(2012年,第19题)市场定位的方式有避强定位、对抗性定位和(   )等。

A. 对弱定位   B. 模仿性定位   C. 重新定位   D. 适应性定位

【答案】C

【解析】市场定位的方式有避强定位、对抗性定位和重新定位,所以C选项正确。

【考点】考核《市场营销学》第八章中第三节"市场定位",要求学生掌握市场定位的方式。

2.(2019年,第23题)麦当劳的"M"标志,使人无论身处何方,只要一见到它立即就会想起麦当劳舒适宽敞的店堂、优质的服务和新鲜可口的汉堡薯条。麦当劳采用的市场定位战略是(   )。

A. 产品差别化   B. 服务差别化   C. 人员差别化   D. 形象差别化

【答案】D

【解析】形象差别化战略是指在产品的核心部分与竞争者类同的情况下,塑造不同的产品形象,以获取差别优势,D选项正确。

【考点】考核《市场营销学》第八章中第三节"市场定位",要求学生掌握市场定位战略的类型。

3.(2020年,第23题)六神花露水强调其含中草药精萃而成的"六神原液",满足消费者祛痱止痒、提神醒脑、祛除异味、清凉舒爽等多种需求,这是根据(   )。

A. 产品档次定位   B. 产品利益和功能定位

C. 竞争需要定位   D. 使用者类型定位

【答案】B

【解析】产品差别化战略从产品质量、产品款式等方面实现差别。从本题描述中可以看出来,它是描述产品带给消费者的利益,以及从功能上进行定位。所以B选项正确。

【考点】考核《市场营销学》第八章中第三节"市场定位",要求学生掌握差别化的市场定位的战略。

二、多项选择题

1.(2014年,第44题)市场定位战略主要有(   )。

A. 产品差别化战略   B. 品牌差别化战略

C. 人员差别化战略   D. 用途差别化战略

E. 形象差别化战略

【答案】ACE

【解析】市场定位战略有:产品差别化战略、服务差别化战略、人员差别化战略、形象差别化战略。所以ACE选项正确。

【考点】考核《市场营销学》第八章中第三节"市场定位",要求学生掌握市场定位战略。

三、填空题

1.(2011年,第4题)市场定位通过识别潜在竞争优势、_____和_____三个步骤实现。

【答案】企业核心竞争优势;发挥核心竞争优势

【考点】考核《市场营销学》第八章中第三节"市场定位",要求学生掌握市场定位的步骤。

2.(2018年,第52题)差别化是市场定位的根本战略,具体表现在以下四个方面,即产品差别化战略、_____、_____和形象差别化战略。

【答案】服务差别化战略;人员差别化战略(顺序可调)

【考点】考核《市场营销学》第八章中第三节"市场定位",要求学生掌握市场定位战略。

3.(2020年,第49题)市场定位的方式主要有_____、_____和重新定位。

【答案】避强定位；对抗性定位（顺序可调）

【考点】考核《市场营销学》第八章中第三节"市场定位"，要求学生掌握市场定位的方式。

四、简答题

1.(2016年，第58题)简述企业可采用的市场定位战略。

【答案】产品差别化战略、服务差别化战略、人员差别化战略、形象差别化战略。

【考点】考核《市场营销学》第八章中第三节"市场定位"，要求学生掌握市场定位战略。

五、案例分析题

1.(2012年，第38题)[案例分析原文详见16页]案例中，福特汽车公司采取了(　　)的市场定位方式。

    A. 避强定位   B. 对抗性定位   C. 重新定位   D. 市场导向定位

【答案】A

【解析】避强定位是一种避开强有力的竞争对手的市场定位。

对抗性定位是一种在市场上占据支配地位，即最高竞争者对质量的定位方式。

重新定位指只对销路少市场反应差的产品进行二次定位。所以 A 选项正确。

【考点】考核《市场营销学》第八章中第三节"市场定位"，要求学生掌握市场定位的方式。

2.(2014年，第70题)[案例分析原文详见31页]案例中，A 公司采取的市场定位方式是(　　)。

    A. 差异定位   B. 避强定位   C. 重新定位   D. 对抗性定位

【答案】C

【解析】避强定位是一种避开强有力的竞争对手的市场定位。

对抗性定位是一种在市场上占据支配地位，即最高竞争者对质量的定位方式。

重新定位指只对销路少市场反应差的产品进行二次定位。本材料中提到"其他地区的消费者对于'凉茶'这一概念几乎一无所知"对其他地区销路少市场反应差的产品进行二次定位，所以 C 选项正确。

【考点】考核《市场营销学》第八章中第三节"市场定位"，要求学生掌握市场定位的方式。

第九章　竞争性市场营销战略

第一节　竞争者分析

一、单项选择题

1.(2017年,第20题)对所有的攻击行为都做出迅速而强烈反应的是(　　)。

A. 随机型竞争者　　　　B. 从容型竞争者　　　　C. 选择型竞争者　　　　D. 凶狠型竞争者

【答案】D

【解析】(1)随机型竞争者只对竞争者攻击反应具有随机性;(2)从容型竞争者是指某些特定的攻击行为没有迅速反应或强烈反应;(3)选择型竞争者是指只对某些类型的攻击做出反应,而对其他类型的攻击无动于衷;(4)凶狠型竞争者是指对所有的攻击行为都做出迅速而强烈的反应。所以D选项正确。

【考点】考核《市场营销学》第九章中第一节"竞争者分析",要求学生掌握评估竞争者的反应模式。

2.(2020年,第25题)在进行竞争者分析时,企业首先要(　　)。

A. 建立竞争情报系统　　　　　　　　B. 评估竞争者的实力和反应

C. 识别竞争者　　　　　　　　　　　D. 判断竞争者的战略和目标

【答案】C

【解析】竞争者分析,包括以下步骤:(1)识别竞争者;(2)判定竞争者的战略和目标;(3)评估竞争者的实力和反应。所以C选项正确。

【考点】考核《市场营销学》第九章中第一节"竞争者分析",要求学生掌握竞争者分析的步骤。

第二节　确定竞争对象与战略原则

一、简答题

1.(2012年,第35题)简述竞争者分析的主要内容。

【答案】(1)识别竞争者。企业可以从行业结构和业务范围导向两个方面来识别竞争者,并对竞争者进行"强"与"弱"、"远"与"近"、"好"与"坏"的区分。

(2)判定竞争者的战略和目标。企业要对竞争者在利润最大化这一最终目标之下采用的具体的战略目标及其组合进行判别。

(3)评估竞争者的优势与劣势。评估竞争者可分为三步:收集资料、分析评价和定点超越。

(4)评估竞争者的反应模式。了解竞争者的经营哲学、内在文化、主导信念和心理状态可以预测他对各种竞争行为的反应。

【考点】考核《市场营销学》第九章中第二节"确定竞争对象与战略原则",要求学生掌握确认攻击对象和回避对象。

2.(2020年,第58题)简述企业市场竞争的战略原则。

【答案】(1)创新制胜;(2)优质制胜;(3)廉价制胜;(4)技术制胜;(5)服务制胜;(6)速度制胜;(7)宣传制胜。

【考点】考核《市场营销学》第九章中第三节"确定竞争对象与战略原则",要求学生掌握企业市场竞争的战略原则。

第三节　市场领导者战略

一、单项选择题

1.(2012年,第20题)市场领导者的基本战略包括:扩大总需求、保护市场份额和(　　)等。

　　A.扩大市场份额　　　　B.低价渗透　　　　　C.垄断渠道　　　　　D.扩大差异化

【答案】A

【解析】市场领导者的基本战略包括:扩大总需求、保护市场份额和扩大市场份额。所以A选项正确。

【考点】考核《市场营销学》第九章中第二节"市场领导者战略",要求学生掌握市场领导者战略。

2.(2013年,第24题)市场领导者保护其市场份额的途径是(　　)。

　　A.以攻为守　　　　　　B.增加使用量　　　　C.转变未使用者　　　D.寻找新用途

【答案】A

【解析】市场领导者保护其市场份额的途径是开发新用户、寻找新用途、增加使用量,所以A选项正确。

【考点】考核《市场营销学》第九章中第三节"市场领导者战略",要求学生掌握市场领导者战略。

3.(2016年,第23题)当一种产品的市场总需求扩大时,受益最多的是(　　)。

　　A.市场领导者　　　　　B.市场挑战者　　　　C.市场追随者　　　　D.市场利基者

【答案】A

【解析】市场领导者占有的市场份额最大,在市场总需求扩大时收益也是最多的,所以A选项正确。

【考点】考核《市场营销学》第九章中第三节"市场领导者战略",要求学生掌握市场领导者战略。

4.(2018年,第24题)在市场竞争中,采取"扩大总需求"战略的通常是(　　)。

　　A.市场领导者　　　　　B.市场挑战者　　　　C.市场追随者　　　　D.市场利基者

【答案】A

【解析】市场领导者战略包括扩大总需求、保护市场份额和扩大市场份额,所以A选项正确。

【考点】考核《市场营销学》第九章中第三节"市场领导者战略",要求学生掌握市场领导者战略。

5.(2019年,第24题)某航空公司通过比较广告说明空运的优势,以争取从未乘坐飞机旅行的顾客。这种扩大市场需求总量的方法属于(　　)。

　　A.开发新用户　　　　　B.寻找新用途　　　　C.增加使用量　　　　D.凸显新优势

【答案】A

【解析】扩大总需求的途径是寻找产品的新用户,开发产品的新用途和增加顾客使用量。本题途径属于开发新用户,具体是将其转变为使用者,这是指说服那些尚未使用本行业产品的人,开始使用,把潜在顾客转变为现实顾客。故A选项正确。

【考点】考核《市场营销学》第九章中第三节"市场领导者战略",要求学生掌握扩大市场需求总量的方法。

二、多项选择题

1.(2015年,第48题)市场领导者要击退其他公司的挑战,保持第一位的优势,可采用的策略有(　　)。

　　A.扩大总需求　　　　　　　　　　　　B.寻找利基市场

　　C.保护市场份额　　　　　　　　　　　D.扩大市场份额

　　E.紧密跟随策略

【答案】ACD

【解析】市场领导者战略包括扩大总需求、保护市场份额和扩大市场份额,所以ACD选项正确。

【考点】考核《市场营销学》第九章中第三节"市场领导者战略",要求学生掌握市场领导者战略。

三、填空题

1.(2014年,第52题)市场领导者战略包括_____、保护现有市场份额和扩大市场份额。

【答案】扩大总需求

【考点】考核《市场营销学》第九章中第三节"市场领导者战略",要求学生掌握市场领导者战略。

第四节　市场挑战者战略

一、多项选择题

1.(2017年,第41题)市场挑战者在寻找和攻击对手弱点的同时向对手的强项发起进攻,其采用的挑战策略包括(　　)。

A.正面进攻　　　B.迂回进攻　　　C.包抄进攻　　　D.侧翼进攻　　　E.游击进攻

【答案】AD

【解析】寻找和攻击对手弱点采用的是侧翼进攻,向对手的强项发起进攻采用的是正面进攻,所以AD选项正确。

【考点】考核《市场营销学》第九章中第四节"市场挑战者战略",要求学生掌握市场挑战者如何选择挑战找略。

第五节　市场追随者与市场利基者战略

一、单项选择题

1.(2014年,第24题)国内某手机制造商推出一款高度模仿某著名品牌的热销手机,该企业所采取的跟随战略是(　　)。

A.紧密跟随　　　B.盲目跟随　　　C.选择跟随　　　D.距离跟随

【答案】A

【解析】(1)紧密跟随是指在各个细分市场和产品、价格、广告等营销组合战略方面模仿市场领导者,完全不进行任何创新的公司;(2)选择跟随是指在某些方面紧跟市场领导者,在某些方面又自行其是的公司;(3)距离跟随是指在基本方面模仿领导者,但是在包装产品和价格上又保持一定差异的公司;所以A选项正确。

【考点】考核《市场营销学》第九章中第五节"市场追随者与市场利基者战略",要求学生掌握市场追随者策略。

2.(2020年,第26题)某公司只生产大容器包装的软饮料,并且只在加油站出售,该公司采取的竞争战略是(　　)。

A.地理市场专业化　　B.销售渠道专业化　　C.客户订单专业化　　D.顾客规模专业化

【答案】B

【解析】销售渠道专业化指的是公司只为某类销售渠道提供服务,所以B选项正确。

【考点】考核《市场营销学》第九章中第五节"市场追随者与市场利基者战略",要求学生掌握。

二、多项选择题

1.(2011年,第28题)市场追随者可供选择的策略有(　　)。

A.紧密追随　　　　　　　B.距离追随

C.选择追随　　　　　　　D.专业化追随

E.扩大市场总需求

【答案】ABC

【解析】市场追随者可供选择的策略有紧密追随、距离追随、选择追随。所以 ABC 选项正确。

【考点】考核《市场营销学》第九章中第五节"市场追随者与市场利基者战略",要求学生掌握市场追随者策略。

2.(2018年,第42题)理想的利基市场应具备的特征有(　　)。

　　A. 具有一定的规模和购买力,能够盈利

　　B. 这一市场目前虽然较小,但具备发展潜力

　　C. 强大的公司对这一市场不感兴趣

　　D. 本公司具备向这一市场提供优质产品和服务的资源和能力

　　E. 本公司在顾客中建立了良好的声誉,能够抵御竞争者入侵

【答案】ABCDE

【解析】理想的利基市场应具备的特征有:

(1)具有一定的规模和购买力,能够盈利;(2)这一市场目前虽然较小,但具备发展潜力;(3)强大的公司对这一市场不感兴趣;(4)本公司具备向这一市场提供优质产品和服务的资源和能力;(5)本公司在顾客中建立了良好的声誉,能够抵御竞争者入侵。所以 ABCDE 选项正确。

【考点】考核《市场营销学》第九章中第五节"市场追随者与市场利基者战略",要求学生掌握理想的利基市场应具备的特征。

三、填空题

1.(2015年,第53题)专门为规模较小的或大公司不感兴趣的细分市场提供产品和服务的公司被称为_____。

【答案】市场利基者

【考点】考核《市场营销学》第九章中第五节"市场追随者与市场利基者战略",要求学生掌握利基市场的概念。

2.(2018年,第53题)市场追随者战略包括紧密跟随者、_____和_____。

【答案】距离跟随者;选择跟随者(顺序可调)

【考点】考核《市场营销学》第九章中第五节"市场追随者与市场利基者战略",要求学生掌握市场追随者战略。

3.(2020年,第53题)市场利基者发展的关键是_____。

【答案】实现专业化

【考点】考核《市场营销学》第九章中第五节"市场追随者与市场利基者战略",要求学生掌握市场利基者战略选择。

第十章   市场营销环境

第一节   产品整体概念

一、单项选择题

1.(2012年,第21题)根据消费特点,可以将消费品分为:便利品、选购品、特殊品和(　　)等四种类型。

    A. 必需品　　　　　　B. 奢侈品　　　　　　　C. 渴求品　　　　　　D. 非渴求品

【答案】D

【解析】根据消费特点,可以将消费品分为:便利品、选购品、特殊品和非渴求品。所以D选项正确。

【考点】考核《市场营销学》第十章中第一节"产品整体概念",要求学生掌握消费品的分类。

2.(2013年,第25题)每种产品实质上是为满足市场需要而提供的(　　)。

    A. 服务　　　　　　　B. 质量　　　　　　　　C. 效用　　　　　　　D. 功能

【答案】A

【解析】在现代市场营销学中,产品是指能够通过交换满足消费者或用户某一需求和欲望的任何有形物品和无形的服务,所以每种产品实质上是为满足市场需要而提供的服务。所以A选项正确。

【考点】考核《市场营销学》第十章中第一节"产品整体概念",要求学生掌握产品的整体概念。

3.(2017年,第24题)顾客频繁购买或随时购买的产品,称为(　　)。

    A. 便利品　　　　　　B. 特殊品　　　　　　　C. 选购品　　　　　　D. 非渴求品

【答案】A

【解析】顾客频繁购买或随时购买的产品为便利品,所以A选项正确。

【考点】考核《市场营销学》第十章中第一节"产品整体概念",要求学生掌握消费品的分类。

4.(2018年,第25题)服装属于消费品分类中的(　　)。

    A. 便利品　　　　　　B. 选购品　　　　　　　C. 特殊品　　　　　　D. 非渴求品

【答案】B

【解析】家具、服装、旧汽车和大的器械等都属于选购品,所以B选项正确。

【考点】考核《市场营销学》第十章中第一节"产品整体概念",要求学生掌握消费品的分类。

5.(2020年,第27题)冰箱的核心产品是(　　)。

    A. 颜色、规格　　　　B. 品牌　　　　　　　　C. 售后服务　　　　　D. 储存食物

【答案】D

【解析】核心产品是指向顾客提供的产品基本效用或利益,从根本上说,每一种产品实质上是为解决问题而提供的服务。所以D选项正确。

【考点】考核《市场营销学》第十章中第一节"产品整体概念",要求学生掌握产品的含义。

二、多项选择题

1.(2013年,第49题)产品可以根据其耐用性和是否有形进行分类,大致可分为(　　)。

    A. 高档消费品　　B. 低档消费品　　C. 耐用品　　　　D. 非耐用品　　　　E. 服务

【答案】CDE

【解析】产品可以根据其耐用性和是否有形进行分类,大致可分为耐用品、非耐用品、服务,所以CDE选项正确。

【考点】考核《市场营销学》第十章中第一节"产品整体概念",要求学生掌握产品的分类。

2.(2015年,第42题)产品整体概念中,属于形式产品的有(   )。

A. 品质   B. 特征   C. 说明书   D. 包装   E. 商标

【答案】ABDE

【解析】形式产品是指核心产品借以实现的形式,由五个特征构成,即品质、样式、特征、商标及包装。所以ABDE选项正确。

【考点】考核《市场营销学》第十章中第一节"产品整体概念",要求学生掌握产品整体概念及内容。

3.(2018年,第43题)产品整体概念中,属于延伸产品的有(   )。

A. 产品基本效用   B. 商标

C. 包装   D. 技术培训

E. 产品说明书

【答案】DE

【解析】延伸产品是指顾客购买形式产品和期望产品时,附带获得各种利益的总和,包括产品说明书、保证、安装、维修、送货、技术培训等,所以DE选项正确。

【考点】考核《市场营销学》第十章中第一节"产品整体概念",要求学生掌握延伸产品的内涵。

三、填空题

1.(2011年,第6题)产品整体概念是建立在"＿＿＿＿＿＿"这样的一个等式基础上的。

【答案】需求＝产品

【考点】考核《市场营销学》第十章中第一节"产品整体概念",要求学生掌握产品整体概念。

2.(2013年,第56题)菲利普·科特勒最新提出的产品整体概念应包括五个层次,即:核心产品、形式产品、期望产品、延伸产品和＿＿＿＿＿＿。

【答案】潜在产品

【考点】考核《市场营销学》第十章中第一节"产品整体概念",要求学生掌握产品及产品整体概念。

3.(2016年,第48题)人们购买冰箱是为了储藏食物的需要,这属于产品整体概念中的＿＿＿＿＿＿。

【答案】核心产品

【考点】考核《市场营销学》第十章中第一节"产品整体概念",要求学生掌握产品整体概念的区别。

4.(2020年,第50题)消费品可以根据消费的特点区分为便利品、＿＿＿＿＿＿、＿＿＿＿＿＿和非渴求品。

【答案】选购品;特殊品(顺序可调)

【考点】考核《市场营销学》第十章中第一节"产品整体概念",要求学生掌握消费品的分类。

四、简答题

1.(2017年,第57题)简述产品整体概念的五个层次。

【答案】菲利普·科特勒等营销学者认为,五个层次的表述方式能够更加深刻和更准确地表述出产品整体概念的含义,即:(1)核心产品;(2)形式产品;(3)期望产品;(4)延伸产品;(5)潜在产品。

【考点】考核《市场营销学》第十章中第一节"产品整体概念",要求学生掌握产品整体概念的含义。

五、案例分析题

1.(2014年,第69题)[案例分析原文详见31页]依据产品的整体概念,A公司的"预防上火"的功效所体现的是(   )。

A. 形式产品　　　　　　B. 核心产品　　　　　　C. 期望产品　　　　　　D. 潜在产品

【答案】B

【解析】核心产品是指向顾客提供的产品基本效用或利益,从根本上说,每一种产品实质上是为解决问题而提供的服务。本材料中,凉茶用来"预防上火"作为基本效用,所以B选项正确。

【考点】考核《市场营销学》第十章中第一节"产品整体概念",要求学生掌握产品整体概念的区别。

第二节　产品组合

一、单项选择题

1.(2011年,第17题)日本尼康公司所提供的照相机都会有各种用途的镜头、滤光镜及其他配件,所有这些项目构成了一个(　　)。

A. 产品系列　　　　　　B. 产品组合　　　　　　C. 产品项目　　　　　　D. 产品大类

【答案】A

【解析】产品系列是指互相关联或相似的产品,按照一定的分类标准对企业生产经营的全部产品进行划分的结果;产品组合是指企业全部产品线和产品项目的组合或结构,即企业的业务经营范围;产品项目是衡量产品组合各种变量的一个基本单位,指产品线内不同的品种以及同一品种不同的品牌。题目中日本尼康公司所提供的照相机都会有各种用途的镜头、滤光镜及其他配件属于产品系列。所以A选项正确。

【考点】考核《市场营销学》第十章中第二节"产品组合",要求学生掌握产品组合及其相关概念。

2.(2015年,第18题)产品组合中所拥有的产品线的数目被称为产品组合的(　　)。

A. 宽度　　　　　　B. 长度　　　　　　C. 深度　　　　　　D. 关联度

【答案】A

【解析】产品组合的宽度是指产品组合中所拥有的产品线数目,所以A选项正确。

【考点】考核《市场营销学》第十章中第二节"产品组合",要求考生掌握产品组合的宽度的内涵。

3.(2017年,第23题)某品牌牙膏有三种规格和两种配方,其产品组合的深度为(　　)。

A. 2　　　　　　B. 3　　　　　　C. 5　　　　　　D. 6

【答案】D

【解析】产品组合的深度是指产品项目中每一品牌所含不同花色规格质量的产品数目的多少,所以D选项正确。

【考点】考核《市场营销学》第十章中第二节"产品组合",要求学生掌握产品深度的概念。

4.(2019年,第25题)某服装公司最近新增了洗涤用品生产线,该公司增加了产品组合的(　　)。

A. 宽度　　　　　　B. 长度　　　　　　C. 深度　　　　　　D. 关联度

【答案】A

【解析】产品组合的宽度是指产品组合中所拥有的产品线数目。服装公司新增洗涤用品生产线,这是增加产品组合的宽度,所以A选项正确。

【考点】考核《市场营销学》第十章中第二节"产品组合",要求考生掌握产品组合的宽度的内涵。

5.(2020年,第28题)丰田公司在中档产品卡罗拉牌的基础上,为高档市场增加了佳美牌,为低档市场增加了小明星牌,这种产品组合决策是(　　)。

A. 向上延伸　　　　　　B. 双向延伸　　　　　　C. 向下延伸　　　　　　D. 扩大产品组合

【答案】B

【解析】双向延伸,即原定位于中档产品市场的企业,掌握了市场优势以后向产品线的上下两个方向延伸。所以 B 选项正确。

【考点】考核《市场营销学》第十章中第二节"产品组合",要求学生掌握产品组合决策。

二、多项选择题

1.(2012 年,第 31 题)产品组合决策的基本方式包括(　　)等。

　　A. 扩大产品组合　　　　B. 缩减产品组合　　　　C. 产品线延伸　　　　D. 产品线现代化

【答案】ABCD

【解析】产品组合决策的基本方式包括:扩大产品组合、缩减产品组合、产品线延伸、产品线现代化。所以 ABCD 选项正确。

【考点】考核《市场营销学》第十章中第二节"产品组合",要求学生掌握产品组合决策。

三、案例分析题

1.(2016 年,第 67 题)[案例分析原文详见 48 页]案例中 A 公司的产品项目总数是(　　)。

　　A. 5　　　　　　　　B. 9　　　　　　　　C. 28　　　　　　　　D. 33

【答案】C

【解析】产品组合的长度是指产品组合中产品项目的总数,所以 C 选项正确。

【考点】考核《市场营销学》第十章中第二节"产品组合",要求学生掌握影响产品组合及其相关概念。

2.(2016 年,第 68 题)[案例分析原文详见 48 页]案例中"亮洁"牌牙膏的深度是(　　)。

　　A. 3　　　　　　　　B. 4　　　　　　　　C. 7　　　　　　　　D. 12

【答案】D

【解析】深度指的是产品项目中每一品牌所含不同花色规格质量的产品数量是多少,所以 D 选项正确。

【考点】考核《市场营销学》第十章第二节"产品组合",要求学生掌握影响产品组合及其相关概念。

3.(2016 年,第 69 题)[案例分析原文详见 48 页]案例中 A 公司的产品线平均长度是(　　)。

　　A. 4.6　　　　　　　B. 5.6　　　　　　　C. 6.6　　　　　　　D. 7.6

【答案】B

【解析】以产品项目总数除以产品线数目,即可得到产品线的平均长度。所以 B 选项正确。

【考点】考核《市场营销学》第十章中第二节"产品组合",要求学生掌握影响产品组合及其相关概念。

4.(2016 年,第 70 题)[案例分析原文详见 48 页]从分销渠道的角度来看,案例中 A 公司的产品线关联度(　　)。

　　A. 缺乏　　　　　　B. 较弱　　　　　　C. 一般　　　　　　D. 较强

【答案】D

【解析】产品组合的关联度是指各条产品线在最终用途生产条件分配渠道或其他方面相互关联的程度。所以 D 选项正确。

【考点】考核《市场营销学》第十章中第二节"产品组合",要求学生掌握影响产品组合及其相关概念。

5.(2020 年,第 68 题)[案例分析原文详见 80 页]该公司新增"应季特色水果罐头"产品线,这是增加了产品组合的(　　)。

　　A. 宽度　　　　　　B. 平均长度　　　　　C. 密度　　　　　　D. 深度

【答案】A

【解析】产品组合的宽度是指产品组合中所拥有的产品线的数目,所以 A 选项正确。

【考点】考核《市场营销学》第十章中第二节"产品组合",要求学生掌握产品组合的宽度、长度、深度以及关联度的含义。

第三节　产品生命周期

一、单项选择题

1.(2011 年,第 18 题)1945 年,美国雷诺公司针对当时战后第一个圣诞节的形势,推出圆珠笔新产品,采用了快速掠取决策。这种决策的特点是(　　)。

A. 采取高价格、高促销费用　　　　　　B. 采取高价格、低促销费用

C. 采取低价格、高促销费用　　　　　　D. 采取低价格、低促销费用

【答案】A

【解析】(1)快速掠取策略:指以高价格和高促销费用推出新产品;(2)缓慢掠取策略:指以高价格和低促销费用将新产品推入市场;(3)快速渗透策略:指以低价格和高促销费用推出新产品;(4)缓慢渗透策略:指以低价格和低促销费用推出新产品。所以 A 选项正确。

【考点】考核《市场营销学》第十章中第三节"产品生命周期",要求学生掌握产品生命周期各阶段的特征与营销策略。

2.(2014 年,第 25 题)某公司以低价格和高促销费用推出新产品,这种新产品策略是(　　)。

A. 快速撇脂策略　　　　　　　　　　　B. 缓慢撇脂策略

C. 快速渗透策略　　　　　　　　　　　D. 缓慢渗透策略

【答案】C

【解析】(1)快速掠取策略:指以高价格和高促销费用推出新产品;(2)缓慢掠取策略:指以高价格和低促销费用将新产品推入市场;(3)快速渗透策略:指以低价格和高促销费用推出新产品;(4)缓慢渗透策略:指以低价格和低促销费用推出新产品。所以 C 选项正确。

【考点】考核《市场营销学》第十章中第三节"产品生命周期",要求学生掌握产品生命周期各阶段的特征与营销策略。

3.(2015 年,第 25 题)某企业原来只生产高档手表,后来增加了中低档手表的生产,这种产品线延伸策略称为(　　)。

A. 向上延伸　　　　B. 向下延伸　　　　C. 向前延伸　　　　D. 向后延伸

【答案】B

【解析】向下延伸:是在高档产品线中增加低档产品项目。

向上延伸:是在原有的产品线内增加高档产品项目。

双向延伸:指原定位于中档产品市场的企业掌握了市场优势以后,向产品线的上下两个方向延伸。本材料中提到高档向低档,是增加低档,为向下延伸,所以 B 选项正确。

【考点】考核《市场营销学》第十章中第三节"产品生命周期",要求学生掌握产品组合决策。

4.(2015 年,第 26 题)在产品生命周期的成长期,促销策略的重点是(　　)。

A. 提高知名度　　　　　　　　　　　　B. 树立产品形象

C. 提醒使用　　　　　　　　　　　　　D. 介绍产品

【答案】B

【解析】成长期的营销策略。企业营销策略的核心是尽可能地延长产品的成长期:(1)根据用户需求和其

他市场信息,不断提高产品质量,努力发展产品的新款式、新型号,增加产品的新用途;(2)加强促销环节,树立强有力的产品形象;(3)重新评价渠道,选择决策,巩固原有渠道,增加新的销售渠道,开拓新的市场;(4)选择恰当的时机调整价格,以争取更多的顾客。所以 B 选项正确。

【考点】考核《市场营销学》第十章中第三节"产品生命周期",要求学生掌握折扣定价策略。

5.(2016年,第26题)某啤酒公司原先以生产廉价的啤酒占领农村市场,从2012年起生产"非常好麦",走高档路线,该公司采取的产品组合策略是(   )。

A.向上延伸　　　　B.向下延伸　　　　C.向前延伸　　　　D.向后延伸

【答案】A

【解析】向下延伸:是在高档产品线中增加低档产品项目。

向上延伸:是在原有的产品线内增加高档产品项目。

双向延伸:指原定位于中档产品市场的企业掌握了市场优势以后,像产品线的上下两个方向延伸。

本材料中提到走高档路线延伸,为向上延伸,所以 A 选项正确。

【考点】考核《市场营销学》第十章中第三节"产品生命周期",要求学生掌握产品组合决策。

二、多项选择题

1.(2012年,第30题)产品导入期基本的市场营销策略有(   )等。

A.快速掠取策略　　　　　　　　B.缓慢掠取策略

C.快速渗透策略　　　　　　　　D.缓慢渗透策略

【答案】ABCD

【解析】产品导入期基本的市场营销策略有快速掠取策略、缓慢掠取策略、快速渗透策略、缓慢渗透策略。所以 ABCD 选项正确。

【考点】考核《市场营销学》第十章中第三节"产品生命周期",要求学生掌握产品导入期基本的市场营销策略。

2.(2016年,第42题)产品生命周期一般分为(   )。

A.引入期　　　　B.成长期　　　　C.成熟期　　　　D.再成熟期　　　　E.衰退期

【答案】ABCE

【解析】产品生命周期一般分为引入期、成长期、成熟期、衰退期,所以 ABCE 选项正确。

【考点】考核《市场营销学》第十章中第三节"产品生命周期",要求学生掌握产品生命周期的阶段。

3.(2020年,第42题)缓慢渗透策略,即企业推出新产品时采取(   )。

A.高品质　　　　B.高促销　　　　C.高价格　　　　D.低促销　　　　E.低价格

【答案】DE

【解析】缓慢渗透策略,是指企业以低价格和低促销费用推出新产品。低价是为了促使市场迅速接受新产品;促销费用,则可以实现更多的净利。所以 DE 选项正确。

【考点】考核《市场营销学》第十章中第三节"产品生命周期",要求学生掌握缓慢渗透策略。

三、简答题

1.(2019年,第57题)简述产品生命周期的内涵及阶段划分。

【答案】(1)内涵:产品生命周期是指某产品从进入市场到被淘汰退出市场的全部运动周期。

(2)阶段划分:

①导入期(或产品引入阶段);②成长期(或市场成长阶段);③成熟期(或市场成熟阶段);④衰退期(或市场衰退阶段)。

【考点】考核《市场营销学》第十章中第三节"产品生命周期",要求学生掌握产品生命周期的内涵及阶段。

四、论述题

1.(2015 年,第 63 题)试述衰退期的市场特点及可采用的营销策略。

【答案】衰退期的市场特点:产品销售量缓慢下降;价格已下降到最底水平;多数企业无利可图,被迫退出市场;逐渐减少产品附带服务,削减促销预算等,以维持最低水平的经营。

衰退期的营销策路:

集中策略:把资源集中使用在最有利的细分市场,最有效的销售渠道和最易销售的品种款式上;

维持策略:保持原有细分市场和营销组合策略,把销售维持在一个低水平上;

榨取策略:大大降低销售费用,争取在销售量下降时,仍可增加眼前利润。

【考点】考核《市场营销学》第十章中第三节"产品生命周期",要求学生掌握产品生命周期的概念及其阶段划分。

五、案例分析题

1.(2012 年,第 41 题)[案例分析原文详见 16 页]案例中,福特汽车公司推出的"野马"赛车在市场引入期采取了(　　)的市场营销策略。

A.快速掠取策略　　　　B.快速渗透策略　　　　C.缓慢掠取策略　　　　D.缓慢渗透策略

【答案】B

【解析】(1)快速掠取策略:指以高价格和高促销费用推出新产品;(2)缓慢掠取策略:指以高价格和低促销费用将新产品推入市场;(3)快速渗透策略:指以低价格和高促销费用推出新产品;(4)缓慢渗透策略:指以低价格和低促销费用推出新产品。本材料中是以低价格和高促销费用推出新产品,符合快速掠取策略。所以 B 选项正确。

【考点】考核《市场营销学》第十章中第三节"产品生命周期",要求学生掌握产品生命周期各阶段的特征与营销策略。

2.(2017 年,第 68 题)[案例分析原文详见 56 页]该服装厂采用的产品线延伸策略称为(　　)。

A.向上延伸　　　　B.向下延伸　　　　C.向前延伸　　　　D.向后延伸

【答案】A

【解析】向下延伸:是在高档产品线中增加低档产品项目。

向上延伸:是在原有的产品线内增加高档产品项目。

双向延伸:指原定位于中档产品市场的企业掌握了市场优势以后,向产品线的上下两个方向延伸。本材料中提到低档向中高档延伸,为向上延伸,所以 A 选项正确。

【考点】考核《市场营销学》第十章中第三节"产品生命周期",要求学生掌握产品组合决策。

3.(2018 年,第 68 题)[案例分析原文详见 64 页]该公司在新产品推向市场的时候,采取的市场营销策略是(　　)。

A.快速掠取策略　　　　B.缓慢掠取策略　　　　C.快速渗透策略　　　　D.缓慢渗透策略

【答案】A

【解析】(1)快速掠取策略:指以高价格和高促销费用推出新产品;(2)缓慢掠取策略:指以高价格和低促销费用将新产品推入市场;(3)快速渗透策略:指以低价格和高促销费用推出新产品;(4)缓慢渗透策略:指以低价格和低促销费用推出新产品。本材料中是以高价格和高促销费用推出新产品,符合快速掠取策略。所以 A 选项正确。

【考点】考核《市场营销学》第十章中第三节"产品生命周期",要求学生掌握产品生命周期各阶段的特征与营销策略。

第四节　新产品开发

一、多项选择题

1.(2017 年,第 42 题)根据顾客对新产品反应的差异,可把顾客分为(　　)。

A. 创新采用者　　　　　　　　　　　B. 早期采用者

C. 早期大众　　　　　　　　　　　　D. 晚期大众

E. 落后的购买者

【答案】ABCDE

【解析】根据顾客对新产品反应的差异,可把顾客分为创新采用者、早期采用者、早期大众、晚期大众、落后的购买者,所以 ABCDE 选项正确。

【考点】考核《市场营销学》第十章中第四节"新产品开发",要求学生掌握新产品采用与扩散。

二、填空题

1.(2015 年,第 54 题)新产品开发程序的第一个步骤是_____。

【答案】新产品构思

【考点】考核《市场营销学》第十章中第四节"新产品开发",要求学生掌握新产品开发的程序。

三、简答题

1.(2014 年,第 59 题)简述新产品开发的程序。

【答案】(1)新产品构思;(2)筛选新产品构思;(3)产品概念的形成与测试;(4)初拟营销规划;(5)进行商业分析;(6)新产品研制;(7)市场试销;(8)商业性投放。

【考点】考核《市场营销学》第十章中第四节"新产品开发",要求学生掌握新产品开发的步骤。

四、案例分析题

1.(2020 年,第 67 题)[案例分析原文详见 80 页]该公司推出的新品维生素糖属于(　　)。

A. 全新产品　　　　　B. 换代新产品　　　　　C. 改良新产品　　　　　D. 再定位新产品

【答案】D

【解析】改变原有糖果产品定位推出无糖配方糖果进入新的老年人市场的形式属于再定位新产品,所以 D 选项正确。

【考点】考核《市场营销学》第十章中第四节"新产品开发",要求学生掌握新产品概念及种类。

第十一章　品牌与包装策略

第一节　品牌与商标的基本概念

一、多项选择题

1.(2014年,第46题)品牌给消费者带来的好处有(　　)。

　　A. 便于消费者辨认、识别商品　　　　　　　　B. 有利于维护消费者利益

　　C. 促进产品改良,满足消费需求　　　　　　　D. 保护品牌所有者的合法利益

　　E. 促进产品销售

【答案】ABC

【解析】品牌给消费者带来的好处有:(1)品牌便于消费者辨认、识别商品,有助于消费者选购商品;(2)品牌有利于维护消费者利益;(3)品牌有利于促进产品改良,满足消费需求。所以 ABC 选项正确。

【考点】考核《市场营销学》第十一章中第一节"品牌与商标的基本概念",要求学生掌握品牌的作用。

二、填空题

1.(2014年,第53题)品牌是一个集合概念,它包括品牌名称和_____两部分。

【答案】品牌标志

【考点】考核《市场营销学》第十一章中第一节"品牌与商标的基本概念",要求学生掌握品牌的含义。

2.(2015年,第56题)品牌和商标的外延有所区别,品牌是_____概念,而商标是_____

　　_____概念。

【答案】市场;法律

【考点】考核《市场营销学》第十一章中第一节"品牌与商标的基本概念",要求学生掌握品牌与商标的区别。

3.(2016年,第49题)国际上对商标权的认定,有两个并行的原则,即_____和_____。

【答案】使用在先;注册在先

【考点】考核《市场营销学》第十一章中第一节"品牌与商标的基本概念",要求学生掌握品牌与商标的区别。

第二节　品牌策略

一、单项选择题

1.(2013年,第26题)品牌资产是一种特殊的(　　)。

　　A. 无形资产　　　　　B. 有形资产　　　　　C. 潜在资产　　　　　D. 固定资产

【答案】A

【解析】品牌资产是一种特殊的无形资产,所以 A 选项正确。

【考点】考核《市场营销学》第十一章中第二节"品牌策略",要求学生掌握品牌资产的基本特征。

2.(2015年,第22题)宝洁公司同样的洗衣粉经常采用两种以上不同的品牌,这种品牌战略叫作(　　)。

　　A. 统一品牌战略　　B. 个别品牌战略　　　C. 多品牌战略　　　D. 分类品牌战略

【答案】C

【解析】多品牌是指企业同时为一种产品设计两种或两种以上互相竞争的品牌,所以 C 选项正确。

【考点】考核《市场营销学》第十一章中第二节"品牌策略",要求学生掌握品牌统分策略。

3.(2016年,第25题)商标作为知识产权,具有严格的时间效力。我国《商标法》规定注册商标的有效期为

　　(　　)。

　　A. 5 年　　　　　　　B. 10 年　　　　　　　C. 15 年　　　　　　　D. 20 年

【答案】B

【解析】商标作为知识产权,具有严格的时间效力。我国《商标法》规定注册商标的有效期为 10 年,所以 B

选项正确。

【考点】考核《市场营销学》第十一章中第二节"品牌策略",要求学生掌握品牌策略的时效性。

4.(2017年,第25题)佳能公司生产的照相机、传真机、复印机等所有产品都使用"Canon"品牌,该公司采用的品牌策略是(   )。

    A.统一品牌   B.个别品牌   C.多品牌   D.主副品牌

【答案】A

【解析】统一品牌即企业所有产品都统一用这个品牌。佳能公司生产的照相机、传真机、复印机等所有产品都使用"Canon"品牌符合统一品牌的概念,所以A选项正确。

【考点】考核《市场营销学》第十一章中第二节"品牌策略",要求学生掌握品牌策略的含义。

5.(2018年,第26题)"海尔小神童"品牌的使用策略可以称为(   )。

    A.主副品牌策略   B.品牌联合策略   C.统一品牌策略   D.分类品牌策略

【答案】A

【解析】主副品牌策略是指同一产品使用一主一副两个品牌的做法。涵盖企业若干产品或全部产品的品牌做主品牌,借其品牌之势,同时给各个产品设计不同的副品牌,以突出不同产品的个性。"海尔小神童"的品牌借助海尔这个品牌,所以A选项正确。

【考点】考核《市场营销学》第十一章中第二节"品牌策略",要求学生掌握品牌策略。

二、填空题

1.(2011年,第5题)从现阶段看,全球企业品牌管理的组织形式主要有＿＿＿＿＿＿和＿＿＿＿＿＿两种。

【答案】职能管理制;品牌经理制

【考点】考核《市场营销学》第十一章中第二节"品牌策略",要求学生掌握品牌管理。

2.(2014年,第49题)影响消费者购买行为的理论中最有代表性的是＿＿＿＿＿＿模式。

【答案】刺激—反应

【考点】考核《市场营销学》第十一章中第二节"品牌策略",要求学生掌握品牌统分策略。

三、案例分析题

1.(2016年,第71题)[案例分析原文详见48页]案例中,A公司采用的品牌策略是(   )。

    A.多品牌   B.统一品牌   C.分类品牌   D.品牌扩展

【答案】A

【解析】多品牌是指企业同时为一种产品设计两种或两种以上互相竞争的品牌。本材料中提到许多品牌名字,所以A选项正确。

【考点】考核《市场营销学》第十一章中第二节"品牌策略",要求学生掌握品牌统分策略。

2.(2018年,第67题)[案例分析原文详见64页]该公司采用的品牌策略是(   )。

    A.多品牌   B.统一品牌   C.分类品牌   D.主副品牌

【答案】B

【解析】统一品牌即企业所有产品都统一用这个品牌,案例中"创办的公司生产'福闽'牌家庭日用品享誉一方"与"并且利用'福闽'品牌在消费者心目中有较高声誉的优势",所有品牌统一用一个品牌。所以B选项正确。

【考点】考核《市场营销学》第十一章中第二节"品牌策略",要求学生掌握品牌统分战略。

3.(2019年,第69题)[案例分析原文详见72页]案例中B公司采用的品牌策略是(   )。

    A.主副品牌   B.分类品牌   C.个别品牌   D.统一品牌

【答案】D

【解析】统一品牌策略是企业所有的产品(包括不同种类的产品)都统一使用一个品牌。比如佳能公司生产的照相机、传真机、复印机等所有产品都是统一使用"Canon"品牌。所以本题的正确答案是D。

【考点】考核《市场营销学》第十一章中第二节"品牌策略"，要求学生掌握统一品牌策略。

第三节　包装策略

一、单项选择题

1.(2014年,第26题)对于生产经营不同质量等级产品的企业,应采用的包装策略是(　　)。

　　A.类似　　　　　　　　B.等级　　　　　　　　C.分类　　　　　　　　D.配套

【答案】B

【解析】(1)类似包装策略是指企业生产经营的所有商品在包装、外形上都采取相同或相近的图案、色彩等共同的特点、特征。

(2)等级包装是指企业对自己生产经营的不同质量等级的产品分别设计和使用不同的包装。

(3)分类包装是指根据消费者购买目的的不同,对同一种产品采用不同的包装。

(4)配套包装是指企业将几种有关联的产品组合在同一包装物内的做法。所以B项正确。

【考点】考核《市场营销学》第十一章中第三节"包装策略",要求学生掌握包装策略。

2.(2019年,第26题)某儿童食品公司采用了卡通造型的产品包装,包装内有认字卡片和小玩具。该公司采用的包装策略是(　　)。

　　A.分类包装　　　　　　B.附赠品包装　　　　　C.类似包装　　　　　　D.更新包装

【答案】B

【解析】附赠品包装策略是指在包装物内附有赠品,以诱发消费者重复购买的做法。在包装物中的附赠品,可以是玩具图片,也可以是奖券,该包装策略对儿童和青少年以及低收入者比较有效。所以B选项正确。

【考点】考核《市场营销学》第十一章中第三节"包装策略",要求考生掌握附赠品包装策略的内容。

二、多项选择题

1.(2015年,第46题)产品包装按其在流通过程中作用的不同,可以分为(　　)。

　　A.等级包装　　　　　　　　　　　B.类似包装

　　C.运输包装　　　　　　　　　　　D.销售包装

　　E.附赠品包装

【答案】CD

【解析】产品包装按其在流通过程中作用的不同,可以分为运输包装和销售包装。所以CD选项正确。

【考点】考核《市场营销学》第十一章中第三节"包装策略",要求学生掌握包装的种类。

2.(2016年,第43题)包装的作用主要表现在(　　)。

　　A.保护商品　　　　　　　　　　　B.降低成本

　　C.便于储运　　　　　　　　　　　D.促进销售

　　E.增加盈利

【答案】ACDE

【解析】包装的作用有:(1)保护商品;(2)便于储运;(3)促进销售;(4)增加盈利。所以ACDE选项正确。

【考点】考核《市场营销学》第十一章中第三节"包装策略",要求学生掌握包装的作用。

3.(2019年,第43题)商品包装的要素有(　　)。

　　A.商标或品牌　　　　　　　　　　B.包装材料的选择

C. 包装形状和颜色　　　　　　　　　　D. 包装图案

E. 产品标签

【答案】ABCDE

【解析】一般来说,商品包装应该包括商标或品牌、形状、颜色、图案和材料等要素。所以本题的正确答案是 ABCDE。

【考点】考核《市场营销学》第十一章中第三节"包装策略",要求学生掌握商品包装的要素。

三、填空题

1.(2013 年,第 57 题)产品包装按其在流通过程中作用不同,可以分为运输包装和＿＿＿＿＿＿＿＿。

【答案】销售包装

【考点】考核《市场营销学》第十一章中第三节"包装策略",要求学生掌握包装的种类。

2.(2015 年,第 52 题)企业将洗发水、沐浴露放在同一包装物内进行销售的做法被称为＿＿＿＿＿＿＿包装策略。

【答案】配套

【考点】考核《市场营销学》第十一章中第三节"包装策略",要求学生掌握包装的种类。

3.(2016 年,第 51 题)运输包装可细分为＿＿＿＿＿＿＿和＿＿＿＿＿＿＿。

【答案】单件运输包装;集合运输包装

【考点】考核《市场营销学》第十一章中第三节"包装策略",要求学生掌握包装的种类。

4.(2017 年,第 53 题)运输包装又称＿＿＿＿＿＿＿或＿＿＿＿＿＿＿。

【答案】外包装;大包装

【考点】考核《市场营销学》第十一章中第三节"包装策略",要求学生掌握包装的类型。

四、论述题

1.(2013 年,第 66 题)试述包装策略的主要类型。

【答案】(1)类似包装策略,主要指企业生产经营的所有产品,在包装外形上都采取相同或相近的设计,使消费者通过类似的包装联想起这些商品是同一企业的产品,具有同样的质量水平,可以节省设计成本,树立企业整体形象,扩大企业影响,带动新产品销售。

(2)等级包装策略,主要指企业对自己生产经营的不同质量等级的产品分别设计和使用不同的包装,能够适应不同需求层次消费者的购买心理,便于消费者识别、选购商品,从而有利于全面扩大销售。

(3)分类包装策略,是指根据消费者购买目的的不同,对同一种产品采用不同的包装,与等级包装策略一样,能满足不同层次购买者的需要。

(4)配套包装策略,是指企业将几种有关联性的产品放置在同一包装物内的做法。节约交易时间,便于消费者购买、携带与使用,有利于扩大产品销售和新产品进入市场。

(5)再使用包装策略,指包装物在产品消费完毕后还能移作他用的做法,能增加包装的用途,刺激消费者的购买欲望,扩大产品销售,对产品有延伸宣传的功效。

(6)附赠品包装策略,是指在包装物内附有赠品以诱发消费者重复购买的做法,能够刺激需求,同时也是一种有效的营业推广方式。

(7)更新包装策略,是指企业包装策略随着市场需求的变化而改变的做法。

【考点】考核《市场营销学》第十一章中第三节"包装策略",要求学生掌握包装的种类。

2.(2020年,第60题)试述包装的含义、种类及作用。

【答案】包装是指对某品牌商品设计并制作容器成包扎物的一系列活动。包装有两方面含义:其一,包装是指为产品设计、制作包扎物的活动过程;其二包装即指包扎物。一般来说,商品包装应该包括商标或品牌、形状、颜色、图案和材料等要素。

其中(1)商标或品牌是包装中最主要的构成要素,应在包装整体上占据突出的位置。

(2)包装形状。适宜的包装形状有利于储运和陈列,也有利于产品销售,因此形状是包装中不可缺少的组合要素。

(3)包装颜色。颜色是包装中最具刺激销售作用的构成要素。突出商品特性的色调组合,不仅能够加强品牌特征,而且对顾客有强烈的感召力等。

包装的种类:产品包装按其流通过程中作用的不同,可以分为运输包装和销售包装。其中运输包装又称外包装和大包装,主要用于保护产品的品质安全和数量完整。运输包装又可以分为单件运输包装和集合运输包装。销售包装又称内包装或小包装,便于陈列展销,吸引顾客。

包装的作用:(1)保护商品;(2)便于储运;(3)促进销售;(4)增加盈利。

【考点】考核《市场营销学》第十一章中第三节"包装策略",要求学生掌握包装的含义、种类及作用。

五、案例分析题

1.(2018年,第70题)[案例分析原文详见64页]该公司在新产品推向市场的时候,采取的包装策略是(　　)

A.更新包装策略　　　B.类似包装策略　　　C.分类包装策略　　　D.等级包装策略

【答案】D

【解析】品牌包装策略是指企业对自己生产经营的不同质量等级的产品分别设计和使用不同的包装,本材料"大力宣传产品的优良品质等高档特性,另一方面决定采用精致高档的包装",所以D选项正确。

【考点】考核《市场营销学》第十一章中第三节"包装策略",要求学生掌握包装策略的区别。

第十二章　定价策略

第一节　影响定价的主要因素

一、多项选择题

1.(2014年,第45题)影响定价的主要因素包括(　　)。

A. 定价目标　　　　　　　　　　　　　B. 产品成本

C. 竞争者的产品和价格　　　　　　　　D. 居民收入

E. 市场需求

【答案】ABCE

【解析】影响定位的主要因素有:(1)维持生存;(2)当期利润最大化;(3)市场占有率最大化;(4)产品质量最优化。所以ABCE选项正确。

【考点】考核《市场营销学》第十二章中第一节"影响定价的主要因素",要求学生掌握影响定价的主要因素。

二、填空题

1.(2015年,第57题)产品的最低价格取决于_____,最高价格取决于_____。

【答案】直接变量;成本需求因素

【考点】考核《市场营销学》第十二章中第一节"影响定价的主要因素",要求学生掌握产品成本。

2.(2017年,第54题)产品总成本即_____和_____之和。

【答案】固定成本;变动成本

【考点】考核《市场营销学》第十二章中第一节"影响定价的主要因素",要求学生掌握产品成本的构成。

三、论述题

1.(2016年,第60题)试述影响定价的主要因素及新产品的定价策略。

【答案】主要因素:

(1)成本因素:生产成本、流通费用、利润、税金等;

(2)市场因素:供求关系与价格、需求价格弹性、需求收入弹性等;

(3)产品因素:产品差价与比价、产品生命周期所处阶段;

(4)定价目标:追求利润最大化、提高市场占有份额、适应价格竞争、维持正常营业水平等;

(5)国家政策因素。

定价策略:

(1)撇脂定价策略;

(2)渗透定价策略;

(3)满意定价策略。

【考点】考核《市场营销学》第十二章中第一节"影响定价的主要因素",要求学生掌握影响定价的主要因素及新产品的定价策略。

第二节　定价的一般方法

一、单项选择题

1.(2011年,第16题)若EP(需求的价格弹性)(　　),企业降价可扩大产品销售,增加赢利。

A. 等于0　　　　　　B. 等于1　　　　　　C. 小于1　　　　　　D. 大于1

【答案】D

【解析】如果弹性系数等于0,则称需求完全无弹性,此时价格变动不会对需求量产生影响。如果0<弹性系数<1,则称需求缺乏弹性,此时价格的变化引起需求量的变化在比例上不同。如果弹性系数等于1,则称需求为单一弹性,它表明价格和需求量以相同比例变化。如果1<弹性系数<+∞,则称需求富有弹性,这意味着价格的变动在比例上将引起需求量较大变化。所以D选项正确。

【考点】考核《市场营销学》第十二章中第二节"定价的一般方法",要求学生掌握需求的价格弹性。

2.(2012年,第22题)成本导向定价的具体方式不包括(   )。

A. 成本加成定价　　　　B. 目标定价　　　　C. 边际成本定价　　　　D. 平均成本定价

【答案】D

【解析】成本导向定价的具体方式包括:成本加成定价、目标定价、边际成本定价。所以D选项正确。

【考点】考核《市场营销学》第十二章中第二节"定价的一般方法",要求学生掌握企业定价的三个导向。

二、多项选择题

1.(2015年,第47题)下列属于成本导向定价法的有(   )。

A. 成本加成定价法　　　　　　　　　　B. 边际贡献定价法

C. 目标定价法　　　　　　　　　　　　D. 理解价值定价法

E. 随行就市定价法

【答案】ABC

【解析】成本导向定价法有成本加成定价法、边际贡献定价法、目标定价法。所以ABC选项正确。

【考点】考核《市场营销学》第十二章第二节"定价的一般方法",要求学生掌握企业定价的三个导向。

三、填空题

1.(2011年,第7题)大体上,企业定价有三种导向,即成本导向、_____和_____。

【答案】需求导向;竞争导向

【考点】考核《市场营销学》第十二章中第二节"定价的一般方法",要求学生掌握企业定价的导向。

2.(2016年,第50题)企业定价有三种导向,即成本导向、_____和_____。

【答案】需求导向;竞争导向

【考点】考核《市场营销学》第十二章中第二节"定价的一般方法",要求学生掌握企业定价的导向。

3.(2020年,第51题)成本导向定价法包括_____和_____。

【答案】成本加成定价法;目标定价法或按边际成本定价法(顺序可调)

【考点】考核《市场营销学》第十二章第二节"定价的一般方法",要求学生掌握定价的一般方法。

四、案例分析题

1.(2013年,第74题)[案例分析原文详见24页]乙品牌的价格策略采用的是,以显示其产品的质量(   )。

A. 尾数定价　　　　B. 整数定价　　　　C. 招徕定价　　　　D. 渗透定价

【答案】B

【解析】尾数定价是企业指利用消费者数字认知的某种心理,尽可能在价格数字上不进位而保留零头,使消费者产生价格低点和卖主经过认真的成本核算才定价的感觉,从而使消费者对企业产品及其定价产生信任感。整数定价是指产品价格为整数没有小数点,本案例中乙品牌的价格为3000元,为整数定价。招徕定价是指零售商利用部分顾客求圆的心理,特意将某几种产品的价格定得很低来吸引顾客。所以B选项正确。

【考点】考核《市场营销学》第十二章中第二节"定价的一般方法",要求学生掌握整数定价的概念。

2.(2017年,第69题)[案例分析原文详见56页]该服装厂产品甲采用的定价方法是(   )。

A. 成本定价　　　　B. 理解价值定价　　　　C. 撇脂定价　　　　D. 招徕定价

【答案】B

【解析】本材料中提到"耐磨性高于竞争者产品,应加价50元;售后保障措施周到,可为顾客提供裁剪、熨烫服务并免费更换纽扣拉链等,应加价50元;流行周期较长,应加价100元;为顾客提供价格折扣,企业减利100元",使得顾客理解价格的成本组成。所以B选项正确。

【考点】考核《市场营销学》第十二章中第二节"定价的一般方法",要求学生掌握需求导向定价法。

第三节　定价的基本策略

一、单项选择题

1.(2011年,第14题)某国有大型企业把全国(或某些地区)分成若干价格区,对于卖给不同价格区顾客的某种产品,分别制定不同的地区价格。距离企业远的价格区,价格定得较高;距离企业近的价格区,价格定得较低。在各个价格区范围内实行一个价。该企业采用的定价方法是(　　)。

A. 基点定价　　　　B. 邮资定价　　　　C.统一交货定价　　　　D. 分区定价

【答案】D

【解析】分区定价:是指企业把全国分为若干价格区,对于卖给不同价格区顾客的某种产品,分别制定不同的地区价格,距离企业远的价格区间价格定得较高,距离企业近的价格区间价格定得较低。所以D选项正确。

【考点】考核《市场营销学》第十二章中第三节"定价的基本策略",要求学生掌握定价的基本策略。

2.(2011年,第25题)近期厦门一些服装店纷纷人为标上高价,然后大幅度减价销售夏季服装,如"原来359元,现在189元"。你认为这是(　　)。

A. 招徕定价　　　　　　　　　　B. 市场渗透定价

C. 心理性折扣定价　　　　　　　D. 尾数定价

【答案】C

【解析】招徕定价是指零售商利用部分顾客求圆的心理,特意将某几种产品的价格定得很低来吸引顾客;尾数定价是指利用消费者数字认知的某种心理,尽可能在价格数字上不进位而保留零头,使消费者产生价格低点和卖主经过认真的成本核算才定价的感觉,从而使消费者对企业产品及其定价产生信任感。所以C选项正确。

【考点】考核《市场营销学》第十二章中第三节"定价的基本策略",要求学生掌握心理定价策略。

3.(2013年,第27题)为鼓励顾客购买更多物品,企业给大量购买产品顾客的一种减价称为(　　)。

A. 功能折扣　　　　B. 数量折扣　　　　C. 季节折扣　　　　D. 现金折扣

【答案】B

【解析】数量折扣指按购买的数量多少分别给予不同的折扣,购买数量越多,折扣越大,鼓励顾客购买更多的物品,所以B选项正确。

【考点】考核《市场营销学》第十二章中第三节"定价的基本策略",要求学生掌握折扣定价策略。

4.(2014年,第27题)企业利用消费者具有仰慕名牌商品或名店所产生的某种心理,对质量不易鉴别的商品的定价最适宜采用(　　)。

A. 尾数定价　　　　B. 声望定价　　　　C. 招徕定价　　　　D. 反向定价

【答案】B

【解析】(1)尾数定价是指企业利用消费者数字认知的某种心理,尽可能在数字价格上不进位,而保留零头,使消费者产生价格低廉和卖主经过认真的成本核算才定价的感觉,从而使消费者对企业产品及其定价产生信任感;(2)声望定价是指企业利用消费者仰慕名店、名品的声望的心理采用的一种定价方法;(3)招徕定价是指零售商利用部分顾客求廉的心理,特意将几种商品的价格定得较低吸引顾客。所以B选项正确。

【考点】考核《市场营销学》第十二章中第三节"定价的基本策略",要求学生掌握心理定价策略。

5.(2014年,第28题)某场比赛的门票以座位所在区位不同分别制定不同的价格,该定价策略属于(　　)。

A.产品部位差别定价
B.顾客差别定价
C.销售时间差别定价
D.产品形式差别定价

【答案】A

【解析】(1)产品部位差别定价,即企业对处于不同位置的产品或服务,分别制定不同的价格;(2)顾客差别定价是指企业按照不同的价格把同一产品或服务卖给不同的顾客;(3)销售时间差别定价及企业对不同季节、不同时期甚至不同钟点的产品或服务分别制定不同的价格;(4)产品形式差别定价,即企业对不同型号或形式的产品,分别制定不同的价格。所以A选项正确。

【考点】考核《市场营销学》第十二章中第三节"定价的基本策略",要求学生掌握差别定价策略。

6.(2015年,第27题)某企业将其创新产品的价格定得相对较低,以吸引顾客购买,提高市场占有率,这种新产品定价的策略称为(　　)。

A.成本导向定价
B.理解价值定价
C.撇脂定价
D.渗透定价

【答案】D

【解析】渗透定价是指企业把其创新产品的价格定得相对较低,以吸引大量顾客提高市场占有率。所以D选项正确。

【考点】考核《市场营销学》第十二章中第三节"定价的基本策略",要求学生掌握新产品定价方式。

7.(2016年,第27题)某商场规定,顾客一次性消费满188元,给予10%的折扣。这种折扣属于(　　)。

A.数量折扣
B.现金折扣
C.季节折扣
D.以旧换新活动

【答案】A

【解析】数量折扣指按购买的数量多少分别给予不同的折扣,购买数量越多,折扣越大,鼓励顾客购买更多的物品,所以A选项正确。

【考点】考核《市场营销学》第十二章中第三节"定价的基本策略",要求学生掌握折扣定价策略。

8.(2017年,第26题)顾客在60天内必须付清货款,若10天内付清,则给予5%的价格折扣,这种定价策略称为(　　)。

A.价格折让
B.现金折扣
C.差别定价
D.招徕定价

【答案】B

【解析】现金折扣是指对按约定日期付款或提前付款的顾客给予一定的折扣,所以B选项正确。

【考点】考核《市场营销学》第十二章中第三节"定价的基本策略",要求学生掌握折扣定价策略。

9.(2018年,第27题)某超市在国庆黄金周期间,将几种品牌、规格的洗衣液、牙膏、卫生纸的价格定得较低以吸引顾客,该超市使用的策略为(　　)。

A.声望定价
B.差别定价
C.招徕定价
D.渗透定价

【答案】C

【解析】招徕定价是指零售商利用部分顾客求廉的心理,特意将某几种商品的价格定得较低以吸引顾客,所以C选项正确。

【考点】考核《市场营销学》第十二章中第二节"定价的基本策略",要求学生掌握心理定价策略。

10.(2019年,第27题)对名人字画宜采取的定价策略是(　　)。

A.招徕定价
B.习惯定价
C.声望定价
D.尾数定价

【答案】C

【解析】声望定价指企业利用消费者仰慕名品名店的声望的心理,采用的一种定价方法。所以C选正确。

【考点】考核《市场营销学》第十二章中第三节"定价的基本策略",要求学生掌握定价策略的类型。

11.(2019年,第28题)一台彩电标价2800元,顾客以旧电视折价300元购买,只需付给2500元。这种折扣方式属于(   )。

A. 现金折扣　　　　　B. 数量折扣　　　　　C. 功能折扣　　　　　D. 价格折让

【答案】D

【解析】企业为了鼓励顾客及早付清货款、大量购买、淡季购买等,而酌情降低其基本价格,这种价格调整叫作价格折扣。本题是价格折让,所以D选项正确。

【考点】考核《市场营销学》第十二章中第三节"定价的基本策略",要求学生掌握折扣定价策略的类型。

二、多项选择题

1.(2015年,第43题)下列选项中属于组织市场的有(   )。

A. 家庭市场　　　B. 生产者市场　　　C. 中间商市场　　　D. 非营利组织市场

E. 政府市场

【答案】BCDE

【解析】组织市场包括生产者市场、中间商市场、非营利组织市场、政府市场,所以BCDE选项正确。

【考点】考核《市场营销学》第十二章中第三节"定价的基本策略",要求学生掌握组织市场的类型。

2.(2017年,第43题)新产品定价策略主要有(   )。

A. 声望定价　　　B. 撇脂定价　　　C. 渗透定价　　　D. 差别定价　　　E. 基点定价

【答案】BC

【解析】新产品定价策略主要有声望定价、撇脂定价、尾数定价,所以BC选项正确。

【考点】考核《市场营销学》第十二章中第三节"定价的基本策略",要求学生掌握新产品定价策略。

3.(2018年,第44题)下列定价方法中属于竞争导向定价法的有(   )。

A. 目标定价法　　　　　　　　B. 反向定价法

C. 随行就市定价法　　　　　　D. 投标定价法

E. 边际贡献定价法

【答案】CD

【解析】竞争导向定价法包括:随行就市定价法、投标定价法。所以CD选项正确。

【考点】考核《市场营销学》第十二章中第三节"定价的基本策略",要求学生掌握竞争导向定价法。

4.(2020年,第43题)一超市某品牌牙膏220g装的售价为15.9元,同一品牌牙膏140g装的售价为12.9元,该超市采用的定价策略有(   )。

A. 尾数定价　　　　　　　　B. 招徕定价

C. 基点定价　　　　　　　　D. 产品形式差别定价

E. 产品部位差别定价

【答案】AD

【解析】尾数定价是指利用消费者数字认知的某种心理,尽可能在价格数字上不进位,而保留零头,使消费者产生价格低廉和卖主经过认真的成本核算才定价的感觉,从而使消费者对其产品及其定价产生信任感,所以A选项正确。产品形式差别定价,是指企业对不同型号或形式的产品分别制定不同的价格,但是不同型号或形式产品的价格之间的差额和成本费用之差,并不成比例。所以D选项正确。综合考虑,AD选项正确。

【考点】考核《市场营销学》第十二章中第三节"定价的基本策略",要求学生掌握定价的基本策略。

三、简答题

1.(2011年,第31题)简述需求差别定价的主要形式及适用条件。

【答案】需求差别定价,也叫价格歧视,就是企业按照两种或两种以上不反映成本费用比例差异的价格销售某种产品或服务。主要有四种形式:

(1)顾客差别定价,即企业按照不同的价格把同一种产品或服务卖给不同顾客;

(2)产品形式差别定价,即企业对不同型号或形式的产品分别制定不同的价格;

(3)产品部位差别定价,即企业对处在不同位置的产品或服务分别制定不同的价格;

(4)销售时间定价,即企业对于不同季节、不同时期甚至不同时点的产品或服务分别制定不同的价格。

试用条件:

(1)市场可以细分,而且细分市场表现出不同的需求程度;

(2)以较低价格购买某种产品的顾客没有可能以较高的价格把产品倒卖给别人;

(3)竞争者没有可能在企业以较高价格销售产品的市场以低价竞销;

(4)细分市场和控制市场的成本费用不得超过因实行价格歧视而得到的额外收入;

(5)价格歧视不会引起顾客反感,放弃购买,影响销售;

(6)采取的价格歧视形式不能违法。

【考点】考核《市场营销学》第十二章中第三节"定价的基本策略",要求学生掌握差别定价策略。

四、案例分析题

1.(2011年,第38题)[案例分析原文详见8页]作为新产品,你认为该公司应该使用(　　)。

A. 撇脂策略　　　　　B. 满意定价策略　　　　　C.渗透定价策略　　　　　D. 随意定价策略

【答案】A

【解析】撇脂策略是指产品生命周期的最初阶段,把产品的价格定得很高,以赚取最大利益。所以A选项正确。

【考点】考核《市场营销学》第十二章中第三节"定价的基本策略",要求学生掌握新产品定价方式。

2.(2012年,第40题)[案例分析原文详见16页]案例中,福特汽车公司采取了(　　)的定价策略。

【答案】A

【解析】一般来说,新产品的定价策略有两种,即撇脂定价和渗透定价。在产品进入市场初期时将其价格定在较低水平,以尽可能吸引最多的消费者的营销策略叫做作渗透定价,本材料中提到福特汽车公司通过市场调研发现,多数年轻人能够支付得起的价格是2500美元,最后福特汽车公司的"野马"赛车以2368美元的价格投放市场,所以A选项正确。

【考点】考核《市场营销学》第十二章中第三节"定价的基本策略",要求学生掌握新产品的定价策略。

3.(2013年,第76题)[案例分析原文详见24页]甲产品的折扣属于(　　)。

A. 现金折扣　　　　　B. 数量折扣　　　　　C. 价格折让　　　　　D. 功能折扣

【答案】D

【解析】现金折扣:指的是对按约定日期付款或提前付款的顾客给予一定的折扣。

数量折扣:指的是按购买数量的多少,分别给予不同的折扣,购买数量越多,折扣越大,鼓励顾客购买更多的商品。

价格折让:这是另一种类型的价格的减价。例如,一台冰箱标价为3000元,顾客以旧换新折价200元,购买只要支付2800元,这就是以旧换新。

功能折扣:是指制造商给某些批发商或零售商的一种额外折扣,促使他们执行某种市场营销功能。本材料中提到:"甲品牌售价2900元/台,但每逢周六、周日进行促销活动,可按进价销售,进货价差为5%。"所以D选项正确。

【考点】考核《市场营销学》第十二章中第三节"定价的基本策略",要求学生掌握折扣定价策略。

4.(2018年,第69题)[案例分析原文详见64页]该公司在新产品推向市场的时候,采取的价格策略是(   )。

A.招徕定价　　　　B.渗透定价　　　　C.撇脂定价　　　　D.差别定价

【答案】C

【解析】撇脂定价指的是在产品生命周期的最初阶段,把产品的价格定得很高,以获取最大的利益。本材料中"产品以高于同类产品的价格推向市场",所以C选项正确。

【考点】考核《市场营销学》第十二章中第三节"定价的基本策略",要求学生掌握新产品的定价策略。

5.(2019年,第71题)[案例分析原文详见72页]案例中B公司采用的产品定价策略是(   )。

A.顾客差别定价　　　　B.整数定价　　　　C.统一交货定价　　　　D.基点定价

【答案】B

【解析】整数定价是利用顾客"一分钱一分货"的心理,针对的是消费者的求名、求方便的心理,将商品价格有意定为整数,由于同类型产品,生产者众多,花色品种各异,在许多交易中,消费者往往只能将价格作为判别产品质量、性能的指示器。同时,在众多尾数定价的商品中,整数能给人一种方便、简洁的印象。案例中四大功能性产品的价格均为10元,所以本题的正确答案是B。

【考点】考核《市场营销学》第十二章中第三节"定价的基本策略",要求学生掌握产品的定价策略的类型。

6.(2020年,第69题)[案例分析原文详见80页]该公司采取的新产品定价策略是(   )。

A.渗透定价　　　　B.撇脂定价　　　　C.分区定价　　　　D.满意定价

【答案】B

【解析】撇脂定价指的是在产品生命周期的最初阶段,把产品的价格定得很高,以获取最大的利益。本材料中提到"公司以高于市场同类产品的价格将产品推向市场",所以B选项正确。

【考点】考核《市场营销学》第十二章中第三节"定价的基本策略",要求学生掌握新产品的定价策略。

第四节　价格变动反应及价格调整

一、多项选择题

1.(2020年,第44题)企业定价时需考虑价格对需求量的影响,可以考虑提价的有(   )。

A.企业成本费用提高　　　　　　　　B.企业产品供不应求

C.市场上没有替代品和竞争者　　　　D.购买者认为产品质量有所提高

E.企业生产能力过剩

【答案】ABCD

【解析】企业提价的原因有:物价上涨,企业的成本费用提高;产品供不应求,不能满足所有顾客的需要。综合考虑,ABCD选项正确。

【考点】考核《市场营销学》第十二章中第四节"价格变动反应及价格调整",要求学生掌握企业提价的原因。

二、简答题

1.(2013年,第64题)简述企业降价与提价的主要原因。

【答案】企业降价的主要原因:

(1)企业的生产能力过剩,需要扩大销售;

(2)在强大竞争者的压力之下,企业的市场占有率下降;

(3)企业的成本费用比竞争者低,企图通过降价来掌握市场或提高市场占有率。

企业提价的主要原因:

(1)由于通货膨胀,物价上涨,企业成本费用提高;

(2)企业的产品供不应求,不能满足其所有顾客的需要。

【考点】考核《市场营销学》第十二章中第四节"价格变动反应及价格调整",要求学生掌握企业降价与提价的主要原因。

第十三章　分销策略

第一节　分销渠道的职能与类型

一、多项选择题

1.(2015 年,第 50 题)与市场营销渠道有所不同的是,分销渠道中不包括(　　)。

A. 批发商　　　　　B. 零售商　　　　　C. 供应商　　　　　D. 辅助商　　　　　E. 代理商

【答案】CD

【解析】分销渠道中不包括供应商以及其辅助作用的中间商。分销渠道包括生产商、商人中间商、代理中间商、消费者。所以 CD 选项正确。

【考点】考核《市场营销学》第十三章中第一节"分销渠道的职能与类型",要求学生掌握区分市场营销渠道与分销渠道的构成的不同。

2.(2016 年,第 44 题)分销渠道包括(　　)。

A. 生产者　　　　　B. 商人中间商　　　　　C. 代理中间商　　　　　D. 供应商　　　　　E. 消费者

【答案】ABCE

【解析】分销渠道中不包括供应商以及其辅助作用的中间商。分销渠道包括生产商、商人中间商、代理中间商、消费者。所以 ABCE 选项正确。

【考点】考核《市场营销学》第十三章中第一节"分销渠道的职能与类型",要求学生掌握区分市场营销渠道与分销渠道的构成的不同。

第二节　分销渠道策略

一、单项选择题

1.(2011 年,第 13 题)某公司在甲地的总经销把产品的批发价定为 200 元,而从该总经销商处进货的下级批发商则希望能以 180 元进货,双方的这种冲突属于(　　)。

A. 水平渠道冲突　　　B. 垂直渠道冲突　　　C. 水平交叉冲突　　　D. 综合渠道冲突

【答案】D

【解析】渠道冲突是组成营销渠道的各组织间敌对或者不和谐的状态,当一个渠道成员的行为与其渠道合作者的期望相反时,便会产生渠道冲突。具体有水平渠道冲突、垂直渠道冲突和多渠道冲突三种类型,水平渠道冲突指的是同一渠道模式中,同一层次中间商之间的冲突。在水平渠道中,各成员之间的联系是一种横向的关系,大家都是平等的,即他们在权力上处于同一个水平线,但利益是独立的。垂直渠道冲突指在同一渠道中不同层次企业之间的冲突,这种冲突较之水平渠道冲突要更常见。例如,某些批发商可能会抱怨生产企业在价格方面控制太紧,留给自己的利润空间太小,而提供的服务(如广告、推销等)太少等。综上所述,D 答案正确。

【考点】考核《市场营销学》第十三章中第二节"分销渠道策略",要求学生掌握渠道冲突的内容。

2.(2012 年,第 23 题)按照分销渠道宽度确定的分销策略不包括(　　)。

A. 密集性分销　　　B. 双渠道分销　　　C. 选择性分销　　　D. 独家分销

【答案】B

【解析】按照分销渠道宽度确定的分销策略包括密集性分销、选择性分销、独家分销;所以 B 选项正确。

【考点】考核《市场营销学》第十三章中第二节"分销渠道策略",要求学生掌握分销渠道宽度。

3.(2014年,第29题)评估分销渠道好坏最重要的标准是(　　)。
　　A.适应性标准　　　　B.控制性标准　　　　C.经济性标准　　　　D.效率性标准
【答案】C
【解析】评估各种可能的渠道方案评估标准有三个即经济性、控制性和适应性;其中经济性标准最重要,所以C选项正确。
【考点】考核《市场营销学》第十三章中第二节"分销渠道策略",要求学生掌握分销渠道设计。

4.(2015年,第24题)牙膏这样的生活日用品适合采用的分销策略是(　　)。
　　A.独家分销　　　　B.选择性分销　　　　C.针对性分销　　　　D.密集性分销
【答案】D
【解析】(1)独家分销:指制造商在某一地区选择一家中间商推销其产品。牙膏这种生活用品比较适合应用密集性分销;(2)选择性分销:指制造商在某一地区仅仅通过少数精心挑选最合适的中间商推销产品;(3)密集性分销:指制造商尽可能通过许多负责任的适当的批发商、零售商推销其产品;所以D选项正确。
【考点】考核《市场营销学》第十三章中第二节"分销渠道策略",要求学生掌握分销渠道的宽度。

5.(2016年,第28题)某生产休闲服装的企业采用的是一阶渠道,那么下列渠道成员中,不会出现的是(　　)。
　　A.百货商店　　　　B.大型综合超市　　　　C.服装专卖店　　　　D.销售代理商
【答案】D
【解析】一阶渠道也叫"三战式渠道",在制造商和消费者之间有零售商的参与。销售代理商不属于零售商。所以D选项正确。
【考点】考核《市场营销学》第十三章中第二节"分销渠道策略",要求学生掌握分销渠道的层次。

6.(2017年,第28题)某制造商在某一地区仅通过少数精心挑选的最合适的中间商推销产品,其采用的分销策略是(　　)。
　　A.集体分销　　　　B.密集性分销　　　　C.选择性分销　　　　D.独家分销
【答案】C
【解析】(1)密集性分销:指制造商尽可能通过许多负责任的适当的批发商、零售商推销其产品;(2)选择性分销:指制造商在某一地区仅仅通过少数精心挑选最合适的中间商推销产品;(3)独家分销:指制造商在某一地区选择一家中间商推销其产品。所以C选项正确。
【考点】考核《市场营销学》第十三章中第二节"分销渠道策略",要求学生掌握分销渠道的宽度。

7.(2018年,第28题)消费者市场最普遍的渠道是(　　)。
　　A.零阶渠道　　　　B.一阶渠道　　　　C.二阶渠道　　　　D.三阶渠道
【答案】C
【解析】消费者市场最普遍的渠道是二阶渠道,所以C选项正确。
【考点】考核《市场营销学》第十三章中第二节"分销渠道策略",要求学生掌握分销策略的类型。

8.(2019年,第29题)针对食盐这类消费者购买频率高且单次购买量小的商品,企业应采用(　　)。
　　A.窄、短分销渠道　　　　　　　　　　B.窄、长分销渠道
　　C.宽、短分销渠道　　　　　　　　　　D.宽、长分销渠道
【答案】D
【解析】购买频率高且单次购买量小的商品,宽、长分销渠道,方便消费者购买。所以D选项正确。
【考点】考核《市场营销学》第十三章中第二节"分销渠道策略",要求学生掌握影响分销渠道选择的因素之产品特性。

9.(2020年,第29题)下列产品中宜采用短渠道分销的是(   )。

A. 电冰箱   B. 电动车   C. 鲜牛肉   D. 山核桃

【答案】C

【解析】通常容易腐烂的产品,为了避免拖延时间及重复处理,一般用短渠道。所以C选项正确。

【考点】考核《市场营销学》第十三章中第二节"分销渠道策略",要求学生掌握影响分销渠道选择的因素,采用短渠道分销的产品类型。

二、多项选择题

1.(2012年,第29题)分销渠道管理的主要内容包括(   )等。

A. 选择渠道成员   B. 激励渠道成员   C. 评估渠道成员   D. 控制渠道成员

【答案】ABC

【解析】分销渠道管理的主要内容包括选择渠道成员、激励渠道成员、评估渠道成员。所以ABC选项正确。

【考点】考核《市场营销学》第十三章中第二节"分销渠道策略",要求学生掌握分销渠道管理。

2.(2017年,第44题)适合短渠道分销的有(   )。

A. 容易腐烂的产品   B. 体积较大的产品

C. 需安装维修的产品   D. 单位价值高的产品

E. 日常生活用品

【答案】ABCD

【解析】适合短渠道分销的有容易腐烂的产品、体积较大的产品、需安装维修的产品、单位价值高的产品。日常生活用品适合长渠道分销。所以ABCD选项正确。

【考点】考核《市场营销学》第十三章中第二节"分销渠道策略",要求学生掌握分销渠道的长度。

3.(2019年,第44题)从企业特性的角度选择分销渠道时,企业应着重考虑(   )。

A. 总体规模   B. 财务能力   C. 产品组合   D. 渠道经验   E. 营销政策

【答案】ABCDE

【解析】企业特性在渠道选择中的重要性,主要体现在:总体规模、财务能力、产品组合、渠道经验、营销政策。所以本题的正确答案是ABCDE。

【考点】考核《市场营销学》第十三章中第二节"分销渠道策略",要求学生掌握企业特性的具体内容。

三、填空题

1.(2013年,第58题)企业的分销策略通常分为三种:密集分销、选择分销和_____。

【答案】独家分销

【考点】考核《市场营销学》第十三章中第二节"分销渠道策略",要求学生掌握分销渠道的宽度。

四、简答题

1.(2014年,第60题)简述影响分销渠道选择的因素。

【答案】(1)顾客特性;(2)产品特性;(3)中间商特性;(4)竞争特性;(5)企业特性,包括考虑企业总体规模、资金实力、产品组合、渠道经验、营销政策;(6)环境特性。

【考点】考核《市场营销学》第十三章中第二节"分销渠道策略",要求学生掌握影响分销渠道选择的因素。

五、案例分析题

1.(2014年,第71题)[案例分析原文详见31页]案例中A公司采用的分销策略是(   )。

A. 密集分销   B. 选择分销   C. 独家分销   D. 混合分销

【答案】A

【解析】密集分销:是指制造商尽可能通过许多负责任的、适当的批发商、零售商推销其产品;

选择性分销:指制造商在某一地区仅仅通过少数精心挑选最合适的中间商推销产品;

独家分销:指制造商在某一地区选择一家中间商推销其产品。

本材料中提到"A公司不仅进入了各种商超,甚至进入餐饮店、酒吧。在一些城市,A公司还选择湘菜馆、川菜馆、火锅店作为'A公司诚意合作店'。A公司与肯德基合作,A公司凉茶正式进入洋快餐店肯德基,借助肯德基的品牌和网点资源来拓展市场",所以A选项正确。

【考点】考核《市场营销学》第十三章中第二节"分销渠道策略",要求学生掌握分销渠道的宽度。

2.(2019年,第70题)[案例分析原文详见72页]案例中B公司采取的分销策略是( )。

A. 直销　　　　　B. 独家分销　　　　　C. 密集性分销　　　　　D. 选择性分销

【答案】C

【解析】密集性分销,指制造商尽可能通过许多负责任的、适当的批发商、零售商推销其产品。消费品中的便利品和产业用品中的供应品,通常采取密集性分销,使消费者和用户随时随地买到。所以本题的正确答案是C。

【考点】考核《市场营销学》第十三章中第二节"分销渠道策略",要求学生掌握密集性分销策略。

3.(2020年,第70题)[案例分析原文详见80页]该公司直接在各零售终端大面积铺货并开设网络品牌旗舰店,其选择的是( )。

A. 短、宽分销渠道　　　B. 长、宽分销渠道　　　C. 短、窄分销渠道　　　D. 长、窄分销渠道

【答案】A

【解析】渠道长度可分为零阶渠道、一阶渠道、二阶渠道、三阶渠道。渠道宽度可分为密集性分销、选择性分销、独家分销。

本题中"各零售终端大面积铺货"表现出分销渠道的短渠道,"开设网络品牌旗舰店"表现出分销渠道中选择性分销等同于分销的宽度,所以A选项正确。

【考点】考核《市场营销学》第十三章中第二节"分销渠道策略",要求学生掌握分销渠道的长宽度的概念。

第三节　批发与零售

一、单项选择题

1.(2013年,第28题)向最终消费者直接销售产品和服务,用于个人及非商业性用途的活动属于( )。

A. 零售　　　　　B. 批发　　　　　C. 代理　　　　　D. 直销

【答案】A

【解析】零售是指所有向最终消费者直接销售产品和服务,用于个人及非商业性用途的活动。最主要的零售商有:(1)专用品商店;(2)百货商店;(3)超级市场;(4)方便商店;(5)超级商店、联合商店和特级商场;(6)折扣商店;(7)仓储商店;(8)产品陈列室推销店;(9)摩尔。所以A选项正确。

【考点】考核《市场营销学》第十三章中第三节"批发与零售",要求学生掌握零售与零售商。

2.(2015年,第30题)下列选项中属于零售商的是( )。

A. 佣金商　　　　　B. 仓储商店　　　　　C. 采购办事处　　　　　D. 销售代理商

【答案】B

【解析】零售是指所有向最终消费者直接销售产品和服务,用于个人及非商业性用途的活动。最主要的零售商有:(1)专用品商店;(2)百货商店;(3)超级市场;(4)方便商店;(5)超级商店、联合商店和特级商场;(6)折扣商店;(7)仓储商店;(8)产品陈列室推销店;(9)摩尔。所以B选项正确。

【考点】考核《市场营销学》第十三章中第三节"批发与零售",要求学生掌握零售与零售商。

3.(2017年,第27题)无门市零售的形式不包括( )。

    A. 摩尔(Mall)   B. 直复营销   C. 直接销售   D. 购物服务公司

【答案】A

【解析】无门市零售:(1)直复营销;(2)直接营销;(3)自动售货;(4)购买服务公司。摩尔(Mall)不属于无门市零售的形式,所以A选项正确。

【考点】考核《市场营销学》第十三章中第三节"批发与零售",要求学生掌握无门市零售的形式。

二、多项选择题

1.(2018年,第45题)下列中间商属于批发商的有( )。

    A. 购物服务公司   B. 商人批发商

    C. 经纪人和代理商   D. 直接销售

    E. 制造商及零售商的分店和销售办事处

【答案】BCE

【解析】批发商有:商人批发商、经纪人和代理商、制造商及零售商的分店和销售办事处。所以BCE选项正确。

【考点】考核《市场营销学》第十三章中第三节"批发与零售",要求学生掌握批发商的三种类型。

第四节 物流策略

一、多项选择题

1.(2017年,第45题)对企业而言,制定正确的物流策略有利于( )。

    A. 降低成本费用   B. 增强竞争力

    C. 提供优质服务   D. 促进和便利顾客购买

    E. 提高企业效益

【答案】ABCDE

【解析】制定正确的物流策略有利于降低成本费用、增强竞争力、提供优质服务、促进和便利顾客、购买提高企业效益,所以ABCDE选项正确。

【考点】考核《市场营销学》第十三章中第四节"物流策略",要求学生掌握物流策略。

二、填空题

1.(2014年,第54题)物流目标的选择应兼顾_____、_____。

【答案】最佳顾客服务;最低配送成本(答案顺序可以调换)

【考点】考核《市场营销学》第十三章中第四节"物流策略",要求学生掌握物流目标的选择。

第十四章　促销策略

第一节　促销与促销组合

一、单项选择题

1.(2013年,第29题)促销工作的核心是(　　)。

A. 出售商品　　　　B. 沟通信息　　　　C. 建立良好关系　　　　D. 寻找顾客

【答案】B

【解析】促销工作的核心是沟通信息。所以B选项正确。

【考点】考核《市场营销学》第十四章中第一节"促销与促销组合",要求学生掌握促销的含义。

二、多项选择题

1.(2015年,第49题)推式促销策略一般适用于(　　)。

A. 单价较高的产品　　　　　　　　　　B. 流通环节较少的产品

C. 流通环节较多的产品　　　　　　　　D. 市场比较集中的产品

E. 市场范围较大的产品

【答案】ABD

【解析】推式策略一般适合于单位价值较高的产品,性能复杂需要做示范的产品,根据用户需求特点设计的产品,流通环节较少、流通渠道较短的产品,市场比较集中的产品等。所以ABD选项正确。

【考点】考核《市场营销学》第十四章中第一节"促销与促销组合",要求学生掌握促销组合与促销策略。

2.(2018年,第46题)与非人员推销相比,更适宜采用人员推销的产品有(　　)。

A. 单位价值高的新产品　　　　　　　　B. 销售区域广的产品

C. 根据用户需求特点设计的产品　　　　D. 单位价值比较低的日用品

E 企业需要以最快速度抢占市场的产品

【答案】AC

【解析】促销策略从总的指导思想上可分为推式策略和拉式策略。推式策略侧重运用人员推销的方式,把产品推向市场,即从生产企业推向中间商,再由中间商推给消费者。推式策略一般适合于单位价值较高的产品,性能复杂需要做示范的产品,根据用户需求特点设计的产品,流通环节较少、流通渠道较短的产品,市场比较集中的产品等。拉式策略是指企业主要运用非人员推销方式把顾客拉过来,使消费者对本企业的产品产生需求,以扩大销售。对单位价值较低的日常用品,流通环节较多、流通渠道较长的产品,市场范围较广、市场需求较大的产品,常采用拉式策略,所以AC选项正确。

【考点】考核《市场营销学》第十四章中第一节"促销和促销组合",要求学生掌握促销组合与促销策略。

3.(2020年,第45题)拉式策略是企业运用非人员推销方式把顾客拉过来,使消费者对本企业产品产生需求,以扩大销售。拉式策略一般适用于(　　)。

A. 流通渠道较长的产品　　　　　　　　B. 单位价值较低的日常用品

C. 市场范围较广的产品　　　　　　　　D. 市场需求较大的产品

E. 性能复杂、需要示范的产品

【答案】ABCD

【解析】推式策略一般适合于单位价值较高的产品,性能复杂需要做示范的产品,根据用户需求特点设计的产品,流通环节较少、流通渠道较短的产品,市场比较集中的产品等。

拉式策略是指企业主要运用非人员推销方式把顾客拉过来,使消费者对本企业的产品产生需求,以扩大销售。对单位价值较低的日常用品,流通环节较多、流通渠道较长的产品,市场范围较广、市场需求较大的产品,常采用拉式策略。所以 ABCD 选项正确。

【考点】考核《市场营销学》第十四章中第一节"促销和促销组合",要求学生掌握促销组合与促销策略。

三、填空题

1.(2012 年,第 9 题;2019 年,第 54 题)促销的核心是＿＿＿＿＿＿＿。

【答案】沟通信息

【考点】考核《市场营销学》第十四章中第一节"促销与促销组合",要求学生掌握促销的含义。

2.(2012 年,第 11 题;2016 年,第 54 题)促销策略从总的指导思想上可分为＿＿＿＿＿＿＿策略和＿＿＿＿＿＿＿策略。

【答案】推式;拉式

【考点】考核《市场营销学》第十四章中第一节"促销与促销组合",要求学生掌握促销策略及促销策略。

3.(2014 年,第 55 题)促销策略包括人员推销、广告、＿＿＿＿＿＿＿、＿＿＿＿＿＿＿。

【答案】公共关系;销售促进(或营业推广)(答案顺序可以调换)

【考点】考核《市场营销学》第十四章中第一节"促销与促销组合",要求学生掌握促销组合与促销策略。

四、简答题

1.(2011 年,第 32 题)简述产品生命周期对促销组合的影响。

【答案】(1)在引入期,广告和销售促进的配合使用能促进消费者认识、了解企业产品,产生购买欲望。这一阶段以广告为主要促销形式,以公共关系、销售促进和人员推销为辅助形式。

(2)在成长期,社交渠道的沟通方式产生明显效果,口头传播越来越重要。此时仍需广告宣传,以增进顾客对本企业产品的购买兴趣,同时辅之以人员推销,尽可能扩大购买渠道。

(3)在成熟期,企业为保住现有的市场占有率,应增加促销费,促销活动以增进购买兴趣为主,各种促销工具的重要程度依次是销售促进、广告、人员推销。

(4)在衰退期,企业应把促销规模降到最低限度,以保证足够的利润收入,销售促进应继续成为主要的促销手段,辅之以广告和公关手段。

【考点】考核《市场营销学》第十四章中第一节"促销与促销组合",要求学生掌握促销组合及促销策略。

五、论述题

1.(2014 年,第 62 题)试述促销的作用及促销组合应考虑的因素。

【答案】促销的作用主要有:(1)传递信息,强化认知;(2)突出特点,诱导需求;(3)指导消费,扩大销售;(4)滋生偏爱,稳定销售。

企业在制定促销组合和促销策略时应考虑以下因素:(1)促销目标;(2)产品因素;(3)市场条件;(4)促销预算。

【考点】考核《市场营销学》第十四章中第一节"促销与促销组合",要求学生掌握促销组合及促销策略。

第二节　人员推销策略

一、单项选择题

1.(2011 年,第 19 题)在促销组合中,最具人情味的促销工具是(　　)。

A. 广告　　　　　　B. 人员推销　　　　　　C. 宣传　　　　　　D. 销售促进

【答案】B

【解析】在促销组合中,最具人情味的促销工具是人员推销,所以 B 选项正确。

【考点】考核《市场营销学》第十四章中第二节"人员推销策略",要求学生掌握人员推销的特点。

2.(2017 年,第 29 题)推销人员携带产品、说明书和订单等走访顾客、推销产品的形式称为( )。

　　A. 走访推销　　　　　　B. 柜台推销　　　　　　C. 会议推销　　　　　　D. 上门推销

【答案】D

【解析】(1)柜台推销:是指企业在恰当地点设立固定的门市,或派出人员进驻经销商的网点,接待进入门市的顾客介绍和推销产品;(2)会议推销:是指利用各种会议向与会人员宣传和介绍产品,开展推销活动;(3)上门推销:是指推销人员携带产品、说明书和订单等走访顾客、推销产品。所以 D 选项正确。

【考点】考核《市场营销学》第十四章中第二节"人员推销策略",要求学生掌握人员推销的基本形式。

3.(2018 年,第 29 题)能够进行双向信息传递的促销方式是( )。

　　A. 人员推销　　　　　　B. 广告　　　　　　　　C. 公共关系　　　　　　D. 销售促进

【答案】A

【解析】人员推销的特点:(1)信息传递双向性;(2)推销目的双重性;(3)推销过程灵活性;(4)友谊协作长期性。能够进行双向信息传递的促销方式是人员推销,所以 A 选项正确。

【考点】考核《市场营销学》第十四章中第二节"人员推销策略",要求学生掌握人员推销的特点。

二、多项选择题

1.(2013 年,第 50 题)在人员推销活动中的三个基本要素为( )。

　　A. 需求　　　　　B. 购买力　　　　　C. 推销人员　　　　　D. 推销对象　　　　　E. 推销品

【答案】CDE

【解析】人员推销活动中的三个基本要素为推销人员、推销对象、推销品,所以 CDE 选项正确。

【考点】考核《市场营销学》第十四章中第二节"人员推销策略",要求学生掌握人员推销活动中的三个基本要素。

三、填空题

1.(2013 年,第 59 题)常用的培训推销人员方法有讲授培训、模拟培训和_____。

【答案】实践培训

【考点】考核《市场营销学》第十四章中第二节"人员推销策略",要求学生掌握推销人员的培训。

2.(2020 年,第 52 题)人员推销的基本策略有_____、_____和诱导性策略。

【答案】试探性策略;针对性策略(顺序可调)

【考点】考核《市场营销学》第十四章中第二节"人员推销策略",要求学生掌握人员推销的基本策略。

四、简答题

1.(2017 年,第 58 题)简述人员推销的对象和基本策略。

【答案】推销对象是人员推销活动中接受推销的主体,是推销人员说服的对象,主要有三类:

(1)向消费者推销;(2)向生产用户推销;(3)向中间商推销。

人员推销的基本策略包括:

(1)试探性策略,又称为"刺激—反应策略";(2)针对性策略,又称为"配方—成交策略";(3)诱导性策略,又称为"诱发—满足策略"。

【考点】考核《市场营销学》第十四章中第二节"人员推销策略",要求学生掌握人员推销的对象和基本策略。

第三节　广告策略

一、单项选择题

1.(2014 年,第 30 题)一般日常生活用品适合在下列哪种媒体做广告?(　　)

A. 户外媒体　　　　B. 专业杂志　　　　C.报纸　　　　D. 电视

【答案】D

【解析】一般日常生活用品适合在电视媒体做广告,所以 D 选项正确。

【考点】考核《市场营销学》第十四章中第三节"广告策略",要求学生掌握广告媒体的选择。

2.(2020 年,第 30 题)夏天到了,某服装厂欲为一新款女性连衣裙打广告,若要使广告更具吸引力,最适合的媒体是(　　)。

A. 彩色杂志　　　　B. 报纸　　　　C. 广告牌　　　　D. 广播

【答案】A

【解析】广告媒体的种类很多,不同类型的媒体有不同的特性,所以 A 选项正确。

【考点】考核《市场营销学》第十四章中第三节"广告策略",要求学生掌握各个广告媒体的特点。

二、多项选择题

1.(2011 年,第 30 题)若以学龄前儿童为沟通对象,"喜之郎"果冻布丁的广告媒体可选择(　　)。

A. 电视　　　　B. 报纸　　　　C. 广播

D. 杂志　　　　E. 广告宣传单

【答案】AC

【解析】小朋友一般都是看电视外加听广播了解这个世界,所以 AC 选项正确。

【考点】考核《市场营销学》第十四章第三节"广告策略",要求学生掌握广告媒体的选择。

2.(2016 年,第 45 题)正确地选择广告媒体,一般要考虑(　　)因素。

A. 产品的性质　　　　　　　　B. 消费者接触媒体的习惯

C. 媒体的传播范围　　　　　　D. 媒体的影响力

E. 媒体的费用

【答案】ABCDE

【解析】正确地选择广告媒体,一般要考虑以下因素:产品的性质、消费者接触媒体的习惯、媒体的传播范围、媒体的影响力、媒体的费用。所以 ABCDE 选项正确。

【考点】考核《市场营销学》第十四章中第三节"广告策略",要求学生掌握广告媒体的选择。

3.(2019 年,第 45 题)广告是一门带有浓郁商业性的综合艺术,依据广告的目的和内容,可分为(　　)。

A. 文字广告　　　　B. 图画广告　　　　C. 商品广告

D. 企业广告　　　　E. 杂志广告

【答案】CD

【解析】根据广告的内容和目的,可将广告分为商品广告和企业广告。本题的正确答案是 CD。

【考点】考核《市场营销学》第十四章中第三节"广告策略"要求学生掌握广告的种类。

三、填空题

1.(2016 年,第 52 题)按广告的传播区域来划分,可将广告分为＿＿＿＿＿＿＿＿＿和＿＿＿＿＿＿＿。

【答案】全国性广告;地区性广告

【考点】考核《市场营销学》第十四章中第三节"广告策略",要求学生掌握广告的概念与种类。

四、简答题

1.(2019年,第58题)简述正确选择广告媒体应考虑的因素。

【答案】正确选择广告媒体应考虑:

①产品的性质;②消费者接触媒体的习惯;③媒体的传播范围;④媒体的影响力;⑤媒体的费用。

【考点】考核《市场营销学》第十四章中第三节"广告策略",要求学生掌握正确选择广告媒体应考虑的因素。

五、案例分析题

1.(2014年,第72题)〔案例分析原文详见31页〕案例中A公司在选择广告媒体时考虑的最主要因素是( )。

A. 产品的性质   B. 媒体的费用

C. 媒体的影响力   D. 消费者接触媒体的习惯

【答案】C

【解析】本材料中提到"A公司成功启动全国市场并迅速飙红,巨额广告投放持续不断的轰炸也是其杀手锏之一",最主要因素是媒体的影响力,所以C选项正确。

【考点】考核《市场营销学》第十四章中第三节"广告策略",要求学生掌握正确选择广告媒体应考虑的因素。

第四节 公共关系策略

一、单项选择题

1.(2019年,第30题)某企业每月6日为社会开放日,开放日当天社会公众可凭借身份证进入厂区参观学习。这属于促销策略中的( )。

A. 人员推销   B. 广告   C. 公共关系   D. 销售促进

【答案】C

【解析】公共关系是一门"内求团结、外求发展"的经营管理,是一项与企业生存发展休戚相关的事业。公共关系的活动方式有很多种。社会型公关是指通过举办社会活动与公众建立一种特殊联系,使公众产生特殊兴趣、赞助公益事业办庆典,比如开放日等。所以C选项正确。

【考点】考核《市场营销学》第十四章中第四节"公共关系策略",要求学生掌握公共关系的活动方式。

二、填空题

1.(2017年,第52题)公共关系是一门"内求团结、_____"的艺术。

【答案】外求发展

【考点】考核《市场营销学》第十四章中第四节"公共关系策略",要求学生掌握公共关系的概念。

三、案例分析题

1.(2018年,第71题)〔案例分析原文详见64页〕该公司在新产品推向市场的时候,为配合新产品的上市,采取了一系列的促销活动,其中开展捐资助学属于( )。

A. 人员推销   B. 广告   C. 公共关系   D. 销售促进

【答案】C

【解析】公共关系是一门"内求团结、外求发展"的经营管理艺术,是一项与企业生存发展休戚相关的事业。公共关系的目标是为企业广结良缘,在社会公众中创造良好的企业形象和社会声誉,其中捐资助学让公司在社会公众中创造良好的企业形象和社会声誉。所以C选项正确。

【考点】考核《市场营销学》第十四章中第四节"公共关系策略",要求学生掌握公共关系的概念及作用。

第五节 销售促进策略

一、单项选择题

1.(2015年,第29题)下列促销方式中,具有非正规性和非经常性特点,只能作为辅助性促销方式的是( )。

A. 人员推销 B. 广告 C. 销售促进 D. 公共关系

【答案】C

【解析】作为辅助性促销方式是销售促进,所以C选项正确。

【考点】考核《市场营销学》第十四章中第五节"销售促进策略",要求学生掌握销售促进的特点。

二、多项选择题

1.(2017年,第46题)针对中间商推广的方式有( )。

A. 经销奖励 B. 资助

C. 购买折扣 D. 赠送样品

E. 赠送代价券

【答案】ABC

【解析】针对中间商推广的方式有经销奖励、资助、购买折扣。所以ABC选项正确。

【考点】考核《市场营销学》第十四章中第五节"销售促进策略",要求学生掌握中间商推广的方式。

三、填空题

1.(2013年,第60题)适合于在某一特定时期、一定任务条件下的短期性促销活动中使用的方式是_____
_____。

【答案】销售促进

【考点】考核《市场营销学》第十四章中第五节"销售促进策略",要求学生掌握销售促进的特点。

四、案例分析题

1.(2017年,第71题)[案例分析原文详见56页]该服装厂周末和节假日打折促销,其采用的促销策略属于( )。

A. 人员推销 B. 广告 C. 公共关系 D. 销售促进

【答案】D

【解析】销售促进:是指企业运用各种短期诱因,鼓励消费者和中间商购买经销企业产品或服务的促销活动。所以D选项正确。

【考点】考核《市场营销学》第十四章中第五节"销售促进策略",要求学生掌握销售促进的含义。

第十五章　市场营销的新领域与新概念

第一节　绿色营销

一、单项选择题

1.(2018年,第30题)某企业在营销活动中,坚持自觉维护自然生态平衡,抵制各种有害营销,该企业奉行的是(　　)。

　　A. 整合营销　　　　　　B. 关系营销　　　　　　C. 传统营销　　　　　　D. 绿色营销

【答案】D

【解析】广义的绿色营销又称伦理营销,狭义的绿色营销主要指企业在营销活动中谋取消费者利益、企业利益、环境利益的协调,既要充分满足消费者的需求,实现企业利润目标,也要充分注意自然生态平衡,实现经济与社会可持续发展,所以D选项正确。

【考点】考核《市场营销学》第十八章中第一节"绿色营销",要求学生掌握绿色营销的内涵。

二、多项选择题

1.(2019年,第46题)黄女士在一海边度假区售卖冷饮和快餐,她严格遵循当地市政组织的要求,经常提醒她的顾客不要随地乱扔垃圾。黄女士有很强的(　　)。

　　A. 整合营销观念　　　　　　　　　　B. 品牌营销观念

　　C. 网络营销观念　　　　　　　　　　D. 关系营销观念

　　E. 绿色营销观念

【答案】DE

【解析】"严格遵循当地市政组织的要求"是关系营销,"提醒她的顾客不要随地乱扔垃圾"为绿色营销,所以本题的正确答案是DE。

【考点】考核《市场营销学》第十八章中第一节"绿色营销",要求学生掌握绿色营销的概念。

第二节　整合营销

一、单项选择题

1.(2017年,第30题)5R理论较4C理论更突出顾客的核心地位,营销核心从交易走向(　　)。

　　A. 关联　　　　　　B. 关系　　　　　　C. 沟通　　　　　　D. 交换

【答案】B

【解析】5R理论较4C理论更突出顾客的核心地位,营销核心从交易走向关系,所以B选项正确。

【考点】考核《市场营销学》第十八章中第二节"整合营销",要求学生掌握5R理论。

二、多项选择题

1.(2011年,第27题)强化以消费者需求为中心的4C营销组合指的是(　　)。

　　A. 消费者(consumer)　　　　　　　　B. 成本(cost)

　　C. 渠道(channel)　　　　　　　　　　D. 沟通(communication)

　　E. 便利(convenience)

【答案】ABDE

【解析】4C营销组合:消费者、成本、沟通、便利。所以ABDE选项正确。

【考点】考核《市场营销学》第十八章中第二节"整合营销",要求学生掌握4C观念。

三、填空题

1.(2011年,第8题)整合营销传播理论认为,存在于消费者_____中的价值,才是真正的营销价值。

【答案】心智网络

【考点】考核《市场营销学》第十八章中第二节"整合营销",要求学生掌握整合营销的含义。

2.(2012年,第10题)菲利普·科特勒认为,企业所有部门为服务于顾客利益而共同工作时,其结果就是_____。

【答案】整合营销

【考点】考核《市场营销学》第十八章中第二节"整合营销",要求学生掌握整合营销的含义。

3.(2014年,第56题)4C观念包括消费者、_____、_____和沟通。

【答案】成本;便利(答案顺序可以调换)

【考点】考核《市场营销学》第十八章中第二节"整合营销",要求学生掌握4C观念。

第三节　关系营销

一、单项选择题

1.(2011年,第24题)关系营销是以(　　　)为基本思想,将企业置身于社会经济环境中来考察企业的营销活动。

A. 系统论　　　　　　B. 消费者中心论　　　　　　C. 控制论　　　　　　D. 信息论

【答案】A

【解析】关系营销是以系统论为基本思想,将企业置身于社会经济环境中来考察企业的营销活动。所以C选项正确。

【考点】考核《市场营销学》第十八章中第三节"关系营销",要求学生掌握关系营销及其本质特征。

2.(2016年,第30题)关系营销认为营销是一个与消费者、竞争者、供应者、分销商、政府机构和社会组织发生互动作用的过程,其基本思想是(　　　)。

A. 系统论　　　　　　B. 控制论　　　　　　C. 社会论　　　　　　D. 道义论

【答案】A

【解析】关系营销基本思想是系统论,所以A选项正确。

【考点】考核《市场营销学》第十八章中第三节"关系营销",要求学生掌握关系营销及其本质特征。

二、多项选择题

1.(2020年,第46题)关系营销把一切内部和外部利益相关者纳入研究范围,用系统的方法考察企业所有活动及其相互关系,其中,利益相关者包括(　　　)。

A. 员工　　　　B. 竞争者　　　　C. 顾客　　　　D. 供销商　　　　E. 影响者

【答案】ABCDE

【解析】企业和利益相关者结成休戚与共的关系,其中利益相关者包括:(1)企业内部关系;(2)企业与竞争者关系;(3)企业与顾客关系;(4)企业与供应商关系;(5)企业与影响者关系。所以ABCDE选项正确。

【考点】考核《市场营销学》第十八章中第三节"关系营销",要求学生掌握关系营销的流程系统。

第四节 营销道德

一、填空题

1.(2018 年,第 54 题)营销道德的最根本的准则,应是维护和增进全社会和人民的＿＿＿＿＿＿。凡有悖于此者,皆属非道德的行为。

【答案】长远利益

【考点】考核《市场营销学》第十八章中第五节"营销道德",要求学生掌握营销道德的最根本的准则。

超纲题归纳

一、单项选择题

1.(2011 年,第 21 题)受到某个因素的影响,企业的订货处理成本与存货的占用成本改变了,该因素是(   )。

   A. 订货点　　　　　B. 订货量　　　　　C. 使用率　　　　　D. 经济批量

【答案】B

【解析】订货成本亦称进货费用,是指从发出订单到收到存货整个过程中所付出的成本。如订单处理成本(包括办公成本和文书成本)、运输费、保险费以及装卸费等。存货成本是存货在订货、购入、储存过程中所发生的各种费用,以及存货短缺造成的经济损失。订货量的改度会影响企业的订货处理成本与存货的占用成本,而订货点与使用率对此没有影响。所以 B 选项正确。

2.(2011 年,第 22 题)造成因果倒置的广告预算方法是(   )。

   A. 竞争对等法　　　B. 目标任务法　　　C. 量力而行法　　　D. 销售百分比法

【答案】D

【解析】销售百分比法是以目前的或预期的销售额的某一个百分比作为设定促销预算的基础,而广告预算是在销售之前进行的工作,所以 D 选项正确。

3.(2011 年,第 23 题)对企业市场营销组合因素所进行的效率审计属于(   )。

   A. 营销职能审计　　B. 营销战略审计　　C. 营销系统审计　　D. 营销组织审计

【答案】A

【解析】营销审计是指对企业的营销环境、目标、战略和行动所进行的全面、系统、独立和定期的检查。营销审计的内容包括六个方面:营销环境审计、营销组织审计、营销战略审计、营销系统审计、营销职能审计和营销能力审计;其中营销职能审计是对营销组合的因素(如产品、价格、分销、人员推销、营销组织),所进行的业绩考核以及广告管理、公共关系效果的审计,主要有营销管理的总体审计、销售管理审计、市场调研管理审计、广告管理审计等内容。所以 A 选项正确。

4.(2012 年,第 14 题)人类的(   )引发生产行为,指示着生产的方向和规模,推动着生产和交换的发展。

   A. 交换需要　　　　B. 消费需要　　　　C. 购买欲望　　　　D. 有效需求

【答案】B

【解析】消费需求是指消费者对以商品和劳务形式存在的消费品的需求和欲望,也正是这个需求推动着生产和交换的发展,所以 B 选项正确。

5.(2013 年,第 30 题)满足市场的需要,创造满意的顾客,是企业最为基本的(   )。

   A. 组织形式　　　　B. 宗旨和责任　　　C. 主要职能　　　　D. 营销观念

【答案】B

【解析】企业组织形式是指企业存在的形态和类型,主要有独资企业、合伙企业和公司制企业三种形式;企业的主要职能包括技术、商业、金融、财务、管理、安全等;企业的营销观念是指企业进行经营决策,组织管理市场营销活动的基本指导思想,也就是企业的经营哲学。它是一种观念,一种态度,或一种企业思维方式。所以本题选择 B.

6.(2017年,第22题)消费者以追求商品或服务的使用价值为主导倾向,这是出于(　　)。

    A. 求新动机　　　　　　B. 求廉动机　　　　　　C. 求实动机　　　　　　D. 求美动机

【答案】C

【解析】消费者以追求商品或服务的使用价值为主导倾向,这是出于求实动机,所以 C 选项正确。

二、多项选择题

1.(2012年,第32题)市场营销部门的主要组织形式有(　　)等。

    A. 职能型组织　　　　　B. 地区型组织　　　　　C. 产品管理型组织　　　D. 市场管理型组织

【答案】ABCD

【解析】市场营销部门的主要组织形式有职能型组织、地区型组织、产品管理型组织、市场管理型组织,所以 ABCD 选项正确。

2.(2016年,第46题)明智的高层领导,心中装有两个上帝,他们分别是(　　)。

    A. 供应商　　　　B. 顾客　　　　C. 分销商　　　　D. 员工　　　　E. 金融机构

【答案】BD

【解析】明智的高层领导,心中装有两个上帝,他们分别是顾客、员工,所以 BD 选项正确。

三、填空题

1.(2011年,第2题)提高服务质量的常用的方法有＿＿＿＿＿＿＿和蓝图技巧。

【答案】标准跟进(或定点超越)

2.(2011年,第9题)一般情况下,生产者应注重应用声誉力、专家力、法定力和付酬力,尽量避免使用＿＿＿＿＿＿＿＿＿＿＿,这样往往容易收到理想的效果。

【答案】胁迫力

四、案例分析题

1.(2012年,第39题)[案例分析原文详见16页]案例中,福特汽车公司坚持了(　　)的新产品开发战略。

    A. 成本导向　　　　　　B. 需求导向　　　　　　C. 差异化导向　　　　　D. 集中化导向

【答案】C

【解析】案例中,福特汽车公司以尽量模仿赛车和降低成本为出发点的新产品开发进入研发程序,而当时市场上一辆赛车的价格都是上万甚至数万美元,所以 C 选项正确。

2.(2013年,第73题)[案例分析原文详见24页]顾客若在周六、周日购买甲品牌冰箱,实际需(　　)。

    A. 2900 元　　　　　B. 2875 元　　　　　C. 2785 元　　　　　D. 2755 元

【答案】D

【解析】本材料中提到"甲品牌售价 2900 元/台,但每逢周六、周日进行促销活动,可按进价销售,进货价差为 5％",即 2900×(1－5％)＝2755 元;所以 D 选项正确。

【考点】考核语言理解能力以及基本数学运算。

3.(2017年,第70题)[案例分析原文详见56页]在周末和节假日,顾客能以哪种价格买到产品甲?(　　)

    A. 428 元　　　　　B. 520 元　　　　　C. 528 元　　　　　D. 588 元

【答案】C

【解析】本材料提到"厂家决定每逢周末和节假日进行促销,以售价的八八折出售",即 600×0.88＝528 元。所以 C 选项正确。

【考点】考核语言理解分析和基本数学运算。

2011年福建省高职高专升本科入学考试
管理类专业知识　试卷参考答案

第一部分　管理学原理(共150分)

一、单项选择题

1～5　DBACB　　　　6～10　BDBCC　　　　11～15　CAADD

二、多项选择题

16. BCD　17. ABC　18. ACDE　19. BC　20. AD

三、简答题

21. 矩阵型组织结构是由纵横两套管理系统组成的矩形组织结构,一套是纵向的职能管理系统,另一套是为完成某项任务而组成的横向项目系统,横向和纵向的职权具有平衡对等性。其优点是:由不同背景、不同技能、不同专业知识的人员为某个特定项目共同工作,一方面可以取得专业化分工的好处,另一方面可以跨越各职能部门获取他们所需要的各种支持活动。资源可以在不同产品之间灵活分配;通过加强不同部门之间的配合和信息交流,可以有效地克服职能部门之间相互脱节的弱点,同时能够增强职能人员直接参与项目管理的积极性,增强矩阵主管和项目人员共同组织项目实施的责任感和工作热情。其缺点是:组织中的信息和权力等资源一旦不能共享,项目经理与职能经理之间势必会为争取有限的资源或因权力不平衡而发生矛盾,这反而会产生适得其反的后果,协调处理这些矛盾必然要牵扯管理者更多的精力,并付出更多的组织成本。另外,一些项目成员接受双重领导,需要具备较好的人际沟通能力和平衡协调矛盾的技能;成员之间还可能会存在任务分配不明确、权责不统一的问题,这同样会影响组织效率。

22. (1)个人利益,人们害怕由于创新所导致的利益损失而抵制创新;

(2)缺乏了解,即使创新的方案能使每个人受益,员工也可能会因为缺乏了解而误解它,进而反对它;

(3)评价差异,组织成员间私有信息的差别会导致人们对创新活动有着与管理者不同的评价和看法,这种评价的差异可能会导致员工抵制创新;

(4)惰性,人们习惯于原来的工作方式,不希望打破现状,使得人们不自觉地产生对于创新的抵制情绪;

(5)团体心理压力,如果一个团队的凝聚力强,而创新会打破现有的同事网络和工作节奏,来自同事的压力就能让其成员反对哪怕是合理的创新。

四、论述题

23. 组织文化是被组织成员广泛认同、普遍接受的价值观念、思维方式、行为准则等群体意识的总称。组织文化在企业运作过程中的作用主要体现在以下三个方面:

(1)整合功能,组织文化通过培育组织成员的认同感和归属感,建立起成员与组织之间的相互信任和依存关系,使个人的行为、思想、感情、信念、习惯及沟通方式与整个组织有机地整合在一起,形成相对稳固的文化氛围,凝聚成一种无形的合力,以此激发出组织成员的主观能动性,并为组织的共同目标而努力。

(2)适应功能,组织文化能从根本上改变员工的旧有价值观念,建立起新的价值观念,使之适应组织外部环境的变化要求。一旦组织文化所提倡的价值观念和行为规范被成员接受和认同,成员就会自觉不自觉地做出符合组织要求的行为选择,倘若违反,则会感到内疚、不安和自责,从而自动修正自己的行为。因此,组织文化具有某种程度的强制性和改造性,其效用是帮助组织指导员工的日常活动,使其能快速地适应外部环境因素的变化。

（3）导向功能,组织文化作为团体共同价值观,与组织成员必须强行遵守的、以文字形式表述的明文规定不同,它是一种软性的理智约束,通过组织的共同价值观不断地向个人价值观渗透和内化,使组织自动生成一套自我调控机制,以一种适应性文化引导着组织的行为和活动。

五、计算题

24.两种方案对应的期望收益分别为:

（1）1000×0.7－200×0.3＝640（万元）

（2）1300×0.7－600×0.3＝730（万元）

因为第二种方案对应的期望值最大,所以选择重新设计产品外观。

25.（1）画出决策树

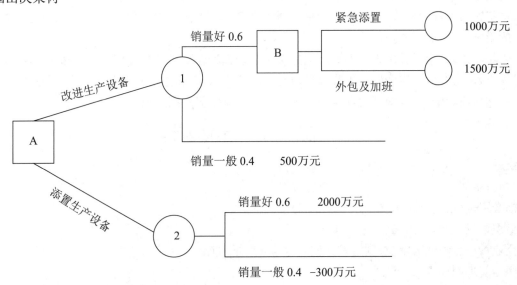

（2）从决策树末端开始求解,先遇到决策点 B

决策点 B 的值＝Max(1000,1500)＝1500（万元）

取方案 2.2 部分生产外包并加班生产

（3）遇到状态点

状态点 1 的期望收益 E1＝0.6×1500＋0.4×500＝1100（万元）

状态点 2 的期望收益 E2＝0.6×2000－0.4×300＝1080（万元）

（4）在决策点 A,由于状态点 1 的期望收益大于状态点 2,因此选择改进生产设备的方案。最后得到的决策方案是:今年采用方案 1,改进生产设备;明年如果销量好,则采用部分生产外包并加班生产的方案;如果销量一般,则维持原有生产方案。

六、案例分析题

26.（1）①公平理论又叫社会比较理论。这种理论主要讨论报酬的公平性对人们工作积极性的影响。员工总是在比较中工作,经常将自己现在的所得和付出与他人以及自己的过去进行比较,由此产生的不公平感将影响到他以后的工作态度及工作付出。

②当员工经过比较感到不公平时,可能会提出增加报酬,也可能会减少付出、改变比较对象,甚至还会出现破坏生产设备或者离职等现象来谋取公平。

③案例中莫力工作积极,成绩突出,但工资、住房等问题没有得到解决,并且也没有合理的解释,因此,莫力认为报酬制度不公平。通过与本单位的职工以及自己的同学比较,莫力觉得自己的报酬比之工作付出和成绩来说太少了。无论是自我、制度还是与他人的对照,都让莫力感到不公平,这最终

导致了他的辞职。

④管理者应加强与员工的沟通,倾听员工意见,了解员工对各种报酬的主观感觉,在心理上降低他们的不公平感。

(2)①期望理论主要内容是:只有当人们预期到某一行为能给个人带来有吸引力的结果时,人们才会采取特定的行动。该理论回答了在面对一种需要的活动时,为什么有的人情绪高昂,而另一些人却无动于衷。根据这一理论的研究,员工对待工作的态度依赖于努力—绩效、绩效—奖赏、奖赏—个人目标三种联系的连续判断。

②期望理论的核心是双向期望,管理者期望员工努力工作;员工期望管理者对其工作及时认可和奖赏。期望理论的基础是自我利益,这种利益可以是物质的,也可以是精神的。管理人员的责任是帮助员工满足其个人需要,同时实现组织目标,使员工的责权能利对等。

③案例中莫力到研究所工作,由于工作上的良好表现和职位的提升,使其对满足物质条件的需求,比如提高工资收入、解决住房问题等产生了很高的期望,并且对于面对即将解决终身大事的莫力来说,这些物质条件的效价也非常高,如果李所长能够满足他这一方面的需求,那么对莫力能够产生很高的激励力,从而挽留他。

④具体来说,李所长应该立即通过项目奖金、岗位津贴等方式在现有工资制度基础上提升莫力的实际收入。此外,住房问题如果难以在短时间内解决,可以通过心理开导、许诺等方式降低他在短期内对住房需求的效价,提高他在未来一定时间内获得住房的期望值。

第二部分　市场营销

一、填空题

1. 时间;空间
2. 标准跟进(或定点超越)
3. 组织市场;消费者市场(或个人市场)
4. 企业核心竞争优势定位;制定发挥核心竞争优势的战略
5. 职能管理制;品牌经理制
6. 需求＝产品
7. 需求导向;竞争者导向
8. 心智网络
9. 胁迫力
10. 德尔菲法(或特尔菲法)

二、单项选择题

11～15　BBDDD　　　　　16～20　DAABD　　　　　21～25　BDAAC

三、多项选择题

26. BC　27. ABDE　28. ABC　29. CDE　30. AC

四、简答题

31. 需求差别定价,也叫价格歧视,就是企业按照两种或两种以上不反映成本费用比例差异的价格销售某种产品或服务。主要有四种形式:

(1)顾客差别定价,即企业按照不同的价格把同一种产品或服务卖给不同顾客;

(2)产品形式差别定价,即企业对不同型号或形式的产品分别制定不同的价格;

(3)产品部位差别定价,即企业对处在不同位置的产品或服务分别制定不同的价格;

(4)销售时间定价,即企业对于不同季节、不同时期甚至不同时点的产品或服务分别制定不同的价格。

试用条件:

(1)市场可以细分,而且细分市场表现出不同的需求程度;

(2)以较低价格购买某种产品的顾客没有可能以较高的价格把产品倒卖给别人；

(3)竞争者没有可能在企业以较高价格销售产品的市场以低价竞销；

(4)细分市场和控制市场的成本费用不得超过因实行价格歧视而得到的额外收入；

(5)价格歧视不会引起顾客反感，放弃购买，影响销售；

(6)采取的价格歧视形式不能违法。

32.(1)在引入期，广告和销售促进的配合使用能促进消费者认识、了解企业产品，产生购买欲望。这一阶段以广告为主要促销形式，以公共关系、销售促进和人员推销为辅助形式。

(2)在成长期，社交渠道的沟通方式产生明显效果，口头传播越来越重要。此时仍需广告宣传，以增进顾客对本企业产品的购买兴趣，同时辅之于人员推销，尽可能扩大购买渠道。

(3)在成熟期，企业为保住现有的市场占有率，应增加促销费，促销活动以增进购买兴趣为主，各种促销工具的重要程度依次是销售促进、广告、人员推销。

(4)在衰退期，企业应把促销规模降到最低限度，以保证足够的利润收入，销售促进应继续成为主要的促销手段，辅之以广告和公关手段。

五、论述题

33.市场细分就是以顾客需求的某些特征或变量为依据，区分具有不同需求的顾客群体的过程。市场细分被西方企业誉为具有创造性的新概念，是企业是否真正树立"以消费者为中心"的市场营销观念的根本标志。对企业营销有以下的作用：

(1)有利于发现市场机会，提高市场占有率。企业营销决策的起点在于发现有吸引力的市场环境机会，进而发展为企业的市场机会，显然这是以市场细分为基础的。通过市场细分，企业一方面可以更准确地发现消费者需求的差异性和需求被满足的程度，更好地发现和抓住市场机会，另一方面可以更好掌握竞争对手在各细分市场的竞争实力，以发挥自己的竞争优势，选择更有效的目标市场。

(2)有利于掌握目标市场的特点。能否正确选择目标市场，直接决定着企业今后一系列的发展战略，是企业今后若干年发展后劲的"先天条件"。不进行市场细分，企业选择目标市场必定是盲目的；不认真地鉴别各个细分市场的需求特点，就不能进行有针对性的市场营销。

(3)有利于制定市场营销组合的策略。市场营销组合是企业综合考虑产品、价格、促销形式和销售渠道等各种因素而制定的市场营销方案，就每一特定市场而言，只有一种最佳组合形式，这种最佳组合只能是市场细分的结果。

(4)有利于提高企业的竞争能力。企业的竞争能力受客观因素的影响而存在差别，但通过有效的市场细分战略可以改变这种差别。通过市场细分，企业可以集中人、财、物和信息等资源条件投入到有限的目标市场，变整体劣势为局部优势，使自己在竞争中立于不败之地。特别是对于中小企业来说，意义更大。

[说明]论述题作用4点，每一点4分，应结合实际进行分析，否则酌情扣分。

六、案例分析

34.D　35.BC　36.D　37.C　38.A

2012年福建省高职高专升本科入学考试
管理类专业知识　试卷参考答案

第一部分　管理学原理

一、单项选择题

1～5　CADBD　　　　6～10　ADBAC　　　　11～15　BBCCA

二、多项选择题

16. ABD　17. ABE　18. BC　19. BCD　20. AB

三、简答题

21. 目标管理是一个全面的管理系统,它用系统的方法把许多关键管理活动结合起来,有意识地瞄准并有效地和高效率地实现组织目标和个人目标。其过程主要包括以下几个环节:

(1)制定目标;(2)明确组织的作用;(3)执行目标;(4)评价成果;(5)实行奖惩;(6)制定新目标并开始新的目标管理循环。

22. 计划在管理的各项职能中具有承上启下的作用,一方面,计划是决策的逻辑延续,为决策所选择的目标活动的实施提供了组织实施保证;另一方面,计划又是组织、领导、控制和创新等职能的基础,是组织内不同部门、不同成员行动的依据。可以从以下四个方面来考察计划的性质:

(1)计划工作为实现组织目标服务;

(2)计划工作是管理活动的桥梁,是组织、领导和控制等管理活动的基础;

(3)计划工作具有普遍性和秩序性;

(4)计划工作要追求效率。

四、论述题

23. (1)这一理论把下属的成熟度作为关键的情景因素,认为依据下属的成熟度水平选择正确的领导方式,决定着领导者的成功。

(2)生命周期理论提出任务行为和关系行为这两种领导维度,并且将每种维度进行了细化,从而组合成四种具体的领导方式,即指导型领导(高任务—低关系);推销型领导(高任务—高关系);参与型领导(低任务—高关系);授权型领导(低任务—低关系)。

(3)当下属的成熟度水平不断提高时,领导者不但可以减少对活动的控制,而且还可以不断减少关系行为。如指导型领导方式,是对低成熟度的下属而言,表示下属需要得到明确而具体的指导。

(4)领导生命周期理念容易理解和直观。但它只针对下属的特征,而没有包括领导行为的其他情景特征。因此它并不是完善的理论,但它对深化领导者和下属之间的研究具有重要的基础作用。管理者在实际管理工作中要根据下属的成熟度来决定领导的方式,同时要考虑其他情景特征。

五、计算题

24. (1)如果决策者对未来持乐观态度,也就意味着他们认为未来产品销路好,所以采用大中取大法来决策。比较三种项目方式,销路好时,改进生产线的收益最高为260万元,因此会选择改进生产线。

(2)如果决策者对未来持悲观态度,也就意味着他们认为未来产品销路差,所以采用小中取大法来决策。比较三种项目方式,销路差时,外包生产的收益最高为20万元,因此会选择外包生产。

(3)最小最大后悔值法

单位：万元

项　　目	销量好	销量一般	销量差	最大后悔值
(1)改进生产线	0	40	120	120
(2)新建生产线	40	0	80	80
(3)外包生产	140	150	0	150

其中第二种方案对应的最大后悔值最小，所以选择新建生产线的方案。

六、案例分析题

25.(1)①组织文化是组织在长期的实践活动中所形成的并且为组织成员普遍认可和遵循的具有本组织特色的价值观念、团体意识、工作作风、行为规范和思维方式的总和。

②组织文化的功能主要体现在以下三个方面：

整合功能，组织文化通过培育组织成员的认同感和归属感，使个人的行为、感情、信念等与组织有机地整合在一起，形成相对稳定的文化氛围，凝聚成一种无形的合力；适应功能，组织文化能根本上改变员工的旧有价值观念，建立起新的观念，使之适应组织内外部环境的要求；导向功能，组织文化作为团体共同的价值观，是一种软性的约束，不断地向个人价值观渗透，引导组织活动和员工行为。

案例中，T公司初期的成功就在于文化整合了公司资源、经营模式和个人的利益，所以能够带动员工和经销商的热情，并且形成稳固的"商人"文化。这种文化适应组织的经销模式和外部环境，让企业的每个环节都成为一个"商人"，快速适应环境，所以能够实现销量的快速发展和企业的行业地位。但是当企业开始转型时，这种文化对员工和组织的导向作用却起了阻碍变革的作用。因为"商人"文化引导下的员工更关注短期利益，不愿在品牌积累和长期市场开发上下功夫；此外，商人之间是交易关系，这使得业务员对公司忠诚度极差，很容易造成人才和资源的流失。

(2)①组织变革就是组织根据内外环境的变化，及时对组织中的要素进行结构性变革，以适应未来组织发展的要求。

②无论是个人还是组织都有可能对变革形成阻力，变革成功的关键在于尽可能消除阻碍变革的各种因素，缩小反对变革的力量，使变革的阻力尽可能降低，必要时还应该运用行政的力量保证组织变革的顺利进行。关键做好以下三个方面的变革管理：客观分析变革的推力和阻力的强弱；创新组织文化；创新策略方法和手段。

③案例中，T公司就是进行企业战略变革时面临各方面的阻力，包括员工关注短期利益的行为与企业长远发展和品牌建设的战略冲突，员工短期利益受损而跳槽，医院和医生的资源如何从业务员转移到公司。

④根据组织变革管理的理论，可以从以下三个方面入手：第一，分析变革导致的员工短期利益和资源受损的程度；第二，通过策划、宣导逐步淡化和改变企业原有的"商人"文化，重塑适合企业长远发展的团队建设、实干、创新等方面的文化属性；第三，对关键员工的短期利益和资源受损进行物质补偿，同时进行价值观的改造，以长远的利益为引导，降低变革的阻力。

第二部分　市场营销

一、填空题

1.交换关系

2. 消费者;生产者

3. 顾客满意

4. 实际价值

5. 创造价值时

6. 市场营销环境

7. 组织市场

8. 市场细分

9. 沟通信息

10. 整合营销

11. 推式;拉式

12. "市场成长率/市场占有率"矩阵

13. SWOT 分析法

二、单项选择题

14~18 BABCB   19~23 CADDB

三、多项选择题

24. ABCD 25. ABCD 26. ABC 27. ABC 28. ABC 29. ABC 30. ABCD 31. ABCD 32. ABCD

33. ABCD

四、简答题

34. (1)改变认知成分。包括:

①改变信念;②改变属性的权数;③增加新属性;④改变理想点。

(2)改变情感成分。包括:

①经典型的条件反射。企业将消费者喜爱的某种刺激与品牌名称放在一起展示,多次反复就会将该刺激产生的正面情感转移到品牌上来。

②激发对广告本身的情感。消费者如果喜爱一则广告,也能导致对产品的正面情感,进而提高购买参与度,激发有意识的决策过程。

③激发消费者对品牌的接触。大量的品牌接触能增加消费者对品牌的好感。

(3)改变行为成分。在改变消费者的认知或情感之前改变其行为的主要途径是运用操作性条件反射原理。营销人员的关键任务是促使消费者使用或购买本企业产品并确保产品的优异质量和功能,使消费者感到购买本产品是值得的。

35. (1)识别竞争者。企业可以从行业结构和业务范围导向两个方面来识别竞争者,并对竞争者进行"强"与"弱"、"远"与"近"、"好"与"坏"的区分。

(2)判定竞争者的战略和目标。企业要对竞争者在利润最大化这一最终目标之下采用的具体的战略目标及其组合进行判别。

(3)评估竞争者的优势与劣势。评估竞争者可分为三步:收集资料、分析评价和定点超越。

(4)评估竞争者的反应模式。了解竞争者的经营哲学、内在文化、主导信念和心理状态,可以预测他对各种竞争行为的反应。

五、论述题

36. 市场细分就是以顾客需求的某些特征或变量为依据,区分具有不同需求的顾客群体过程。

对企业营销有以下作用:

(1)有利于发现市场机会,提高市场占有率。通过市场细分,企业一方面可以更准确地发现消费者需求的差异性和需求被满足的程度,更好地发现和抓住市场机会,另一方面可以更好掌握竞争对手在各细分市场的竞争实力,以发挥自己的竞争优势,选择更有效的目标市场。

(2)有利于掌握目标市场的特点。能否正确选择目标市场,直接决定着企业今后一系列的发展战略,是企业今后若干年发展后劲的"先天条件"。

(3)有利于制定市场营销组合的策略。

(4)有利于提高企业的竞争能力。企业的竞争能力受客观因素的影响而存在差别,但通过有效的市场细分战略可以改变这种差别。

市场细分的原则:

(1)可衡量性。是指表明该细分市场特征的有关数据资料必须能够加以衡量和推算。

(2)可实现性。企业所选择的目标市场是否易于进入,根据企业目前的人、财、物和技术等资源条件能否通过适当的营销组合策略占领目标市场。

(3)可盈利性。所选择的细分市场有足够的需求量且有一定的发展潜力,使企业赢得长期稳定利润。

(4)可区分性。不同细分市场的特征可清楚地加以区分。

六、案例分析题

37. C　38. A　39. C　40. A　41. B

2013年福建省普通高职(专科)专升本招生统一考试
管理类专业基础课 试卷参考答案

一、单项选择题

1～5 DBACB   6～10 ACAAC   11～15 DCDAA   16～20 CBBAD

21～25 DCBAA   26～30 ABABB

二、多项选择题

31.ABC 32.ABD 33.ABC 34.AD 35.BD 36.ABCDE 37.ABCDE 38.ABCDE 39.CD

40.ABD 41.CD 42.BCDE 43.ABC 44.BE 45.BCDE 46.ABD 47.ABCDE 48.BCDE

49.CDE 50.CDE

三、填空题

51.欲望

52.非货币交易

53.低营销

54.市场营销观念

55.市场细分

56.潜在产品

57.销售包装

58.独家分销

59.实践培训

60.销售促进

四、简答题

61.在组织设计的过程中,应遵循的五个最基本的原则是:

(1)专业化分工的原则;

(2)统一指挥原则;

(3)控制幅度原则;

(4)权责对等原则;

(5)柔性经济原则。

62.强化理论是美国心理学家斯金纳首先提出的。该理论认为人的行为是其所获刺激的函数。如果这种刺激对他有利,这种行为会重复出现;若对他不利,这种行为会减弱直至消失。因此管理者要采取各种强化方式,以使人们的行为符合组织的目标。根据强化的性质和目的,可以分为两大类型,正强化和负强化。

63.企业目标市场战略包括三种模式。

(1)无差异营销战略;

(2)差异性营销战略;

(3)集中性市场战略。

企业根据企业能力、产品同质性、产品寿命周期阶段、市场的类同性和竞争者战略等条件来选择目标市场战略。

64.企业降价的主要原因:

(1)企业的生产能力过剩,需要扩大销售;

(2)在强大竞争者的压力之下,企业的市场占有率下降;

(3)企业的成本费用比竞争者低,企图通过降价来掌握市场或提高市场占有率。

企业提价的主要原因:

(1)由于通货膨胀,物价上涨,企业成本费用提高;

(2)企业的产品供不应求,不能满足其所有顾客的需要。

五、论述题

65.计划编制本身是一个过程,一般由以下8个工作步骤组成:

(1)确定目标:确定目标是决策工作的主要任务。目标是指期望的成果。目标为组织整体、各部门和各成员指明了方向、描绘了组织未来的状况,并且作为标准可用来衡量实际的绩效,计划工作主要任务是将决策所确立的目标进行分解,以便落实到各个部门、各个活动环节,并将长期目标分解为各个阶段的目标。

(2)认清现在:认识现在的目的在于寻求合理有效的通向对岸的路径,也即实现目标的途径,认清现在不仅需要有开放的精神,将组织、部门置于更大的系统中,而且要有动态的精神,考查环境、对手与组织自身随时间的变化与相互间的动态反应。

(3)研究过去:研究过去不仅是从过去发生过的事件中得到启示和借鉴,更重要的是探讨过去通向现在的一些规律。

(4)预测并有效地确定计划的重要前提条件:其重要性不仅在于对前提条件认识越清楚、越深刻,计划工作越有效,而且在于组织成员越彻底地理解和同意使用一致的计划前提条件,企业计划工作就越加协调。

(5)拟定和选择可行性行动计划,包括三个内容:拟定可行性行动计划、评估计划和选定计划。

(6)制定主要计划:拟定主要计划就是将所选择的计划用文字形式正式地表达出来,作为一项管理文件。拟写计划要清楚地确定和描述5W1H的内容。

(7)制定派生计划:基本计划几乎肯定需要派生计划的支持。

(8)制定预算,用预算使计划数字化,编制预算,一方面是为了计划的指标体系更加明确,另一方面是企业更易于对计划执行进行控制。

66.包装的主要策略有:

(1)类似包装策略,主要指企业生产经营的所有产品,在包装外形上都采取相同或相近的设计,使消费者通过类似的包装联想起这些商品同一企业的产品,具有同样的质量水平,可以节省设计成本,树立企业整体形象,扩大企业影响,带动新产品销售。

(2)等级包装策略,主要指企业对自己生产经营的不同质量等级的产品分别设计和使用不同的包装,能够适应不同需求层次消费者的购买心理,便于消费者识别、选购商品,从而有利于全面扩大销售。

(3)分类包装策略,是指根据消费者购买目的的不同,对同一种产品采用不同的包装,与等级包装策略一样,能满足不同层次购买者的需要。

(4)配套包装策略,是指企业将几种有关联性的产品放置在同一包装物内的做法。节约交易时间,便于消费者购买、携带与使用,有利于扩大产品销售和新产品进入市场。

(5)再使用包装策略,指包装物在产品消费完毕后还能移做他用的做法,能增加包装的用途,刺激消费者的购买欲望,扩大产品销售,对产品有延伸宣传的功效。

(6)附赠品包装策略,是指在包装物内附有赠品以诱发消费者重复购买的做法。能够刺激需求,同时也是一种有效的营业推广方式。

(7)更新包装策略,是指企业包装策略随着市场需求的变化而改变的做法。

六、计算题

67.(1)方案1:大批生产的期望值:20×0.3+14×0.5+(-2)×0.2=12.6(万元)

(2)方案2:中批生产的期望值:17×0.3+12×0.5+10×0.2=13.1(万元)

(3)方案3:小批生产的期望值:10×0.3+8×0.5+6×0.2=8.2(万元)

(4)进行抉择:由于方案二的期望值最大,所以选择中批生产这一方案。

七、案例分析题

(一)68.B 69.C 70.C 71.C 72.B

(二)73.D 74.B 75.D 76.C 77.B

2014年福建省普通高职(专科)专升本招生统一考试
管理类专业基础课 试卷参考答案

一、单项选择题

1～5　ADBCB　　　　6～10　ABAAA　　　　11～15　DBDAB　　　　16～20　ACDCB

21～25　DBDAC　　　　26～30　BBACD

二、多项选择题

31.CD　32.ABCE　33.ABDE　34.AB　35.AD　36.ACDE　37.ACD　38.BCD　39.ABE

40.CDE　41.ABCDE　42.CDE　43.ABD　44.ACE　45.ABCE　46.ABC

三、填空题

47.需求管理

48.中间商市场

49.刺激—反应

50.经验来源

51.需求偏好

52.扩大总需求

53.品牌标志

54.最佳顾客服务;最低配送成本(答案顺序可以调换)

55.公共关系;销售促进(或营业推广)(答案顺序可以调换)

56.成本;便利(答案顺序可以调换)

四、简答题

57.美国行为科学家谢恩归纳了人性的四种假设:

经济人:人受经济利益所驱动。

社会人:人受社会关系影响。

自我实现人:人有实现自我人生价值的需求。

复杂人:一个人不同的时间、地点、环境,其需求不同;不同人有复杂多样的需求。

58.(1)生理需要;

(2)安全需要;

(3)社会需要;

(4)尊重需要;

(5)自我实现的需要。

59.(1)新产品构思;

(2)筛选新产品构思;

(3)产品概念的形成与测试;

(4)初拟营销规划;

(5)进行商业分析;

(6)新产品研制;

(7)市场试销;

(8)商业性投放。

60.(1)顾客特性;

(2)产品特性;

(3)中间商特性;

(4)竞争特性;

(5)企业特性,包括考虑企业总体规模、资金实力、产品组合、渠道经验、营销政策;

(6)环境特性。

五、论述题

61.(1)保健因素和激励因素

(2)保健因素:工资、奖金、待遇等

激励因素:工作、表彰、培训进修、晋升等

(3)一般人理解:满意的对立面是不满意

赫兹伯格认为:满意的对立面是没有满意;不满意的对立面是没有满意。多了一个中间概念。

(4)运用保健因素解除员工的满意;运用激励因素使员工满意。

62.促销的作用主要有:

(1)传递信息,强化认知;

(2)突出特点,诱导需求;

(3)指导消费,扩大销售;

(4)滋生偏爱,稳定销售。

企业在制定促销组合和促销策略时应考虑以下因素:

(1)促销目标;

(2)产品因素;

(3)市场条件;

(4)促销预算。

六、计算题(本大题共 26 分)

63.(1)选择畅销 300 进行扩建

选择滞销 10 维持现状

(2)①扩建 300×0.6+120×0.3+(−70)×0.1=209(万元)

②技术改造 150×0.6+100×0.3+(−30)×0.1=117(万元)

③维持现状 80×0.6+30×0.3+10×0.1=58(万元)

④由于方案 1 的期望值最大,所以选择扩建这一方案。

七、案例分析题

(一)64.C 65.D 66.B 67.B 68.D

(二)69.B 70.C 71.A 72.C 73.D

2015年福建省普通高校专升本招生考试
管理类专业基础课　试卷参考答案

一、单项选择题

1～5　BACDB　　　　6～10　DCADC　　　11～15　ACBAB　　　16～20　CAADC

21～25　BCADB　　　26～30　DDACB

二、多项选择题

31. AC　32. BDE　33. AC　34. ACDE　35. ACD　36. ABE　37. BDE　38. BCD　39. ACDE

40. ABD　41. BE　42. ABDE　43. BCDE　44. ABD　45. BCDE　46. CD　47. ABC　48. ACD

49. ABD　50. CD

三、填空题

51. 经营战略

52. 配套

53. 市场利基者

54. 新产品构思

55. 增加顾客购买总价值降低；顾客购买总成本

56. 市场；法律

57. 直接变量；成本需求因素

四、简答题

58. 罗伯特·豪斯发展的一种领导权变理论,认为:最有效的领导方式是领导者采取种种步骤去设计一种环境,使群体成员潜在地或明显地受到动机的激励,并能对它做出有效的响应。豪斯认为领导方式有四种:

(1)指导型让下级知道领导对他们的期望以及他们完成工作的时间安排,并对完成工作给予具体的指导;

(2)支持型表现出对下属需要的关怀;

(3)参与型共同磋商,并在决策前充分考虑他们的建议;

(4)成就挑战型设立目标并希望下属努力达到。

与费德勒的权变理论不同之处在于,豪斯认为领导的风格是灵活的,同一领导者可以根据情景的不同表现出不同的领导风格。

路径—目标理论提出了两类情境变量作为领导行为—结果关系的中间变量:

(1)环境因素:任务结构、正式权力和工作群体;

(2)个人特点:控制点、经验和知觉能力。

理论指出:当环境因素与领导者行为重复或领导者行为与下属特点不一致时,效果均不佳。

例如,任务不明或压力过大时,指导型的领导导致致高的满意度;知觉能力和经验丰富的下属,指导型领导被视为累赘多余;权力型官僚化的组织,领导应表现出支持行为。

59. (加以简单的扩充)

(1)制定目标;

(2)明确组织作用;

(3)执行目标;

(4)评价成果;

(5)实行奖惩;

(6)制定新目标并开始新的目标管理循环。

60. 营销调研的过程,通常包括五个步骤:确定问题与调研目标、拟定调研计划、收集信息、分析信息、提出结论。

61. 目标市场是企业打算进入的细分市场或打算满足的具有某一需求的顾客群体。企业选择目标市场时,有五种可供考虑的市场覆盖模式:市场集中化、选择性专业化、产品专业化、市场专业化、市场的全面化。

五、论述题

62. (加以必要的扩充)

(1)工作能力

(2)工作性质和内容

①主管所处的管理层次

②下属工作的相似性

③计划完善程度

④非管理事务的多少

(3)工作条件

①助手配备情况

②信息手段配备情况

③工作地点相似性

(4)工作环境

63. 衰退期的市场特点:产品销售量缓慢下降;价格已下降到最底水平;多数企业无利可图,被迫退出市场;逐渐减少产品附带服务,削减促销预算等,以维持最低水平的经营。

衰退期的营销策路:

集中策略:把资源集中使用在最有利的细分市场,最有效的销售渠道和最易销售的品种款式上;

维持策略:保持原有细分市场和营销组合策略,把销售维持在一个低水平上;

榨取策略:大大降低销售费用,争取在销售量下降时,仍可增加眼前利润。

六、计算题

64. 方案1:

每年获利的期望为:$E(x)=100\times0.7-20\times0.3=64$(万元)

在服务期内获净利:$64\times10-300=340$(万元)

平均每年获净利:$340\div10=34$(万元)

方案2:

每年获利的期望为:$E(x)=40\times0.7+30\times0.3=37$(万元)

在服务期内获净利:$37\times10-140=230$(万元)

平均每年获净利:$230\div10=23$(万元)

方案3:

前3年建小厂,依据方案2,3年共获利:$36\times3=108$(万元)

销路好的概率为0.7,后7年建厂的概率为0.7。

后7年每年获利的期望为:$E(x)=95\times0.7=66.5$(万元)

在服务期内获净利:$108+66.5\times7-140-200=233.5$(万元)

平均每年获净利:$233.5\div10=23.35$(万元)

比较每年获净利,方案1最佳。

七、案例分析题

(一)65. A 66. C 67. A 68. B 69. D

(二)70. A 71. A 72. B 73. B 74. C

2016 年福建省普通高校专升本招生考试
管理类专业基础课　试卷参考答案

一、单项选择题

1～5　BBCAB　　　6～10　CACCD　　　11～15　BBCCD　　　16～20　DBCCB

21～25　CBABB　　　26～30　AADCA

二、多项选择题

31. ACE　32. ABC　33. CDE　34. ABCDE　35. AE　36. ABC　37. DE　38. ABCDE　39. ABCD

40. ABCDE　41. ABCDE　42. ABCE　43. ACDE　44. ABCE　45. ABCD　46. BD

三、填空题

47. 未满足的需求

48. 核心产品

49. 使用在先；注册在先

50. 需求导向；竞争导向

51. 单件运输包装；集合运输包装

52. 全国性广告；地区性广告

53. 系统购买

54. 推式策略；拉式策略

四、简答题

55. 法约尔提出了一般管理的 14 条原则包括：

(1)劳动分工；

(2)权力与责任；

(3)纪律；

(4)统一指挥；

(5)统一领导；

(6)个人利益服从整体利益；

(7)人员报酬；

(8)集中；

(9)等级制度；

(10)秩序；

(11)公平；

(12)人员稳定；

(13)首创精神；

(14)团队精神。

56. 绩效评估的步骤主要包括：

(1)确定特定的绩效评估目标；

(2)确定考评责任者；

(3)评价业绩；

(4)公布考评结果，交流考评意见；

(5)根据考评结论，将绩效评估结论备案。

57. 确认问题、信息收集、方案评价(含产品属性、属性权重、品牌信念和效用要求)、购买决策和购后评价。

58.地域市场战略、消费群细分战略、产品差异化战略、技术壁垒战略、创新营销模式战略。

五、论述题

59.组织层级受到组织规模和组织幅度的影响,它与组织规模成正比:组织规模越大,包括的成员越多,则层次越多。在组织规模已定的条件下,它与组织幅度成反比:主管直接控制的下属越多,组织层级越少,相反,组织幅度减少,则组织层级增加。组织层级与组织幅度的反比关系决定了两种基本的管理。组织结构形态:扁平式组织结构和锥形式组织结构。

扁平式组织结构特点:管理层次少,管理幅度大。优点:信息传递快、决策执行效率高、有利于调动下属工作积极性。缺点:幅度大,领导者不能有效控制指导和监督;可能影响信息的及时利用。

锥形式组织结构即高耸组织结构,特点:管理层次多,管理幅度小。优点:管理严密、分工明确、易于协调。缺点:管理人员多,易造成官多兵少,协调工作会大量增加,有可能会出现职能交叉,推诿扯皮,管理严密,等级森严,影响下属积极性。

60.主要因素:

(1)成本因素:生产成本、流通费用、利润、税金等;

(2)市场因素:供求关系与价格、需求价格弹性、需求收入弹性等;

(3)产品因素:产品差价与比价、产品生命周期所处阶段;

(4)定价目标:追求利润最大化、提高市场占有份额、适应价格竞争、维持正常营业水平等;

(5)国家政策因素。

定价策略:

(1)撇脂定价策略;

(2)渗透定价策略;

(3)满意定价策略。

六、计算题

61.(1)若用小中取大悲观法来决策,从表中收益数据可知,甲方案最小收益值为－25万元,乙方案的最小收益值为25万元,丙方案的最小收益值为10万元,经过比较,乙方案的最小收益值最大,因此选择乙方案。

(2)若用大中取大乐观法来决策,从表中收益数据可知,甲方案的最大收益值为120万元,乙方案的最大收益值为80万元,丙方案的最大收益值为100万元,经过比较,甲方案的最大收益值最大,因此选择甲方案。

(3)若用最小最大后悔值法,从表中计算结果可以计算出后悔值为:

单位:万元

方案	需求量较高	需求量一般	需求量较低	需求量很低
甲方案	0	0	15	50
乙方案	40	35	0	0
丙方案	20	25	10	15

经过比较,甲方案的最大后悔值为50万元,乙方案的最大后悔值为40万元,丙方案的最大后悔值为25万元。根据计算原则,丙方案的最大后悔值最小,因此选择丙方案。

七、案例分析题

(一)62.C 63.D 64.A 65.B 66.C

(二)67.C 68.D 69.B 70.D 71.A

2017 年福建省普通高校专升本招生考试
管理类专业基础课　试卷参考答案

一、单项选择题

1～5　BCADC　　　6～10　ABAAD　　　11～15　BCDDC　　　16～20　ACBBD

21～25　ACDAA　　26～30　BACDB

二、多项选择题

31.ABC　32.ACD　33.ABC　34.ABD　35.ABCDE　36.BCD　37.AB　38.BDE　39.AB

40.BCDE　41.AD　42.ABCDE　43.BC　44.ABCD　45.ABCDE　46.ABC

三、填空题

47.满足需求和欲望

48.绩效;期望

49.微观环境;宏观环境

50.恩格尔系数

51.批发商;零售商

52.外求发展

53.外包装;大包装

54.固定成本;变动成本

四、简答题

55.管理的主要职能有决策与计划、组织、领导、控制和创新,它们之间的关系是:

(1)决策是计划的前提,计划是决策的逻辑延续。管理者在行使其他管理职能的过程中总会面临决策和计划的问题,决策和计划是其他管理职能的依据。

(2)组织、领导和控制旨在保证决策的顺利实施。

(3)创新贯穿于各种管理职能和各个组织层次之中。

56.管理方格论是研究企业的领导方式及其有效性的理论,该理论认为,任何领导在工作中都有其惯常的行为倾向,即以工作为导向和以人为导向。

理论的提出者布莱克和莫顿用一张九等分的方格图组成一个两维矩阵,纵横组成 81 个小方格,每一个小方格代表一种领导方式,评价领导者时,按照其两方面的行为,寻找交叉点,这个交叉点就是他的类型,其中有五种典型的领导行为类型:

第一种:(1,1)型,又称为"贫乏型管理";

第二种:(1,9)型,又称为"乡村俱乐部型管理";

第三种:(9,1)型,又称为"任务型管理";

第四种:(5,5)型,又称为"中庸之道型管理";

第五种:(9,9)型,又称为"团队型管理"。

57.菲利普·科特勒等营销学者认为,五个层次的表述方式能够更加深刻和更准确地表述出产品整体概念的含义。

(1)核心产品;(2)形式产品;(3)期望产品;(4)延伸产品;(5)潜在产品。

58.推销对象是人员推销活动中接受推销的主体,是推销人员说服的对象,主要有三类:

(1)向消费者推销;(2)向生产用户推销;(3)向中间商推销。

人员推销的基本策略包括:

(1)试探性策略,又称为"刺激—反应策略";(2)针对性策略,又称为"配方—成交策略";(3)诱导性策略,又称为"诱发—满足策略"。

五、论述题

59.控制的目的是保证企业活动符合计划的要求,以有效地实现预定目标。有效的控制应具有下述特征:

(1)适时控制:企业经营活动中产生的偏差只有及时采取措施加以纠正,才能避免偏差的扩大,或防止偏差对企业不利影响的扩散。

(2)适度控制:是指控制的范围、程度和频度要恰到好处。这种恰到好处的控制要注意以下几个方面的问题:①防止控制过多或控制不足;②处理好全面控制与重点控制的关系;③使花费一定费用的控制得到足够的控制收益。

(3)客观控制:控制工作应该针对企业的实际状况,采取必要的纠偏措施,或促进企业活动沿着原先的轨道继续前进。因此,有效的控制必须是客观的、符合企业实际的。

(4)弹性控制:企业在生产经营过程中经常可能遇到某种突发的、无力抗拒的变化,这些变化使企业计划与现实条件严重背离。有效的控制系统应在这样的情况下仍然发挥作用,维持企业的运营,也就是说,应该具有灵活性或弹性。

60.影响消费者购买行为的外在因素有:

(一)文化因素。

(1)文化指人类在生活实践中建立起来的价值观念、道德、信仰、理想和其他有意义的象征的综合体;

(2)亚文化指某一局部的文化现象,包含民族、宗教、种族和地理亚文化群;

(3)社会阶层是社会学家根据职业、收入来源、教育水平、价值观和居住区域对人们进行的一种社会分类,是按层次排列的、具有同质性和持久性的社会群体。

(二)相关群体,又称为参考群体或参照群体,指一个人在认知、情感的形成过程和行为的实践过程中用来参照标准的某个人或某些人的集合。相关群体对消费者行为产生三种影响,分别是:

(1)信息性影响;(2)功利性影响;(3)价值表现的影响。

(三)家庭,消费者以个人或家庭为单位购买产品,家庭成员和其他有关人员在购买活动中往往由家庭特点决定,家庭特点可以以家庭权威中心点、家庭成员的文化与社会阶层等方面分析。

(四)角色身份,个人的角色身份随着所处环境的不同而改变,在不同的环境中扮演不同的社会角色,塑造不同的自我,具有不同的行为。

六、计算题

61.(1)小中取大法

小中取大法指的是决策者对未来持悲观态度,认为未来会出现最差的情况。决策时,对各种方案都按它的最低收益考虑,然后比较哪种方案的最低收益最高。

案例中三种方案的最小收益分别是－25万元、－5万元、10万元,其中第三种方案对应的收益值最大,所以选择改建的方案。

(2)大中取大法

大中取大法指的是决策者对未来持乐观态度,认为未来会出现最好的情况。决策时,对各种方案都按它的最高收益考虑,然后比较哪种方案的最高收益最高。

案例中三种方案的最大收益分别是55万元、42万元、33万元,其中第一种方案对应的收益值最大,所以选择新建的方案。

(3)最小最大后悔值法

决策者在选择了某方案后,若事后发现客观情况并未按自己预想的发生,会为自己事前的决策而后悔。按最小最大后悔值法选择方案可使决策者最大幅度减轻可能产生的后悔程度。

第一步:计算每个方案在每种情况下的后悔值:

新建方案后悔值分别是0、2、35,其中最大后悔值为35;

扩建方案后悔值分别是13、0、15,其中最大后悔值为15;

改建方案后悔值分别是22、3、0,其中最大后悔值为22。

比较三种方案最大后悔值,其中最小的是扩建方案15,所以选择扩建方案。

七、案例分析题

(一)62. D　63. B　64. A　65. C　66. C

(二)67. A　68. A　69. B　70. C　71. D

2018年福建省普通高校专升本招生考试
管理类专业基础课　试卷参考答案

一、单项选择题

1～5　ACBBC　　　　6～10　DDACB　　　　11～15　DACBA　　　　16～20　DABDA

21～25　BDCAB　　　26～30　ACCAD

二、多项选择题

31.ABCDE　32.ABCE　33.CE　34.ABCDE　35.ACD　36.ABDE　37.BCD　38.AD　39.ABC

40.ABDE　41.BDE　42.ABCDE　43.DE　44.CD　45.BCE　46.AC

三、填空题

47.系统研究法

48.产品价值；人员价值（顺序可调）

49.一体化成长战略

50.直接重购；修正重购（顺序可调）

51.描述性调研；因果关系调研（顺序可调）

52.服务差别化战略；人员差别化战略（顺序可调）

53.距离跟随者；选择跟随者（顺序可调）

54.长远利益

四、简答题

55.类型：按照组织变革的不同侧重，可分为以下四种：战略性变革、结构性变革、流程主导性变革、以人为中心的变革。

目标：使组织更具环境适应性，使管理者更具环境适应性，使员工更具环境适应性。

56.绩效评估的方法有传统和现代两大类。传统的方法主要有：个人自我评价法、小组评议法、工作标准法、业绩表评估法、排列评估法、平行对比评估法等。现代绩效评估更多采用目标管理法。

57.(1)发起者；

(2)影响者；

(3)决定者；

(4)购买者；

(5)使用者。

58.市场细分是企业是否真正树立"以消费者为中心"的市场营销观念的根本标志。

(1)有利于发现市场机会；

(2)有利于掌握目标市场的特点；

(3)有利于制定市场营销组合策略；

(4)有利于提高企业的竞争能力。

五、论述题

59.成功的创新要经历以下四个阶段的努力：

(1)寻找机会

创新是对原有秩序的破坏，创新活动是从发现和利用原有秩序内部或对其有影响的外部的不协调现象开始的,不协调为创新提供了契机。

(2)提出构想

敏锐地观察到不协调现象的产生以后,还要透过现象究其原因,并据此分析和预测不协调的未来变化趋势,估计它们可能给组织带来的积极或消极后果,在此基础上,努力利用机会或将威胁转换成为机会,提出多种解决问题、消除不协调,使系统在更高层次实现平衡的创新构想。

(3)迅速行动

创新成功的秘密主要在于迅速行动。提出的构想可能还不完善,甚至可能很不完善,但这种并非十全十美的构想必须立即付诸行动才有意义。创新的构想只有在不断地尝试中才能逐渐完善,企业只有迅速地行动才能有效地利用"不协调"提供的机会。

(4)坚持不懈

构想经过尝试才能成熟,而尝试是有风险的,是不可能"一打就中"的,是可能失败的。创新的过程是不断尝试、不断失败、不断提高的过程。因此,创新者在开始行动以后,为取得最终的成功,必须坚定不移地继续下去,决不能半途而废,否则便会前功尽弃。

60.企业的微观营销环境包括企业本身、市场营销渠道企业、顾客、竞争者和社会公众。

(1)企业本身。企业为开展营销活动,必须设立某种形式的营销部门,营销部门不是独立存在的,它还面对其他职能部门以及高层管理部门。这些部门的业务状况如何,它们与营销部门的合作以及它们之间是否协调发展,对营销决策的制定与实施影响极大。

(2)营销渠道企业。①供应商,是向企业及其竞争者提供生产经营所需资源的企业或个人;②营销中间商,主要是协调企业促销、促销和经销其产品给最终购买者的机构,包括中间商(商人中间商、代理中间商)、营销服务机构、财务中介机构、实体分配公司。

(3)顾客,就是企业的目标市场,是企业服务的对象,也是企业营销活动的出发点和归宿。

(4)竞争者。企业不能独占市场,都会面对形形色色的竞争对手。

(5)社会公众,指企业实现营销目标的能力有实际或潜在利害关系和营销力的团体或个人。主要有融资公众、媒介公众、政府公众、社团公众、社区公众、一般公众和内部公众等。

六、计算题

61.(1)采用最小最大后悔值法来决策时,其步骤如下:

①计算每个方案在每种情况下的后悔值,后悔值＝该情况下的各方案中的最大收益－该方案在该情况下的收益。

甲产品:

畅销的后悔值＝90－90＝0

一般的后悔值＝45－40＝5(万元)

滞销的后悔值＝10－(－40)＝50(万元)

乙产品:

畅销的后悔值＝90－50＝40(万元)

一般的后悔值＝45－30＝15(万元)

滞销的后悔值＝10－(－15)＝25(万元)

丙产品:

畅销的后悔值＝90－60＝30(万元)

一般的后悔值＝45－45＝0

滞销的后悔值＝10－(－25)＝35(万元)

丁产品：

畅销的后悔值＝90－45＝45(万元)

一般的后悔值＝45－20＝25(万元)

滞销的后悔值＝10－10＝0

如下表所示：

单位:万元

方　案	畅销	一般	滞销
甲产品	0	5	50
乙产品	40	15	25
丙产品	30	0	35
丁产品	45	25	0

②找出各方案的最大后悔值。

甲产品的最大后悔值是 50 万元;乙产品的最大后悔值是 40 万元;丙产品的最大后悔值是 35 万元;丁产品的最大后悔值是 45 万元。

③找出最大后悔值中最小的方案。

通过比较②中各方案的数据,丙产品的最大后悔值最小。

所以选择丙产品。

(2)甲产品预期损益值:90×0.3+40×0.5+(−40)×0.2＝39(万元)

乙产品预期损益值:50×0.3+30×0.5+(−15)×0.2＝27(万元)

丙产品预期损益值:60×0.3+45×0.5+(−25)×0.2＝35.5(万元)

丁产品预期损益值:45×0.3+20×0.5+10×0.2＝25.5(万元)

故甲产品预期损益值最大,选甲产品。

七、案例分析题

(一)62.A　63.D　64.D　65.B　66.A

(二)67.B　68.A　69.C　70.D　71.C

2019年福建省普通高校专升本招生考试
管理类专业基础课　试卷参考答案

一、单项选择题

1～5　BDABC　　　　　6～10　ACDCB　　　　11～15　ADCAB　　　　16～20　BAABD

21～25　CADAA　　　26～30　BCDDC

二、多项选择题

31. BCE　32. ABD　33. ABCDE　34. ABC　35. BCD　36. BE　37. ABCD　38. ACDE　39. ACDE

40. ABCD　41. ABCDE　42. ABCD　43. ABCDE　44. ABCDE　45. CD　46. DE

三、填空题

47. 需要;欲望(顺序可调)

48. 企业利益

49. 意见领袖;意见领导者(顺序可调)

50. 越低;越高

51. 个性倾向性;个性心理特征(顺序可调)

52. 观察法;实验法(顺序可调)

53. 成本的经济性

54. 沟通信息

四、简答题

55. 泰罗的科学管理理论主要包括:

　　①工作定额;②标准化;③能力与工作相适应;④差别计件工资制;⑤计划职能与执行职能相分离。

56. (1)组织文化具有以下主要特征:超个体的独特性、相对稳定性、融合继承性、发展性。

　　(2)组织文化的核心内容包括:组织的价值观、组织精神、伦理规范、组织素养等。

57. (1)内涵:产品生命周期是指某产品从进入市场到被淘汰退出市场的全部运动周期。

　　(2)阶段划分:

　　①导入期(或产品引入阶段);

　　②成长期(或市场成长阶段);

　　③成熟期(或市场成熟阶段);

　　④衰退期(或市场衰退阶段)。

58. 正确选择广告媒体应考虑:

　　①产品的性质;

　　②消费者接触媒体的习惯;

　　③媒体的传播范围;

　　④媒体的影响力;

　　⑤媒体的费用。

五、论述题

59. (1)矩阵型组织结构的特点:

矩阵型组织结构是由纵横两套管理系统组成的矩形组织结构,纵向是职能管理系统,横向是为完成某项任务而组成的项目系统,横向和纵向的职权具有平稳对等性。

　　(2)矩阵型组织结构的优点:

　　①可以取得专业化分工的好处,还可以跨越各职能部门获取所需的各种支持活动,因为项目成员由

不同背景、不同技能、不同专业知识的人员组成;

②资源可以在不同的产品之间灵活分配;

③克服职能部门之间相互脱节的弱点。

(3)矩阵型组织结构的缺点:

①组织中的信息和权力资源一旦不能共享,项目经理和职能经理容易发生矛盾,协调处理这些矛盾会增加组织成本;

②一些项目成员接受双重领导,要具备较好的人际沟通和平稳协调的技能;

③成员之间可能任务分配不明确、权责不统一,影响组织效率。

60.(1)可能出现的四种结构:

①理想业务:机会水平高,威胁水平低;

②冒险业务:机会水平高,威胁水平高;

③成熟业务:机会水平低,威胁水平低;

④困难业务:机会水平低,威胁水平高。

(2)营销对策:

①对理想业务,应看到机会难得,甚至转瞬即逝,必须抓住机遇,迅速行动;否则,丧失战机,将后悔不及。

②对冒险业务,既不宜盲目冒进,也不应迟疑不决、坐失良机,应全面分析自身的优势和劣势,扬长避短,创造条件,争取突破性进展。

③对成熟业务,可作为企业的常规业务,用以维持企业的正常运转,并为开展理想业务和冒险业务准备必要的条件。

④对困难业务,要么是努力改变环境,走出困境或减轻威胁;要么是立即转移,摆脱无法扭转的困境。

六、计算题

61.(1)决策树图(每根枝条1分,共12分)

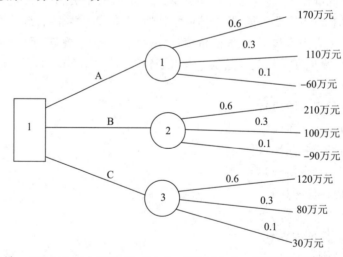

(2)A 方案的期望收益=170×0.6+110×0.3+(−60)×0.1=129(万元)

B 方案的期望收益=210×0.6+100×0.3+(−90)×0.1=147(万元)

C 方案的期望收益=120×0.6+80×0.3+30×0.1=99(万元)

因为 B 方案的期望收益值最大,所以应选择 B 方案。

七、案例分析题

(一)62. B　63. C　64. D　65. B　66. A

(二)67. A　68. C　69. D　70. C　71. B

2020年福建省普通高校专升本招生考试
管理类专业基础课　试卷参考答案

一、单项选择题

1～5　CACBA　　　　　6～10　BDBAD　　　　11～15　BDDCB　　　　16～20　ADDCA

21～25　DBBDC　　　　26～30　BDBCA

二、多项选择题

31. ABCDE　32. CE　33. ABC　34. ABCDE　35. AE　36. ABCDE　37. BCD　38. ABDE　39. AD

40. BDE　41. CDE　42. DE　43. AD　44. ABCD　45. ABCD　46. ABCDE

三、填空题

47. 需求;欲望

48. 个别属性

49. 避强定位;对抗性定位(顺序可调)

50. 选购品;特殊品(顺序可调)

51. 成本加成定价法;目标定价法或按边际成本定价法(顺序可调)

52. 试探性策略;针对性策略(顺序可调)

53. 实现专业化

54. 消费流行

四、简答题

55. 计划的编制过程包含以下八个步骤:(1)确定目标;(2)认清现在;(3)研究过去;(4)预测并有效地确定计划重要的前提条件;(5)拟定和选择可行性行动的计划;(6)制定主要计划;(7)制定派生计划;(8)制定预算。

56. 管理幅度设计的影响因素主要有以下四点:(1)工作能力;(2)工作内容和性质;(3)工作条件;(4)工作环境。

57. 市场调研的类型:市场营销调研可根据不同的标准,划分为不同的类型。如按调研时间可分为一次性调研、定期性调研、经常性调础、临时性调研。按调研目的可分为探测性调研、描述性调研、因果关系调研等。

市场调研的内容:

(1)产品调研。包括对新产品设计、开发和试销,对现有产品进行改良,对目标顾客在产品款式、性能、质量、包装等方面的偏好趋势进行预测。

(2)顾客调研。包括对消费心理、消费行为的特征进行调查分析,研究社会、经济、文化等因素对购买决策的影响,例如调研消费者的品牌偏好及对本企业产品的满意度等。

(3)销售调研。包括对购买行为的调查,即研究社会、经济、文化、心理等因素对购买决策的影响;还包括对企业销售活动进行全面审查,如对销售量、销售范围、分销渠道等方面的调研。

(4)促销调研。主要是对企业在产品或服务的促销活动中所采用的各种促销方法的有效性进行测试和评价。如广告目标、媒体影响力、广告设计及效果;公共关系的主要措施及效果;企业形象的设计和塑造等,都需有目的地进行调研。

58. (1)创新制胜;(2)优质制胜;(3)廉价制胜;(4)技术制胜;(5)服务制胜;(6)速度制胜;(7)宣传制胜。

五、论述题

59. 领导生命周期理论又称为领导情境理论,是由美国管理学者保罗·赫塞和肯尼思·布兰查德提出的。他们认为领导行为是任务绩效重要还是维持行为更重要之前应当考虑的情景因素是下属的成熟度,并以此发展为领导方式生命周期理论。这一理论把下属的成熟度作为关键的情景因素,认为依据下属的成熟度水平选择正确的领导方式,决定着领导者的成功。

生命周期理论提出任务行为和关系行为这两种领导维度,并且将两种维度进行了细化,从而组合成四种具体的领导方式:

(1)指导(告知)型领导(高任务—低关系)。领导者定义角色,告诉下属应该做什么、怎样做以及在何时何地做。

(2)推销型领导(高任务—高关系)。领导者同时提供指导行为与支持行为。

(3)参与型领导(低任务—高关系)。领导者与下属共同决策,领导者的主要角色是提供便利条件和沟通。

(4)授权型领导(低任务—低关系)。领导者提供不多的指导或支持。

和菲德勒的权变理论相比,领导方式生命周期理论更容易理解和直观。但它只针对了下属的特征,而没有包括领导行为的其他情景特征。因此,这种领导方式的情景理论算不上完善,但它对于深化领导者和下属之间的研究,具有重要的基础作用。

60. (1)包装的含义

包装是指对某品牌商品设计并制作容器成包扎物的一系列活动。包装有两方面含义:其一,包装是指为产品设计、制作包扎物的活动过程;其二包装即指包扎物。一般来说,商品包装应该包括商标或品牌、形状、颜色,图案和材料等要素。

其中①商标或品牌是包装中最主要的构成要素,应在包装整体上占据突出的位置。

②形状。适宜的包装形状有利于储运和陈列,也有利于产品销售,因此形状是包装中不可缺少的组合要素。

③颜色。颜色是包装中最具刺激销售作用的构成要素。突出商品特性的色调组合,不仅能够加强品牌特征,而且对顾客有强烈的感召力等。

(2)包装的种类

产品包装按其流通过程中作用的不同,可以分为运输包装和销售包装。其中运输包装又称外包装和大包装,主要用于保护产品的品质安全和数量完整。运输包装又可以分为单件运输包装和集合运输包装。销售包装又称内包装或小包装,便于陈列展销,吸引顾客。

(3)包装的作用

①保护商品;②便于储运;③促进销售;④增加盈利。

六、计算题

61. (1)小中取大法

小中取大法指的是决策者对未来持悲观态度,认为未来会出现最差的情况。决策时,对各种方案都按它的最低收益考虑,然后比较哪种方案的最低收益最高。

案例中三种方案的最小收益分别是−150万元、−85万元、−50万元,其中第三种方案对应的收益值最大,所以选择外包的方案。

(2)大中取大法

大中取大法指的是决策者对未来持乐观态度,认为未来会出现最好的情况。决策时,对各种方案都按它的最高收益考虑,然后比较哪种方案的最高收益最高。

案例中三种方案的最大收益分别是 280 万元、200 万元、100 万元,其中第一种方案对应的收益值最大,所以选择自制的方案。

(3)最小最大后悔值法

决策者在选择了某方案后,若事后发现客观情况并未按自己预想的发生,会为自己事前的决策而后悔。按最小最大后悔值法选择方案可使决策者最大限度减轻可能产生的后悔程度。

若用最小最大后悔值法,从表中计算结果可以计算出后悔值为:

单位:万元

方案	畅销	一般	滞销
自制	0	50	100
合作	80	0	35
外包	180	90	0

经过比较,自制方案的最大后悔值为 100 万元,合作方案的最大后悔值为 80 万元,外包方案的最大后悔值为 180 万元。根据计算原则,合作方案的最大后悔值最小,因此选择合作方案。

七、案例分析题

(一)62. B　63. B　64. B　65. D　66. B

(二)67. D　68. A　69. B　70. A　71. B